O LIVRO
DO ANALISTA
DE NEGÓCIOS

Dados Internacionais de Catalogação na Publicação (CIP)
(Câmara Brasileira do Livro, SP, Brasil)

Podeswa, Howard
   O livro do analista de negócios / Howard
Podeswa ; tradução técnica Claudio Brancher
Kerber. -- São Paulo : Cengage Learning, 2012.

   Título original: The business analyst´s
handbook.
   ISBN 978-85-221-1076-6

   1. Análise de negócios (Gestão empresarial)
2. Analistas de negócios 3. Negócios - Recursos de
rede de computador 4. Planejamento empresarial
5. Relatórios técnicos - Manuais I. Título.

11-04255   CDD-658.401

Índices para catálogo sistemático:

1. Análise de negócios : Relatórios técnicos :
      Manuais : Administração   658.401

O LIVRO DO ANALISTA DE NEGÓCIOS

Howard Podeswa

Tradução técnica
Claudio Brancher Kerber
Agile Business Analyst

Austrália • Brasil • Japão • Coreia • México • Cingapura • Espanha • Reino Unido • Estados Unidos

O livro do analista de negócios
Howard Podeswa

Gerente Editorial: Patricia La Rosa

Supervisora de Produção Editorial: Fabiana Alencar Albuquerque

Editora de Desenvolvimento: Gisele Gonçalves Bueno Quirino de Souza

Título Original: The Business Analyst's Handbook

ISBN original: 978-1-59863-565-2

Tradução técnica: Cláudio Brancher Kerber

Copidesque: Maria Dolores D. S. Mata

Revisão: Sandra Maria Ferraz Brazil

Diagramação: Negrito Produção Editorial

Capa: MSDE / Manu Santos Design

© 2012 Cengage Learning Edições Ltda.

Todos os direitos reservados. Nenhuma parte deste livro poderá ser reproduzida, sejam quais forem os meios empregados, sem a permissão, por escrito, da Editora. Aos infratores aplicam-se as sanções revistas nos artigos 102, 104, 106 e 107 da Lei nº 9.610, de 19 de fevereiro de 1998.

Para informações sobre nossos produtos, entre em contato pelo telefone **0800 11 19 39**

Para permissão de uso de material desta obra, envie seu pedido para **direitosautorais@cengage.com**

© 2012 Cengage Learning. Todos os direitos reservados.

ISBN 13: 978-85-221-1076-6

ISBN 10: 85-221-1076-X

Cengage Learning
Condomínio E-Business Park
Rua Werner Siemens, 111 – Prédio 20 – Espaço 04
Lapa de Baixo – CEP 05069-900 – São Paulo – SP
Tel.: (11) 3665-9900 – Fax: (11) 3665-9901
SAC: 0800 11 19 39

Para suas soluções de curso e aprendizado, visite www.cengage.com.br

Impresso no Brasil.
Printed in Brazil.
1 2 3 4   15 14 13 12

Dedico este livro a Joy Walker, minha companheira tanto na vida quanto nos negócios. Fui muito feliz em encontrar alguém que enriquece todas as áreas da minha vida – e que faz isso com estilo, beleza e graça. A Joy teve um papel particularmente importante no que tange este livro, uma vez que foi ela quem viu que uma obra assim era necessária e me encorajou a escrevê-la. Por isso e muito mais, eu sou profundamente agradecido.

Agradecimentos

Um agradecimento especial também para:

- A editora da obra original, Mitzi Koontz. Eu não posso imaginar uma editora mais eficaz e durona (quando ela precisa ser) sempre dando o apoio necessário. Qualquer autor é sortudo em tê-la a seu lado.

- Kim Benbow, editora de texto, por ter feito um grande trabalho em um dos seus projetos mais "desafiadores" e, em particular, por lidar bem com meus vários pedidos de revisão de última hora. Em meio a tudo isso ela manteve o foco no resultado aceitando minhas mudanças quando eram boas para o livro e me mantendo na linha quando não eram, sempre de forma calorosa e bem-humorada.

- Rick Guyatt pelo seu valoroso *insight* a respeito da ITIL e sua implementação no setor público.

- Chris Reynolds pelo benefício de sua rica experiência nas melhores práticas de Análise de Negócios no setor privado.

- Ken Clyne da Number Six pela perspectiva profunda que ele forneceu sobre muitos assuntos e, em particular, aqueles relacionados à abordagem ágil, à UML, ao RUP e o desenvolvimento iterativo.

- Keith Sarre, uma companheira na revisão do *BABOK®*, por sua valiosa contribuição no que tange ao *BABOK®* e às melhores práticas de Análise de Negócios.

- John Welch por chamar a minha atenção para o lapso existente entre a ITIL e o papel do BA. John é um visionário que antecipou a importância de criar um vínculo ITIL-BA e que trabalhou de forma incansável para garantir que ele fosse abordado.

- Beth Brook (OPSI) pela sua ajuda na expedição dos formulários para o licenciamento do material relacionado à ITIL deste livro.

- Mike Bonamassa da Number Six.

- Meus filhos, Yasha Podeswa e Samantha Stillar.

- Meus pais, Yidel e Ruth Podeswa, por me darem a confiança para fazer qualquer coisa para a qual eu me dedicar.

Em Memória

E, finalmente, uma nota em memória de Brian Lyons, um dos fundadores da Number Six. Eu encontrei Brian há anos em Toronto enquanto estávamos ambos trabalhando com um cliente da área de telecomunicações. O Brian era uma das pessoas mais brilhantes e não convencionais que eu já encontrei nos negócios. Nós mantivemos contato e quando meu livro anterior estava prestes a sair, ele aceitou atuar como editor técnico. Conforme eu finalizava este livro, estava ansioso para repetir a experiência quando descobri que ele havia falecido em um trágico acidente de motocicleta. Ele tem sido uma inspiração para mim e para outras pessoas.

Sobre o autor

Howard Podeswa é o cofundador da Noble Inc., uma empresa de treinamento e consultoria em análise de negócios. Tem 29 anos de experiência em diversos aspectos da indústria de software, começando como desenvolvedor na Atomic Energy of Canada Ltda. e continuando como analista de sistemas, analista de negócios, consultor e autor de cursos e livros para analistas de negócios, incluindo *UML for the IT Business Analyst*. De forma direta ou por meio de sua empresa, ele forneceu treinamento e serviços de consultoria para uma gama abrangente de setores incluindo saúde, defesa, energia, governo, bancos e outras instituições financeiras. Podeswa desenvolveu programas de treinamento de analistas de negócios para diversas faculdades, universidades e centros de educação coorporativa. Ele tem sido um especialista na área de Análise de Negócios para a NITAS – um programa de aprendizado de análise de negócios da CompTIA – e um revisor contribuinte do Corpo de Conhecimento em Análise de Negócios (BABOK®) do IIBA. Para mais informações sobre o currículo de Análise de Negócios da Noble, visite <http://www.nobleinc.ca> ou envie um e-mail para info@nobleinc.ca.

Sumário

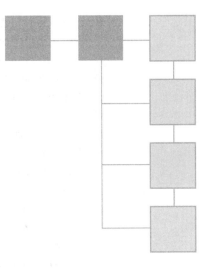

Prefácio para a edição brasileira, xxi
Introdução, xxv

Capítulo 1 Visão geral das atividades do BA durante todo o ciclo de vida 1

    Adaptando o Noble Path 3
        Como usar as tabelas 4
        Fase de iniciação 6
        Fase de descoberta 6
        Fase de construção 33
        Fase de V & V Final 33
        Fase de fechamento 43
    O ciclo de vida do projeto de TI em perspectiva:
    o diagrama de espectro 44

Capítulo 2 Guia de reuniões 47

    Planejamento da reunião 47
        Lista de verificação: quem o BA deve convidar para
        os seminários de requisitos 47
        Contribuição para a reunião por papel e tipo de
        interessado 48
        Tipos de reunião de que o BA pode ter que participar 49
        Plano de trabalho de reunião facilitada 49
        Lista de verificação da prontidão para a reunião 52
        Agenda padrão da reunião 53
        Regras e diretrizes da reunião facilitada 54
        Expectativas da reunião facilitada 54
        Expectativas do processo de aprovação 54

xiv O livro do analista de negócios

Reunião de revisão (roteiro estruturado e revisão de marco) . . .55
    Pré-requisitos, considerações sobre o momento 55
    Quem convidar 55
    Lista de verificação: perguntas para a entrevista. 56
    Diretrizes de roteiro estruturado. 58
Objetivo da reunião (Reunião de lançamento)
Identificar oportunidades e desafios 59
    Pré-requisitos, considerações sobre o momento 59
    Documentos de entrada 59
    Entregas. 59
    Quem convidar 59
    Lista de verificação: perguntas para a entrevista. 60
Objetivo da reunião: identificar interessados e interesses 60
    Pré-requisitos, considerações sobre o momento 60
    Documentos de entrada 60
    Entregas. 61
    Quem convidar 61
    Lista de verificação: perguntas para a entrevista. 62
Objetivo da reunião: analisar o impacto nos serviços e nos
processos de negócio 63
    Pré-requisitos, considerações sobre o momento 64
    Entrada. 64
    Entregas. 65
    Quem convidar 65
    Lista de verificação: perguntas para a entrevista. 66
Objetivo da reunião: análise de risco 67
    Pré-requisitos, considerações sobre o momento 67
    Entrada. 68
    Entregas. 68
    Quem convidar 68
    Lista de verificação: perguntas para a entrevista. 68
Objetivo da reunião: gerenciamento de requisitos –
configuração e planejamento 70
    Pré-requisitos, considerações sobre o momento 70
    Documentos de entrada 70
    Entregas. 70
    Quem convidar 70
    Lista de verificação: perguntas para a entrevista. 70
Objetivo da reunião: definir o fluxo de trabalho interno
para os processos de negócio ponto a ponto 72
    Pré-requisitos, considerações sobre o momento 72
    Documentos de entrada 72
    Entregas. 72

Quem convidar 73
Lista de verificação: perguntas para a entrevista. 73
Objetivo da reunião: descrever os usuários 73
Pré-requisitos, considerações sobre o momento 73
Documentos de entrada 73
Entregas. 75
Quem convidar 75
Lista de verificação: perguntas para a entrevista. 76
Objetivo da reunião: identificar tarefas do usuário 76
Pré-requisitos, considerações sobre o momento 77
Documentos de entrada 77
Entregas. 78
Quem convidar 78
Lista de verificação: perguntas para a entrevista. 78
Objetivo da reunião: (modelagem estática)
Definir conceitos, objetos e regras de negócio 79
Pré-requisitos, considerações sobre o momento 79
Documentos de entrada 79
Entregas. 80
Quem convidar 81
Lista de verificação: perguntas para a entrevista. 81
Objetivo da reunião: definir os RNS não funcionais. 83
Pré-requisitos, considerações sobre o momento 83
Documentos de entrada 83
Entregas. 84
Quem convidar 84
Lista de verificação: perguntas para a entrevista. 84
Objetivo da reunião: coletar requisitos detalhados do
usuário. 90
Pré-requisitos, considerações sobre o momento 90
Documentos de entrada 90
Entregas. 91
Quem convidar 91
Lista de verificação: perguntas para a entrevista. 91
Objetivo da reunião: reutilizar requisitos do usuário. 94
Pré-requisitos, considerações sobre o momento 94
Documentos de entrada 94
Entregas 94
Quem convidar 95
Lista de verificação: perguntas para a entrevista. 95
Objetivo da reunião: analisar o ciclo de vida dos objetos
de negócios 96
Pré-requisitos, considerações sobre o momento 97

xvi O livro do analista de negócios

Documentos de entrada 97
Entregas 97
Quem convidar 97
Lista de verificação: perguntas para a entrevista 98
Objetivo da reunião: avaliar os resultados de uma iteração . . . 99
Pré-requisitos, considerações sobre o momento 99
Documentos de entrada 99
Entregas 100
Quem convidar 100
Lista de verificação: perguntas para a entrevista 100
Objetivo da reunião: coletar requisitos da Central de
Serviço 101
Pré-requisitos, considerações sobre o momento 101
Documentos de entrada 101
Entregas 101
Quem convidar 102
Lista de verificação: perguntas para a entrevista 102

Capítulo 3   **Padrões e diretrizes usados neste livro** **105**

ITIL 105
IIBA e BABOK® 113
UML 118

Capítulo 4   **Kit de ferramentas do BA** **121**

Visão geral das ferramentas do BA 121
Diagrama de atividade 124
Exemplo do diagrama de atividade 125
Glossário de símbolos: diagrama de atividade –
Principais elementos de modelagem 126
Glossário de símbolos: Diagrama de atividade –
Elementos de modelagem para diagramas complexos . . . 131
Diagrama de bloco 132
Exemplo do diagrama de fluxo de trabalho de
bloco/raia 133
Glossário de símbolos: diagrama de bloco 134
Diagrama de Processo de Negócio (DPN) 135
Exemplo de DPN 136
Glossário de símbolos: objetos de fluxo do DPN
(com o gráfico de conversão da UML) 137
Modelagem do processo de negócios 143
Caso do uso de negócio 144
Exemplo do diagrama de caso do uso de negócios 145

Glossário de símbolos: Diagrama de caso de uso do negócio 146
Diagramas de causa e efeito 148
Diagramas de classe e modelo estático 149
Glossário de símbolos: diagrama de classe 152
Diagrama de comunicação 157
Exemplo do diagrama de comunicação 158
Glossário de símbolos: diagrama de comunicação 159
Diagramas de fluxo de dados e contexto 160
Exemplo de DFD 161
Glossário de símbolos: diagrama de fluxo de dados 164
Tabela/árvore de decisão 166
Exemplo da Tabela de decisão 167
Entrevista com as tabelas de decisão 167
Diagrama Entidade Relacionamento (DER) e Modelo de dados 170
Exemplo do diagrama de relação de entidade 171
Glossário de símbolos: diagrama entidade relacionamento 172
Os Cinco Por Quês 173
Fluxograma 174
Exemplo e símbolos do fluxograma 175
Gráfico de decomposição funcional 176
Exemplo e glossário do gráfico de decomposição funcional 177
FURPS+ 178
Lista de verificação do FURPS+ 178
Diagrama de objeto 180
Exemplos do diagrama de objeto 181
Glossário de símbolos: diagrama de objeto 182
Análise de Pareto (diagramas de Pareto) 184
Exemplos do diagrama de Pareto 184
Como realizar a análise de Pareto 186
Tabela de atributos dos requisitos 187
Exemplo da tabela de atributos dos requisitos 188
Matriz de rastreabilidade de requisitos 189
Exemplo da matriz de rastreabilidade de requisitos 190
Mapa de Papéis 191
Exemplo e glossário do Mapa de papéis 192
Análise de causa-raiz 193
Plano de trabalho de análise de causa-raiz para o BA ... 194
Diagrama de sequência 195
Exemplo do diagrama de sequência 196

xviii   O livro do analista de negócios

Diagramas de estados-máquina (gráfico de estado
de Harel) 198
   Exemplo do diagrama de estados-máquina 199
   Glossário de símbolos: diagrama de estados-máquina ... 200
   Diagrama de estados-máquina: elementos de
   modelagem avançada 204
Roteiros estruturados 207
Casos de uso do sistema (e diagramas) 208
   Palavras-chave do caso de uso do sistema 210
   Exemplo do diagrama de caso de uso do sistema 210
   Glossário de símbolos: diagrama do caso de uso do
   sistema 212
Análise do caso de uso 216
   Principais pontos dos casos de uso 217
   Níveis de metas do caso de uso 217
   Análise do caso de uso para diferentes objetivos 218
   Diretrizes de redação do caso de uso 221

Capítulo 5   **Dicas e listas de verificação** **223**

Lista de verificação: métodos de investigação de
requisitos 223
Dica: o que fazer quando os principais participantes
não podem comparecer ou não comparecem 223
Listas de verificação: Comitê Consultivo de Mudanças 224
   Lista de verificação dos possíveis membros do CCM.... 224
   CCM: Itens padrão para a revisão 225
Dica: Sete Rs da ITIL para o gerenciamento de mudança ... 226
Dicas: cinco segredos do gerenciamento de requisitos 226
Dicas: planejamento de iterações 226
Dicas: requisitos SMART 227
Lista de verificação: recursos 227
Dica: nomeando um processo 228
Dicas: como identificar os elementos da modelagem
estática a partir do modelo de caso de uso do sistema 228
Dicas: determinando a quantidade de modelagem
estática. 229
Dicas: gerenciamento de risco 229
   Dica: matriz de avaliação de risco 229
   Lista de verificação: tipos de risco 230
   Lista de verificação: tipos de risco de ITIL 230
   Lista de verificação: outros riscos de que o BA deve
   estar ciente 231
   Estratégias de gerenciamento de risco 231

Sumário xix

Dicas: Garantia de Qualidade (GQ)........................ 231
    Dica: teste durante todo o ciclo de vida com o modelo
    de Serviço V 231
    Lista de verificação: tipos de teste 233
    Dicas: diretrizes do teste estruturado 234
Lista de verificação: seleção dos provedores de solução.... 235

Capítulo 6   **Modelos... 237**

Modelo do Documento de Requisitos de Negócio (DRN)... 237
    Sumário do DRN 239
    Controle de versão.................................... 241
    Referências externas 242
    Glossário 243
    Resumo executivo 243
    Escopo do produto/solução 244
    Caso de negócios 244
    Serviços e processos de negócio....................... 244
    Impacto das mudanças propostas nos serviços e
    processos de negócio................................. 244
    Regras de negócio 248
    Diagramas de estado.................................. 248
    Requisitos de TI 248
    Plano de teste 253
    Plano de implantação................................. 255
    Procedimentos do usuário final........................ 256
    Acompanhamento pós-implementação 256
    Outras questões 256
    Assinatura 257
Pacote de requisitos alternativos 257
Modelo da descrição de caso de uso do negócio........... 258
Modelo da descrição do caso de uso do sistema 264
Modelo de requisitos (não funcionais) de nível de serviço... 268
    Tipo de nível de serviço 268
    Visão geral... 268
    Capacidades para todo o sistema...................... 269
    Requisitos de usabilidade 270
    Requisitos de confiabilidade 271
    Requisitos de desempenho 272
    Requisitos de capacidade de suporte 273
    Requisitos de teste................................... 274
    Requisitos de treinamento 274
    Requisitos de capacidade 274
    Requisitos de backup/recuperação 274

xx   O livro do analista de negócios

Outras restrições.. 275
Requisitos legais e regulamentares 275
Modelo da tabela de análise de risco 275
Modelo do documento de visão........................... 277
Posicionamento 277
Principais necessidades do interessado e do usuário ... 277
Interessados e interesses 277
Visão geral do serviço/produto 278
Suposições 278
Dependências 278
Capacidades.. 278
Recursos.. 278
Modelo do plano de trabalho de requisitos 280
Propósito... 280
Visão geral do documento 280
Organização 280
Repositório de requisitos.............................. 281
Plano de gerenciamento de risco 282
Plano de aceitação de requisitos....................... 283
Plano de métricas do gerenciamento de requisitos..... 283
Modelo do plano de aceitação do produto do cliente 284
Propósito... 284
Responsabilidades de aceitação........................ 284
Critérios de aceitação de mudança 284
Programação da aceitação de mudança 285
Ambiente de aceitação................................ 285
Ferramentas, técnicas e metodologias de aceitação
do produto 285

Apêndice A   Glossários de termos de análise de negócios 287

Apêndice B   Acrônimos... 381

Apêndice C   Leitura adicional 387

Livros 387
Websites 390

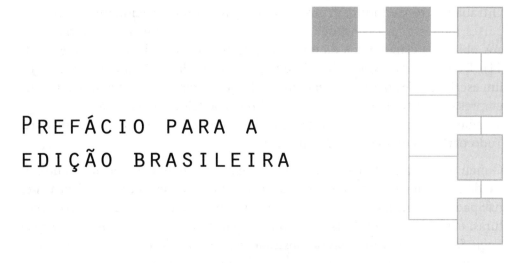

Prefácio para a edição brasileira

No final de 2006 o meu crachá trazia a informação "Analista de Sistemas", e isso me deixava desconfortável. Eu havia atuado como desenvolvedor e trabalhava com sistemas de informação, contudo, o meu foco era outro. Sendo minha formação Administração de Empresas, naturalmente eu pensava pouco na solução, em **como** o software seria construído (arquitetura, linguagens de programação, bancos de dados e outros componentes). Geralmente me concentrava no problema, ou seja, em saber **o que** o software deveria fazer para atender o negócio.

Ser chamado de analista de sistemas era ao mesmo tempo injusto com os verdadeiros analistas de sistemas e um tanto desmotivador, contudo, no plano de cargos da empresa não havia definição melhor.

Isso começou a mudar com o primeiro livro do Howard Podeswa, *UML for the IT Business Analyst*. Ver o termo *Business Analyst* na capa de um livro junto ao termo *IT* foi curioso, uma vez que o termo analista de negócios, sua tradução mais aproximada no Brasil, costumava ter aplicações que não envolviam a tecnologia da informação.

No livro, Howard, que iniciou o seu trabalho atuando como desenvolvedor e analista de sistemas e migrou aos poucos para a análise de negócios, descrevia de forma didática um processo completo com base em um exemplo real de projeto.

Estávamos na onda do gerenciamento de projetos (ainda longe das metodologias ágeis) e estava claro que a comunicação com o negócio, a compreensão das suas necessidades, a sugestão e o desenho de soluções eram vitais para a área.

O livro do Howard serviu tanto de base teórica para montarmos nosso processo de análise de negócios quanto de instrumento legitimador das nossas intenções, afinal, estava escrito ali: quem fazia aquelas coisas era o analista de negócios de Tecnologia da Informação.

O trabalho trouxe muitos frutos. Além de um ótimo relacionamento com as partes interessadas do negócio, a área de TI aperfeiçoou o seu alinhamento aos objetivos estratégicos da empresa (ótimo para justificar o orçamento de TI). Depois dessa experiência houve ainda a implantação bem sucedida de um escritório de análise de negócios de TI que gerenciava os produtos de uma empresa de software e hardware e atualmente a definição e aplicação do papel do analista de negócios em ambientes ágeis de desenvolvimento de software. Tudo partindo do material do Howard.

O meu primeiro contato com o livro *The Business Analyst Handbook* foi no início de 2008, quando visitei o Howard em Toronto. Ele me recebeu em seu atelier na Spadina Avenue. O Howard escreve seus livros em um atelier repleto de pinturas, entre elas, algumas da sua exposição chamada OOPS! – *Object-Oriented Paint Shop*. Isso mesmo, figuras abstratas representando conceitos da modelagem orientada a objetos estavam espalhadas pela sala. Era aconchegante.

Em meio às pinturas havia uma mesa com um notebook (sujo de tinta), livros de referência, um Ipod e, claro, um aquecedor. Howard estava trabalhando incansavelmente em um novo livro, escrito para ser o melhor amigo do analista de negócios, uma referência completa das ferramentas e técnicas usadas no trabalho. Em 2009, quando o livro chegou às minhas mãos, percebi que ele atingiu o seu objetivo. Também ficou claro que uma edição em português seria necessária.

A tradução de um livro que contém ferramentas tão antigas quanto o DFD (Diagrama de Fluxo de Dados) e conceitos tão novos como o papel do analista de negócios em um ambiente ágil de desenvolvimento de software ou a sua relação com a ITIL é uma tarefa difícil, durante a qual decisões arbitrárias como "traduzir ou não o termo *sprint*" eventualmente devem ser tomadas. Em um esforço que envolve tradução e tropicalização, as aplicações visam facilitar a compreensão do conceito sendo explicado, respeitando o uso dos termos no mercado brasileiro que nem sempre traduz os termos.

No mercado brasileiro, a quantidade de profissionais que se autodenomina analista de negócios ainda é pequena em relação à quantidade de profissionais que de fato atuam como um.

Se você já é analista de negócios, este livro será o seu companheiro de trabalho, uma referência que o ajudará a encontrar a melhor técnica ou atividade a desempenhar dependendo do momento no qual você se encontra no projeto.

Uma das partes que mais utilizo em meu dia a dia é o Capítulo 2, no qual, entre outras coisas, são propostas perguntas a serem feitas às partes interessadas, dependendo do que se precisa saber. É impressionante como uma olhada nesse capítulo antes de uma entrevista junto às partes interessadas (stakeholders) pode ser útil para não deixar algo importante escapar, mesmo após termos participado desses eventos centenas de vezes.

Se você ainda não é analista de negócios, no crachá ou na prática, leia este livro do início ao fim, familiarize-se com as técnicas, com as ferramentas, com o que é esperado desse profissional. Lembre-se de que "você é o que você faz", e com esse conhecimento aplicado ao seu trabalho, no seu atual emprego ou no próximo, em menos tempo do que se espera alguém vai perguntar qual é a sua função, e a resposta acompanhará um sorriso confiante: "analista de negócios de TI".

Claudio Brancher Kerber
Analista de Negócios de TI

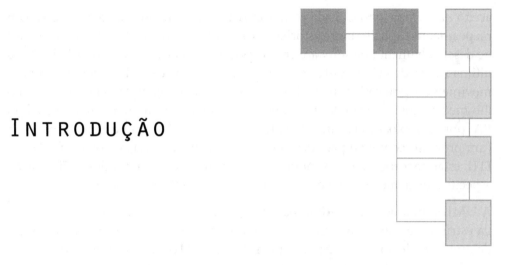

Introdução

Na minha vida pregressa na engenharia química, costumava carregar comigo o *Perry's Chemical Engineers' Handbook* — livro de referência de trabalho que contém cada tabela e cada ferramenta que um profissional poderia precisar para desempenhar o seu trabalho. Quando eu comecei a trabalhar como analista de negócios, procurei algo similar para minha nova profissão; não encontrando algo tão abrangente, eu comecei a compilar o meu próprio livro de referência. Começamos a distribuir este livro de referência para os clientes da Noble Inc. há alguns anos sob o título "Noble Cheat Sheets", que logo se tornou um item apreciado. Ao apresentar este livro para o público geral da Análise de Negócios, espero que ele preencha o espaço de referência abrangente de trabalho para a profissão – um "Perry's" para o profissional de BA.

Este livro e seus padrões

Um dos objetivos deste livro é incorporar as melhores práticas e padrões ao papel do BA. Apesar de incorporar padrões e orientações como a Business Process Modeling Notation (BPMN), deu-se ênfase especial ao Corpo de Conhecimento em Análise de Negócios (BABOK®), à Biblioteca de infraestrutura de TI (ITIL) e à Linguagem de Modelagem Unificada (UML).

O BABOK® é uma publicação do Instituto Internacional de Análise de Negócios (IIBA)™, que delineia as áreas de conhecimento necessárias para a prática da análise de negócios. Neste livro você encontrará a visão geral do BABOK®, além de definições e exemplos para muitas das técnicas recomendadas no BABOK®, como decomposição funcional, modelos de estados, modelos de processos, casos de uso, revisões estruturadas, requisitos não funcionais e modelos de dados.

A ITIL é um *framework* internacional, disponível para o público, de melhores práticas de propriedade do Office and Government Commerce (OGC), amplamente aceito na Europa e no Canadá com aceitação crescente nos Estados Unidos. Um mapeamento explícito entre as orientações da ITIL e o papel do BA no processo de desenvolvimento de software era necessário havia muito tempo. A ITIL V3 (a última versão da ITIL), com a sua introdução do Ciclo de Vida do Serviço, foi um movimento significativo nessa direção. Este livro visa complementar esse trabalho mediante a alocação das melhores práticas da ITIL diretamente no papel do BA: por exemplo, os artefatos da ITIL e as etapas estão incluídas no Noble Path (um processo completo para desempenho do papel de BA), as considerações da ITIL estão incorporadas aos modelos e às orientações para reuniões. Uma seção específica de mapeamento entre a ITIL e o papel do BA foi incluída.

A UML é uma notação-padrão para a especificação, visualização e modelagem da estrutura e comportamento de sistemas de negócio e de software. A UML é de propriedade do Object Management Goup (OMG), um consórcio de especificações da área da computação sem fins lucrativos. Este livro concentra-se nos aspectos da UML que são valiosos para o BA, excluindo aqueles que se aplicam apenas no contexto técnico.

Terminologia

Este livro utiliza alguns termos que, apesar de amplamente empregados na comunidade de análise de negócios, ou de forma mais ampla, pela comunidade de TI, não são sempre utilizados de forma consistente. Desta forma, alguns esclarecimentos são necessários.

Quando utilizado neste livro, o termo *requisito* faz referência à capacidade que uma solução deve prover (como a capacidade de efetuar transações on-line) ou uma condição que ela deva atender (como o respeito a um conjunto de normas). Um requisito é diferente de uma especificação, pois o requisito descreve o que é requerido enquanto a especificação, por sua vez, descreve como o requisito será atendido.

Uma expressão relacionada é *requisitos do negócio*. Em algumas aplicações, ele se aplica a metas do negócio, como aumentar a participação no mercado e reduzir custos e exclui outros requisitos como os requisitos do usuário. Em outras aplicações ele se refere a quaisquer requisitos oriundos do lado do negócio – incluindo tanto requisitos de negócios de alto nível (como aumentar a participação no mercado) quanto os mais detalhados (como os requisitos do usuário) que também são oriundos das partes interessadas do negócio. A segunda aplicação é a utilizada neste livro.

Outros termos que envolvem alguma discussão são requisitos funcionais e não funcionais. Neste livro, requisitos *funcionais* denotam comportamento externamente visível que um sistema deve ser capaz de desempenhar e incluem recursos e casos de uso escritos da perspectiva do cliente, usuário e sistema. A expressão *requisitos não funcionais* significa quaisquer requisitos que não sejam funcionais. (Esta aplicação está de acordo com esquemas de classificação de requisitos como a FURPS+; contudo, existem outras referências, como a ITIL, que possui definição mais restritiva de requisitos não funcionais.)

Existe alguma confusão em relação a se os termos da ITIL Gerenciamento de Nível de Serviço (SLM), Requisitos de Nível de Serviço (SLR) e Acordos de Nível de Serviço (SLA) fazem referência apenas a requisitos não funcionais ou também incluem requisitos funcionais. Algumas pessoas propuseram utilizar os acrônimos SM, AS e SR para ser usados para demarcar a inclusão de requisitos funcionais, contudo, o termo Gerenciamento de Serviços (Service Management – SM) já possui uma definição na ITIL (uma que é muito abrangente para o nosso propósito) e os demais não são termos da ITIL. Neste livro usei S(l)M, S(l)R e S(L)A para incluir requisitos funcionais (os parênteses sugerem que o leitor não considere a palavra *Level* – nível – de forma tão restritiva) e os acrônimos SLM, SLR e SLA (sem parênteses) para fazer referência específica aos requisitos não funcionais como também a capacidades mais abrangentes dos sistemas.

Outros termos usados neste livro, que se sobrepõem com a ITIL, são *business service* (serviço de negócio) e *IT service* (serviço de TI). Neste livro, um serviço do negócio representa a capacidade ou necessidade que a área de negócio provém àqueles que interagem com ela; o serviço pode ser realizado com ou sem a TI. A ITIL V3 fornece duas definições alternativas para um serviço de negócio. A utilização neste livro é consistente com a segunda definição que declara que serviços de negócio "frequentemente" – mas não sempre – "dependem de serviços de TI". Para isso, o seguinte trecho da definição de serviço de negócio da ITIL V3 foi utilizado:

> Um Serviço de TI que apoia diretamente um Processo de negócio, em oposição a um Serviço de infraestrutura que é utilizado internamente pelo Provedor do serviço de TI e não é visível para o negócio. Serviço de negócio também é usado para representar um serviço que é entregue aos clientes pelas unidades de negócio. Por exemplo, a entrega de serviços financeiros para clientes de um banco, ou de bens para os clientes de uma loja de varejo. A entrega bem-sucedida de Serviços de negócio frequentemente depende de um ou mais serviços de TI.

Neste livro, define-se um Serviço de TI como um serviço que a organização de TI deve prover a seus clientes. Isso se faz de acordo com a definição da ITIL V3:

> Um Serviço provido para um ou mais Clientes por um Provedor de serviços de TI. Um Serviço de TI se baseia no uso da Tecnologia da Informação e apoia os Processos de negócio do cliente. Um Serviço de TI compõe-se de pessoas, processos e tecnologia, que devem ser definidos em um Acordo de Nível de Serviço.

O termo ferramenta é algumas vezes utilizado em outros contextos para fazer referência ao software usado no processo de desenvolvimento: um exemplo de ferramenta é o IBM Rational Rose. Neste livro, contudo, ferramenta faz referência a qualquer apoio ao trabalho ou à técnica que facilita a prática da análise de negócios. Exemplos de ferramentas para o BA são a análise de Pareto e os diagramas de classe. As ferramentas são descritas no Capítulo 4.

A expressão *analista de sistemas* se refere a um papel distinto do analista de negócios; o analista de negócios analisa o negócio, o analista de sistemas desenha a solução de software. (Em alguns outros usos, o analista de sistemas é responsável pela análise e modelagem não apenas do software, mas também da estrutura de negócio e processo.)

Usa-se *tarefa do usuário* no sentido de "pacote de trabalho usualmente designado para ser concluído em certo período". Ele corresponde a um caso de uso de sistema – uma unidade de trabalho desempenhada por um ator com a assistência do sistema de TI que leva a um resultado de valor para o ator que o iniciou. (*Tarefa do usuário* não deve ser confundido com o uso técnico do termo *tarefa*, que denota uma ação de programação de pequena escala.)

Um grupo dos termos faz referência à documentação e à visualização dos requisitos. O *modelo* é um formulário padronizado que se utiliza para documentação textual. A descrição é algo que diz como algo é, é a documentação de fato e pode ser feita na forma de textos e/ou diagramas. Por exemplo, uma descrição de caso de uso de sistema normalmente consiste em texto que pode se basear em um modelo de caso de uso de sistema. Se o fluxo for complexo, a descrição pode também conter um diagrama de atividades. (Observe que, neste livro, descrição de caso de uso é referenciado no RUP como especificação de caso de uso.) O *resumo* é uma descrição textual curta. Por exemplo, um resumo de caso de uso é um sumário de um parágrafo de um caso de uso. Um modelo é a representação de algo, frequentemente representado na forma de diagramas (por exemplo, fluxogramas, diagramas de casos de uso e diagramas de classes).

Como usar este livro

Este é um livro de referência. Você não precisa lê-lo do início ao fim, ao invés disso, pode mantê-lo a seu lado conforme trabalha e consultar a parte relevante quando necessário. Se tiver tempo, comece com a introdução. Ela explica os termos e as orientações usados ao longo do livro.

O Capítulo 1 contém a visão geral do papel do BA ao longo do curso de um projeto. Use este capítulo para garantir que você considerou todas as etapas da análise de negócios ao planejar e executar o seu papel no projeto. O capítulo também apresenta instruções para o leitor sobre onde encontrar mais detalhes, em outros capítulos do livro, sobre as etapas, os recursos e as ferramentas mencionados neste capítulo.

O Capítulo 2 apresenta orientações para o planejamento e a execução de reuniões de análise de negócios. Utilize este capítulo para se preparar para uma reunião. Nele há listas úteis de documentos de entrada para ser distribuídos aos participantes e também agendas e perguntas específicas para as partes interessadas para cada tipo de reunião.

O Capítulo 3 descreve os padrões e orientações usados neste manual: o BABOK®, a UML e a ITIL. Consulte este capítulo se o seu projeto está utilizando uma dessas melhores práticas. Nele, explica-se como elas se relacionam com o papel do BA.

O Capítulo 4 descreve as ferramentas do BA (técnicas), em uma lista em ordem alfabética. Este é o capítulo-chave do livro e aquele que você provavelmente consultará mais. Por exemplo, se precisa criar ou revisar um Diagrama de entidade-relacionamento, procure neste capítulo; você encontrará um exemplo do diagrama e um glossário dos símbolos.

O Capítulo 5 contém dicas gerais, regras e listas de verificação úteis para o desempenho do papel do BA como dicas para o gerenciamento dos riscos dos requisitos.

O Capítulo 6 contém modelos usados para criar documentação de análise de negócios. Se a sua organização não possui modelos para os documentos descritos neste capítulo, use os modelos fornecidos como estão ou como ponto de partida para construir os seus próprios. Se você já possui modelos, pode verificar se estão completos comparando-os com os modelos do livro (tendo em mente que mesmo que todas as partes do modelo devam ser consideradas, elas não precisam ser, necessariamente, preenchidas).

O livro também contém apêndices com acrônimos e termos de análise de negócios. Consulte os apêndices sempre que encontrar um termo ou acrônimo com o qual não esteja familiarizado ou que não tenham relevância para a análise de negócios. O Apêndice A, *Glossário de Termos de Análise de Negócios*, fornece definições oficiais, quando relevantes, como também a explicação de cada um dos termos da perspectiva do BA.

CAPÍTULO 1

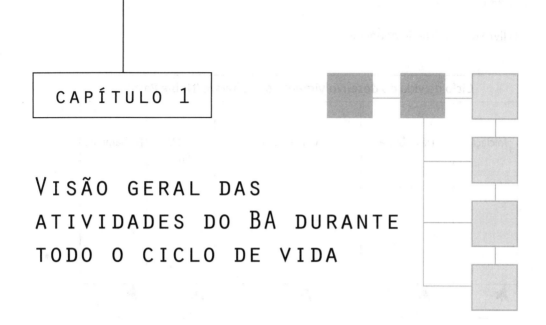

Visão geral das atividades do BA durante todo o ciclo de vida

O propósito deste capítulo é fornecer uma visão geral de todo o ciclo de vida de um projeto, com enfoque no envolvimento do analista de negócios (*business analyst* – BA). O capítulo inclui um guia passo a passo para o BA no decorrer de um projeto de TI e o Diagrama de Espectro, que coloca o ciclo de vida de desenvolvimento do software no contexto da iniciativa ponta a ponta – incluindo as fases que levam e seguem um projeto de TI.

O guia do BA, denominado Noble Path, é baseado em um acessório de trabalho que a minha empresa (a Noble Inc.) tem usado internamente e distribuído aos nossos clientes. O Noble Path não é uma metodologia, mas sim um resumo de todas as etapas, perguntas etc. que um BA precisa considerar, independentemente da metodologia; reúne ferramentas e técnicas de análise de negócios descritas em outras partes deste manual, indicando quando cada uma é usada, e as perguntas que o BA precisa fazer para produzir cada entrega. O Path presume que um processo iterativo e incremental está sendo usado no projeto – uma abordagem que segue as melhores práticas, padrões e metodologias do setor como a Biblioteca de Infraestrutura de TI (ITIL – Information Technology Infrastructure Library), o Rational Unified Process da IBM (RUP), o Microsoft Solutions Framework (MSF) e os processos ágeis. Nos processos iterativos e incrementais, o software é desenvolvido em fases e cada uma delas resulta em código executável. (Consulte a seção "Adaptando o Noble Path", neste capítulo, para ver as orientações para adaptação do Noble Path a diferentes tipos de projetos e processos.)

A Figura 1.1 a visão geral das fases do Noble Path. Cada fase representa um período do Ciclo de Vida do Desenvolvimento de Software (CVDS) que tem suas pontas identificadas por marcos. Os nomes das fases (Iniciação, Descoberta etc.) destacam o tema principal do respectivo comportamento; no entanto, no processo iterativo presumido pelo Path, todos os tipos de atividades – como análise,

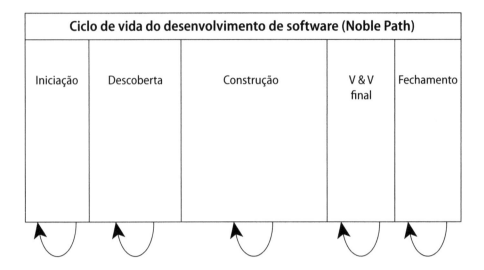

Figura 1.1 Visão geral do Noble Path

projeto, codificação e teste – podem ocorrer em qualquer fase[1] e não são dedicadas a fases específicas. Os *loops* abaixo de cada fase indicam que ela é realizada por meio de uma ou mais iterações (o número de iterações varia com base na abordagem que está sendo usada e na natureza do projeto).

Foram escolhidos os nomes mais genéricos possíveis para as fases. Na prática, é previsto que os nomes usados para cada fase, bem como o número das fases e a maneira que as atividades são alocadas, possam diferir daqueles usados no Noble Path porque não existe um padrão universalmente aceito para o gerenciamento de projetos de TI (e, em qualquer caso, é improvável que uma abordagem sirva para todos os projetos). Consequentemente, você pode precisar adaptar o Path mapeando os nomes de fases, de artefatos e assim por diante, para aqueles usados no seu projeto. Os nomes de fase usados no Path são os seguintes:

- **Iniciação:** compor o caso de negócio para o projeto. O trabalho também começa em relação à experiência do usuário e na prova de conceitos da arquitetura.
- **Descoberta:** conduzir a investigação que leve ao entendimento do comportamento desejado da solução[2]. A análise de requisitos atinge o pico

---

[1] No entanto, isso não se aplica aos processos cascata, nos quais cada atividade deve ser concluída antes que a próxima possa começar.

[2] Esta definição de descoberta é derivada de *Object Solutions: Managing the Object-Oriented Project,* de Grady Booch (Pearson Education, 1995), conforme citado por Brian Lyons na apresentação de PowerPoint na Number Six Software, denominada "Three Key Features". No uso proposto por Booch, o termo se refere a uma atividade que pode ocorrer em qualquer fase, mas que atinge seu pico cedo; no Noble Path, a palavra descoberta é utilizada para nomear a fase durante a qual a maior parte dessa atividade ocorre.

durante esta fase, mas nunca desaparece totalmente. Durante essa fase, a prova de conceitos da arquitetura também é construída.

- **Construção:** completar a análise e o desenho, codificação, integração e teste do software. (Nos projetos iterativos, essas atividades são realizadas para cada iteração na fase.) O desenho e a codificação aparecem em todas as fases, mas atingem o pico nesta.
- **V & V final:** desempenhar o teste final antes que o produto ou serviço seja colocado em produção. (Embora o teste final ocorra nesta fase, as atividades de teste podem ocorrer ao longo do CVDS, por exemplo, antes do desenho ou em substituição a ele.)
- **Fechamento:** gerenciar e coordenar a implantação em produção e fechar o projeto de TI.

Adaptando o Noble Path

As etapas de análise e a documentação listadas no Noble Path foram concebidos para representar uma lista de verificação dos itens que o BA deve considerar conforme o projeto se desenvolve; a intenção não é prescrever todos esses itens para todos os projetos. Alguns parâmetros variam, dependendo da natureza do projeto e da metodologia usada para gerenciá-lo. Isso inclui o seguinte:

- o número de fases do ciclo de vida e seus nomes;
- o número de iterações em cada fase;
- a duração (*time box*) de cada iteração;
- a distribuição das atividades ao longo do ciclo de vida do projeto;
- a quantidade e o tipo da documentação produzida;
- a quantidade de retrabalho esperado. (Os processos iterativos, diferente dos cascata, são baseados na expectativa de retrabalho.)

A ênfase relativa destinada a cada etapa do Path (e os outros parâmetros mencionados no parágrafo anterior) varia de acordo com o tipo de abordagem de ciclo de vida que está sendo usado. Os ciclos de vida podem ser descritos como definitivos ou empíricos. Os definitivos são processos bem definidos. Para adaptar o Noble Path aos ciclos de vida definitivos, mapeie as etapas e os recursos do Path para aqueles que são usados no ciclo de vida. Use o Noble Path como complemento para a metodologia, adicionando as etapas do Path que não estão detalhadas no seu processo atual, se for apropriado para o projeto.

As abordagens empíricas são menos definidas e se adaptam rapidamente às circunstâncias; são caracterizadas por análise e documentação mínimas. Os fatores que favorecem as abordagens empíricas incluem requisitos voláteis, tecnologia experimental e pequenas equipes e projetos, dos quais o cliente exige resultados rápidos. Ao adaptar o Path para os ciclos de vida empíricos, utilize as etapas e os recursos do Path como lista de verificação, mas implemente apenas os itens essenciais para o projeto. (Um exemplo de uma etapa essencial é a criação de modelos da arquitetura.)

Ao adaptar o Path para uma abordagem ágil, utilize as seguintes orientações[3]:

- iterações curtas (por exemplo, sprints de duas semanas);
- muitas iterações;
- análise e documentação dos requisitos mínimos, exceto conforme necessário para minimizar o risco e tratar das questões de arquitetura;
- replanejamento frequente;
- colaboração constante;
- testes contínuos;
- ausência de uma linha de base dos requisitos, para o gerenciamento de mudanças[4];
- os requisitos podem ser alterados a qualquer momento pelo dono do produto, desde que não estejam sendo implementados.

Como já foi descrito, o Path presume um processo iterativo e incremental. Para adaptar o Path a um processo cascata, aplique as seguintes restrições:

- o número de iterações em cada fase é 1;
- a análise de todos os requisitos deve estar concluída antes de iniciar o desenho e a codificação.

O tamanho e a complexidade do projeto também causam impacto no papel do BA e, consequentemente, na implementação do Noble Path. À medida que o tamanho do projeto aumenta, o mesmo ocorre com a necessidade de documentação, para facilitar a comunicação dentro do grupo. Quando a complexidade aumenta, mais tempo se gasta para entender o domínio do problema e estabelecer uma arquitetura sólida.

Como usar as tabelas

Cada uma das Tabelas 1.1 a 1.5 descreve uma fase do ciclo de vida, concentrando-se na função do BA. Cada linha das tabelas representa uma atividade do BA, descrita na primeira coluna. (Por exemplo, a atividade na terceira linha da Tabela 1.1 é "Analisar o impacto nos serviços e processos de negócio".) A linha fornece a visão geral da atividade; descrições detalhadas de muitas das atividades serão encontradas ao longo deste manual, como no Capítulo 2, que fornece listas de participantes e perguntas adicionais para a entrevista.

---

[3] Alguns desses itens são encontrados no artigo "What Is Agile Software Development?", de Jim Highsmith, em *Crosstalk, the Journal of Defense Software Engineering*, out. 2002. (Disponível em: <http://www.stsc.hill.af.mil/Crosstalk/2002/10/highsmith.html>.)

[4] Não há motivo para congelar os requisitos, porque não há investimento em um requisito até que ele seja inserido em uma iteração.

Capítulo 1 ▪ Visão geral das atividades do BA durante todo o ciclo de vida

O BA não precisa executar as atividades sequencialmente da primeira até a última linha; na verdade, muitas delas devem ser realizadas paralelamente. A segunda coluna (Predecessores, momento) fornece a orientação de quando cada atividade deve começar. Use essa informação inicialmente para planejar o momento de execução das atividades. (Lembre-se de que, nos projetos iterativos, muitas atividades ocorrem repetidamente na fase – uma vez em cada iteração.) Quando você estiver prestes a executar a atividade, use a coluna novamente para verificar se está realmente pronto para prosseguir.

A terceira coluna (Documentos de Entrada) lista os artefatos exigidos para atividade. Use as informações desta coluna para preparar pacotes de documentação para os participantes revisarem antes das reuniões. Muitas dessas entradas são descritas detalhadamente em outras partes deste manual, nos Capítulos 4 e 6. Os artefatos marcados como UML *(estendida)* nesta e na próxima coluna são parte do padrão da UML ou uma extensão válida[5]. (Um exemplo de uma extensão válida da UML é o elemento de modelagem *Worker*.) Leitores do RUP: observem que as *descrições* de caso de uso que aparecem nestas colunas são denominadas no RUP como *especificações* de caso de uso[6]. Quando o termo *modelo* aparece nestas colunas, refere-se a quaisquer abstrações e representações de um sistema ou aspecto de um sistema e inclui diagramas, elementos de modelagem e documentação textual relacionada. Por exemplo, um modelo de caso de uso de sistema inclui diagramas de casos de uso de sistema, elementos de modelagem como os casos de uso de sistema e atores, e as descrições em texto do caso de uso de sistema.

A quarta coluna (Entregáveis) descreve os artefatos produzidos como resultado da atividade. Use as informações desta coluna ao criar agendas de reuniões, para que ela possa ser orientada para a criação dos entregáveis especificados. Use também a coluna ao criar o seu Plano de Trabalho das Atividades do BA durante o projeto; a coluna ajuda a identificar quando cada entregável será produzido ou atualizado. Alguns entregáveis são denominados "intermediários". Isto serve para indicar que o documento é atualizado naquele ponto; afinal é um rascunho que ainda não foi finalizado. Em um projeto que não seja ágil, os documentos descritos como "linha de base" (*baselined*) são salvos nesse ponto do processo para que as mudanças possam ser avaliadas em relação a eles posteriormente. Eles podem ser congelados ao mesmo tempo (dependendo do projeto e da metodologia), a fim de indicar que as mudanças subsequentes devem ser submetidas ao processo de gerenciamento de mudanças. Nos projetos ágeis, no entanto, os requisitos (se eles existirem) com frequência não são controlados com uma linha de base. Além

---

[5] Os mapas de papéis são listados como parte da UML, pois eles representam uma forma limitada do diagrama de casos de uso da UML (isto é, representam apenas atores e suas relações uns com os outros).

[6] Fugi do termo do RUP para evitar confusão em relação ao uso do termo *especificação* que faço neste livro (voltado para o projeto).

disso, podem ser alterados a qualquer momento sem passar por um processo de gerenciamento de mudanças, desde que não estejam sendo implementados. A coluna também indica em que ponto alguns dos entregáveis são indicados como *finalizados* ou *assinados*. Aqui, como em outros lugares, espera-se que as particularidades variem conforme a metodologia e conforme o projeto.

A quinta coluna (Planejamento da Entrevista, Perguntas) resume as principais perguntas usadas pelo BA durante as entrevistas com as partes interessadas. Quando apropriado, o leitor é direcionado ao Capítulo 2. Nesse capítulo, o leitor encontrará uma orientação detalhada, uma lista mais abrangente de perguntas do BA e o mapeamento minucioso de perguntas específicas para entregáveis específicos.

Fase de iniciação

Fase do ciclo de vida de serviço da ITIL: Estratégia de serviço[7]

Os objetivos da fase de iniciação são desenvolver o caso de negócio para o projeto, estabelecer o escopo do projeto e do produto e explorar as soluções, incluindo a arquitetura preliminar. (Normalmente, os protótipos de arquitetura, construídos durante essa fase, são descartados adiante no processo.) O BA auxilia o gerente de projetos identificando as partes interessadas, os serviços e processos de negócio e serviços de TI afetados pelo projeto (consulte a Tabela 1.1). No final dessa fase, a funcionalidade-chave é identificada – como as principais tarefas do usuário e serviços de TI. Quando um processo não ágil é usado, esses requisitos são incluídos na linha de base e as subsequentes mudanças no escopo são gerenciadas de maneira controlada, usando um processo de gerenciamento de mudanças.

Fase de descoberta

Fase do ciclo de vida de serviço da ITIL: Desenho do serviço

O principal objetivo da fase de descoberta é entender o comportamento desejado da solução e executar a linha de base da arquitetura (ver Tabela 1.2). Esta fase e a anterior são as principais da BA. A análise de requisitos atinge seu pico nessa fase. (Nos processos iterativos, a análise continua durante todo o ciclo de vida; nos de cascata, ela é concluída nessa fase.) Algumas tarefas de usuário são selecionadas para desenvolvimento durante esta fase, a fim de demonstrar a prova

---

[7] As atividades na fase de iniciação correspondem ao planejamento e às primeiras atividades da análise, conforme descritas na publicação do itSMF® *Service Agreements – A Management Guide* (itSMF-NL, Benyon e Johnston, 2006).

de conceitos arquiteturais. A fase de descoberta corresponde a um aspecto da fase do Ciclo de Vida de Serviço da ITIL, o desenho do serviço – que lida com o desenvolvimento dos requisitos. (A fase de construção, que vem a seguir, corresponde a outro aspecto do desenho do serviço – o desenvolvimento das especificações do projeto técnico.)

Tabela 1.1 Fase de iniciação

Objetivo	Predecessores, momento	Documentos de entrada	Entregas	Planejamento de entrevista, perguntas
Reunião de *kick-off*; identificar oportunidades e desafios	No início do projeto, identificar os principais problemas, custos e possíveis benefícios; refazer o que for necessário	Requisição de mudança *ITIL:* RDM (Requisição de Mudança[1]) inicial	▪ Gráfico de Pareto ▪ Gráfico de causa e efeito ▪ Análise temporária de custo-benefício (ROI[2], período de devolução[3]) *ITIL:* BIA temporário (Análise de Impacto no Negócio)	*Consulte a seção "Identificar oportunidades e desafios" do Capítulo 2 para obter uma relação mais abrangente de perguntas. As principais incluem:* ▪ Quais são os seus principais problemas atualmente? ▪ Com que frequência eles ocorrem? ▪ Quais oportunidades estão perdendo? ▪ Quais são os custos e benefícios de uma mudança? ▪ Quais são os riscos?
Identificar interessados (stakeholders) e interesses	Uma requisição de mudança foi feita, desencadeando o projeto	Caso de negócio inicial *ITIL:* ▪ RDM(s) de alto nível	***Documento de visão:*** ▪ Enunciado de Problema ▪ Enunciado de Posição do Problema ▪ Tabela de Interessados e Interesses ▪ Objetivos ▪ Recursos	*Consulte a seção "Identificar Interessados e Interesses" do Capítulo 2 para obter uma relação mais abrangente de perguntas. As principais incluem:* ▪ Quem será afetado pelo sucesso ou fracasso da solução? ▪ Quem são os usuários? ▪ Quem é o cliente? ▪ Quem assinará a solução? ▪ Qual é o interesse de cada interessado (uma necessidade ou oportunidade tratada) na solução?

(continua)

8   O livro do analista de negócios

Tabela 1.1 Fase de iniciação (continuação)

Objetivo	Predecessores, momento	Documentos de entrada	Entregas	Planejamento de entrevista, perguntas
Analisar o impacto nos serviços e processos de negócio	Os interessados e interesses foram identificados	Tabela de interessados e interesses *UML (estendida)*[4]: ■ Modelo do caso de uso de negócio como se encontra *ITIL:* ■ SGC (Sistema de Gerenciamento da Configuração) ■ Catálogo de Serviços do Negócio ■ Catálogo de Serviços Técnicos[5] ■ A(N)S[6] (Acordos de Nível de Serviço) Existentes	■ BIA intermediária ■ Impacto das mudanças propostas nos serviços de negócios (DRN). *UML (estendida):* ■ Diagramas de caso de uso de negócios como será, casos de uso de negócios, descrições de atores e caso de uso de negócios. Nota: Uma descrição de caso de uso de negócios (denominada no RUP especificação de caso de uso de negócios) define a interação entre o limite do negócio e, em geral, é expressa por meio de uma narrativa de texto. (Consulte "Modelo da descrição de caso de uso de negócios" no Capítulo 6). O texto pode ser suplementado com qualquer diagrama de atividade que tenha uma partição para o negócio e uma para cada ator[7].	*Consulte a seção "Analisar o impacto nos serviços e nos processos de negócio" do Capítulo 2 para obter uma relação mais abrangente de perguntas. As principais incluem:* ■ Quais serviços de negócios e processos ponto a ponto serão afetados por este projeto? ■ Qual é a diferença entre o que é exigido e o que existe atualmente? ■ Quais novos serviços e processos de negócios serão introduzidos por este projeto? ■ Para cada serviço ou processo identificado, qual é o impacto esperado da mudança na área de negócios e nos outros serviços e componentes?

Capítulo 1 ▪ Visão geral das atividades do BA durante todo o ciclo de vida

Objetivo	Predecessores, momento	Documentos de entrada	Entregas	Planejamento de entrevista, perguntas
			Alternativas à UML: ▪ DFDs (Diagrama de Fluxo de Dados) Intermediários da perspectiva de negócio *ITIL:* ▪ R(N)S (Requisitos de Nível de Serviço) intermediários de negócio ▪ Atualizações no Portfólio de Serviços de Negócios	
Análise de impacto no negócio: análise do risco	Analisar o risco no início de cada iteração; reavaliar regularmente	▪ Documento de visão[8] ▪ BIA intermediária (Análise de Impacto no Negócio) ▪ Impacto das mudanças propostas nos serviços de negócios (DRN)	▪ Análise Intermediária de Risco (consulte o Modelo DRN no Capítulo 6) *ITIL:* ▪ BIA intermediária ▪ Análise intermediária de risco	*Reunir-se com os interessados técnicos e do negócio. Consulte a seção "Análise de risco" do Capítulo 2 para obter uma relação mais abrangente de perguntas. As principais incluem:* ▪ Existe alguma ameaça que poderia ter impacto negativo no resultado deste projeto? ▪ Existe algum evento (oportunidade) desejável que acarretaria impacto positivo? *Para cada risco identificado:* ▪ Qual é a probabilidade de ocorrência? ▪ Qual é o impacto no negócio, caso ocorra? ▪ Qual é a melhor estratégia para lidar com este risco?

Tabela 1.1 Fase de iniciação (continua)

10   O livro do analista de negócios

Tabela 1.1   Fase de iniciação (continuação)

Objetivo	Predecessores, momento	Documentos de entrada	Entregas	Planejamento de entrevista, perguntas
Gerenciamento de requisitos: configuração e planejamento	Custo-benefício inicial, revisão da BIA; aprovação para prosseguir	▪ Documento de visão ***ITIL:*** ▪ BIA	▪ Plano de Trabalho de Requisitos ▪ Modelos da tabela de requisitos de atributos ▪ Modelos da matriz de requisitos de rastreabilidade ***ITIL:*** ▪ Estrutura do SGC (Sistema de Gerenciamento de Configuração)[9], atualizações no portfólio de serviço	*Reunir-se com o gerente do projeto e chefes de equipes. Consulte a seção "Gerenciamento de requisitos – configuração e planejamento" do Capítulo 2 para obter uma relação mais abrangente de perguntas. As principais incluem:* ▪ Quais perguntas o gerenciamento de requisitos deve conseguir responder? ▪ Qual é o nível apropriado de rastreamento de requisitos? ▪ Quais fatos precisam ser documentados em relação a cada requisito?
▪ Gerenciamento de requisitos: atualizar requisitos de atributos e matrizes de rastreabilidade com informações sobre os recursos e serviços de negócios	▪ A matriz de requisitos de rastreabilidade foi configurada ▪ A tabela de requisitos de atributo foi configurada	▪ Documento de visão ▪ Visão geral dos serviços de negócios[10] ***UML (estendida):*** ▪ Diagramas de caso de uso do negócio ▪ Casos de uso do negócio ▪ Atores ▪ Descrições do caso de uso ▪ Documentos de caso de uso do negócio ***ITIL:*** ▪ BIA ▪ RDM, Portfólio do Serviço de Negócios[11]	Atualizações na tabela de atributos dos requisitos e matriz de rastreabilidade ***ITIL:*** ▪ Atualizações no portfólio de serviços, R(N)Ss, SGC	*Reunir-se com os interessados e membros da equipe para revisar e atualizar os atributos dos requisitos e as relações entre os requisitos novos ou alterados e outros recursos e itens de configuração. Para cada recurso ou serviço, utilizar as tabelas de requisitos como guia para as perguntas e para documentar as respostas. As perguntas para todos os requisitos incluem:* ▪ Quem é o autor? ▪ Quem é o responsável? ▪ Como iremos verificar se é suportado no produto final? ▪ Qual é a probabilidade de que mude com o passar do tempo?

Capítulo 1 ▪ Visão geral das atividades do BA durante todo o ciclo de vida 11

Objetivo	Predecessores, momento	Documentos de entrada	Entregas	Planejamento de entrevista, perguntas
Definir como será o fluxo de trabalho interno para os processos de negócios ponto a ponto	Serviços de negócios afetados pela mudança foram identificados	▪ Impacto das mudanças propostas nos serviços de negócios (consulte Modelo DRN) *UML (estendida):* ▪ Diagramas de caso de uso do negócio ▪ Casos de uso do negócio ▪ Atores ▪ Descrições do caso de uso *ITIL:* ▪ Portfólio do serviço de negócios ▪ BIA	▪ Fluxo de trabalho transfuncional do processo de negócio *UML (estendida):* ▪ Realizações de caso de uso do negócio (estas são descrições que incluem o fluxo de trabalho interno e, em geral, são expressas visualmente, usando os diagramas de atividade). *Alternativas à UML:* ▪ Texto, DPN *ITIL:* ▪ R(N)S intermediários	*Consulte a seção "Definir o fluxo de trabalho interno para os processos de negócio ponto a ponto" do Capítulo 2 para obter uma relação mais abrangente de perguntas. As principais perguntas para cada processo incluem:* ▪ Qual é o fluxo de trabalho atual (como se encontra) (se aplicável)? ▪ Qual é o fluxo de trabalho desejado (como será)? ▪ Qual participante executa cada atividade no fluxo de trabalho?

Tabela 1.1 Fase de iniciação (continua)

Tabela 1.1 Fase de iniciação (continuação)

Objetivo	Predecessores, momento	Documentos de entrada	Entregas	Planejamento de entrevista, perguntas
Descrever usuários	Impacto no fluxo de trabalho do processo de negócios foi analisado	◾ Tabela de interessados e interesses ◾ Modelo do processo de negócio: participantes (atores), fluxo de trabalho ◾ Perfil do usuário **UML (estendida):** ◾ Como será Modelo do caso de uso de negócios ◾ Mapa de papéis[12] (se existente) **Alternativas à UML:** ◾ DFD (Diagrama de Fluxo de Dados) ◾ DPN atualizado (Diagrama de Processo de Negócios) **ITIL:** ◾ SGC[13]	Perfil do usuário[14] **UML:** ◾ Mapa de papéis **ITIL:** ◾ Atualizações nos IC (Itens de Configuração) do usuário pelo SGC[15]	*Consulte a seção "Descrever os usuários" do Capítulo 2 para obter uma relação mais abrangente de perguntas. As principais incluem:* ◾ Quais participantes do processo de negócio (atores de negócios e funcionários) serão usuários diretos do sistema? ◾ Quem receberá mensagens ou relatório do sistema? ◾ Quais sistemas de computadores externos irão se comunicar com o sistema? ◾ Existe alguma sobreposição entre as funções dos diferentes grupos de usuários?

Capítulo 1 ▪ Visão geral das atividades do BA durante todo o ciclo de vida

Objetivo	Predecessores, momento	Documentos de entrada	Entregas	Planejamento de entrevista, perguntas
Identificar tarefas do usuário	▪ Impacto no fluxo de trabalho do processo de negócios foi analisado	▪ Modelo do processo de negócio: Fluxo de trabalho transfuncional ▪ Modelo de serviços de TI existentes **UML (estendida):** ▪ Como será Modelo do caso de uso de negócios ▪ Como se encontra Modelo do caso de uso do sistema **ITIL:** ▪ RDM (Requisições de Mudança) ▪ R(N)S de negócios ▪ Catálogo do serviço técnico	Requisitos funcionais: Tarefas do usuário **UML:** ▪ Diagramas de caso de uso do sistema ▪ Casos de uso do sistema ▪ Atores ▪ Resumos do caso de uso do sistema (descrições curtas em texto) **Alternativas à UML:** ▪ DFD **ITIL:** ▪ R(N)S de TI intermediários ▪ RDM[16]	*Revisar o fluxo de trabalho de cada processo de negócio ponto a ponto (caso de uso do negócio). Consulte a seção "Identificar tarefas do usuário" do Capítulo 2 para obter uma relação mais abrangente de perguntas. As principais incluem:* ▪ Quais tarefas envolvem o sistema de TI? ▪ Qual é a melhor maneira de agrupar as etapas automatizadas em tarefas que possam ser realizadas por um usuário em uma sessão? ▪ Quais opções de menu você gostaria de ver? ▪ Quais transações eletrônicas o sistema deve ser capaz de processar?

Tabela 1.1 Fase de iniciação (continua)

14 O livro do analista de negócios

Tabela 1.1 Fase de iniciação (continuação)

Objetivo	Predecessores, momento	Documentos de entrada	Entregas	Planejamento de entrevista, perguntas
Gerenciamento de requisitos: monitorar requisitos	▪ Tabela de requisitos de atributos (ou equivalente) foi configurada ▪ Realizado sempre que os requisitos forem identificados ou alterados	▪ Requisitos novos ou alterados *UML:* ▪ Diagramas de caso de uso do sistema[17] ▪ Casos de uso do sistema ▪ Atores ▪ Resumos de caso de uso do sistema *ITIL:* ▪ RDM de TI intermediários, R(N)S, SGC	▪ Tabela de requisitos de atributos ▪ Matriz de rastreabilidade de requisitos *ITIL:* ▪ Atualizações no portfólio de serviços, R(N) Ss, SGC	*Reunir-se com os interessados e membros da equipe para revisar e atualizar os atributos dos requisitos e as relações entre os requisitos novos ou alterados e outros recursos e itens de configuração. Para cada tarefa do usuário (caso de uso do sistema), utilizar a tabela de requisitos como guia para as perguntas e para documentar as respostas. Por exemplo:* ▪ Quem será responsável por garantir que os requisitos desta tarefa do usuário (caso de uso do sistema) serão cumpridos conforme solicitado? ▪ Quais métodos serão usados para verificar se a solução cumpre os requisitos (testes, roteiros, TAU [Teste de Aceitação do Usuário])? ▪ Quais serviços ou processos de negócio (casos de uso de negócio) esta tarefa de usuário suporta? ▪ Quais objetivos de negócio ela suporta?

Capítulo 1 ▪ Visão geral das atividades do BA durante todo o ciclo de vida 15

Objetivo	Predecessores, momento	Documentos de entrada	Entregas	Planejamento de entrevista, perguntas
Modelagem estática: definir conceitos de negócio, objetos e regras	▪ Realizar em paralelo com a modelagem dinâmica dos serviços de TI. À medida que os substantivos de negócios são introduzidos, extrair e documentar definições e regras	Modelo do processo de negócio ***UML (estendida):*** ▪ Modelo de caso de uso do negócio: Casos de uso do negócio, Atores e trabalhadores de negócios, Diagramas de caso de uso do negócio, Descrições de caso de uso do negócio, Realizações de caso de uso do negócio ▪ Modelo de caso de uso do sistema: Casos de uso do sistema, Atores, Mapa de papéis, Diagramas de caso de uso do sistema, Resumos de caso de uso do sistema ▪ Diagramas de atividade ***Alternativas à UML:*** ▪ DFD ▪ DPN ▪ Fluxogramas	▪ Regras de negócios ▪ Dicionário de dados ***UML:*** ▪ Classes de entidade ▪ Diagramas de classe da perspectiva do negócio ***Alternativas à UML:*** ▪ DER (Diagramas de entidade Relacionamento) da perspectiva do negócio	*Consulte a seção "Definir conceitos, objetos e regras de negócio" do Capítulo 2 para obter uma relação mais abrangente de perguntas. As principais incluem:* ▪ Quais são as principais pessoas, transações, produtos e serviços que a empresa precisa rastrear com a ajuda do sistema de software? *Para cada entidade (classe) incluída no modelo, solicitar aos interessados/perguntar:* ▪ Explicar o termo resumidamente ▪ Fornecer um exemplo típico ▪ Que tipo de informação (atributo) a empresa rastreia sobre ela? ▪ A empresa precisa vincular a qualquer outro objeto de negócio e, nesse caso, quantos de cada tipo?

Tabela 1.1 Fase de iniciação (continua)

16 O livro do analista de negócios

Tabela 1.1 Fase de iniciação (continuação)

Objetivo	Predecessores, momento	Documentos de entrada	Entregas	Planejamento de entrevista, perguntas
Definir os requisitos de nível de serviço não funcionais do negócio	▪ Podem ocorrer a qualquer momento	▪ Documento de visão, recursos, requisitos existentes *UML (estendida):* ▪ Modelo de caso de uso do negócio *ITIL:* ▪ Portfólio do serviço de negócio ▪ R(N)S intermediários	▪ Requisitos não funcionais intermediários *ITIL:* ▪ RNS de negócios intermediários ▪ Atualizações intermediárias no Pipeline de serviço	*Consulte a seção "Definir RNS não funcionais" do Capítulo 2 para obter uma relação mais abrangente de perguntas. As principais incluem:* ▪ Qual volume de transações/clientes deve ser acomodado? ▪ Qual deve ser a disponibilidade dos serviços de negócio? 24/7? ▪ Quais são os requisitos de segurança? ▪ Existe alguma diretriz de acessibilidade aplicável?

Capítulo 1 ▪ Visão geral das atividades do BA durante todo o ciclo de vida

Objetivo	Predecessores, momento	Documentos de entrada	Entregas	Planejamento de entrevista, perguntas
Investigar soluções/desenho inicial	▪ Impacto nos serviços e processos de negócios foi analisado ▪ Serviços de TI afetados foram identificados	▪ Documento de visão ▪ Recursos ▪ Requisitos funcionais de nível médio ▪ Documentos arquiteturais: Arquitetura da empresa, do negócio, da linha de produtos, do sistema de informações **UML (estendida):** ▪ Modelo de caso de uso do negócio ▪ Modelo de caso de uso do sistema **ITIL:** ▪ R(N)S	▪ Protótipos da UI ▪ Protótipos da prova de conceito ▪ Plano do Desenho Os protótipos criados, durante esta fase, provavelmente serão descartados adiante no projeto. O trabalho arquitetural se baseia principalmente em papel, incluindo o esboço das comunicações, as interações básicas em larga escala e a divisão da mão de obra entre os sistemas. As atividades de desenho durante esta fase se concentram no desenvolvimento de um plano de desenho. (O plano de desenho descreve a abordagem e identifica os artefatos de desenho que podem ser utilizados[18].)	Caso uma solução de AP ou de provedor de serviço seja contemplada, reúna-se com os interessados e o fornecedor ou prestador. Caso uma solução interna ou personalizada seja planejada, trabalhe com a equipe técnica nos casos de uso de alta prioridade e alto risco neste momento; revise as especificações resultantes do desenho e assim por diante, para verificar se os requisitos foram suportados. Consulte a relação de verificação "Seleção dos provedores de solução" no Capítulo 5, para verificar os critérios de seleção sugeridos.
GQ: planejar testes (função de suporte)	▪ Serviços de TI afetados foram identificados	**UML:** ▪ Modelo de caso de uso do sistema **ITIL:** ▪ R(N)S ▪ Pipeline de serviço	Suportar a equipe de GQ no desenvolvimento de: ▪ Plano mestre do teste ▪ Casos de teste de alto valor	

Tabela 1.1 Fase de iniciação (continua)

O livro do analista de negócios

Tabela 1.1 Fase de iniciação (continua)

Objetivo	Predecessores, momento	Documentos de entrada	Entregas	Planejamento de entrevista, perguntas
Revisar e assinar requisitos	***Roteiros:*** • Em intervalos regulares, à medida que os artefatos se tornam disponíveis ***Assinatura:*** • Os requisitos podem ser assinados iterativamente à medida que são desenvolvidos OU • Uma assinatura é realizada no final da fase	***Quaisquer artefatos de requisito alterados:*** • Documento de visão • Análise de risco • Recursos • Serviços de negócio/ processos • Requisitos do usuário (tarefas identificadas) • Tabelas de atributos do requisito e matrizes de rastreabilidade • Requisitos não funcionais ***UML (estendida):*** • Modelo de caso de uso do negócio e documentos • Modelo de caso de uso do sistema e documentos • Mapa de papéis • Diagramas de classe ***Alternativas à UML:*** • Decomposição funcional intermediária, DFD, DPN, DER	***Roteiros:*** • Documentos de requisitos verificados ***Assinatura:*** • Nos projetos cascata, os seguintes itens são colocados na linha de base e finalizados; nos projetos iterativos, os requisitos são sujeitos a mudanças a qualquer momento, desde que não estejam sendo implantados • Documento de Visão • Análise de risco • Recurso • Serviços de negócios/ processos • Requisitos do usuário (tarefas identificadas) • Tabelas de atributos do requisito e matrizes de rastreabilidade • Requisito não funcional • Plano de trabalho de requisitos	

Objetivo	Predecessores, momento	Documentos de entrada	Entregas	Planejamento de entrevista, perguntas
Revisar e assinar requisitos		**ITIL:** - RDM (requisição inicial de mudança) - Requisitos de (nível) de serviço intermediários	**UML (estendida):** - Modelo de caso de uso do negócio - Modelo de caso de uso do sistema - Mapa de papéis - Principais diagramas de classe de negócios **Alternativas à UML:** - Decomposição funcional temporária, DPN, DFD, DER **ITIL:** - Atualizações em BIA, R(N)S, RDM, SGC	

[1] Na ITIL, as RDMs podem se originar de diversas fontes, como os departamentos de TI e marketing. Seja como for, a análise deve começar com o impacto no negócio. Um exemplo de uma RDM iniciada pelo marketing é uma requisição para adicionar ou modificar um serviço de negócio. A implicação (e o motivo) da colocação desse tipo de requisição como RDM é colocá-la sob o gerenciamento de mudanças, para que possa ser adequadamente monitorada e controlada. Em dado momento, uma RDM desse tipo levará a RDMs de nível inferior que iniciam mudanças nos itens de configuração de TI como programas, bancos de dados e unidades de hardware.

[2] ROI significa Return on Investment (Retorno do Investimento). Outras métricas como TIR (Taxa Interna de Retorno) também podem ser usadas.

[3] O período de devolução é a medição do tempo que demora a pagar o investimento inicial.

[4] Artefatos marcados como "UML estendida" fazem parte do padrão de UML ou de uma sua extensão válida.

[5] O catálogo de serviços técnicos consiste em serviços ativos e aprovados e nas "relações com os departamentos e processos que dependem do serviço" (Foundations of ITIL Service Management, com base em ITIL V3, p. 194) e contém políticas, acordos de nível de serviço e etc. O processo da ITIL que governa essa etapa é o Gerenciamento do catálogo de serviço.

6 Utilize os ANSs existentes para realizar a análise de diferenças. Também observe que, como já foi descrito, os parênteses em A(N)S e R(N)S são usados para indicar que o termo se refere a qualquer tipo de requisito ou acordo de nível de serviço (funcional e não funcional).

7 A complementação do texto com um diagrama de atividade é recomendada para casos de uso complexos, em que os fluxos são interligados de formas complexas.

8 Este documento evoluirá com o passar do tempo. O documento de visão de entrada utilizada neste ponto é uma interação inicial do artefato.

9 O SGC (Sistema de Gerenciamento da Configuração) rastreia os ICs (Itens de Configuração) e suas inter-relações. Os padrões de configuração, incluindo a de requisitos, são frequentemente definidos para um departamento ou negócio e espera-se que todos os projetos os cumpram. O BA sênior deve se reunir com o GP e os chefes para revisar e planejar os tipos e níveis de requisitos que serão rastreados, quais atributos de requisitos serão incluídos no SGC e como serão rastreados para outros ICs.

10 Consulte a seção "Impacto das mudanças propostas nos serviços e processos de negócio" no Capítulo 6 de DRN.

11 Um portfólio do serviço de negócio consiste em um Pipeline de serviço de negócio (serviços em desenvolvimento), no catálogo de serviço de negócio (serviços atuais) e nos serviços não mais utilizados. Novos serviços de negócio identificados pelo BA devem ser documentados no funil.

12 *Mapa de papéis* é uma expressão da UML; é uma forma limitada de diagrama de uso de caso popularizada por Larry Constantine, que contém apenas atores e suas relações uns com os outros. Consulte a seção "Mapa de Papéis" do Capítulo 4, para obter mais informações.

13 O SGC pode fornecer informações sobre os usuários e seus vínculos com outros ICs, se o BDGC foi configurado corretamente (consulte a nota 9 desta tabela).

14 Consulte a seção "Atores" no Capítulo 6 de DRN.

15 Clientes, usuários, fornecedores e outros interessados podem ser tratados como ICs (Itens de Configuração). Isso permite que sua relação com os serviços de TI (nos casos de uso do sistema) seja rastreada pelo SGC (Sistema de Gerenciamento de Configuração) de maneira que os interessados afetados por uma mudança possam ser identificados facilmente.

16 RDMs geradas neste ponto incluem as requisições de mudança nos serviços de TI (e seus ICs relacionados).

17 Embora a expressão *caso de uso do sistema* não faça parte da UML, os diagramas de caso de uso do sistema são assim classificados, neste manual, porque correspondem aos diagramas de caso de uso da UML padrão.

18 Essas diretrizes foram extraídas de um e-mail de Chris Reynolds.

Tabela 1.2 Fase de descoberta

Objetivo	Predecessores, momento	Documentos de entrada	Entregas	Perguntas da entrevista
Análise de impacto no negócio: analisar o risco	Analisar o risco no início de cada iteração; reavaliar regularmente	Documento de visão	Análise intermediária de risco (consulte o Modelo DRN no Capítulo 6) ***ITIL:*** ■ BIA intermediária	*Reunir-se com os interessados técnicos e do negócio. Consulte a seção "Análise de risco" do Capítulo 2 para obter uma relação mais abrangente de perguntas. As principais incluem:* ■ Existe alguma ameaça que poderia refletir impacto negativo no resultado deste projeto? ■ Existe algum evento (oportunidade) desejável que acarretaria impacto positivo? *Para cada risco identificado:* ■ Qual é a probabilidade de ocorrência? ■ Qual é o impacto no negócio, caso ocorra? ■ Qual é a melhor estratégia para lidar com esse risco?

(continua)

O livro do analista de negócios

Tabela 1.2 Fase de descoberta (continuação)

Objetivo	Predecessores, momento	Documentos de entrada	Entregas	Perguntas da entrevista
Planejar a análise e implementação do serviço de TI	■ Impacto nos serviços e nos processos de negócios foi analisado ■ Serviços de TI foram identificados	■ Requisitos funcionais (recursos e tarefas do usuário) ■ Requisitos não funcionais ■ Plano de trabalho de requisitos *UML:* ■ Modelo de caso de uso do sistema e documentação ■ Mapa de papéis *ITIL:* ■ R(N)S ■ Programação de Mudança ■ Portfólio de Serviço	Plano de projeto atualizado, Plano de trabalho dos requisitos *ITIL:* Atualizações intermediárias na PDM (Programação de Mudanças)	*Reunir-se com o gerente de projeto para aconselhar o mapeamento dos requisitos para as fases do projeto e iterações:* ■ Durante qual fase e iteração cada requisito funcional e não funcional será elaborado? Quando será a implementação? ■ Existe algum elemento que devemos implementar para mitigar o risco? Por exemplo, devemos criar prova de conceitos dos novos componentes da tecnologia? *Caso o projeto siga a abordagem de caso de uso, adicione as perguntas anteriores para os casos de uso de sistema e seu fluxo:* ■ Quais casos de uso do sistema e fluxos (básico, alternativo, exceção) serão descritos durante esta fase? O que irá esperar até a fase de construção? ■ Durante qual fase e iteração cada caso de uso de sistema e fluxo será elaborado? Quando será a implementação? ■ Existe algum caso de uso do sistema que devemos implementar para mitigar o risco? Por exemplo, devemos criar prova de conceitos para casos de uso do sistema que usam os novos componentes da tecnologia?

Capítulo 1 ▪ Visão geral das atividades do BA durante todo o ciclo de vida

Objetivo	Predecessores, momento	Documentos de entrada	Entregas	Perguntas da entrevista
Coletar requisitos detalhados do usuário	▪ Tarefas do usuário (dentro dos requisitos funcionais), serviços de TI foram identificados *UML:* ▪ Casos de uso do sistema foram identificados	▪ Plano do Projeto ▪ Modelos do processo de negócio, requisitos de usuário de alto nível *UML (estendida):* ▪ Realizações do caso de uso do negócio ▪ Casos de uso do sistema ▪ Atores ▪ Mapa de papéis ▪ Diagramas de caso de uso do sistema ▪ Resumo do caso de uso do sistema[1] (um parágrafo curto que descreve o caso de uso). *Alternativas à UML:* ▪ DPN ▪ DFD *ITIL:* ▪ RDM ▪ R(N)S	Requisitos intermediários do usuário *UML:* ▪ Descrições do caso de uso do sistema. *Nota:* uma descrição de caso de uso do sistema (denominada no RUP especificação de caso de uso) define a interação entre os atores e o negócio e, em geral, expressa por meio de uma narrativa de texto. (Consulte "Modelo da descrição de caso de uso de sistema" no Capítulo 6). O texto pode ser complementado com qualquer diagrama de atividade que tenha partição para o sistema e para cada ator[2]. *ITIL:* ▪ R(N)S intermediários	*Reunir-se com os interessados para discutir os requisitos do usuário. Consulte a seção "Coletar requisitos detalhados do usuário" do Capítulo 2 para obter uma relação mais abrangente de perguntas. As principais para cada tarefa do usuário (caso de uso do sistema) incluem:* ▪ Qual evento aciona a interação? ▪ Qual é o efeito coletivo de uma interação bem-sucedida? ▪ Descrever uma típica interação bem-sucedida. ▪ Existe outra maneira pela qual cada etapa da interação pode funcionar? ▪ Em que pontos da interação o usuário ou sistema pode cancelar a transação?

Tabela 1.2 Fase de descoberta (continua)

O livro do analista de negócios

Tabela 1.2 Fase de descoberta (continuação)

Objetivo	Predecessores, momento	Documentos de entrada	Entregas	Perguntas da entrevista
Modelagem estática: definir conceitos de negócios, objetos e regras	▪ Realizar em paralelo com a modelagem dinâmica dos serviços de TI. À medida que os substantivos de negócios são introduzidos, extrair e documentar definições e regras.	*UML:* ▪ Modelo de caso de uso do sistema: Casos de uso do sistema, Atores, Mapa de papéis, Diagramas de caso de uso do sistema, Descrições de caso de uso do sistema *Alternativas à UML:* ▪ DFD ▪ DPN ▪ Fluxogramas	▪ Regras de negócios ▪ Dicionário de dados *UML:* ▪ Classes de entidade ▪ Diagramas de classe da perspectiva do negócio *Alternativas à UML:* ▪ DER da perspectiva do negócio	*Consulte a seção "Definir conceitos, objetos e regras de negócio" do Capítulo 2 para obter uma relação mais abrangente de perguntas. As principais incluem:* ▪ Quais são as principais pessoas, transações, produtos e serviços que a empresa precisa rastrear com a ajuda do sistema de software? *Para cada entidade (classe) incluída no modelo, solicitar aos interessados/perguntar:* ▪ Explicar o termo resumidamente. ▪ Fornecer um exemplo típico. ▪ Que tipo de informação (atributo) a empresa rastreia sobre ela? ▪ A empresa precisa vincular a qualquer outro objeto de negócio e, nesse caso, quantos de cada tipo?

Capítulo 1 ▪ Visão geral das atividades do BA durante todo o ciclo de vida 25

Objetivo	Predecessores, momento	Documentos de entrada	Entregas	Perguntas da entrevista
Gerenciamento de requisitos: reutilizar requisitos do usuário	▪ Depois que as tarefas e usuários foram identificados. ▪ Revisar periodicamente à medida que os requisitos do usuários são elaborados.	▪ Requisitos do usuário ▪ Regras de negócios ***UML:*** ▪ Modelo de caso de uso do sistema: casos de uso do sistema, atores, diagramas de caso de uso do sistema, descrições de caso de uso do sistema ***ITIL:*** ▪ Portfólio de Serviço ▪ R(N)S	▪ Requisitos atualizados do usuário ▪ Regras de negócios ***UML:*** ▪ Modelo de caso de uso do sistema atualizado: casos de uso incluído, casos de uso de extensão, casos de uso generalizado e seus casos de uso básico, diagramas de caso de uso do sistema, descrições de caso de uso do sistema ***ITIL:*** ▪ Atualizações intermediárias no Portfólio de Serviços, R(N)S	*Reunir-se com os membros da equipe para revisar os requisitos do usuário (modelo de caso de uso do sistema) e encontrar oportunidades de reutilização. Consulte a seção "Reutilizar requisitos do usuário" do Capítulo 2 para obter uma relação de perguntas. As perguntas incluem:* ▪ *Algum requisito aparece mais de uma vez na documentação?* ▪ *Eles incluem subobjetivos que já foram documentados (por exemplo, como casos de uso incluído)?* ▪ *Existe alguma regra de modelagem estática relevante para esta tarefa do usuário?*

Tabela 1.2 Fase de descoberta (continua)

O livro do analista de negócios

Tabela 1.2 Fase de descoberta (continuação)

Objetivo	Predecessores, momento	Documentos de entrada	Entregas	Perguntas da entrevista
Analisar o ciclo de vida dos principais objetos de negócios	Foi identificado um objeto de negócio que é essencial para a área de negócios	▪ Requisitos do usuário ▪ Modelo estático *UML (estendida):* ▪ Modelo de caso de uso do negócio (diagrama e texto) ▪ Modelo de caso de uso do sistema ▪ Resumos de caso de uso do sistema ▪ Mapa de papéis ▪ Diagramas de classe	▪ Diagramas de estado/gráficos de estado ▪ Modelo estático *UML:* ▪ Diagramas de máquina de estados (gráfico de estado de Harel) ▪ Atualizações nas classes de entidade e diagramas de classe *Alternativas à UML:* ▪ Tabelas de transição de estado ▪ Atualizações no modelo de dados	*Consulte a seção "Analisar o ciclo de vida dos objetos de negócios" do Capítulo 2 para obter uma relação mais abrangente de perguntas. As perguntas incluem:* ▪ Existe um ou mais objetos de negócio — como transação, incidente, recurso, produto ou serviço — que seja essencial para o processo de negócios? ▪ Existe algum objeto de negócios cujo *status* deva ser rastreado por área de negócios? *Para cada principal objeto de negócios:* ▪ Quais *status* ele pode ter? ▪ Descrever o ciclo de vida do objeto, começando do momento em que ele se torna conhecido para o negócio. ▪ O que aciona a transição de um *status* para outro?
Gerenciamento de requisitos: monitorar requisitos	▪ Tabela de atributos dos requisitos (ou equivalente) foi configurada ▪ Realizado sempre que os requisitos forem identificados ou alterados	Requisitos novos ou alterados *UML:* ▪ Modelo de caso de uso do sistema *ITIL:* ▪ RDM de TI intermediários, R(N)S, SGC	▪ Tabela de atributos dos requisitos ▪ Matriz de rastreabilidade de requisitos *ITIL:* ▪ Atualizações no portfólio de serviços, R(N)S, SGC	*Reunir-se com os interessados e membros da equipe para revisar e atualizar os atributos dos requisitos e as relações entre os requisitos novos ou alterados e outros recursos e itens de configuração. Consulte a etapa correspondente na fase de descoberta para obter os detalhes.*

Objetivo	Predecessores, momento	Documentos de entrada	Entregas	Perguntas da entrevista
Definir os requisitos de nível de serviço não funcionais de TI	▪ Podem ocorrer a qualquer momento	Recursos, requisitos existentes *UML:* ▪ Modelo de caso de uso do sistema *ITIL:* ▪ Portfólio de Serviço de TI ▪ R(N)S intermediários	Requisitos não funcionais de TI (atributos de qualidade) *ITIL:* ▪ RNS de TI intermediários ▪ Atualizações intermediárias no funil de serviço	*Consulte a seção "Definir RNS não funcionais" do Capítulo 2 para obter uma relação mais abrangente de perguntas. As principais incluem:* ▪ Qual volume de transações/clientes deve ser acomodado? ▪ Qual deve ser a disponibilidade dos serviços de TI? 24/7? ▪ Quais são os requisitos de segurança? ▪ Existe alguma diretriz de acessibilidade aplicável?

Tabela 1.2 Fase de descoberta (continua)

28 O livro do analista de negócios

Tabela 1.2 Fase de descoberta (continuação)

Objetivo	Predecessores, momento	Documentos de entrada	Entregas	Perguntas da entrevista

Validação e Teste de Serviço[3]: revisar planos e roteiros de teste	GQ preparou planos de teste e roteiros	■ Estratégia de teste
		■ Plano de teste
		■ Roteiros de teste
		■ Plano de trabalho de requisitos
		■ Requisitos funcionais
		■ Requisitos não funcionais
		UML:
		■ Modelo de caso de uso do sistema e documentos
		ITIL:
		■ R(N)S
		■ Catálogo de serviço (funil)
			■ Atualizações na Estratégia, Plano e Roteiros de Teste	*Revisar plano e roteiros de teste com a equipe de GQ:*
				■ O teste garante que a solução atende às expectativa do cliente?
				  ■ Cada tarefa de usuário (caso de uso do sistema) e cenário (fluxo) foi coberto no plano de teste?
				  ■ Os resultados esperados do teste estão de acordo com os requisitos do usuário (caso de uso do sistema)?
				■ O teste garante que a solução é "adequada para uso" (bom desempenho, de acordo com os termos especificados)?
				  ■ Os planos incluem os testes dos requisitos de metas de nível de serviço, usabilidade e acessibilidade?
				  ■ Existem testes para as garantias de nível de serviço no que se refere à disponibilidade, ao volume, à continuidade e à segurança?
				  ■ Existem testes para verificar se os fornecedores e os processos cumprem os padrões e as diretrizes do setor?
				  ■ O plano inclui o teste de regressão apropriado (testes para garantir se os serviços que não deveriam ter mudado permanecem inalterados pela solução)?

Capítulo 1 ▪ Visão geral das atividades do BA durante todo o ciclo de vida

Objetivo	Predecessores, momento	Documentos de entrada	Entregas	Perguntas da entrevista
Revisar e assinar requisitos	*Roteiros:* ▪ Em intervalos regulares, à medida que os artefatos se tornam disponíveis *Assinatura:* ▪ Os requisitos podem ser assinados iterativamente à medida que são desenvolvidos OU ▪ Uma assinatura final é realizada na conclusão da fase	Quaisquer artefatos de requisito alterados: ▪ Documento de visão ▪ Análise de risco ▪ Recursos ▪ Serviços de negócio/processos ▪ Requisitos do usuário (tarefas identificadas) ▪ Tabelas de atributos dos requisitos e matrizes de rastreabilidade ▪ Requisitos não funcionais *UML (estendida):* ▪ Modelo de caso de uso do negócio ▪ Modelo de caso de uso do sistema ▪ Mapa de papéis ▪ Diagramas de classe	*Roteiros:* ▪ Documentos de requisitos verificados *Assinatura:* Nos projetos de cascata, os seguintes itens são colocados na linha de base e finalizados; nos projetos iterativos, os requisitos são sujeitos a mudanças a qualquer momento, desde que não estejam sendo implementados. ▪ Análise de risco ▪ Requisitos do usuário (detalhes) ▪ Tabelas de atributos do requisito e matriz de rastreabilidade ▪ Requisitos não funcionais ▪ Plano de trabalho de requisitos	*Reunir-se com os interessados de negócios, desenvolvedores, GQ e o gerente de projeto para revisar os requisitos. Para obter uma relação completa de perguntas, consulte a seção "Reunião de revisão" no Capítulo 2. As principais incluem:* ▪ Os requisitos são/estão completos, corretos, realistas, estáveis e dentro do escopo? ▪ Toda a documentação e os elementos de modelagem necessários foram criados ou atualizados? Classes? Tabelas de rastreabilidade?

Tabela 1.2 Fase de descoberta (continua)

30 O livro do analista de negócios

Tabela 1.2 Fase de descoberta (continuação)

Objetivo	Predecessores, momento	Documentos de entrada	Entregas	Perguntas da entrevista
Revisar e assinar requisitos		**Alternativas à UML:** - Decomposição funcional intermediária, DFD, DPN, DER **ITIL:** - RDM (Requisição Inicial de Mudança) - Requisitos de (nível) de serviço Intermediários	**UML:** - Modelo de caso de uso do sistema (diagramas de caso de uso do sistema, elementos de modelagem e descrições) - Diagramas de classe - Classes de entidade[4] - Diagramas de estado--máquina **Alternativas à UML:** - Decomposição funcional finalizada ou como linha de base, DPN, DFD, DER, diagramas de transição de estado **ITIL:** - Atualizações de BIA, R(N)S, RDM, SGC finalizadas ou em linha de base, Pacote do Projeto do Serviço, Modelo de Serviço, Definição da Interface de Processo	

Capítulo 1 ▪ Visão geral das atividades do BA durante todo o ciclo de vida

Objetivo	Predecessores, momento	Documentos de entrada	Entregas	Perguntas da entrevista
Revisar desenho	Requisitos do usuário selecionados (fluxo de caso do uso do sistema) foram verificados ou assinados[5]	▪ Protótipos da UI ▪ Prova de conceitos ▪ Outras especificações do projeto ▪ Matriz de rastreabilidade de requisitos *UML:* ▪ Diagramas de sequência, de classe técnica, de comunicação *Alternativas à UML:* ▪ Desenho dos DFD e DER	Protótipos de UI verificados, prova de conceito, outras especificações do desenho *UML:* ▪ Diagramas de sequência, de classe técnica e de comunicação verificados	*Alguns requisitos (caso de uso do sistema) podem se mover para o projeto e o desenvolvimento neste ponto. Participar dos roteiros estruturados com a equipe técnica para revisar as UI (Interfaces do Usuário), protótipos, prova de conceitos e assim por diante, à medida que se tornem disponíveis, para garantir que os requisitos estão sendo suportados. Por exemplo, ao revisar uma UI:* ▪ A interface suporta os requisitos de usuário documentados no caso de uso do sistema correspondente? ▪ Todos os fluxos alternativos e de exceção são suportados pela UI? ▪ A sequência das etapas é a mesma na UI que nos requisitos do usuário (caso de uso)? ▪ Cada requisito que serve como alvo para esta iteração é rastreado para um item de desenho?

Tabela 1.2 Fase de descoberta (continua)

O livro do analista de negócios

Tabela 1.2 Fase de descoberta (continuação)

Objetivo	Predecessores, momento	Documentos de entrada	Entregas	Perguntas da entrevista
Avaliação[6]: analisar os resultados de cada iteração	Final de cada iteração	▪ Relatórios de teste ▪ Plano do projeto (plano de iteração) ▪ Lista de riscos ▪ Lista de defeitos *ITIL:* ▪ Critérios de Aceitação do Serviço (CAS) ▪ Relatórios de gerenciamento de incidente	Relatório de avaliação	*Reunir-se com o gerente de projeto, equipe e cliente para avaliar o desempenho de qualquer mudança. (Em um projeto iterativo, isso pode incluir a implementação de alguns dos requisitos.) Para obter uma relação de perguntas, consulte a seção "Avaliar os resultados de uma iteração" no Capítulo 2. As perguntas incluem:* ▪ A mudança criou algum efeito não pretendido? ▪ Os cenários-alvo foram implementados? ▪ Os riscos foram eliminados ou mitigados?

[1] Os resumos do caso de uso devem ter duas a seis frases. Para obter mais informações sobre os resumos do caso de uso, consulte *Writing effective use cases*, de Alistair Cockburn (Addison-Wesley Professional, 2000), p. 38.

[2] A complementação do texto com um diagrama de atividade é recomendada para casos de uso complexos, nos quais os fluxos são interligados de forma complexa.

[3] No ITIL V3, Validação e Teste de Serviço é mencionado como um processo em Transição de serviço.

[4] As classes de entidade estão apenas listadas, porque são responsabilidade do BA.

[5] A iteratividade do processo determina até que ponto os requisitos do usuário (casos de uso do sistema) devem ser aprovados antes que o desenho comece. Em um processo altamente iterativo, os requisitos do usuário (casos de uso do sistema) e itens do desenho como os protótipos de UI são desenvolvidos ao longo de várias iterações; em um processo não iterativo, os casos de uso são todos assinados antes da execução de qualquer projeto.

[6] A avaliação é categorizada pela ITIL como um processo da Transição do Serviço. Essa etapa se concentra na contribuição do BA para o processo.

Fase de construção

Fase do ciclo de vida de serviço da ITIL: Desenho de serviço

O principal objetivo desta fase é complementar a análise e o desenho, codificar, integrar e testar o software (Tabela 1.3). Nos projetos iterativamente desenvolvidos, essas atividades estão em todas as fases, incluindo a da descoberta, mas atingem o pico nesta. Além disso, nesses projetos, os demais requisitos são coletados durante cada iteração para as interações com o usuário (fluxo de caso de uso do sistema) selecionadas para essa iteração.

A criação das especificações e do código do desenho, que ocorre durante a construção, é incluída como parte do Desenho de Serviço da ITIL.

Fase de V & V Final

Fase do ciclo de vida de serviço da ITIL: Transição de serviço

O principal objetivo desta fase é realizar o teste final antes que o produto ou serviço entre na transição para a produção (Tabela 1.4). O BA ajuda, revisando os planos de teste e certificando-se de que todos os requisitos foram testados. (Embora o teste final ocorra nessa fase, as atividades de teste podem ocorrer durante todo o ciclo de vida, por exemplo, antes do desenho ou em substituição a ele.)

O teste é incluído na fase do ciclo de vida de serviço da ITIL: transição de serviço (especificamente, o processo de Validação e Teste de serviço).

Tabela 1.3 Fase de construção

Objetivo	Predecessores, momento	Entrada	Entregas	Perguntas da entrevista
Análise de impacto no negócio: analisar o risco	Analisar o risco no início de cada iteração; reavaliar regularmente	■ Análise de risco ■ Plano do projeto ■ Especificações do projeto *ITIL:* ■ Programação de mudança ■ RDM ■ BIA	■ Análise de Risco (consulte Modelo DRN) *ITIL:* ■ BIA intermediária	*Reunir-se com os interessados técnicos e do negócio. Consulte a seção "Análise de risco" do Capítulo 2 para obter uma relação mais abrangente de perguntas. As principais incluem:* ■ Existe alguma ameaça que poderia ter o impacto negativo no resultado deste projeto? ■ Existe algum evento (oportunidade) desejável que acarretaria impacto positivo? *Para cada risco identificado:* ■ Qual é a probabilidade de ocorrência? ■ Qual é o impacto no negócio, caso ocorra? ■ Qual é a melhor estratégia para lidar com este risco?

Capítulo 1 ▪ Visão geral das atividades do BA durante todo o ciclo de vida 35

Objetivo	Predecessores, momento	Entrada	Entregas	Perguntas da entrevista
Coletar os demais requisitos do usuário	Executar durante cada iteração, para as tarefas do usuário (casos de uso do sistema) selecionadas para uma análise adicional e/ou implementação	▪ Plano do projeto ▪ Modelos do processo de negócio ▪ Requisitos de usuário de alto nível (tarefas de usuário identificadas) *UML (estendida):* ▪ Fluxo de trabalho do caso de uso do negócio (diagramas de atividade e/ou texto) ▪ Modelo de caso de uso do sistema ▪ Resumos de caso de uso do sistema ▪ Mapa de funções *ITIL:* ▪ RDM, R(N)S	▪ Requisitos intermediários do usuário *UML:* ▪ Descrições e fluxos restantes do caso de uso do sistema *ITIL:* ▪ R(N)S intermediários, RDM	*Coletar qualquer requisito restante para a interação com o usuário (fluxos de caso de uso) selecionados para a iteração no início da mesma. Consulte a seção "Coletar requisitos detalhados do usuário" do Capítulo 2 para obter uma relação de perguntas.*
Coletar requisitos da Central de Serviço	A qualquer momento, mas deve ser concluído antes que o produto ou serviço seja colocado em produção	*ITIL:* ▪ Modelo de suporte aos serviços ▪ Plano de continuidade do serviço de TI ▪ Plano de Continuidade de Negócios (PCN)	▪ Requisitos não funcionais de nível de serviço *ITIL:* ▪ Modelo de Suporte aos Serviços ▪ Procedimentos de central de serviço ▪ Procedimentos de escalada de incidente ▪ RNS *UML:* ▪ Mapa de papéis (atores do Agente da Central de Serviço) ▪ Modelo de caso de uso do sistema	*Consulte "Coletar requisitos da Central de Serviço" do Capítulo 2 para obter uma relação mais abrangente de perguntas. As principais incluem:* ▪ Com quais tipos de incidentes novos (ou revisados) e requisições de serviço a Central de serviços precisar lidar em razão das mudanças? ▪ Quais são os erros conhecidos? ▪ Com quantos incidentes e eventos o sistema deve ser capaz de lidar por hora/mês/dia?

Tabela 1.3 Fase de construção (continua)

36   O livro do analista de negócios

Tabela 1.3 Fase de construção (continuação)

Objetivo	Predecessores, momento	Entrada	Entregas	Perguntas da entrevista
Revisar e assinar requisitos	■ Realizar roteiros regularmente para validar os requisitos descobertos durante esta fase ■ Assinar pontos programados durante cada requisito de iteração ou uma assinatura antes que o projeto comece	■ Requisitos funcionais e não funcionais alterados ■ Tabelas de atributos do requisito e matrizes de rastreabilidade ■ Plano de trabalho de requisitos *UML:* ■ Modelo de caso de uso do sistema, modelo estático (classes, diagramas de classe), diagramas de estado--máquina *ITIL:* ■ RDM, R(N)S, SCG, PDM (Programação de Mudanças), ISP (Indisponibilidades de Serviço Projetadas)	***Após o Roteiro:*** ■ Documentos e planos de requisitos verificados ***Após a Revisão de Portão:*** Nos projetos de cascata, os seguintes itens são colocados na linha de base e finalizados; nos projetos iterativos, os requisitos são sujeitos a mudanças a qualquer momento, desde que não estejam sendo implementados. ■ Requisitos funcionais e não funcionais *UML:* ■ Modelo de caso de uso do sistema ■ Modelo estático (classes) ■ Diagramas de estado-máquina *ITIL:* ■ RDM aprovados, serviços novos ou alterados, IC, ativos ■ Programação de Mudança Atualizada ■ R(N)S finalizada, atualizações no SCG, Pacote do Projeto do Serviço, Modelo de Serviço, Definição da Interface de Processo	*Reunir-se com os interessados de negócios, desenvolvedores, GQ e o gerente de projeto para revisar os requisitos. Para obter uma relação completa de perguntas, consulte a seção "Reunião de revisão" no Capítulo 2. As principais incluem:* ■ *Os requisitos são/estão completos, corretos, realistas, estáveis e no escopo?* ■ *Os requisitos operacionais foram considerados? Capacidade, estresse, disponibilidade, largura de banda?* ■ *As necessidades da central de serviços foram consideradas?*

Capítulo 1 ▪ Visão geral das atividades do BA durante todo o ciclo de vida

Objetivo	Predecessores, momento	Entrada	Entregas	Perguntas da entrevista
Revisar desenho	Os requisitos para os itens de desenho selecionados foram assinados	▪ Protótipos da UI ▪ Prova de conceitos ▪ Outras especificações do projeto **UML:** ▪ Diagramas de sequência ou comunicação[1] ▪ Diagramas de classe **Alternativas à UML:** ▪ DFD de perspectiva técnica, gráficos de estrutura, diagrama de contexto	▪ Protótipos de UI verificados, prova de conceitos ▪ Outras especificações do desenho verificadas **UML:** ▪ Diagramas de sequência ou comunicação verificados ▪ Diagramas de classe **Alternativas à UML:** ▪ DFD de perspectiva técnica, gráficos de estrutura, diagrama de contexto	*Revisar o projeto das tarefas do usuário (casos de uso do sistema) que devem ser implementadas nesta iteração/fase. Participar dos roteiros estruturados com a equipe técnica para revisar as UIs (Interface do Usuário), os protótipos, a prova de conceitos e assim por diante, à medida que se tornem disponíveis. Por exemplo, revisão de uma UI:* ▪ A interface suporta os requisitos de usuário (caso de uso do sistema)? ▪ Todos os cenários possíveis (fluxos alternativos e de exceção) são suportados pela UI? ▪ A sequência das etapas é a mesma na UI que nos requisitos do usuário (caso de uso do sistema)?
Planejar Teste de Aceitação do Usuário (TAU)		Requisitos do usuário **UML:** ▪ Modelo de caso de uso do sistema ▪ Plano de teste existente **ITIL:** ▪ RDM, R(N)S, PDM (Programação de Mudanças)	Plano de teste TAU (Teste de Aceitação do Usuário)	*Reunir-se com os interessados no negócio, o GP e a equipe de GQ:* ▪ Quais serão os critérios de aceitação? ▪ Quem irá realizar o TAU? ▪ O processo de TAU utilizado será formal ou informal[2]? ▪ Quais tarefas do usuário (casos de uso do sistema) serão incluídas no TAU? ▪ Os resultados esperados do teste estão de acordo com os requisitos do usuário (casos de uso do sistema)?

Tabela 1.3 Fase de construção (continua)

38 O livro do analista de negócios

Tabela 1.3 Fase de construção (continuação)

Objetivo	Predecessores, momento	Entrada	Entregas	Perguntas da entrevista
Validação e teste de serviço[3]: revisar planos e roteiros de teste	GQ preparou planos de teste e roteiros	■ Estratégia de teste ■ Plano de teste ■ Roteiros de teste ■ Plano de trabalho de requisitos ■ Requisitos funcionais ■ Requisitos não funcionais *UML:* ■ Modelo de caso de uso do sistema (diagramas e texto) *ITIL:* ■ R(N)S ■ Catálogo de Serviço (funil)	Atualizações na estratégia, plano, roteiros de teste	*Revisar plano e roteiros de teste com a equipe de GQ. Consulte a atividade correspondente na fase de descoberta para as perguntas. As perguntas incluem:* ■ Cada tarefa de usuário (caso de uso do sistema) e cenário (fluxo) foi coberto no plano de teste? ■ Os resultados esperados do teste estão de acordo com os requisitos do usuário (caso de uso do sistema)? ■ O teste garantirá que a solução é "adequada para uso" (bom desempenho, de acordo com os termos especificados)?
Planejar treinamento do usuário	■ Funções do usuário foram identificadas ■ Funções do usuário foram mapeadas para os serviços	■ Perfil do usuário ■ Modelo do processo de negócio *UML (estendida):* ■ Mapa de papéis ■ Modelo de caso de uso do sistema e descrições ■ Modelo de caso de uso do negócio *Alternativa à UML:* ■ DFD da perspectiva do negócio	■ Plano de treinamento do usuário final ■ Plano de treinamento da Central de Serviços	■ Quem será responsável por treinar os usuários? ■ Todos os grupos de usuários foram considerados no plano de treinamento? ■ Para cada grupo de usuários, as necessidades de treinamento foram consideradas para cada caso de uso do sistema que eles podem acessar? ■ O treinamento considera a integração com o processo de negócios, incluindo as etapas executadas manualmente e usando sistemas externos? ■ O plano de treinamento aborda as necessidades da Central de Serviços?

Capítulo 1 ▪ Visão geral das atividades do BA durante todo o ciclo de vida

Objetivo	Predecessores, momento	Entrada	Entregas	Perguntas da entrevista
Avaliação[4]: analisar os resultados de cada iteração	Final de cada iteração	Relatórios de teste *ITIL:* ▪ CAS (Critério de Aceitação de Serviço) ▪ Relatórios de Gerenciamento de Incidente	Relatório de avaliação	Reunir-se com o gerente de projeto, equipe e cliente para avaliar o desempenho de qualquer mudança. (Em um projeto iterativo, isso pode incluir a implementação de alguns dos requisitos). Para obter uma relação de perguntas, consulte a seção "Avaliar os resultados de uma iteração" no Capítulo 2, que incluem: ▪ A mudança criou algum efeito não pretendido? ▪ Os cenários-alvo foram implementados? ▪ Os riscos foram eliminados ou mitigados?

[1] Esses dois diagramas são semanticamente equivalentes.

[2] No TAU formal, os roteiros de testes e os resultados esperados são definidos detalhadamente. No informal, apenas os objetivos do teste são predefinidos, e os detalhes são deixados para o testador.

[3] No ITIL V3, lista-se Validação e teste de serviço como um processo em transição de serviço.

[4] A avaliação é categorizada pela ITIL como um processo da transição do serviço. Essa etapa se concentra na contribuição do BA para o processo.

Tabela 1.4 Fase de V & V final

Objetivo	Predecessores, momento	Entrada	Entregas	Perguntas da entrevista
Análise de impacto no negócio: analisar o risco	Analisar o risco no início de cada iteração; reavaliar regularmente	▪ Análise de risco ▪ Plano do projeto ▪ Especificações do desenho *ITIL:* ▪ Programação de mudanças ▪ RDM ▪ BIA	Análise de risco (consulte Modelo DRN)	*Reunir-se com os interessados técnicos e do negócio. Consulte a seção "Análise de risco" do Capítulo 2 para obter uma relação mais abrangente de perguntas. As principais incluem:* ▪ Existe alguma ameaça que poderia acarretar impacto negativo no resultado desse projeto? ▪ Existe algum evento (oportunidade) desejável que teria impacto positivo? *Para cada risco identificado:* ▪ Qual é a probabilidade de ocorrência? ▪ Qual é o impacto no negócio, caso ocorra? ▪ Qual é a melhor estratégia para lidar com esse risco?

Capítulo 1 ▪ Visão geral das atividades do BA durante todo o ciclo de vida

Objetivo	Predecessores, momento	Entrada	Entregas	Perguntas da entrevista
Revisar e finalizar a assinatura dos testes funcionais (com base nos requisitos)	▪ Realizar revisões regularmente para analisar os resultados do teste ▪ Assinar no final dos testes e antes que as mudanças sejam efetuadas ou movidas para a produção	▪ Requisitos funcionais ▪ Matrizes de rastreabilidade de requisitos ▪ Plano de teste *UML:* ▪ Modelo de caso de uso do sistema ▪ Modelo estático (diagramas de classe, diagramas de estado-máquina) ▪ Roteiros de teste do cenário de caso de uso *ITIL:* ▪ RDM, R(N)S, atualizações no SGC	*Documentação verificada ou finalizada inclui:* ▪ Alterações nas tabelas de atributos dos requisitos e matrizes de rastreabilidade *UML:* ▪ Modelo de caso de uso do sistema, modelo estático (diagramas de classe), diagramas de estado-máquina *ITIL:* ▪ RDM aprovadas, mudanças aprovadas nos IC e ativos, Programação de mudanças aprovada, R(N)S finalizadas, atualizações no SCG, pacote do projeto do serviço, (modelo de serviço, Definição da interface de processo)	*Reunir-se com os interessados no negócio e GQ para revisar o resultado do teste:* ▪ Todas as mudanças funcionais nos serviços foram testadas? ▪ Todas as tarefas do usuário alvo (casos de uso do sistema) e cenários foram testados? ▪ Todas as regras do negócio foram testadas? Todas as regras de multiplicidade (cardinalidade) no modelo estático foram testadas? ▪ Os resultados dos testes reais correspondem às expectativas? ▪ Algum teste criou efeitos imprevistos? ▪ Para cada teste com falha, qual é a ação recomendada? Atrasar a liberação até a correção? Solução de contorno?

Tabela 1.4 Fase de V & V final (continua)

42 O livro do analista de negócios

Tabela 1.4 Fase de V & V final (continuação)

Objetivo	Predecessores, momento	Entrada	Entregas	Perguntas da entrevista
Revisar e assinar os resultados dos testes não funcionais	▪ Realizar revisões regularmente para analisar os resultados do teste ▪ Assinar no final dos testes e antes que as mudanças sejam efetuadas ou movidas para a produção	▪ Resultados do teste não funcional (testes dos RNS não funcionais) ▪ Requisitos não funcionais *UML:* ▪ Modelo de caso de uso ▪ Modelo estático (diagramas de classe) ▪ Diagramas de estado--máquina ▪ Roteiros de teste do cenário de caso de uso *ITIL:* ▪ RNS não funcionais	Assinar resultados do teste; relatório da avaliação	*Revisar resultados do teste:* ▪ Os requisitos da Central de Serviços foram testados? ▪ Os requisitos operacionais foram testados? Capacidade, estresse, disponibilidade, largura de banda? Usabilidade? ▪ Os resultados dos testes reais correspondem às expectativas? ▪ Algum teste criou efeitos imprevistos? ▪ Para cada teste com falha, qual é a ação recomendada? Atrasar a liberação até a correção? Solução de contorno?
Realizar Teste de Aceitação do Usuário (TAU) e assinar resultados	▪ Teste funcional e não funcional pela equipe de GQ foi concluído com sucesso ▪ Plano do teste de TAU, processo e critérios de aceitação foram acordados	▪ Plano do teste TAU ▪ Critérios de aceitação do TAU	Resultados do teste TAU assinados	▪ Os critérios de um TAU bem-sucedido foram cumpridos? ▪ Os requisitos não funcionais que eram parte do plano de teste TAU foram cumpridos? ▪ O processo do TAU acordado foi seguido? ▪ O cliente e os provedores de solução concordaram com soluções aceitáveis para erros que não sejam sérios?

Fase de fechamento

Fase do ciclo de vida de serviço da ITIL: Transição de serviço

O objetivo desta fase é gerenciar e coordenar os processos, sistemas e funções exigidos para implantar a liberação para a produção e as atividades finais do projeto. A Tabela 1.5 enfatiza a perspectiva do BA antes e depois da liberação.

Esta etapa corresponde à fase de ciclo de vida do serviço da ITIL "Transição de serviço". (No entanto, a validação e teste do serviço, que é um processo da Transição de serviço, foi incluída na fase prévia V & V Final.)

Tabela 1.5 Fase de fechamento

Objetivo	Predecessores, momento	Entrada	Entregas	Perguntas da entrevista
Revisão de prontidão pré--implementação	▪ Todas as mudanças foram implementadas e testadas, mas não liberadas para a produção ▪ TAU e o teste funcional e não funcional foram concluídos e assinados com sucesso	▪ Plano de transição ▪ Assinaturas do teste ▪ Matrizes de rastreabilidade de requisitos ▪ Requisitos não funcionais *ITIL:* ▪ PDM (Programação de Mudança) ▪ ISP (Indisponibilidades de Serviço Planejadas) ▪ R(N)S, A(N)S	Relatório da avaliação final	▪ O cliente assinou todas as mudanças? ▪ Todos os requisitos foram implementados e testados? Cada requisito pode ser rastreado para um teste? *Revisar planos de transição:* ▪ Os procedimentos de transição de serviço foram aprovados pela gerência? ▪ Os planos de transição técnica foram coordenados com as necessidades do negócio? ▪ Existe um plano apropriado para tornar a Central de Serviços pronta? Treinamento de usuários? ▪ Existe um planejamento adequado para os requisitos operacionais esperados (expressos nos RNS funcionais) referentes à capacidade, à disponibilidade, aos recursos humanos e assim por diante? ▪ Existem planos adequados para a conversão dos dados? ▪ Todos os requisitos (RNS) são cobertos nos acordos com o provedor de solução (ANS)?

(continua)

Tabela 1.5 Fase de fechamento (continuação)

Objetivo	Predecessores, momento	Entrada	Entregas	Perguntas da entrevista
Avaliação: revisão pós--implantação (RPI)	As mudanças se tornaram operacionais	▪ Relatórios de gerenciamento de incidente ▪ Relatórios de satisfação do cliente ▪ Fatores críticos para o sucesso, PID (Principais Indicadores de Desempenho)	Relatório de avaliação	Reunir-se com o gerente de projeto, equipe e cliente para avaliar o desempenho da mudança no serviço. As principais perguntas incluem: ▪ A mudança criou algum efeito não pretendido? ▪ As mudanças implementadas cumpriram os requisitos? ▪ O desempenho real corresponde às expectativas? O desempenho previsto corresponde às expectativas? ▪ Todos os cenários-alvos foram implementados? ▪ Todos os problemas arquitetônicos-alvos foram abordados? ▪ Os riscos foram eliminados ou mitigados? ▪ Novos riscos foram identificados? ▪ As mudanças cumprem seus objetivos de negócios, Fatores críticos para o sucesso e metas de PID? Por exemplo, houve redução no número de interrupções no serviço?

O ciclo de vida do projeto de TI em perspectiva: o diagrama de espectro

Um ciclo de vida do projeto de TI (como o descrito pela Noble Path neste capítulo) faz parte de um ciclo de vida maior da iniciativa de negócios; este ciclo maior inclui as atividades de planejamento de negócio que precedem o projeto de TI e o suporte de operações que o segue. A Figura 1.2 é um diagrama que reúne o espectro ponto a ponto de uma iniciativa de negócios, e indica as relações entre o planejamento de negócio, o Ciclo de Vida do Desenvolvimento de Software (CVDS) de TI e o Ciclo de Vida de Serviço da ITIL.

A linha superior da figura indica uma fase ao longo do espectro ponto a ponto. Durante a fase do Plano, o planejamento anual ocorre, são desenvolvidos os critérios para definir, classificar e priorizar o projeto, e os projetos são aprovados. Durante a fase Iniciar, um projeto de negócio tem seu início. Durante Executar, as mudanças propostas são realizadas. Durante a Transição, a solução torna-se operacional. Em algum ponto durante ou depois deste momento, ocorre a Revisão Pós-Implementação (RPI). A RPI pode não ser adequadamente avaliada até algumas semanas depois que a mudança foi colocada em produção, e pode resultar em mudanças adicionais no sistema. Uma vez operacional, o suporte contínuo é fornecido para a solução.

A próxima linha indica onde o CVDS do projeto de TI se encaixa neste espectro geral. A figura indica que o CVDS de TI começa com a fase inicial de espectro e termina durante a fase de transição. (O CVDS de TI citado aqui é o CVDS genérico descrito no Noble Path.) À medida que o projeto se fecha, o Suporte para o período de funcionamento experimental ocorre – período durante o qual a equipe fica de prontidão no caso de problemas ocorrerem; depois disso, a equipe interna de TI assina as mudanças.

As últimas duas linhas indicam em que ponto as fases do Ciclo de Vida de Serviço da ITIL se encaixam na situação geral e suas correspondências com as fases do CVDS de TI[8]. A Estratégia de Serviço da ITIL coincide com a fase Plano que precede o projeto de TI, bem como fase Iniciação do CVDS que ocorre assim que o projeto começa. O Projeto do Serviço da ITIL cobre as fases do CVDS de Descoberta, Executar e V & V final, enquanto a Transição do Serviço da ITIL coincide com a fase de Fechamento, Suporte para o período de funcionamento experimental de RIP. A Melhoria de Serviço Continuada (MSC) da ITIL funciona em todo o espectro.

Planejar	Iniciar		Executar				Transição		RPI	Suporte
Valor e Alinhamento do Negócio	CVDS do projeto de TI						Suporte de Vida Inicial		Suporte e Manutenção Continuados	
	Iniciação	Descoberta	Construção		V & V final	Fechamento				
Estratégia de Serviço da ITIL		Desenho de Serviço da ITIL					Transição de Serviço da ITIL		Operação de Serviço da ITIL	
Melhoria de Serviço Continuada (MSC) da ITIL										

Figura 1.2 Diagrama de espectro

---

[8] Observe que a figura é uma simplificação da correspondência entre as fases do Ciclo de Vida de Serviço da ITIL e as de outros ciclos, uma vez que cada uma contém processos da ITIL que se aplicam a vários pontos do projeto.

CAPÍTULO 2

GUIA DE REUNIÕES

Este capítulo fornece as diretrizes das reuniões que o BA pode ter de facilitar ou participar no decorrer de um projeto de TI. Para obter a visão geral de onde cada tipo de reunião se encaixa no ciclo de vida, consulte neste manual o Capítulo 1 das atividades de BA durante todo o ciclo de vida.

Observe que nem todo evento de coleta e verificação de requisitos precisa ocorrer na forma de uma reunião de grupo. Consulte a lista de verificação "Métodos de investigação de requisitos" no Capítulo 5, para ver as alternativas. Os interessados, perguntas e entregas que aparecem nessas diretivas se aplicam independentemente do método de investigação (ou combinação de métodos) escolhido.

Planejamento da reunião

As seções a seguir apresentam orientações para o BA em relação ao planejamento e à preparação das reuniões, incluindo sugestões sobre os tipos de reunião do BA para planejar, quem ele deve convidar e uma agenda padrão.

Lista de verificação: quem o BA deve convidar para os seminários de requisitos

Para obter mais informações sobre os itens das listas de verificação de Funções e Participantes a seguir, consulte as Tabelas 2.1 e 2.2.

Papéis
- Facilitador
- Patrocinador executivo
- Escrevente

- Participantes primários
- Participantes consultores
- Observadores

Participantes
- Clientes
- Usuários
- Gerência de alto nível
- Gerência de linha
- Defensor de produto
- Agentes da Central de Serviço
- Patrocinador executivo e comitês de aprovação
- Donos do processo de negócio
- Dono do serviço
- Gerente de serviço
- Gerente de nível de serviço
- Gerente de produto
- Gerente de relacionamento com negócio
- Gerente de projeto
- Especialistas no assunto (EA)
- Arquiteto de negócio
- Organizações de padrões e diretrizes
- Provedores internos de soluções (analistas de sistema, arquitetos de sistema, desenvolvedores, fornecedores, provedores de serviço de TI)
- Organizações de provedores de serviços externos
- Testadores
- Programadores de manutenção

Contribuição para a reunião por papel e tipo de interessado

Esta seção descreve os papéis atribuídos à reunião e a contribuição esperada de cada tipo de interessado convidado.

Responsabilidade por papel

A Tabela 2.1 descreve as responsabilidades de cada função na reunião.

Capítulo 2 ▪ Guia de reuniões   49

Tabela 2.1 Responsabilidade por papel

Papel	Responsabilidade
Facilitador	Administra a reunião; garante que a reunião siga a agenda e cumpra seus objetivos; deve ser visto como alguém neutro.
Escrevente	Documenta os resultados da reunião.
Participantes primários	Possuem direito de voto e de falar.
Participantes consultores	Possuem direito de falar, mas não de votar.
Observadores	Não possuem direito de voto nem de falar.

Contribuição por tipo de interessado

A Tabela 2.2 descreve a contribuição de cada tipo de interessado convidado para a reunião.

Tipos de reunião de que o BA pode ter que participar[1]

- **Iniciação do escopo:** brainstorming sobre oportunidades, riscos, recursos.
- **Definição de requisitos.**
- **Resolução do log de problema (PLOG):** para resolver um problema ou questão.
- **Roteiro estruturado:** revisar um artefato do projeto, como parte do DRN.
- **Modelagem do processo, análise do fluxo de trabalho:** analisar o fluxo de trabalho de um processo de negócio.
- **Revisões do desenho:** revisar as definições de desenho externo, fazer triagem de protótipos etc.
- **Gerenciamento do processo de negócio:** gerenciar e melhorar um processo de negócio.
- **Revisão de marco:** revisar e assinar as entregas em pontos específicos do projeto.
- **Confirmação de acordos.**
- **Revisão pós-implementação:** avaliar os resultados de uma mudança.

Plano de trabalho de reunião facilitada

Este é um plano das atividades que serão realizadas pelo facilitador, a fim de se preparar para executar uma reunião facilitada. A finalidade de um Plano de trabalho de reunião facilitada é identificar todas as atividades em que um facilita-

---

[1] Agradeço a Bob Smolkin pelo rascunho inicial desta lista.

dor precisará se envolver para poder estimar os esforços e recursos necessários para a reunião e considerar todas as etapas necessárias para que o resultado seja bem-sucedido. O objetivo de um Plano de trabalho *padrão* (porém personalizável) é institucionalizar as lições de envolvimentos prévios aprendidas e extrair as melhores práticas – como a preparação correta para a reunião – da organização.

Tabela 2.2 Contribuição por tipo de interessado

Tipo de interessado	Contribuição
Clientes	Fornecem *insight* dos problemas com as atuais ofertas de serviço. Sabem quais novos serviços ou mudanças são desejáveis da perspectiva da pessoa que paga pelo serviço.
Usuários	Garantem que os requisitos cumpram as demandas dos usuários finais do sistema de TI e também que o sistema suporte todas as tarefas do usuário (objetivos) e requisitos de fluxo de trabalho e seja fácil de usar. Entendem os problemas cotidianos do sistema atual.
Gerência de alto nível	Garante que os objetivos do negócio (como o aumento na capacidade, custos reduzidos e melhora na eficiência) sejam cumpridos e que os requisitos de controle, rastreamento e relatório da gerência sejam incluídos.
Gerência de linha (usuários internos)	Garante que a solução melhore as operações de linha para os usuários internos. Envolve-se no aumento da eficiência, desempenho, produtividade, giro etc. dos usuários sob seu controle.
Defensor do produto	Possui ampla visão da mudança. É um agente de mudanças, motivador.
Agentes da Central de Serviço	Possuem conhecimento em primeira mão das queixas do cliente, interrupções do serviço e outros problemas no sistema atual. Têm os próprios requisitos sempre que uma mudança ocorre: novos procedimentos, treinamento etc.
Patrocinador executivo e grupo gestor	Ponto de escalada para resolver conflitos surgidos à medida que o projeto do serviço progride. O envolvimento precoce e continuado dos patrocinadores e do grupo gestor (conselho de aprovação) promove as aprovações.
Donos do processo de negócio	Entendem os problemas e as questões do processo de negócio atual e garantem que as mudanças em TI sejam consistentes com o processo de negócios ponto a ponto. Garantem que o processo proposto seja adequado à finalidade e o aprimoramento contínuo do processo e suas métricas.
Dono de serviço	Posição executiva com autoridade para contratar e demitir, garante que os objetivos de negócios (financeiro etc.) para o serviço sejam tratados e cumpridos.
Gerente de serviço	Responsável pelo aprimoramento contínuo do serviço e por avaliar as necessidades emergentes dos clientes, garante o cumprimento das necessidades táticas e operacionais do serviço.
Gerente de nível de serviço	Trabalha com os clientes e os fornecedores dos serviços e garante que os Acordos de Nível de Serviço (ANS) sejam definidos, acordados e compridos.

Tipo de interessado	Contribuição
Gerente de produto	Fornece comentários sobre o impacto nos negócios, se as mudanças propostas forem ou não efetivadas, e também o *insight* sobre o impacto da mudança nos serviços existentes. Define a perfil do risco geral e os custos em todas as linhas de serviço.
Gerente do relacionamento com o negócio	Apresenta visão consolidada dos custos e riscos para todos os clientes e contratos e o *insight* de como as mudanças propostas irão afetar outros serviços prestados para os clientes.
Gerente de mudança	É responsável pela etapa final do processo de aprovação – garantindo que o processo de gerenciamento de mudanças seja acompanhado. Envolvido principalmente na proteção do ambiente de produção e na garantia de que a mudança não cause danos (isto é, que os incidentes relacionados à mudança sejam minimizados). Revisa uma lista de verificação de itens para confirmar que o patrocinador concordou com a mudança, que há fundos disponíveis e que os recursos foram alocados.
Gerente de projeto	Garante que os requisitos estejam no escopo do projeto e sejam bem gerenciados, e que o Ciclo de Vida do Desenvolvimento do Sistema (CVDS) esteja sendo adequadamente acompanhado.
EA	Fornecem conhecimento profundo da área de especialização (negócios, técnica ou outros).
Arquitetos de negócio	Garantem que os padrões, diretrizes etc. dos negócios sejam acompanhados e que as mudanças sejam consistentes com o modelo de negócios.
Organizações de padrões e diretrizes	Representantes (ou especialistas) de padrões e diretrizes que restringem o projeto.
Provedores internos de soluções (analistas de sistemas, arquitetos de sistema, desenvolvedores, fornecedores, provedores de serviço de TI)	Fornecem verificação da realidade para garantir que os requisitos e as garantias solicitadas sejam realistas e que os requisitos apresentem qualidade suficiente para ser usados para fins de desenho e codificação.
Organizações provedoras de serviços externos	Fornecem a verificação da realidade para garantir que os requisitos e as garantias solicitadas sejam realistas e que os requisitos apresentem qualidade suficiente para ser usados para desenho e codificação e/ou para a seleção e personalização de uma solução de prateleira.
Gerente de fornecedor	Garante que todos os contratos com os fornecedores suportem as necessidades do negócio, e que todos os fornecedores cumpram seus compromissos contratuais. Garante também que os fornecedores tenham planos aceitáveis para responder às falhas de seus componentes.
Testadores	Garantem que os requisitos sejam passíveis de teste. Relatam os planos e os resultados do teste.
Programadores de manutenção	Têm o conhecimento em primeira mão dos *bugs* no sistema atual e garantem que as mudanças sejam mantidas no futuro (documentação adequada, padrões seguidos e assim por diante).

O livro do analista de negócios

Pré-requisitos, considerações sobre o momento

Crie um plano de trabalho de reunião facilitada assim que a necessidade de uma Reunião facilitada seja identificada. (Consulte a seção anterior "Tipos de reunião de que o BA pode ter que participar" para verificar os objetivos que podem justificar uma reunião facilitada.) Saiba que pode haver diretrizes, padrões e/ou modelos em uso no projeto que restringirão o plano.

Plano de trabalho padrão de reunião facilitada

A seguir está um plano de trabalho genérico de reunião facilitada. Caso não haja um padrão ou modelo para um plano no seu projeto ou organização, use este plano genérico como base e personalize de acordo com as suas necessidades. Se o seu plano utilizar um padrão existente, aplique a lista de verificação a seguir para se certificar de abranger todas as atividades.

1. Prepare-se para a reunião.
   - 1.1 Avalie a prontidão para a reunião[2].
   - 1.2 Determine o objetivo da reunião.
   - 1.3 Determine as entregas.
   - 1.4 Crie a agenda, as regras da reunião e as expectativas[3].
   - 1.5 Organize sessões de *briefing*.
   - 1.6 Prepare e distribua os materiais: agenda, regras e expectativas básicas, artefatos de entrada.
   - 1.7 Organize a sala.
2. Facilite a reunião.
   - 2.1 Abra a reunião.
   - 2.2 Conduza a reunião.
   - 2.3 Feche a reunião.
3. Acompanhamento.

Lista de verificação da prontidão para a reunião

- Existe uma visão para este projeto? ☐ Sim ☐ Não
- O patrocinador e os usuários concordam quanto ao escopo? Um consenso é possível? ☐ Sim ☐ Não
- Os interessados afetados serão incluídos no processo? ☐ Sim ☐ Não
- Eles estão comprometidos com o processo? ☐ Sim ☐ Não

---

[2] Consulte "Lista de verificação da prontidão para a reunião".

[3] Consulte as seções "Agenda padrão da reunião", "Regras e diretrizes da reunião facilitada" e "Expectativas da reunião facilitada", neste capítulo.

- O prazo é plausível? ☐ Sim ☐ Não
- Os participantes trabalham bem entre si e com o facilitador? ☐ Sim ☐ Não
- Os participantes incluirão pessoas com experiência de longo prazo na área de negócio e no sistema de TI? ☐ Sim ☐ Não
  - Eles são abertos a novas ideias? ☐ Sim ☐ Não
  - Eles estão preparados para transferir seu conhecimento? ☐ Sim ☐ Não
- Haverá um local adequado para as sessões? ☐ Sim ☐ Não

Agenda padrão da reunião

1. Abra a sessão.
   1.1 Revise os itens administrativos: programação, toaletes, chamadas telefônicas, regras básicas, introduções etc.
   1.2 Revise os objetivos da sessão.
   1.3 Revise a agenda.
   1.4 Visão geral: explique como chegamos aqui, a visão geral da área de negócio, serviços, processos afetados pelo projeto.
   1.5 Revise os itens de ação das reuniões prévias que serão abordados nessa sessão.
2. Discuta as suposições.
   Revise e verifique as suposições.
3. Discuta os requisitos.
   Extraia e/ou verifique os requisitos. Use as entregas da reunião para orientar e estruturar a entrevista ou revisão. Para ver diretrizes específicas de cada tipo de reunião, consulte as próximas seções deste capítulo: "Reunião de revisão", "Objetivo da reunião (Reunião de lançamento): identificar oportunidades e desafios" e assim por diante.
4. Itens adicionais.
   Abra espaço para itens adicionais que não estejam na agenda.
5. Conclua a sessão.
   5.1 Revise as minutas e as entregas da reunião.
   5.2 Revise questões em aberto e pendentes. Atribua o curso de ação, a data e as pessoas responsáveis pelos problemas.
   5.3 Aprovação e assinatura.
   5.4 Procedimentos de acompanhamento da reunião. Descreva como os interessados serão informados depois da reunião e como podem contribuir.
   5.5 Próxima(s) etapa(s).

Regras e diretrizes da reunião facilitada

- Um locutor de cada vez.
- Um tópico de cada vez.
- Siga a agenda.
- Não pode haver conversa paralela.
- Participantes primários ou substitutos devem estar presentes.
- Abra espaço para todas as ideias (desde que estejam no tópico).
- Todas as pessoas são tratadas igualmente, independentemente do cargo.
- Nenhuma reclamação deve ser abordada sem alguma sugestão construtiva.
- Os participantes entendem que os usuários que fazem o trabalho têm o melhor conhecimento da tarefa; os desenvolvedores têm o melhor conhecimento da tecnologia.

Expectativas da reunião facilitada

Os participantes concordam com o seguinte:

- Apoie o papel do facilitador no projeto.
- Seja honesto e aberto em relação aos sucessos, aos problemas e riscos associados ao sistema atual e ao projeto.
- Faça um trabalho preparatório, conforme exigido, antes da reunião – incluindo a leitura da agenda e dos documentos de entrada distribuídos antes do evento.
- Se não puder comparecer, indique um substituto competente.
- Respeite os outros e trate-os como colegas.
- Obedeça as regras da reunião.
- Forneça feedback ao facilitador de maneira ágil.

Expectativas do processo de aprovação

- Haverá um processo de aprovação eficiente, que garanta que as decisões sejam tomadas de acordo com o cronograma prescrito.
- Alguém será encarregado da autoridade para tomar decisões.
- A assistência será solicitada rapidamente se houver um problema para obter as aprovações.
- Todos os participantes irão apoiar as decisões e a equipe, uma vez que as aprovações tenham sido obtidas.

Reunião de revisão (roteiro estruturado e revisão de marco)

Uma reunião de revisão, conforme será mencionado nas próximas seções, é organizada para revisar os artefatos dos requisitos, seja periodicamente à medida que são desenvolvidos ou como parte de uma revisão de marco antes da assinatura. Ela também é conhecida como revisão de qualidade. (Para obter mais dicas sobre as reuniões que envolvem o CCM [Comitê Consultivo de Mudanças], consulte o Capítulo 5.)

Pré-requisitos, considerações sobre o momento

Roteiros:

Em intervalos regulares, à medida que os recursos se tornam disponíveis.

Assinaturas:

Os requisitos podem ser assinados iterativamente à medida que são desenvolvidos. Em cada iteração, os casos de uso do sistema selecionados para essa passagem são assinados antes do desenho e da codificação. Como alternativa, uma grande assinatura pode ser realizada no final da coleta dos requisitos com um público diversificado: o DRN é revisado, capítulo por capítulo, com a entrada e a assinatura dos interessados.

Quem convidar

- Clientes
- Usuários
- Gerência de alto nível
- Gerência de linha
- Dono do produto
- Agentes da Central de Serviço
- Patrocinador executivo e comitês de aprovação
- Dono do processo de negócios
- Dono de serviço
- Gerente de nível de serviço
- Gerente de produto
- Gerente de projeto
- Gerente de mudanças
- Gerente de relacionamento com negócio
- EA

- Arquiteto de negócios
- Organizações de padrões e diretrizes
- Provedores de soluções (analistas de sistemas, arquitetos de sistema, desenvolvedores, fornecedores, provedores de serviço de TI)
- Gerente de fornecedores
- Testadores
- Programadores de manutenção

Lista de verificação: perguntas para a entrevista

Perguntas para o cliente (clientes, usuários, gerência)

- Isto representa suas necessidades? (Os requisitos estão certos?)
- Esquecemos de algo? (Os requisitos estão completos?)
- Todos os possíveis cenários foram cobertos?
- Os serviços e os fluxos de trabalho de TI se integram bem aos fluxos de trabalhos manuais e externos?
- O impacto ascendente da mudança no negócio foi totalmente considerado?

Perguntas para os desenvolvedores

- Você pode construir isto?
- Existem requisitos conflitantes?
- Qual é o impacto descendente da mudança proposta nos componentes técnicos?

Perguntas para os testadores

- Você pode testar isto?

Perguntas para o GP

- Os requisitos estão no escopo?
- A metodologia do projeto está sendo seguida?
- Todas as entregas exigidas foram criadas ou atualizadas?
- Os requisitos dos atributos e as matrizes de rastreabilidade foram atualizados?
- Os documentos e os modelos relacionados foram atualizados?
- Uma estratégia de aprovação foi definida e está sendo seguida em relação às funções acordadas e ao tempo necessário para as aprovações dos documentos?
- Todas as assinaturas prévias exigidas já ocorreram?
- Os planos foram diretamente acordados para o gerenciamento da documentação?
  - Os papéis de autores, revisores, aprovadores e dono do documento (o executivo que assina no final) foram atribuídos aos documentos?

- Foi estabelecida uma convenção de nomeação para a documentação? Que convenção de nomeação será usada para o controle de versão? Como os números da revisão irão avançar[4]?

- Como os requisitos serão empacotados e vinculados – por exemplo, no DRN, ERS (Especificação de requisitos de software) e RNS (Requisitos de nível de serviço), e quem aprova cada um deles no lado do negócio e do fornecedor?

- Alguém é responsável por garantir que a mudança causará uma interrupção mínima nas operações? (Nas organizações que têm um processo maduro de gerenciamento de mudanças da ITIL implementado, esse papel deve ser cumprido pelo gerente de mudança.)

Perguntas para o gerente de fornecedores

Se houver um gerente de fornecedores, o BA deve garantir que ele faça as seguintes perguntas a seus fornecedores; do contrário, o BA deve se certificar de que ele abordou essas questões diretamente com os fornecedores:

- Os seguintes problemas foram abordados? Se um serviço não está funcionando porque um dos componentes (do seu fornecedor) não está funcionando:
  - Sabemos com quem devemos falar sobre o problema?
  - As garantias do tempo de resposta foram acordadas?
  - As penalidades foram acordadas?
  - Há um contrato?
  - O contrato cita os Acordos de Nível de Serviço (ANS)?

Perguntas para o gerente de produto

- Haverá impacto de fluxo cruzado da mudança nos outros serviços?
- Quais são as implicações para o negócio se implementarmos a mudança ou não?

Perguntas para o dono de processo de negócio

- As alterações por parte da TI são bem mescladas com os processos de negócio ponto a ponto existentes?
- As alterações representam melhoria no processo de negócios?

Perguntas para o dono do serviço:

- As alterações abordam os objetivos de negócios para o serviço?

Perguntas para o gerente de serviço

- As necessidades emergentes dos clientes foram levadas em consideração?

---

[4] Por exemplo, pode haver um significado padrão para cada número de revisão decimal: ".1" para um rascunho inicial, ".5" para revisado e aprovado e ".9" para o rascunho que está pronto para a aprovação pelo dono etc.

Perguntas para o gerente de nível de serviço

- Os ANS foram definidos e acordados (entre os clientes e fornecedores)?

Perguntas para o gerente de mudança

- Foi implantado um processo de gerenciamento de mudança e ele está sendo seguido?
- Há planos para minimizar o impacto da mudança no ambiente de produção?

Perguntas para os definidores de padrões (arquiteto de negócio, organizações de padrões e diretrizes)

- Os requisitos seguem os padrões adotados para este sistema de negócios e projeto (formatos, modelos, terminologia etc.)? Se houver alguma discrepância, qual opção está correta?
- O modelo dinâmico (requisitos de usuário, casos de uso do sistema, modelo de processo) segue o modelo estático (diagramas de classe, modelo de dados)?
- Os termos e as regras de negócios nos novos requisitos são coerentes com o uso atual?
- Algum requisito é redundante (listado em mais de um local)?
- A documentação dos requisitos possibilita fácil atualização?

Perguntas para operações

- Os requisitos operacionais foram considerados? Capacidade, estresse, disponibilidade, largura de banda? (Consulte a seção "Objetivo da reunião: Defina RNS não funcionais" neste capítulo para obter detalhes sobre o que procurar.)
- Os requisitos da central de serviço foram considerados?

Diretrizes de roteiro estruturado

- O autor do artefato (ou artefatos) sob revisão é o dono designado do roteiro e é encarregado de reservar a sala, telefonar para os participantes e selecionar os cenários para testar o projeto.
- Antes da sessão, o dono distribui os recursos sob revisão para os participantes, por exemplo, modelo de dados.
- A lista de participantes deve incluir os usuários, especialistas de domínio (aqueles que entendem bem o negócio) e desenvolvedores.
- A duração da reunião deve ser de 1h30min a 2 horas. Se não tiver tempo, agende uma sessão de acompanhamento.
- O dono explica o processo, o artefato sob revisão e mediante isso executa os cenários de teste. Os participantes devem procurar as situações que são incorretamente manipuladas ou estão ausentes no artefato.

Capítulo 2 ▪ Guia de reuniões 59

- Mantenha os egos do lado de fora. O foco é encontrar falhas no artefato, não o autor.

Objetivo da reunião (Reunião de lançamento) Identificar oportunidades e desafios

O objetivo dessa reunião é fazer uma brainstorming sobre as principais questões, problemas e oportunidades.

Pré-requisitos, considerações sobre o momento

Execute no início do projeto. Convoque novamente se necessário.

Documentos de entrada

RDM(s) inicial(is) aonde for apropriado[5].

Entregas

Gráfico de Pareto, gráfico de causa e efeito, análise intermediária de custo-benefício (benefícios líquidos anuais), ROI[6], período de devolução etc.)

ITIL:

BIA Intermediária

Quem convidar

- Clientes
- Usuários
- Gerência de alto nível
- Gerência de linha
- Defensor do produto
- Agentes da Central de Serviço
- Patrocinador executivo e comitês de aprovação
- Donos do processo de negócio
- Dono de serviço
- Gerente de serviço

---

[5] Os projetos podem ter início com uma requisição inicial de alteração, iniciada pelo negócio ou pela equipe técnica.

[6] O retorno do investimento (ROI – *Return On Investment*) é calculado como (Benefícios líquidos) / (Investimentos) × 100. O período de devolução é o número de anos até que o investimento se pague.

- Gerente de produto
- Gerente de relacionamento com negócio
- Gerente de projeto
- EA
- Programadores de manutenção

Lista de verificação: perguntas para a entrevista

A Tabela 2.3 constitui uma lista de verificação das perguntas que devem ser feitas aos entrevistados durante o brainstorming sobre as principais questões, problemas e oportunidades com os interessados no negócio e a equipe técnica. Na primeira coluna, há as perguntas que devem ser feitas durante a entrevista; na segunda, identificam-se os recursos (e componentes) atualizados com base nas respostas.

Objetivo da reunião: identificar interessados e interesses

O objetivo desta reunião é definir o escopo inicial do produto/solução, identificando o negócio e outros interessados e seus interesses no projeto e os principais recursos que buscam.

Pré-requisitos, considerações sobre o momento

Uma requisição de mudança foi feita, desencadeando o projeto[7].

Documentos de entrada

- Caso de negócio inicial (avaliação de oportunidade)
- ITIL: RDM de alto nível (Requisição de Mudança)

---

[7] Por exemplo, a requisição pode ter sido uma RDM de alto nível de vendas e marketing para começar a oferecer um novo serviço.

Tabela 2.3 Identificar oportunidades e desafios

Perguntas	Onde documentar as respostas
■ Quais são os principais problemas nos processos atuais? ■ Com que frequência eles ocorrem?	Gráfico de Pareto, BIA
■ Por que cada problema ocorre? ■ Esta é a causa-raiz ou também é causada por outro motivo?	Gráfico de causa e efeito
■ Qual é o custo para o negócio cada vez que este problema ocorre? ■ Quais são os custos e as economias gerais esperados? ■ Quais são os custos e as economias anuais (ou mensais)? ■ Quais oportunidades perdemos? ■ Quanto esta oportunidade perdida custa para nós? ■ Quantos negócios perdemos?	Análise de custo-benefício (AIN), período de devolução, ROI
■ Quais serviços, produtos ou recursos nossos clientes querem e não lhes fornecemos atualmente? ■ Por que os clientes precisam de cada um desses itens? ■ O que eles realmente procuram? (Continue até encontrar um benefício-raiz.)	Gráfico de causa e efeito
■ Quais são os riscos envolvidos em executar a mudança? E em não a executar?	Análise de risco

Entregas

Subseções do Documento de Visão

- ■ Enunciado de problema
- ■ Enunciado de posição do problema
- ■ Tabela de interessados e interesses
- ■ Objetivos
- ■ Recursos

Quem convidar

Convide os representantes de uma ampla seção cruzada das áreas de negócio e departamentos, que tenham interesse na mudança.

- ■ Clientes
- ■ Usuários
- ■ Gerência de alto nível

- Gerência de linha
- Defensor do produto
- Agentes da Central de Serviço
- Patrocinador executivo e comitês de aprovação
- Donos do processo de negócio
- Dono de serviço
- Gerente de serviço
- Gerente de nível de serviço
- Gerente de produto
- Gerente de relacionamento com negócio
- Gerente de projeto
- EA
- Arquiteto de negócio
- Organizações de padrões e diretrizes
- Provedores de soluções (analistas de sistemas, arquitetos de sistema, desenvolvedores, fornecedores, provedores de serviço de TI)
- Testadores
- Programadores de manutenção

Lista de verificação: perguntas para a entrevista

Na Tabela 2.4 há uma lista de verificação de perguntas direcionadas aos entrevistados para identificar os interessados no projeto e seus interesses; a segunda coluna identifica os recursos (e os componentes) atualizados com base em suas respostas.

Tabela 2.4 Identificar interessados e interesses

Perguntas	Onde documentar as respostas
▪ Quem será afetado pelo sucesso ou fracasso da solução? ▪ Quem receberá os relatórios ou outras saídas do sistema? ▪ Quais são os usuários? ▪ Quem é o cliente – o comprador do produto ou serviço final? ▪ Quem é o patrocinador – o pagador do projeto? ▪ Uma estratégia de aprovação foi definida? ▪ Quem é responsável por garantir que a implementação da mudança causará interrupção mínima nas operações? ▪ Quais corpos e padrões regulamentares o projeto e a solução devem seguir? ▪ Quem desenvolverá o sistema? ▪ Quem testará o sistema? ▪ Quem manterá o sistema depois que ele for implantado? ▪ Quem suportará os usuários do sistema depois da instalação (Central de Serviço etc.)? ▪ Quem comercializará e venderá o sistema? ▪ Cada unidade de negócios afetada foi representada?	Interessados (Tabela de interessados e interesses)
▪ Qual é o interesse de cada interessado (uma necessidade ou oportunidade tratada) na solução? ▪ Quais são as restrições (diretivas, padrões etc.) impostas ao sistema pelo interessado?	Interesses (Tabela de interessados e interesses)
▪ Quais são as capacidades mais importantes que você gostaria de ver na solução? ▪ Priorize-as.	Recursos (Documento de visão)

Objetivo da reunião: analisar o impacto nos serviços e nos processos de negócio

O objetivo dessa reunião é analisar o impacto do projeto no ambiente de negócios, identificando os serviços e processos de negócios afetados pela mudança e explorando o impacto da mudança nas interações em todo o limite do negócio. Se a requisição inicial foi uma mudança em um serviço ou componente de TI (por exemplo, substituição de software ou hardware), utilize esta reunião para analisar o impacto ascendente da mudança (por exemplo, substituição de um componente de TI) no negócio.

Pré-requisitos, considerações sobre o momento

Os interessados e interesses foram identificados.

Entrada

Tabela de interessados e interesses

UML (estendida)[8]:

- Como é o modelo do caso de uso de negócios

ITIL:

- SGC (Sistema de gerenciamento de configuração)
- Catálogo de serviços de negócio, Catálogo de serviço técnico
- A(N)S (Acordos de Nível de Serviço) existentes?[9]

Se a solicitação inicial foi uma mudança em um serviço ou componente de TI, use o catálogo de serviços técnicos para rastrear desde o componente ou serviço de TI até os serviços de negócio e seus clientes.

Se a mudança ocorrer em um serviço de negócio, analise o fluxo cruzado do impacto em outros serviços de negócio. O SGC, se existente, é importantíssimo para identificar as relações dos vários componentes envolvidos na mudança proposta ou no novo serviço. O SGC define as relações ascendentes e descendentes entre os Itens de Configuração (IC) (como serviços e componentes) que foram colocados sob o gerenciamento da configuração. A Figura 2.1 ilustra como o SGC pode ser usado para rastrear o impacto transfuncional de um serviço de negócio novo ou alterado, por meio de uma combinação entre as relações ascendentes e descendentes. O SGC identifica primeiro os componentes de TI (descendentes) afetados pelo serviço novo (ou alterado) e depois os serviços de negócios existentes (ascendentes) que utilizam esses componentes.

---

[8] A UML marcada para recursos (estendida) é parte do padrão de UML ou uma extensão válida do mesmo.

[9] Utilize os ANS existentes para realizar a análise de diferenças. Conforme observado anteriormente, os parênteses em A(N)S e R(N)S são usados para indicar que o termo se refere a qualquer tipo de requisito ou acordo de nível de serviço (funcional e não funcional).

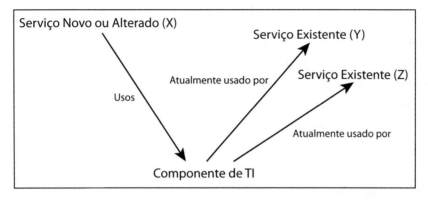

Figura 2.1 Uso do SGC para rastrear o fluxo cruzado do impacto de um serviço de negócio novo ou alterado

Entregas

- BIA intermediária (Análise de Impacto no Negócio)
- Impacto das mudanças propostas nos serviços de negócios (DRN)

UML (estendida):

- Diagramas Como Será (To-be) de caso de uso de negócio, casos de uso de negócios, atores e descrições de caso de uso de negócio.

Observe que uma descrição de caso de uso de negócio (denominada no RUP *especificação de caso de uso de negócio*) define a interação que atravessa o limite do negócio e normalmente é expressa usando uma narrativa de texto. O texto deve ser suplementado com um diagrama de atividade se os fluxos se conectarem uns aos outros de maneira complexa. (Consulte "Modelo da descrição do caso de uso do negócio" no Capítulo 6.)

Alternativas à UML:

- DFD intermediárias de perspectiva de negócios

ITIL:

- RNS intermediários de negócios
- Atualizações no portfólio de serviço de negócios

Um portfólio do serviço de negócio consiste em um funil de serviço de negócio (serviços em desenvolvimento), no catálogo de serviço de negócio (serviços atuais) e nos serviços aposentados. Novos serviços de negócio identificados pelo BA devem ser documentados no pipeline.

Quem convidar

- Clientes
- Gerência de alto nível

O livro do analista de negócios

- Gerência de linha
- Defensor do produto
- Donos do processo de negócio
- Gerente de serviço
- Gerente de produto
- Gerente de relacionamento com negócio
- Gerente de projeto
- EA
- Arquiteto de negócio

Lista de verificação: perguntas para a entrevista

A Tabela 2.5 traz uma lista de verificação de perguntas direcionadas aos entrevistados a fim de identificar os serviços e os processos de negócio afetados pelo projeto e analisar as mudanças nas interações que atravessam o limite de negócios. A segunda coluna identifica os artefatos (e componentes) atualizados com base em suas respostas.

Tabela 2.5 Analisar impacto nos processos de negócio

Perguntas	Onde documentar as respostas
▪ Quais serviços de negócio e processos ponto a ponto serão afetados por este projeto?	▪ Impacto das mudanças propostas nos serviços de negócio (DRN), Análise de risco
▪ Quais novos serviços de negócio e processos ponto a ponto serão introduzidos por este projeto?	*UML:*
Para cada processo ou serviço de negócio identificado:	▪ Descrição do caso de uso do negócio (Consulte "Modelo da descrição do caso de uso do negócio" no Capítulo 6).
▪ Qual é o impacto esperado do projeto?	*Alternativas à UML:*
▪ Quais são os interessados?	▪ Atualizações nos DFD: Processos, entradas e saídas.
▪ Qual é a sua prioridade?	
▪ Qual evento aciona o processo?	
▪ Quais são as saídas do processo?	
▪ Quais são as saídas (relatórios, telas, arquivos) criadas pelo processo?	
▪ Como a funcionalidade desejada é diferente da atual (se for uma mudança)?	
▪ Quais são os riscos associados a mudar o processo de negócios e a deixá-lo como está?	

Objetivo da reunião: análise de risco

Risco é frequentemente definido com algo incerto – uma oportunidade positiva ou uma ameaça negativa[10]. Na prática, normalmente o risco indica uma ameaça negativa. O objetivo da análise do risco é avaliar a exposição a ele, a fim de suportar melhor a decisão e seu gerenciamento adequado.

O *BABOK*®[11] lista a análise de risco na Área de Conhecimento (AC) de BA Análise Empresarial. A análise de risco também cumpre uma função na AC Planejamento e Monitoramento da Análise de Negócios do BABOK, principalmente no que se refere ao monitoramento dos planos de mitigação e na atualização das análises de risco à medida que o projeto progride.

Antes do início de um projeto, o BA executa a análise de risco como parte das avaliações da oportunidade pré-projeto (Estudo de Viabilidade, Caso de Negócios) quando, em geral, nenhum gerente do projeto (GP) foi designado. Quando o projeto está em andamento, o BA cumpre papel de apoio, trabalhando com frequência sob a delegação do GP, que é o principal responsável pelo risco geral do projeto. Ao longo do projeto, o BA fornece suas opiniões ao GP, monitora a eficácia dos planos de mitigação e atualiza as avaliações de vários tipos de risco, incluindo os de produto (como aqueles associados a uma nova oferta de serviço) e – particularmente – os riscos associados à qualidade da documentação dos requisitos (como diferenças não detectadas) e ao processo de gerenciamento de requisitos (como os riscos relacionados à introdução de novas ferramentas de gerenciamento de requisitos sem treinamento adequado)[12].

Pré-requisitos, considerações sobre o momento

Analise o risco no início de cada iteração; reavalie regularmente. A análise de risco deve ocorrer de maneira periódica e frequente, mas pode ser combinada com a avaliação da iteração. Se precisar enfrentar a escolha entre uma abordagem de gerenciamento de risco em um processo pesado e a avaliação do risco frequente, escolha a frequência: é melhor realizar avaliações frequentes com um processo magro do que avaliações infrequentes e um processo detalhado[13].

---

[10] *Foundations of IT Service Management Based on ITIL V3*, p. 65. O PMBOK possui uma definição similar.

[11] Consulte *The Guide to the Business Analysis Body of Knowledge*®, Versão 2.0 Framework, p. 7, no qual, em Análise Empresarial, está listado como objetivo da tarefa "desenvolver um caso de negócio".

[12] Extraído de um e-mail para esclarecimento do papel de BA na análise de risco, enviado por Keith Sarre ao autor.

[13] Essas recomendações foram extraídas de um e-mail que o autor recebeu de Ken Clyne e da apresentação Agile Risk Management de Clyne na conferência Rational Comes To You em Chicago, 20 fev. 2008.

Entrada

- Documento de visão
- BIA intermediária (Análise de impacto no negócio)
- Impacto das mudanças propostas nos serviços de negócios (DRN)

Entregas

- BIA intermediária (Análise de impacto no negócio)
- Análise de risco intermediário (Consulte o modelo da Tabela 6.15 da Análise de Risco no Capítulo 6.)

Quem convidar

É ideal que todos sejam convidados para a avaliação de riscos. Isso inclui:

- Usuários
- Gerência de alto nível
- Gerência de linha
- Recursos humanos
- Defensor do produto
- Patrocinador executivo e comitês de aprovação
- Donos do processo de negócio
- Dono de serviço
- Gerente de serviço
- Gerente de produto
- Gerente de relacionamento com negócio
- Gerente de projeto
- EA
- Provedores de soluções (analistas de sistemas, arquitetos de sistema, desenvolvedores, fornecedores, provedores de serviço de TI)

Lista de verificação: perguntas para a entrevista

A Tabela 2.6 traz uma lista de verificação de perguntas direcionada aos entrevistados, a fim de identificar e avaliar os riscos que podem afetar o sucesso ou fracasso de um projeto. A segunda coluna identifica os artefatos (e componentes) atualizados com base em suas respostas.

Tabela 2.6 Analisar o risco

Perguntas	Onde documentar as respostas
■ Existe alguma ameaça que poderia ter impacto negativo no resultado deste projeto? ■ Existe algum evento não planejado que poderia ter impacto positivo no resultado?	Riscos (na BIA, DRN)
Pergunte aos provedores de soluções: ■ Existem problemas de tecnologia que podem afetar o projeto? Por exemplo, esta é a primeira vez que a nova tecnologia está sendo usada?	Riscos tecnológicos (uma subseção da Análise de risco)
Pergunte à gerência e ao RH: ■ Existe o risco de não podermos obter uma equipe com a capacidade certa para o projeto?	Riscos de capacidades (uma subseção da Análise de risco)
Pergunte aos interessados no negócio: ■ Existem forças políticas internas que podem afetar o projeto? Por exemplo, alguns interessados já estão comprometidos com uma solução específica? Existem visões conflitantes? Existem lutas por poder ou reorganizações que podem enfraquecer o projeto?	Riscos políticos (uma subseção da Análise de risco)
Pergunte ao patrocinador do projeto: ■ Existe o risco de que o projeto seja cancelado e, nesse caso, quais serão as implicações?	Riscos de negócios (uma subseção da Análise de risco)
Pergunte aos usuários e outros interessados no negócio: ■ Os interessados no negócio entendem bem os próprios requisitos? Eles sabem do que precisam?	Riscos de requisitos (uma subseção da Análise de risco)
Para cada risco identificado: ■ Quem é o dono do risco? O cliente? O provedor de solução? Quais riscos são assumidos pelos provedores de solução em nome do cliente? ■ Qual é a probabilidade de que o risco ocorra? ■ Qual é o impacto no negócio, se ocorrer? ■ Qual é a melhor estratégia para lidar com esse risco? Existe algo que pode ser feito para impedir que ele ocorra ou para aliviar (diminuir) os danos se ele realmente ocorrer? O risco deveria ser transferido (subindo pela cadeia de comando)? Ou nós apenas aceitamos o risco?	Análise de risco (consulte "Dicas: Gerenciamento de risco" no Capítulo 5, para ver as dicas de como classificar e gerenciar o risco).

Objetivo da reunião: gerenciamento de requisitos – configuração e planejamento

Os objetivos dessa reunião são desenvolver o plano de trabalho de requisitos e configurar as ferramentas de gerenciamento dos requisitos (matrizes de rastreabilidade de requisitos, ferramentas automatizadas e assim por diante).

Pré-requisitos, considerações sobre o momento

Custo-benefício inicial, BIA revisada; aprovação para continuar.

Documentos de entrada

- Documento de Visão

ITIL:

- BIA

Entregas

- Plano de trabalho de requisitos
- Modelos da tabela de requisitos dos atributos
- Modelos da matriz de rastreabilidade dos requisitos

ITIL:

- [lb]Estrutura do SGC: para cada IC afetado pela mudança (RNS, serviços de TI etc.), defina os atributos e relações com outros ICs.
- Atualizações no portfólio de serviço: atualizar as relações entre os itens no portfólio de serviço para permitir a análise ascendente (rastreamento para trás) e descendente (rastreamento para a frente).

Quem convidar

- Gerente de projeto
- EA
- Chefes de equipe
- Líderes de disciplina

Lista de verificação: perguntas para a entrevista

A Tabela 2.7 é uma lista de verificação de perguntas direcionada aos entrevistados ao planejar as atividades de gerenciamento dos requisitos do projeto. A segunda coluna identifica os artefatos (e os componentes) atualizados com base em suas respostas.

Tabela 2.7 Configuração e planejamento do gerenciamento de requisitos

Perguntas	Onde documentar as respostas
▪ Quais fatos precisam ser rastreados em relação a cada requisito? Seu autor? Método de verificação? Prioridade?	Tabela de atributos de requisitos *ITIL:* ▪ Estrutura do SGC, portfólio do serviço
▪ Qual é o nível apropriado de rastreamento de requisitos? Por exemplo, cada caso de uso? Cada fluxo? Cada etapa? ▪ Para quais artefatos cada tipo de requisito será traçado?	Matrizes de rastreabilidade de requisitos *ITIL:* ▪ Estrutura do SGC, portfólio do serviço
▪ Quais são as atividades da análise de negócio para este projeto e quais são os cronogramas? ▪ Quais ativos (pessoas, ferramentas etc.) são necessários para gerenciar (monitorar, controlar as mudanças, rastrear) os requisitos? ▪ Como as mudanças nos requisitos e seu estado podem ser comunicadas para os interessados e os membros da equipe? (Boletins? Reuniões?) ▪ Quais serão os procedimentos e os critérios de aceitação para aprovar os requisitos? Qual é o cronograma para fazê-lo? ▪ Como o sucesso do processo de gerenciamento de requisitos será medido? Quais são os Fatores Críticos para o Sucesso (FCS) e Principais Indicadores de Desempenho (PID)? (Por exemplo, redução no percentual de requisitos não autorizados.) *Para cada PID:* ▪ Por que os dados estão sendo coletados? ▪ Como os dados serão analisados e usados? ▪ Quem coletará os dados? ▪ Quem analisará os dados? ▪ Quem agirá em relação à análise?	Requisitos do plano de trabalho
▪ A quais perguntas o gerenciamento de requisitos deve ser capaz de responder (relatórios de estado, dependências etc.)? ▪ Você precisará ser capaz de determinar o impacto descendente que as mudanças nos negócios causarão nos serviços e componentes de TI? Nos clientes? Nos fornecedores? ▪ Você precisará ser capaz de determinar o impacto ascendente de uma mudança em TI nos serviços de negócios e clientes? Do cancelamento de um projeto de TI?	▪ Tabelas de atributos do requisito e Matrizes de rastreabilidade dos requisitos *ITIL:* ▪ Estrutura do SGC, portfólio do serviço

Objetivo da reunião: definir o fluxo de trabalho interno para os processos de negócio ponto a ponto

O objetivo dessa reunião é analisar o fluxo de trabalho dos processos de negócio transfuncionais ponto a ponto. Inicie examinando o fluxo de trabalho Como é (*As-is*). Utilize um modelo Como é como base para examinar as dificuldades e oportunidades de mudança e desenvolva-o para um modelo Como será (*To-be*). Esse objetivo de reunião pode ser o principal ponto de um processo para melhoria dos processos de negócio, ou então uma etapa preliminar de um projeto de TI.

Pré-requisitos, considerações sobre o momento

Os serviços e os processos de negócio afetados pela mudança foram identificados.

Documentos de entrada

- Impacto das mudanças propostas no serviço de negócios. (Consulte o modelo do DRN no Capítulo 6.)

UML (estendida):

- Diagramas de caso de uso do negócio
- Casos de uso do negócio
- Atores
- Descrições de caso de uso do negócio

Monte uma lista de convidados a partir dos atores de negócio e funcionários internos vinculados aos casos de uso de negócios em discussão. Se estiver usando diagramas de atividade para as realizações de casos de uso de negócios (prática recomendada), crie uma partição para cada ator e funcionário.

ITIL:

- Portfólio de serviço de negócio
- BIA

Entregas

- Fluxo de trabalho transfuncional para cada processo de negócios, excluindo a tecnologia.

UML (estendida):

- Realizações de caso de uso do negócio

(A realização de caso de uso do negócio é uma descrição que inclui o fluxo de trabalho interno e normalmente é expressa visualmente, com o uso de diagramas de atividade.)

Alternativas à UML:

- Texto, DPN

ITIL:

- R(N)S intermediários

Quem convidar

Convide representantes de cada participante interno e externo envolvido na execução do processo de negócio ponto a ponto. Os participantes devem representar os grupos a seguir.

- Clientes
- Usuários
- Donos do processo de negócio
- Dono de serviço
- Gerente de serviço
- Gerente de produto
- Gerente de projeto
- EA
- Arquiteto de negócio

Lista de verificação: perguntas para a entrevista

A Tabela 2.8 apresenta uma lista de verificação de perguntas direcionada aos entrevistados, a fim de definir o fluxo de trabalho interno de um processo de negócio. A segunda coluna identifica os recursos (e componentes) atualizados com base em suas respostas.

Objetivo da reunião: descrever os usuários

O objetivo desta reunião é definir os usuários humanos e automatizados do sistema.

Pré-requisitos, considerações sobre o momento

O impacto das mudanças nos serviços de negócios e nos processos ponto a ponto foi analisado. O fluxo de trabalho transfuncional de processos de negócios Como será (*To-be*) afetados pela mudança foi determinado.

Documentos de entrada

- Tabela de interessados e interesses

74 O livro do analista de negócios

Tabela 2.8 Definir fluxo de trabalho interno para processos de negócio ponto a ponto

Pergunta	Onde documentar as respostas
Para cada processo ou serviço de negócios ponto a ponto: ■ Qual é o fluxo de trabalho atual (Como é/*As-is*) (se aplicável)? ■ Quais são os problemas, gargalos ou ineficiências do fluxo de trabalho atual? ■ Qual o fluxo de trabalho desejado (Como será/*To-be*) sem enfocar quem faz o quê? ■ Existem atividades que podem ser realizadas simultaneamente?	Fluxo de trabalho transfuncional para cada processo de negócios, excluindo a tecnologia. *UML:* ■ Realizações de caso de uso do negócio[1] ■ Fluxo de trabalho do caso de uso de negócio Como será (*To-be*) usando diagramas de atividade e/ou documentação de texto. (Se as realizações de caso de uso de negócio forem empregadas, a descrição do fluxo de trabalho interno reside nelas.) *Alternativas à UML:* DPN
■ Todos os participantes do processo ponto a ponto foram contabilizados? ■ Qual é o papel de cada participante? ■ Qual participante executa cada atividade no fluxo de trabalho?	Os participantes do modelo no processo são denominados *raias* (ou então *partições* em um diagrama de atividade da UML) no modelo de processo de negócios. Retrate as raias como linhas horizontais ou colunas verticais nos diagramas de fluxo de trabalho, apenas uma raia por participante. Retrate cada atividade na raia do participante que a executa. Use esta técnica para documentar o processo Como é (*As-is*) e também para registrar o consenso (em desenvolvimento) de como essas atividades serão alocadas entre os participantes no processo Como será (*To-be*). *UML:* ■ Atualizações dos atores e trabalhadores de negócio no modelo de caso de uso do negócio ■ Atividades movidas para as partições apropriadas no diagrama de atividade *Alternativas à UML:* ■ DPN atualizado; participantes indicados como raias e piscinas (BPMN)

[1] A realização de caso de uso do negócio é o nome dado em algumas metodologias para o elemento de modelagem (*container*) dos processos internos de negócio, enquanto o caso de uso de negócio propriamente dito (e sua descrição, conhecida no RUP como especificação do caso de uso de negócios) descreve apenas a funcionalidade de fachada do negócio (a interface entre o cliente e o negócio).

- Modelo do processo de negócio: participantes (atores e trabalhadores), fluxo de trabalho
- Perfil do usuário

UML (estendida):

- Modelo de caso de uso do negócio: atores e funcionários de negócios, casos de uso do negócio, diagramas de caso de uso do negócio, realizações de caso de uso do negócio
- Mapa de papéis (se existente)

(*Mapa de Papéis* é uma expressão popularizada por Larry Constantine[14]. É uma forma limitada de diagrama de uso de caso que contém apenas atores e suas relações uns com os outros.)

Alternativa à UML:

- DFD
- DPN atualizado

ITIL:

- SGC

ITIL:

- Atualizações nos IC (Itens de configuração) do usuário pelo SGC

Entregas

- Perfil do usuário (consulte a seção "Atores" do modelo de DRN no Capítulo 6).

UML:

- Mapa de Papéis

Alternativas à UML:

- Entidades/agentes externos (DFD), DPN atualizado

ITIL:

- Atualizações para o SGC: IC do usuário

Quem convidar

Use os documentos de entrada para esboçar a lista inicial de convidados. Considere os interessados e seus interesses. Examine os modelos de fluxo de traba-

---

[14] Consulte *Users, roles, and personas*, de Larry Constantine, IDSA, Chief Scientist (Constantine & Lockwood, Ltd., 2005), p. 9. Disponível em: <http://www.foruse.com/articles/rolespersonas.pdf>.

lho: raia, pools[15] ou partições podem indicar grupos de usuários. Se você estiver usando a extensão da modelagem de negócio para a UML, considere os atores e os funcionários associados aos casos de uso de negócios sob discussão. Convide aqueles que irão dirigir os usuários e outros que tenham interesse na definição dos grupos de usuários.

Os convidados devem representar o seguinte:

- Clientes
- Fornecedores
- Provedores de serviço de TI
- Usuários existentes (UML: consulte o Mapa de Papéis existente)
- Gerência de alto nível
- Gerência de linha
- Agentes da Central de Serviço
- Donos do processo de negócio
- Gerente de projeto
- EA
- Arquiteto de negócio

Lista de verificação: perguntas para a entrevista

Na Tabela 2.9, apresenta-se uma lista de verificação de perguntas direcionada aos entrevistados, a fim de identificar os grupos de usuários afetados pelo projeto de TI. Utilize os documentos de entrada (apresentados na seção "Documentos de entrada" precedente desta reunião) como base para a revisão e a discussão. Por exemplo, considere os atores, funcionários e partições no modelo de caso de uso de negócio (processo de negócio) como usuários finais candidatos.

Objetivo da reunião: identificar tarefas do usuário

O objetivo desta reunião é identificar as tarefas do usuário (metas) que deverão ser modificadas ou adicionadas como resultado deste projeto – cada *tarefa do usuário* representa um trabalho significativo que um usuário executa com a ajuda de um sistema de TI em uma única interação.

---

[15] Em um DPN, pools representam organizações independentes envolvidas em um processo como B2B (*business to business* – negócio a negócio). Cada organização é representada como um pool e cada um deles pode ser dividido em raias; cada raia representa uma área de negócio da organização. A comunicação entre os pools é obtida por meio de mensagens. Fluxos de sequência são usados entre atividades do mesmo pool. Um fluxo de sequência pode atravessar raias dentro do mesmo pool, mas não pode atravessar os pools.

Capítulo 2 ▪ Guia de reuniões 77

Tabela 2.9 Descrever usuários

Perguntas	Onde documentar as respostas
▪ Um grupo de usuários atualmente conhecido, citado nos Documentos de entrada, irá acessar os serviços novos ou alterados? (Consulte a seção anterior "Documentos de entrada", referente a esta reunião, para obter uma lista de entradas como o perfil do usuário e o Mapa de Papéis). ▪ Quais funções envolvidas no processo de negócio serão usuárias diretas do sistema? ▪ Haverá outros a receber mensagens ou relatórios do sistema? ▪ Quem são os clientes dos serviços e aplicativos da web? ▪ Alguma comunicação com outras organizações ou sistemas será automatizada (por exemplo, enviar mensagens e transações eletrônicas)? ▪ Quais sistemas de computadores externos vão se comunicar com o sistema?	*UML:* ▪ Mapa de Papéis *Alternativas à UML:* ▪ Entidades/agentes externos (DFD), DPN atualizado *ITIL:* ▪ Atualizações no Sistema de Gerenciamento da Configuração (SGC): IC do usuário
▪ Existe alguma sobreposição entre os papéis dos diferentes grupos de usuários?	*UML dos perfis de usuário:* ▪ Relações de generalização entre os atores no Mapa de Papéis

Pré-requisitos, considerações sobre o momento

Os serviços de negócio afetados e os processos ponto a ponto foram analisados; os processos ponto a ponto Como será (*To-be*) foram analisados.

Documentos de entrada

- Modelo do processo de negócios: fluxo de trabalho transfuncional
- Modelo de serviços de TI existentes

UML (estendida):

- Modelo de caso de uso do negócio Como será:
  - Diagramas de caso de uso do negócio
  - Realizações de caso de uso do negócio
- Modelo do caso de uso de sistema Como é

ITIL:

- RDM (Requisições de Mudança)
- Requisitos de (Nível) de Serviço de Negócios

- Catálogo do Serviço Técnico: use o catálogo para rastrear a mudança de um nível para outros (por exemplo, de um serviço de negócios para um serviço de TI)

Entregas

- Requisitos funcionais: tarefas do usuário

UML:

- Diagramas de caso de uso do sistema
- Casos de uso do sistema
- Atores
- Resumos do caso de uso do sistema (breves descrições em texto)

Alternativas à UML:

- DFD

ITIL:

- RNS Intermediários de TI
- RDM

Quem convidar

- Clientes
- Usuários
- Gerência de linha
- Defensor de produto
- Donos do processo de negócio
- Gerente de projeto
- EA
- Arquiteto técnico dos provedores de solução, analista de sistemas (para opinião sobre a comunicação com os sistemas internos e externos)

Lista de verificação: perguntas para a entrevista

A Tabela 2.10 apresenta uma lista de verificação de perguntas direcionada aos entrevistados, a fim de identificar as tarefas do usuário que precisam ser suportadas pela solução. A segunda coluna identifica os recursos (e os componentes) atualizados com base em suas respostas. Se a abordagem de caso de uso for utilizada, cada tarefa do usuário será modelada e documentada como um *caso de uso do sistema*; se utilizar a abordagem de análise estruturada, cada tarefa será modelada e documentada como um *processo*.

Tabela 2.10 Identificar tarefas do usuário

Perguntas	Onde documentar as respostas
Perguntas gerais para encontrar os casos de uso do sistema: ▪ Quais opções de menu/ferramentas você gostaria de ver? ▪ Quais tarefas você executará com a ajuda do sistema de TI? ▪ A quais eventos o sistema deve responder? ▪ Com quais transações/solicitações/mensagens automatizadas de outros sistemas o sistema proposto deve ser capaz de lidar?	*UML:* ▪ Casos de uso do sistema *Alternativas à UML:* ▪ Processos (DFD)
Para cada caso de uso do sistema, você descobre: ▪ Quais grupos de usuários utilizam essa opção? ▪ A tarefa pode ser acionada automaticamente por uma solicitação eletrônica? Nesse caso, qual sistema de computadores será a origem da solicitação? ▪ É um evento programado? (Nesse caso, o modelo "Tempo" é o fator principal.) ▪ Alguma organização, pessoa ou sistema recebe mensagens ou relatórios eletrônicos como resultado da interação? ▪ O sistema precisa se comunicar com algum sistema externo durante esse processo? Por exemplo, ele emite consultas ou envia transações eletrônicas?	*UML:* ▪ Associações de comunicação entre os atores e os casos de uso do sistema *Alternativas à UML:* ▪ Fluxos de dados entre as entidades/agentes externos e processos (DFD).

Objetivo da reunião: (modelagem estática) Definir conceitos, objetos e regras de negócio

O objetivo dessa reunião é criar um esboço inicial do modelo estático. O modelo define e documenta as regras relacionadas aos substantivos de negócios, como conceitos e tipos de objetos. O objetivo do modelo estático é promover a consistência, fornecendo um único local para apontar as regras e as definições que atravessam os requisitos funcionais.

Pré-requisitos, considerações sobre o momento

Realizar em paralelo com a modelagem dinâmica dos serviços de TI. À medida que os substantivos de negócios são introduzidos, extrair e documentar definições e regras.

Documentos de entrada

▪ **Modelo do processo de negócio:** compile uma lista de classes de entidades candidatas a partir das frases de substantivos que aparecem no modelo, como aquelas exibidas como participantes dos objetos de processo e negócio que são manipulados pelo processo.

UML (estendida):

- **Modelo de caso de uso do negócio:** casos de uso do negócio, atores e funcionários de negócios, diagramas de caso de uso do negócio, descrições de caso de uso do negócio, realizações de caso de uso do negócio.

  Compile uma lista de classes de entidades candidatas com base nas frases de substantivos que aparecem no modelo de caso de uso de negócios (diagramas e texto) com atores de negócios, participantes responsáveis por executar o processo e objetos de negócios que são manipulados pelo caso de uso de negócios.

- **Modelo de caso de uso do sistema:** casos de uso do sistema, atores, Mapa de Papéis, diagramas de caso de uso do sistema, resumos de caso de uso do sistema, descrições do caso de uso do sistema.

  Compile uma lista de classes de entidades candidatas com base nos atores no Mapa de Papéis. Compile uma lista de classes de entidades candidatas com base em atores e substantivos que aparecem nos nomes e nos resumos e descrições de caso de uso do sistema.

- **Diagramas de atividade:** compile uma lista de classes de entidades candidatas com base em nomes de partições, objetos (quando os fluxos de objeto estiverem incluídos) e substantivos que aparecem nos nomes de atividades e em outras partes do diagrama (proteções, eventos e assim por diante).

Alternativas à UML:

- **DFD:** compile uma lista de classes de entidades candidatas a partir dos agentes externos (atores), depósitos e fluxo de dados e dos substantivos que aparecem nos nomes de processo.

- **DPN, fluxogramas:** compile uma lista de classes de entidades candidatas com base em raias, objetos, pools e substantivos que aparecem nos nomes de tarefa e evento ou em outras partes dos diagramas (gateways, decisões e assim por diante).

Entregas

Subseções do DRN:

- Regras de negócios
- Dicionário de dados

UML:

- Classes de entidades
- Diagramas de classe da perspectiva do negócio

Alternativas à UML:

- DER da perspectiva do negócio

Quem convidar

- Clientes
- Usuários
- Gerência de alto nível
- Donos do processo de negócio
- Gerente de projeto
- EA
- Arquiteto de negócio

Lista de verificação: perguntas para a entrevista

Reúna-se com os interessados para identificar as entidades candidatas (classes). Revise qualquer documentação nova ou alterada de requisitos. Consulte a seção precedente "Documentos de entrada" desta reunião, para obter a orientação sobre a revisão da documentação existente. Utilize as perguntas da Tabela 2.11 para obter mais classes candidatas importantes.

Tabela 2.11 Extrair novas classes candidatas

Perguntas	Onde documentar as respostas

- Quais são os principais:
  - Pessoas e organizações?
  - Transações e eventos?
  - Produtos e serviços?
  - Locais que o negócio precisa rastrear com a ajuda do sistema de software?
- Quais conceitos se aplicam a esta área dos negócios?
	- Modelo estático e Dicionário de dados
	UML:
	- Classes de entidades candidatas
	Alternativas à UML:
	- Entidades candidatas (DER)

Para cada classe candidata, ao encontrar as perguntas da Tabela 2.11 e revisar os documentos de entrada, determine se ela será ou não incluída no modelo, dirigindo aos interessados as perguntas da Tabela 2.12. Inclua as classes candidatas que extraírem a resposta "Sim" em qualquer pergunta da tabela.

Tabela 2.12 Avaliar classes candidatas

Perguntas	Onde documentar as respostas
- O negócio dependerá do sistema de TI para rastrear cada objeto deste tipo? - O sistema de TI será usado para revelar detalhes deste objeto depois que a interação introduzida terminar?	- Modelo estático *UML:* - Classes de entidade *Alternativas à UML:* - Entidades (DER)

82 O livro do analista de negócios

Para cada classe de entidade incluída no modelo, dirigindo aos interessados as perguntas da Tabela 2.13.

Tabela 2.13 Analisar classes de entidade

Perguntas	Onde documentar as respostas
■ Explique o termo resumidamente. ■ Forneça um exemplo típico. ■ Com qual volume desse tipo de objeto de negócio o sistema deve ser capaz de lidar? Por exemplo, a quantos clientes, produtos etc. o sistema deve ser capaz de atender? ■ Qual é o índice de aumento esperado no volume? Por exemplo, quantos novos clientes, produtos etc. são esperados por ano?	■ Modelo estático e Dicionário de dados *UML:* ■ Documentação da classe de entidade *Alternativas à UML:* ■ Documentação da entidade (DER)
■ Que tipo de informação (atributo) a empresa rastreia sobre ela?	Dicionário de dados *UML:* ■ Atributos de classe *Alternativas à UML:* ■ Atributos da entidade ■ Dicionário de dados
■ A entidade (classe) possui subtipos? Por exemplo, existem tipos de clientes? ■ As regras de negócios são diferentes de acordo com o tipo?	*UML:* ■ Subtipos de modelos como classes especializadas
■ O negócio precisa vincular a outro objeto de negócios? (Por exemplo, as políticas podem ser vinculadas aos benefícios.)	*UML:* ■ Modele como associações nos diagramas de classe *Alternativas à UML:* ■ Modele como relações nos DER

Para cada par vinculado de objetos de negócios descobertos na última pergunta da Tabela 2.13, dirija aos interessados as perguntas da Tabela 2.14.

Tabela 2.14 Análise de cardinalidades

Perguntas	Onde documentar as respostas
■ Quantos [segundo objeto da relação] serão vinculados a cada [primeiro objeto]? Deve haver pelo menos um? Qual é o máximo? ■ Repita as perguntas prévias, invertendo os objetos.	Regras de negócio *UML:* ■ Modele como multiplicidades nos diagramas de classe *Alternativas à UML:* ■ Modele como cardinalidades nos DER

Objetivo da reunião: definir os RNS não funcionais

O objetivo dessa reunião é garantir que os requisitos não funcionais sejam considerados como parte da análise antes que a solução seja desenhada (ou selecionada), desenvolvida e colocada em produção. Os requisitos podem ser definidos no nível de negócio (para os serviços de negócio) ou de TI (para os serviços de TI). Os requisitos não funcionais, também denominados atributos de qualidade ou RNS (Requisitos de Nível de Serviço)[16] correspondem a qualquer requisito que não seja funcional. Os requisitos funcionais descrevem a funcionalidade que o sistema deve fornecer (o que o sistema deve fazer). Os requisitos não funcionais incluem os de segurança, auditoria e também os operacionais, como tempo de resposta e produção.

Pré-requisitos, considerações sobre o momento

Podem ocorrer a qualquer momento.

Documentos de entrada

- Documento de visão, recursos, requisitos existentes
- Documentos arquitetônicos: arquitetura da empresa, do negócio, da linha de produtos, do sistema de informações. A arquitetura de um sistema (empresa, negócio, linha de produtos e assim por diante) define seus componentes, mas as relações entre eles e entre o sistema e o seu ambiente, bem como os princípios do projeto que "informam, orientam e restringem sua estrutura e operação e o futuro desenvolvimento"[17]. A arquitetura empresarial mostra como todos os componentes são integrados. O requisito de cumprir as arquiteturas existentes deve ser documentado nos RNS e qualquer documento arquitetural aplicável deve ser seguido por eles. Documentação arquitetural usada como entrada nesta reunião inclui:
  - Papéis e responsabilidades
  - Políticas (negócio, TI etc.)
  - Desenhos
  - Infraestrutura

UML (estendida):

- Modelo de caso de uso do negócio

---

[16] Como já foi explicado neste livro, existe uma divergência com relação ao termo RNS. Alguns o reservam para os requisitos não funcionais e outros, para requisitos funcionais e não funcionais. Esta reunião se refere, principalmente, aos requisitos não funcionais e de todo o sistema (alguns dos quais podem ser classificados de qualquer uma dessas maneiras).

[17] ITIL V3 Core Book: Service Design, 2007, OMG, p. 36.

ITIL:

- Portfólio de serviço
- R(N)S intermediários (esboços)

Entregas

Subseções do DRN:

- Requisitos não funcionais intermediários

ITIL:

- RNS intermediários (Requisitos de Nível de Serviço)
- Atualizações intermediárias no pipeline de serviço

Quem convidar

- Clientes
- Usuários
- Gerência de alto nível
- Gerência de linha
- Agentes da Central de Serviço
- Patrocinador executivo e comitês de aprovação
- Donos do processo de negócio
- Gerente de serviço
- Gerente de nível de serviço
- Gerente de projeto
- EA
- Arquiteto de negócio
- Organizações de padrões e diretrizes
- Provedores de soluções (analistas de sistemas, arquitetos de sistema, desenvolvedores, fornecedores, provedores de serviço de TI)
- Testadores (para entrada nos requisitos de capacidade de teste)
- Programadores de manutenção (para entrada nos requisitos de sustentabilidade)

Lista de verificação: perguntas para a entrevista

Na Tabela 2.15, há uma lista de perguntas para extrair os requisitos não funcionais e identificar onde documentá-los nos Requisitos de Nível de Serviço (RNS) não funcionais. Veja o modelo de Requisitos de Nível de Serviço (não funcionais) no Capítulo 6, para obter a descrição completa do RNS e suas subseções.

Tabela 2.15 Definir os RNS não funcionais

Pergunta	Onde documentar as respostas
- Quais tipos de relatórios e registros são exigidos pelos auditores?	- Requisitos de auditoria e relatório (esse item encontra-se na seção "Capacidades para todo o sistema" do Capítulo 6).
- Quais tipos de logs de atividade (históricos) são exigidos?	- Requisitos de log de atividade (esse item encontra-se na seção "Capacidades para todo o sistema" do Capítulo 6).
- Será exigido que o negócio ou sistema gerencie licenças? Nesse caso, quais são os requisitos para instalar, rastrear e monitorar as licenças?	- Requisitos de licenciamento (esse item encontra-se na seção "Capacidades para todo o sistema" do Capítulo 6).
- Descreva qualquer requisito de segurança relacionado para acessar os dados, restrições de privacidade, segurança nacional e assim por diante.	- Requisitos de segurança (esse item encontra-se na seção "Capacidades para todo o sistema" do Capítulo 6).
- Descreva qualquer regra de precedência e concorrência referente à execução de serviços e processos, movimento dos itens de trabalho, aprovações etc. Alguns processos precisam ocorrer em uma sequência específica em relação uns com os outros? Alguns processos podem ocorrer ao mesmo tempo?	- Dependências e Regras de precedência (esse item encontra-se na seção "Capacidades para todo o sistema" do Capítulo 6).
- Qual é o número máximo de usuários que devem se envolver na mesma operação ao mesmo tempo?	- Requisitos de concorrência (esse item encontra-se na seção "Capacidades para todo o sistema" do Capítulo 6).
- Descreva quaisquer requisitos referentes à natureza da interface do usuário. - Existem requisitos relacionados à facilidade de uso do serviço? Como a conformidade será medida? - Existem padrões e diretrizes que a interface do usuário deve cumprir? - Descreva os requisitos de acessibilidade para usuários com necessidades especiais, como portadores de incapacidades.	- Requisitos de usabilidade (esse item encontra-se como uma seção do Capítulo 6).
- Qual nível de tolerância a falhas o sistema ou negócio deve garantir? (Consulte as próximas 15 linhas desta tabela para verificar as perguntas mais específicas sobre a confiabilidade.)	- Requisitos de confiabilidade (esse item encontra-se como uma seção do Capítulo 6).
- Qual deve ser a exatidão das métricas geradas pelos serviços cobertos nesse processo? Cem por cento exatas? Noventa por cento?	- Requisitos de exatidão (esse item encontra-se na seção "Requisitos de confiabilidade" do Capítulo 6).
- Qual deve ser a precisão dos valores? Valores em dólares até o centavo mais próximo? $^1/_{10}$ de 1 centavo?	- Requisitos de precisão (esse item encontra-se na seção "Requisitos de confiabilidade" do Capítulo 6).
- Qual deve ser a disponibilidade dos serviços de negócios? Horário comercial? $^{24}/_7$?	- Requisitos de disponibilidade (esse item encontra-se na seção "Requisitos de confiabilidade" do Capítulo 6).

(continua)

86   O livro do analista de negócios

Tabela 2.15 Definir os RNS não funcionais (continuação)

Pergunta	Onde documentar as respostas
▪ Qual é o tempo médio mínimo permissível entre a ocorrência de uma falha no serviço e de uma segunda falha no mesmo serviço?	*ITIL:* ▪ Tempo médio entre falhas (TMEF) (esse item encontra-se na subseção Requisitos de disponibilidade da seção "Requisitos de confiabilidade" do Capítulo 6).
▪ Qual é o tempo médio mínimo permissível entre a ocorrência de uma falha no sistema ou serviço e a próxima falha?	*ITIL:* ▪ Tempo médio entre incidentes de sistema/serviço (TMEISS) (esse item encontra-se na subseção Requisitos de disponibilidade da seção "Requisitos de confiabilidade" do Capítulo 6).
▪ Qual é o tempo médio máximo permissível decorrido para consertar e reparar um serviço, desde o momento em que o incidente ocorre até que se torne disponível para o cliente?	*ITIL:* ▪ Tempo médio para restaurar serviço (TMRS) (esse item encontra-se na subseção Requisitos de disponibilidade da seção "Requisitos de confiabilidade" do Capítulo 6).
▪ Qual é o tempo médio máximo permissível entre a ocorrência de um incidente e sua detecção pelo negócio/sistema?	▪ Detecção e registro (esse item encontra-se na subseção Requisitos de disponibilidade da seção "Requisitos de confiabilidade" do Capítulo 6).
▪ Qual é o tempo médio máximo permissível para reparar um Item de configuração ou serviço de TI depois de uma falha nos mesmos, desde a ocorrência da falha até o reparo (sem incluir o tempo necessário para recuperar ou restaurar)?	*ITIL:* ▪ Tempo médio para reparo (TMPR) (esse item encontra-se na subseção Requisitos de disponibilidade da seção "Requisitos de confiabilidade" do Capítulo 6).
▪ Quais ativos adicionais (redundância) são exigidos para suportar os requisitos de confiabilidade e sustentabilidade? (Consulte as próximas cinco linhas desta tabela para conhecer perguntas mais direcionadas aos vários tipos de redundância.	▪ Redundância (esse item é uma subseção da seção "Requisitos de confiabilidade" do Capítulo 6).
▪ Quais ativos adicionais são exigidos para suportar a operação continuada de serviços que não podem ser interrompidos?	▪ Redundância ativa (consulte a subseção Redundância da seção "Requisitos de confiabilidade" do Capítulo 6).
▪ Quais ativos duplicados são necessários para operar simultaneamente e sempre estarem prontos para substituir seus equivalentes?	▪ Redundância ativa (consulte a subseção Redundância da seção "Requisitos de confiabilidade" do Capítulo 6).
▪ Qual duplicação de ativos é necessária para suportar a confiabilidade de serviços que podem ser interrompidos? ▪ Quais ativos redundantes serão mantidos desligados (em espera) até que sejam exigidos?	▪ Redundância passiva (consulte a subseção Redundância da seção "Requisitos de confiabilidade" do Capítulo 6).
▪ Para quais serviços e ativos o risco deve ser distribuído, usando diferentes tipos de ativos para prestar o mesmo serviço (por exemplo, usando diferentes mecanismos de entrega)?	▪ Redundância heterogênea (consulte a subseção Redundância da seção "Requisitos de confiabilidade" do Capítulo 6).

Capítulo 2 ▪ Guia de reuniões   87

Pergunta	Onde documentar as respostas
▪ Para quais serviços e ativos os ativos duplicados devem ser do mesmo tipo?	▪ Redundância homogênea (consulte a subseção Redundância da seção "Requisitos de confiabilidade" do Capítulo 6).
▪ Com quais tipos de erros o sistema deve ser capaz de lidar e como deve responder? ▪ Que tipos de erros o sistema deve impedir?	▪ Abordagem dos erros (esse item é uma subseção dos "Requisitos de confiabilidade" do Capítulo 6).
▪ Quantos usuários devem ser capazes de usar o serviço ao mesmo tempo?	▪ Requisitos de estresse (esse item é uma subseção dos "Requisitos de desempenho" do Capítulo 6).
▪ Qual é o tempo de espera máximo permitido desde a requisição do serviço até a entrega?	▪ Requisitos do tempo necessário (esse item é uma subseção dos "Requisitos de desempenho" do Capítulo 6).
▪ Qual é o tempo de espera máximo permitido que um usuário dos serviços deve aguardar por uma resposta após enviar sua entrada?	▪ Requisitos do tempo de resposta (esse item é uma subseção dos "Requisitos de desempenho" do Capítulo 6).
▪ Quantas transações por unidade de tempo a solução deve ser capaz de manipular?	▪ Requisitos de transferência (esse item é uma subseção dos "Requisitos de desempenho" do Capítulo 6).
▪ Quantas transferências de dados por unidade de tempo a solução deve ser capaz de suportar?	▪ Largura de banda (esse item encontra-se na subseção dos Requisitos de transferência dos "Requisitos de desempenho" do Capítulo 6).
▪ Existe algum requisito relacionado à inicialização e ao desligamento? Restrições de tempo?	▪ Requisitos de inicialização e desligamento (esse item é uma subseção dos "Requisitos de desempenho" do Capítulo 6).
▪ Qual deve ser a escalabilidade da solução? ▪ Ela precisa ser facilmente ampliada, por exemplo, aumentando o número máximo de usuários simultâneos ou produtividade?	▪ Escalabilidade (esse item é uma subseção dos "Requisitos de capacidade de suporte" do Capítulo 6).
▪ Quais mudanças nos requisitos de serviços são esperadas durante o processo? ▪ Alguma mudança é esperada devido a regulamentos ou as mudanças nas condições do mercado? ▪ Como essas mudanças serão acomodadas?	▪ Mudanças esperadas (esse item é uma subseção dos "Requisitos de capacidade de suporte" do Capítulo 6).
▪ Qual deve ser a facilidade para alterar os processos a fim de melhorá-los, por exemplo, eliminando gargalos, maximizando eficiências ou corrigindo deficiências?	▪ Requisitos de sustentabilidade (esse item é uma subseção dos "Requisitos de capacidade de suporte" do Capítulo 6).

Tabela 2.15 Definir os RNS não funcionais (continua)

88   O livro do analista de negócios

Tabela 2.15 Definir os RNS não funcionais (continuação)

Pergunta	Onde documentar as respostas
■ Quais aspectos dos serviços precisam ser configuráveis, isto é, passíveis de mudanças, sem exigir a reprogramação?	■ Configurabilidade (esse item é uma subseção dos "Requisitos de capacidade de suporte" do Capítulo 6).
■ Até que ponto a solução precisa ser adaptável às condições e aos requisitos locais? ■ Por exemplo, é necessário suporte para vários idiomas? Diferentes sistemas fiscais? Diferentes padrões de endereçamento? Diferentes campanhas de marketing? Diferentes catálogos de produtos e serviços com base no local?	■ Capacidade de localização (esse item é uma subseção dos "Requisitos de capacidade de suporte" do Capítulo 6).
■ Qual deve ser a facilidade para instalar o sistema? Qual nível de aptidão é exigido do instalador?	■ Instalabilidade (esse item é uma subseção dos "Requisitos de capacidade de suporte" do Capítulo 6).
■ Com quais outros sistemas, software e hardware (dispositivos, sistemas operacionais e assim por diante) a solução deve ser compatível?	■ Requisitos de compatibilidade (esse item é uma subseção dos "Requisitos de capacidade de suporte" do Capítulo 6).
■ Descreva o nível de teste (como o de regressão) exigido para os vários tipos de serviços e componentes e as informações de planejamento para configurar e realizar os testes.	■ Requisitos de teste (esse item é uma seção do Capítulo 6).
■ Descreva o nível de treinamento exigido. ■ Quais organizações deverão desenvolver e entregar programas de treinamento? ■ Quais organizações serão encarregadas do planejamento da entrega e da execução do treinamento? ■ As organizações serão encarregadas de prestar o treinamento? O cliente? O provedor de solução? Terceiro? Pessoal interno?	■ Requisitos de treinamento (esse item é uma seção do Capítulo 6).
■ Quais são os volumes máximos que a solução deve ser capaz de suportar? ■ Qual é o número máximo de contas, clientes etc.? ■ Quais são os requisitos de crescimento? Qual crescimento é previsto em relação aos números de contas, clientes, usuários simultâneos, largura de banda exigida etc.?	■ Requisitos de capacidade[1] (esse item é uma seção do Capítulo 6).
■ Quais instalações de *backup* e recuperação são exigidas? ■ Quais componentes devem ser passíveis de restauração em caso de falha? ■ Qual é o ponto de recuperação exigido?	■ Requisitos de *backup*/recuperação (esse item é uma seção do Capítulo 6).

Pergunta	Onde documentar as respostas
▪ Existe alguma restrição do projeto na solução?	▪ Restrições do projeto (esse item é uma subseção de "Outras restrições" do Capítulo 6).
▪ Existe alguma restrição na codificação e construção da solução? Por exemplo, uma linguagem de programação específica deve ser usada?	▪ Restrições de implementação (esse item é uma subseção de "Outras restrições" do Capítulo 6).
▪ Quais protocolos, formatos etc. devem ser seguidos ao formar uma interface com organizações ou sistemas externos?	▪ Restrições de interface (esse item é uma subseção de "Outras restrições" do Capítulo 6).
▪ Quais são as restrições físicas do hardware? Existem restrições com relação a tamanho, controle de temperatura, materiais e assim por diante?	▪ Restrições físicas (esse item é uma subseção de "Outras restrições" do Capítulo 6).
▪ Existe algum requisito legal ou regulamentar, legislação existente ou pendente, corpo governamental ou padrão que restrinja o sistema?	▪ Requisitos legais e regulamentares (esse item é uma seção do Capítulo 6).
Negocie as expectativas e os planos de contingência com os interessados no negócio e provedores de serviço (ou com o gerente de fornecedor, se existir): ▪ Qual é o plano de contingência no caso de uma falha total ou parcial de um serviço? ▪ Caso ocorra um incidente, por quanto tempo o cliente pode conviver com ele antes que o plano de contingência seja iniciado? ▪ Qual o período para a transição ao local de contingência? Qual é o período aceitável? ▪ Qual é o período alocado para a contingência? (Por quanto tempo poderemos usar a solução de contingência?) ▪ Quanto tempo levará a transição da contingência de volta para as condições normais? Qual é o período aceitável? ▪ Se o período da contingência terminar, existe alguma alternativa e qual é o tempo exigido para fazer a transição de/para a alternativa?	▪ Requisitos de continuidade do serviço de TI (esse item está incluído na seção "Requisitos de *backup*/recuperação" do Capítulo 6).
▪ Quais são as funções de negócios essenciais, que devem ser mantidas no suporte de vida, quando um plano de contingência inicia devido a uma falha total ou parcial do serviço?	*ITIL:* ▪ Funções de negócio vitais (FNV) (esse item encontra-se na seção "Requisitos de *backup*/recuperação" do Capítulo 6).

[1] As previsões de crescimento auxiliam o gerenciamento de demanda. A demanda prevista incorretamente resulta em capacidade insuficiente que, por sua vez, limita o crescimento do serviço e degrada sua qualidade. (Consulte *ITIL V3 Core Book Service Strategy*, 2007, p. 129.)

Objetivo da reunião: coletar requisitos detalhados do usuário

O objetivo dessa reunião é extrair e documentar os requisitos detalhados do usuário. Defina o fluxo da interação usuário/sistema do ponto de vista do usuário, sem considerar o projeto técnico. (Em seguida, esses requisitos serão incluídos no projeto.)

Pré-requisitos, considerações sobre o momento

Tarefas do usuário (de acordo com os requisitos funcionais), serviços de TI foram identificados.

UML:

Casos de uso do sistema foram identificados.

Documentos de entrada

- **Plano do projeto:** em um projeto de desenvolvimento iterativo, o plano aborda quais tarefas do usuário (casos e fluxos de uso do sistema) devem ser analisados e realizados em cada iteração.
- **Modelos do processo de negócio, requisitos de usuário de alto nível (tarefas de usuário identificadas):** para determinar acionadores e pré-condições para as tarefas de usuário.

UML:

- Realizações de caso de uso do negócio: para determinar acionadores e pré-condições
- Casos de uso do sistema
- Atores
- Mapa de Papéis
- Diagramas de caso de uso do sistema
- Resumo do caso de uso do sistema[18] (um breve parágrafo que descreve o caso de uso).

Alternativas à UML:

- **DPN**: para determinar acionadores e pré-condições.
- **DFD:** use os fluxos de dado de entrada para ajudar a determinar as pré-condições (os dados de entrada devem estar disponíveis); derive os acionadores dos fluxos de dados originados de entidades externas.

---

[18] Os resumos do caso de uso devem ter duas a seis frases. Para obter mais informações sobre os resumos do caso de uso, consulte *Writing effective use cases*, de Alistair Cockburn (Addison-Wesley Professional, 2000), p. 38.

ITIL:

- RDM, R(N)S

Entregas

Subseções do DRN:

- Requisitos intermediários do usuário

UML:

- **Descrições de caso de uso do sistema:** uma descrição de caso de uso do sistema (denominada no RUP *especificação de caso de uso*) define a interação entre os atores e o negócio. Em geral, é expressa por meio de uma narrativa de texto. (Consulte "Modelo da descrição de caso de uso de sistema" no Capítulo 6.) O texto pode ser complementado com qualquer diagrama de atividade em que haja uma partição para o sistema e uma para cada ator. (A complementação do texto com um diagrama de atividade é recomendada para casos de uso complexos, nos quais os fluxos são interligados de forma complexa.) A descrição define acionadores, pré-condições, pós-condições e fluxos.

ITIL:

- R(N)S Intermediários

Quem convidar

- Usuários
- Gerência de alto nível
- Gerência de linha
- Donos do processo de negócio
- Gerente de projeto
- EA

Lista de verificação: perguntas para a entrevista

Reunir-se com os interessados para discutir os requisitos do usuário. Faça as perguntas da Tabela 2.16 para cada tarefa de usuário (caso de uso do sistema).

Para cada tarefa de usuário, faça as perguntas relacionadas na Tabela 2.17. Documente as respostas nos requisitos do usuário. Se a abordagem de caso de uso estiver sendo usada, os requisitos de usuário são documentados como descrições de caso de uso do sistema (denominadas no RUP como *especificações* de caso de uso). A localização exata da documentação dependerá do modelo. A segunda coluna da tabela indica em que local documentar as respostas no modelo de descrição de caso de uso do sistema, fornecido no Capítulo 6 deste manual.

92   O livro do analista de negócios

Tabela 2.16 Coletar requisitos detalhados do usuário

Pergunta	Onde documentar as respostas
▪ Qual a importância para que esta tarefa do usuário (caso de uso do sistema) seja suportada pela solução? ▪ A solução seria aceitável se não incluísse essa tarefa? ▪ Você aceitaria uma solução de contorno caso soubesse que ela seria adicionada em uma versão posterior?	▪ Prioridade. É ideal que a *prioridade* de um requisito seja documentada externamente (fora do requisito) − por exemplo, como atributo da Tabela de atributos de requisitos. (Para saber mais sobre essa tabela, consulte a Tabela 4.21 (Capítulo 4). A tabela encontra-se na subseção Atributos de requisitos de "Repositório de requisitos" em "Modelo de plano de trabalho de requisitos" do Capítulo 6.
▪ Qual evento aciona a interação?	▪ Acionadores (esse termo é documentado em "Descrições de tarefa de usuário" na subseção Requisitos de usuário de "Requisitos de TI" do Capítulo 6. Caso a abordagem de caso de uso estiver sendo usada, a Descrição da tarefa de usuário assume a forma de uma *descrição de caso de uso do sistema* (denominada no RUP *especificação de caso de uso do sistema*) e o acionador é nela documentado. Consulte Acionadores do "Modelo da descrição de caso de uso do negócio", no Capítulo 6.
▪ Existe alguma atividade ou evento que já deve ter ocorrido antes do início da interação?	▪ Pré-condições (esse termo é documentado em Descrições da tarefa de usuário na subseção Requisitos de usuário de "Requisitos de TI" do Capítulo 6. Quando a abordagem de caso de uso está sendo usada, esse item é documentado de acordo com a descrição de caso de uso do sistema. Consulte Pré-condições de "Modelo da descrição de caso de uso do negócio" no Capítulo 6).
▪ Qual é o efeito coletivo da interação depois que ela é concluída com sucesso?	▪ Pós-condições do sucesso[1] (esse termo é documentado em Descrições da tarefa de usuário na subseção Requisitos de usuário de "Requisitos de TI" do Capítulo 6. Caso a abordagem de caso de uso esteja sendo usada, documente de acordo com a descrição de caso de uso do sistema. Consulte a subseção Pós-condições do sucesso da subseção Pós-condições no "Modelo da descrição de caso de uso do negócio" no Capítulo 6).
▪ Qual seria o efeito coletivo da interação caso ela não fosse concluída com sucesso (por exemplo, no caso de cancelamento pelo usuário, entrada inválida ou serviço de TI requisitado indisponível)? ▪ Alguma pista de auditoria ou log da tentativa com falha seria produzido?	▪ Pós-condições garantidas[2] (esse termo é documentado em "Descrições da tarefa de usuário" na subseção Requisitos de usuário de "Requisitos de TI" do Capítulo 6. Caso a abordagem de caso de uso esteja sendo usada, documente de acordo com a descrição de caso de uso do sistema. Consulte Pós-condições garantidas da subseção Pós-condições no "Modelo da descrição de caso de uso do negócio" no Capítulo 6).

[1] Também podem ser documentadas como garantias de sucesso. Consulte *Writing effective use cases*, Cockburn.

[2] Também podem ser documentadas como garantias mínimas. Consulte *Writing effective use cases*, Cockburn.

Capítulo 2 ▪ Guia de reuniões   93

Tabela 2.17 Descrever interações entre o usuário e o sistema de TI

Pergunta	Onde documentar as respostas
▪ Descrever uma típica interação bem-sucedida. ▪ O que o usuário está fazendo em cada etapa? ▪ O que o sistema deve fazer em resposta?	▪ Etapas do fluxo básico
▪ Que tipos de opções, ícones de ferramenta etc., devem ser úteis para o usuário durante a execução desta tarefa? ▪ Os usuários devem ser capazes de atualizar a tela com informações em tempo real a qualquer momento durante a tarefa? ▪ Eles devem ser capazes de fazer pesquisas?	▪ Acionadores de fluxos alternativos
Revise cada etapa do fluxo básico com os interessados: ▪ Existe outra maneira pela qual isso pode funcionar? ▪ Existe algo que pode dar errado? ▪ Existe alguma edição ou verificação que pode falhar? ▪ Um usuário ou sistema pode esgotar seu tempo nesse momento? ▪ Esses eventos podem ser corrigidos ou levam ao cancelamento?	▪ Acionadores do fluxo alternativo (nomes)[1]
Revise os requisitos do usuário para esta tarefa: ▪ Quando o usuário deve ter autonomia para cancelar a transação? ▪ Algo mais pode acontecer que resultaria no cancelamento da tarefa?	▪ Acionadores do fluxo alternativo (nomes)[2]
Uma vez que todos os fluxos tenham sido identificados, peça aos interessados para descrever a interação de cada fluxo. Revise cada nova etapa conforme as descrições prévias referentes ao fluxo básico.	▪ Etapas do fluxo alternativo

[1] Os erros que não podem ser corrigidos devem ser documentados como Fluxos de exceção, em vez de ser agrupados com outros fluxos alternativos. (Todos os outros fluxos exceto o básico são listados como alternativos no Modelo de descrição de caso de uso do sistema, do Capítulo 6.)

[2] Se estiver usando um modelo que inclui uma seção de Fluxos de exceção (conforme descrito na nota acima), liste os eventos resultantes em cancelamento como Fluxos de exceção.

Objetivo da reunião: reutilizar requisitos do usuário

O objetivo dessa reunião é investigar oportunidades para reorganizar os requisitos do usuário, a fim de atingir o mínimo de redundância e o máximo de reutilização.

Pré-requisitos, considerações sobre o momento

Após a identificação das tarefas e dos usuários; revise à medida que os requisitos dos usuários são elaborados.

Documentos de entrada

- Requisitos do usuário
- Regras de negócio

UML:

- **Modelo de caso de uso do sistema:** casos de uso do sistema, atores, diagramas de caso de uso do sistema, descrições de caso de uso do sistema.

ITIL:

- Portfólio de Serviço
- R(N)S

Entregas

- Requisitos atualizados do usuário
- Regras de negócios

UML:

- **Modelo atualizado de caso de uso do sistema:**
  - Casos de uso incluídos, de extensão, generalizados e seus casos de uso básicos
  - Diagramas de caso de uso do sistema
  - Descrições de caso de uso do sistema

ITIL:

- Atualizações intermediárias no Portfólio de Serviços, R(N)S

Quem convidar

Esta é uma reunião interna para os membros da equipe.

- Outros AN da equipe
- Gerente de projeto
- Dono do modelo de requisitos do usuário (modelo de caso de uso do sistema)
- Arquiteto de negócio

Lista de verificação: perguntas para a entrevista

A Tabela 2.18 é uma lista de verificação de perguntas direcionada aos entrevistados, a fim de identificar as oportunidades de reutilização da documentação e modelos dos requisitos; a segunda coluna identifica os artefatos (e componentes) atualizados com base em suas respostas.

Tabela 2.18 Reutilizar requisitos do usuário

Perguntas	Onde documentar as respostas
- Nós já implementamos parcialmente uma funcionalidade como esta?	Reutilize os artefatos de requisitos existentes; referenciá-los com base na documentação de novos requisitos produzidos para este projeto. (Por exemplo, na UML, um novo caso de uso de extensão pode agregar funcionalidade a um caso de uso de sistema existente; e um novo caso de uso de sistema pode referenciar um caso de uso incluído que já exista no modelo.)
- Existem padrões que os requisitos devem cumprir?	Requisitos não funcionais (conformidade). Os padrões restringem e orientam o gerenciamento e a especificação dos documentos de requisitos.
- Algum requisito aparece mais de uma vez na documentação de requisitos do usuário? - Eles incluem subobjetivos que já foram documentados?	Requisitos do usuário: subobjetivos documentados e referenciados.
- Os requisitos do usuário referenciam alguma regra de negócio (regras de validação, adjudicação, derivação ou tabelas de decisões etc.) que já esteja documentada no repositório das regras de negócios?	Substitua a redundância nos requisitos do usuário por uma referência à(s) regra(s) de negócio relevante(s).
- Alguma regra de negócio é expressa em um dos requisitos de usuário que se aplique a vários contextos (por exemplo, em diferentes tarefas do usuário)?	Adicione as regras de negócio ao repositório de regras e substitua a redundância nos requisitos do usuário por uma referência à(s) regra(s) relevante(s).

96 O livro do analista de negócios

As perguntas da Tabela 2.19 aplicam-se quando a abordagem de caso de uso está sendo empregada para documentar os requisitos do usuário.

Tabela 2.19 Reutilizar documentação de caso de uso do sistema e elementos de modelagem

Pergunta	Onde documentar as respostas
■ Existe algum caso de uso do sistema que compartilhe subobjetivos?	Modele os subobjetivos como casos de uso incluído nos diagramas de caso de uso do sistema. Atualize a documentação do texto.
■ Algum conjunto de etapas aparece em mais de um caso de uso do sistema?	Modele as etapas comuns como um caso de uso do sistema nos diagramas de caso de uso do sistema. Crie a documentação de texto para os casos de uso incluído; substitua as etapas originais no caso de uso básico (inclusão) com uma referência ao caso de uso incluído.
■ Existe algum caso de uso incluído que já esteja no modelo e possa ser usado pelos casos de uso de sistema novos ou alterados?	Referencie os casos de uso incluído com base no caso de uso de sistema básico (inclusão) novo ou alterado, nos diagramas de caso de uso de sistema e na documentação de texto.
■ Examinando um caso de uso, ele contém vários fluxos alternativos que são acionados pela mesma condição?	Se o caso de uso original apresentar muitos fluxos, modele os fluxos comumente acionados como um caso de uso de extensão e remova-os do caso de uso original. Atualize os casos de uso do sistema e o texto.
■ Examinando um caso de uso, ele será liberado em uma versão básica e também nas versões melhoradas ou personalizadas?	Modele os requisitos da versão básica como um caso de uso de sistema básico; modele as versões melhoradas ou aprimoradas como casos de uso de extensão. Atualize os casos de uso do sistema e o texto.
■ Existe um fluxo de trabalho genérico ou fluxos comuns que se aplicam a um conjunto de casos de uso do sistema?	Modele o fluxo de trabalho genérico e/ou fluxos alternativos comuns em um caso de uso generalizado; as especificações estão nos casos de uso especializados. (Alternativa[1]: modele as etapas comuns como casos de uso incluído.).

[1] Essa alternativa é fornecida porque os casos de uso generalizados, apesar de serem recomendáveis, do ponto de vista da redundância, não são amplamente usados.

Objetivo da reunião: analisar o ciclo de vida dos objetos de negócios

O objetivo dessa reunião é analisar o ciclo de vida dos objetos de negócios desde o momento em que a área de negócios ou sistema torna-se ciente deles, a fim de entender as regras que governam o progresso dos objetos de negócios em todos os serviços de TI. Essas regras incluem aquelas que governam a sequência em que o *status* do objeto muda e as diferentes maneiras pelas quais o negócio ou sistema trata o objeto com base no seu *status*.

Pré-requisitos, considerações sobre o momento

Foi identificado um objeto de negócios que é essencial para a área de negócios ou sistema e cujas mudanças de *status* devem ser controladas.

Documentos de entrada

- Requisitos do usuário
- Modelo estático

UML:

- Modelo de caso de uso do negócio (diagrama e texto)
- Modelo de caso de uso do sistema
- Resumos de caso de uso do sistema
- Mapa de Papéis
- Classes de entidade e diagramas de classe

Entregas

Subseções do DRN:

- Diagramas de estado intermediários
- Modelo estático intermediário

UML:

- Diagramas de estado-máquina (Harel)
- Atualizações nas classes de entidade e diagramas de classe

Alternativas à UML:

- Tabelas de transição de estado, atualizações intermediárias no modelo de dados

Quem convidar

Convide um grupo diversificado de interessados, que representam aqueles que têm interesse nesse objeto de negócios em todo o seu ciclo de vida. Caso seja necessário, faça o acompanhamento com grupos mais enfocados. Os convidados devem representar:

- Clientes
- Usuários
- Gerência de alto nível
- Gerência de linha
- Defensor do produto
- Donos do processo de negócio

98 O livro do analista de negócios

- Gerente de projeto
- EA
- Arquiteto de negócio
- Organizações de padrões e diretrizes

Lista de verificação: perguntas para a entrevista

Reúna-se com os interessados para analisar o ciclo de vida dos objetos de negócio. A Tabela 2.20 é uma lista de verificação de perguntas direcionada aos entrevistados, a fim de identificar tipos importantes de objeto de negócio para a análise do ciclo de vida.

Tabela 2.20 Identificar objetos de negócios importantes

Perguntas	Onde documentar as respostas
- Existe um ou mais objetos de negócio – como transação, incidente, artefato, produto ou serviço – que seja essencial para o processo de negócio? - Existe algum objeto de negócio cujo progresso na área de negócio deva ser bem gerenciado? - Existe algum objeto de negócio que seja tratado de maneira diferente por causa de seu estado?	- Diagrama de transição de estado - Modelo estático (se novas entidades forem descobertas) *UML:* - Diagrama de estado-máquina (gráfico de estado de Harel) - Diagramas de classe *Alternativas à UML:* - DER

Para cada objeto de negócios importante descoberto, direcione as perguntas relacionadas na Tabela 2.21 para analisar o ciclo de vida.

Tabela 2.21 Analisar estados e transições

Perguntas	Onde documentar a resposta no Modelo do estado
- Quais estados ele pode ter?	Estados
- Qual é o estado inicial do objeto?	*UML:* pseudoestado inicial
- Descreva o ciclo de vida do objeto, começando do estado inicial.	*UML:* estados e transições
- O que aciona a transição de um estado para o outro? - Quais eventos ou tarefas do usuário (casos de uso do sistema ou fluxo) causam mudanças no estado?	*UML:* nomes da transição
- Qual é o estado imposto como resultado da mudança?	*UML:* transições

Para cada estado que você descobrir, direcione as perguntas relacionadas na Tabela 2.22 para analisar o comportamento do objeto enquanto estiver no estado.

Tabela 2.22 Analisar comportamento do estado

Perguntas	Onde documentar a resposta no Modelo do estado
■ Existe alguma atividade que deve ocorrer assim que o objeto seja atribuído a esse estado? ■ Alguma mensagem, notificação, trilha de auditoria ou relatório?	*UML:* atividade de entrada
■ Alguma atividade ocorre enquanto o objeto tem esse estado?	*UML:* atividade de execução
■ Alguma atividade deve ocorrer quando ele deixa esse estado?	*UML:* atividade de saída
■ Quais eventos afetam o objeto enquanto ele apresenta esse estado? ■ Qual é a resposta exigida a esse evento? ■ Quais operações são permitidas enquanto ele apresenta esse estado? ■ Quais operações são desativadas (não permitidas) quando ele apresenta esse estado?	*UML:* atividades de evento

Objetivo da reunião: avaliar os resultados de uma iteração[19]

Esta reunião tem como objetivo a revisão para avaliar os resultados de uma mudança efetuada durante a iteração (passagem) no projeto.

Pré-requisitos, considerações sobre o momento

Final de cada iteração.

Documentos de entrada

- ■ Relatórios do teste
- ■ Plano do projeto (plano de iteração)
- ■ Lista de riscos
- ■ Lista de defeitos

---

[19] A avaliação é categorizada pela ITIL como um processo da Transição do Serviço. Este manual concentra-se na contribuição do BA para o processo.

ITIL:

- Critérios de Aceitação do Serviço (CAS)
- Relatórios de gerenciamento de incidente

Entregas

- Relatório de avaliação

Quem convidar

- Clientes
- Usuários
- Gerência de alto nível
- Gerência de linha
- Donos do processo de negócio
- Gerente de projeto
- EA
- Provedores de soluções (analistas de sistemas, arquitetos de sistema, desenvolvedores, fornecedores, provedores de serviço de TI)
- Testadores

Lista de verificação: perguntas para a entrevista

A Tabela 2.23 é uma lista de verificação de perguntas para direcionar aos entrevistados, a fim de avaliar os resultados de uma iteração.

Tabela 2.23 Avaliar os resultados de uma iteração

Perguntas	Onde documentar as respostas
<ul><li>A mudança criou algum efeito não pretendido?</li><li>O desempenho real corresponde às expectativas? O desempenho previsto corresponde às expectativas?</li><li>Os cenários-alvo foram implementados?</li><li>Os problemas arquiteturais-alvo foram abordados?</li><li>Os riscos foram eliminados ou mitigados?</li><li>Novos riscos foram identificados?</li></ul>	Relatório de avaliação

Capítulo 2 ▪ Guia de reuniões 101

Objetivo da reunião: coletar requisitos da Central de Serviço[20]

Esta reunião visa extrair e documentar os requisitos que afetam a função da Central de Serviço (Central de ajuda). O objetivo da etapa é garantir que os requisitos de suporte do usuário sejam totalmente considerados antes que as mudanças sejam colocadas em produção.

Pré-requisitos, considerações sobre o momento

A qualquer momento; deve ser concluído antes que o produto ou serviço seja colocado em produção.

Documentos de entrada

ITIL:

- **Modelo de suporte dos serviços**
- **Planos de continuidade de serviço de TI:** incluir a orientação que afete a resposta da Central do Serviço aos incidentes que resultam em uma falha total ou parcial de um serviço. O BA deve pesquisar os planos de continuidade dos serviços de TI para determinar em que ponto da indisponibilidade a invocação dos planos de continuidade de serviço (contingência) deve iniciar e para entender as diretrizes da transição de/para a contingência, para que os novos requisitos de serviço sejam integrados aos planos e às disposições de continuidade existentes.
- **Plano de continuidade do negócio:** diretrizes para a invocação de planos de contingência no caso de uma falha total ou parcial de um serviço, que devem suportar o PCN e, portanto, depender dele.

Entregas

Subseção do DRN:

- Requisitos de Nível de Serviço não funcionais

ITIL:

- **Modelo de suporte dos serviços**
- **Procedimentos da Central de serviço**
- **Procedimentos de escalada de incidente:** esses procedimentos descrevem as regras para lidar com incidentes, o suporte de primeira e segunda camada

---

[20] As perguntas desta atividade foram adaptadas da função de Central dos serviços da ITIL, conforme descrita em *Foundations of ITIL Service Management Based on ITIL* V3, p. 302-305.

etc. O BA deve estar ciente de que os incidentes relacionados à segurança e aqueles que interrompem a continuidade podem ter requisitos especiais. Podem diferir dos procedimentos para outros tipos de incidentes no que se refere à duração da indisponibilidade dos serviços que será tolerada e os caminhos e notificações da escalada e podem envolver segurança, aspectos jurídicos, relações públicas etc.

- **RNS**

UML:

- Mapa de Papéis (atores do Agente da Central de Serviço)
- Modelo de caso de uso do sistema

Quem convidar

- Clientes
- Usuários
- Gerência de alto nível
- Gerência de linha da Central de Serviço
- Agentes da Central de Serviço
- Gerente de projeto
- EA
- Arquiteto de negócio
- Organizações de padrões e diretrizes
- Provedores de soluções (analistas de sistemas, arquitetos de sistema, desenvolvedores, fornecedores, provedores de serviço de TI)

Lista de verificação: perguntas para a entrevista

A Tabela 2.24 é uma lista de verificação de perguntas para direcionar aos entrevistados a fim de coletar os requisitos da Central de Serviço. A segunda coluna identifica os itens atualizados com base em suas respostas.

Para cada tipo de incidente novo ou revisado que a Central de Serviço precisará gerenciar como resultado do projeto, faça as perguntas relacionadas na Tabela 2.25.

Capítulo 2 ▪ Guia de reuniões 103

Tabela 2.24 Coletar requisitos da Central de serviço

Perguntas	Onde documentar as respostas
▪ Quais são as metas de nível de serviço para a Central de serviço? Por exemplo, qual é o tempo de giro exigido para a solução de um evento de serviço? ▪ Com quantos incidentes e eventos a Central de serviço deve ser capaz de lidar por hora/mês/dia? Existe alguma flutuação durante o dia ou em dias diferentes e, se houver, como é? Quais são os horários de pico e lentidão?	Requisitos não funcionais *ITIL:* ▪ Modelo de suporte aos serviços ▪ Procedimentos de Central de Serviço e RNS
▪ Com quais tipos de incidentes novos (ou revisados) a Central de serviço precisa gerenciar como resultado do projeto? (Um incidente é uma interrupção ou redução não planejada do serviço). ▪ Quais tipos de solicitações de serviço novas ou alteradas espera-se que a Central de Serviço controle? (Solicitação de serviço: quando um usuário solicita suporte, entrega de um serviço etc.)	Requisitos não funcionais *ITIL:* ▪ Modelo de suporte aos serviços ▪ Procedimentos de Central de Serviço ▪ Procedimentos de escalada de incidente
▪ Quais são os erros conhecidos? Existe alguma solução de contorno da qual a Central de Serviço deve estar ciente?	*ITIL:* ▪ Entrada para o gerenciamento do problema ▪ Modelo do suporte de serviços e Procedimentos da Central de Serviço
▪ Existe algum usuário de negócio com conhecimento profundo de um processo ou aplicativo que estaria preparado para agir como um "superusuário", auxiliando a Central de Serviço e os usuários em áreas especializadas? ▪ Se a Central de serviço é terceirizada, existem processos e ferramentas externos da organização que sejam consistentes com os utilizados internamente? ▪ De qual novo treinamento a Central de Serviço precisará para lidar com os incidentes (chamados de ajuda etc.) relacionados aos novos serviços? ▪ Como a Central de Serviço vai se manter atualizada em relação aos novos avanços? ▪ Existem procedimentos e diretrizes especiais para lidar com os incidentes de segurança? ▪ Existem procedimentos e diretrizes especiais para lidar com os incidentes que resultem em perda de serviço total ou parcial? Existe algum plano de continuidade do serviço de TI e/ou de negócio que deva ser cumprido no caso de tais incidentes?	*ITIL:* ▪ Modelo de suporte aos serviços ▪ Procedimentos de Central de Serviço ▪ Procedimentos de escalada de incidente
▪ A Central de Serviço terá acesso aos novos serviços?	*ITIL:* ▪ Modelo de suporte aos serviços ▪ Procedimentos de Central de Serviço *UML:* ▪ Mapa de Papéis ▪ Diagramas de caso de uso do sistema

Tabela 2.25 Analisar a resposta exigida para um incidente

Perguntas	Onde documentar as respostas
■ Com que velocidade o negócio precisa responder?	*ITIL:* Urgência (usada para determinar a prioridade)
■ Qual é a severidade do impacto? Por exemplo, quantos usuários são afetados pela falha de um serviço de TI?	*ITIL:* Impacto (usado para determinar a prioridade)
■ Como será a escala desse tipo de incidente? Funcionalmente para uma equipe de suporte mais especializada, ou hierarquicamente para a gerência de nível superior? ■ Qual é o grau de suporte de primeira linha exigido da Central de serviço? Quem fornecerá o suporte de Camada 1? E de Camada 2?	*ITIL:* ■ Modelo de suporte aos serviços ■ Procedimentos de Central de Serviço ■ Procedimentos de escalada de incidente

CAPÍTULO 3

PADRÕES E DIRETRIZES USADOS NESTE LIVRO

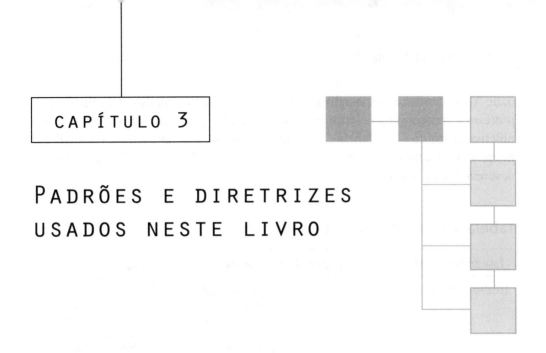

Este manual contém as melhores práticas derivadas de uma variedade de fontes. A abordagem preferida para o desenvolvimento do software é a iterativa incremental, com uma abordagem empírica e ágil quando for apropriado para o projeto. (Para ver a discussão dos fatores que favorecem a abordagem empírica, consulte a seção "Adaptando o Noble Path", no Capítulo 1.) Além disso, dá-se ênfase especial às estruturas, orientações e padrões específicos que afetam o papel do BA: Biblioteca de Infraestrutura de Tecnologia da Informação (ITIL), *Business Analysis Body of Knowledge*® (*BABOK*®) e na Linguagem de Modelagem Unificada (UML). Este capítulo fornece a visão geral da ITIL, do *BABOK*® e da UML e resume a contribuição do BA para a sua implementação.

ITIL

Um dos objetivos deste livro é iniciar o processo de integração da prática de BA ao gerenciamento de serviço da ITIL (Biblioteca de Infraestruturas de Tecnologia da Informação) (GSTI) – uma estrutura de melhores práticas publicamente disponíveis, que vem conquistando um amplo suporte internacional. Até recentemente, o enfoque da ITIL recaía mais nas operações de serviço (manuseio de incidentes, garantia de continuidade do serviço etc.) e menos no seu desenvolvimento. A versão mais recente, a ITIL V3, introduziu o Ciclo de Vida do Serviço – processo para análise, projeto e desenvolvimento desses serviços. Com essa mudança, a ITIL tratou do "front end" do gerenciamento de serviço: a análise do que esses serviços devem ser e sua construção subsequente. O BA, figura sempre essencial para atingir metas de serviço da ITIL no cumprimento das expectativas do cliente, agora é crucial na implementação da ITIL.

As tabelas 3.1 a 3.5 fornecem a visão geral das fases do ciclo de vida do serviço da ITIL, suas funções e processos e a colaboração do BA. Uma *função* é uma uni-

106 O livro do analista de negócios

dade "de organização especializada para realizar determinados trabalhos"[1]. Um *processo* é um conjunto estruturado de atividades projetadas para cumprir um objetivo definido[2]. Nas tabelas, a coluna Propósito descreve a base racional das metas e os objetivos da fase, função ou processo; a última coluna, Papel do BA, descreve seu envolvimento.

Tabela 3.1 Papel do BA na estratégia de serviço

Fase do ciclo de vida	Função ou processo	Propósito	Papel do BA
Estratégia de serviço	(Geral)	Obter desempenho superior em relação às alternativas concorrentes; orientar o desenvolvimento do gerenciamento de serviço como capacidade e ativo organizacional estratégico.	O BA contribui com a auditoria estratégica (análise dos serviços atualmente disponíveis e seu valor para as empresas e os clientes) e ajuda a determinar os serviços exigidos pelos clientes.
	Gerenciamento Financeiro (GF)	Fornecer informações de gerenciamento para garantir a economia na entrega do serviço. O GF ajuda o negócio e o setor de TI a "identificar, documentar e concordar com o valor do serviço que está sendo recebido e a habilitação da modelagem e do gerenciamento da demanda do serviço"[1].	O BA trabalha com o GF, o negócio e com TI para responder às perguntas sobre o custo de uma mudança proposta e explicar como a mudança agrega valor ao negócio.
	Gerenciamento do portfólio de serviço	Administrar os investimentos no gerenciamento de serviço e documentar os serviços padronizados	O BA ajuda na auditoria do inventário dos serviços existentes e sua documentação no catálogo de serviço, identifica novos serviços exigidos a ser documentados no pipeline de serviço.
	Gerenciamento da demanda	Prever a demanda dos serviços e alinhar o fornecimento corretamente.	O BA analisa a área de negócio para determinar os padrões de atividade e prevê a demanda.

[1] TIL V3 Core Book, Service Strategy, p. 97.

---

[1] *ITIL V3 Core Book*, Service Operation, 2007, p. 12.

[2] *Foundations of ITIL Service Management Based on the ITIL* V3, 2007, p. 172.

Capítulo 3 ▪ Padrões e diretrizes usados neste livro   107

A Tabela 3.2 fornece a visão geral da contribuição do BA para o Projeto do Serviço.

Tabela 3.2 Papel do BA no desenho do serviço

Fase do ciclo de vida	Função ou processo	Propósito	Papel do BA
Desenho do Serviço	(Geral)	Analisar e desenhar os serviços e processos[1]. Garantir uma abordagem holística a todos os aspectos do desenho de serviços novos ou modificados, incluindo os aspectos funcionais, operacionais e de gerenciamento.	Esta é uma fase importante do Ciclo de vida de serviço da ITIL, da perspectiva do BA. O BA está profundamente envolvido na coleta, análise e documentação dos requisitos funcionais, de gerenciamento e não funcionais.
	Gerenciamento de Catálogo de Serviços (GCS)	"O propósito do GCS é fornecer uma única fonte de informação consistente em todos os serviços acordados" e suas relações[2].	O BA ajuda a catalogar os serviços e suas dependências no catálogo de serviço e desenvolve R(N)S funcionais e não funcionais. O BA também usa o catálogo de serviço como entrada na direção de uma Análise de Impacto no Negócio (BIA).
	Gerenciamento de nível de serviço	Garantir que o nível acordado de prestação de serviço de TI seja atingido para os serviços presentes e futuros.	BA apoia o Gerente de nível de serviço identificando os requisitos (de nível) de serviço existentes e futuros[3].
	Gerenciamento da capacidade	Fornecer capacidade de TI que atenda às necessidades atuais e futuras em relação aos custos justificáveis[4].	O BA coleta e documenta os requisitos de capacidade e os inclui nos RNS não funcionais.
	Gerenciamento da disponibilidade	Garantir que a disponibilidade fornecida e futura cumpra ou exceda os requisitos acordados de maneira econômica.	O BA apoia o gerente de disponibilidade analisando a perspectiva do cliente e do usuário quanto à disponibilidade, incluindo as expectativas referentes aos requisitos de confiabilidade, sustentabilidade e funcionalidade do serviço, e os inclui nos RNS não funcionais.

(continua)

108 O livro do analista de negócios

Tabela 3.2 Papel do BA no desenho do serviço (continuação)

Fase do ciclo de vida	Função ou processo	Propósito	Papel do BA
	Gerenciamento da Continuidade do Serviço de TI (GCSTI)	Apoiar a continuidade dos negócios, garantindo que as instalações de TI possam ser retomadas após uma falha, considerando o cronograma acordado.	O BA analisa os requisitos de continuidade do cliente e os inclui nos RNS não funcionais.
	Gerenciamento de segurança da informação	Alinhar a segurança de TI e do negócio, garantindo que a segurança da informação seja controlada em todas as atividades de gerenciamento do serviço.	O BA coleta os requisitos de segurança do negócio e do usuário e os inclui nos RNS não funcionais.
	Gerenciamento de fornecedor	Gerenciar fornecedores e serviços para garantir a qualidade consistente no preço certo.	O BA contribui com a avaliação do fornecedor. Os RNS do BA servem como entrada para a negociação de ANS com os fornecedores.

[1] Uso do termo desenho na ITIL difere em outros contextos. Em outros locais, o termo frequentemente se refere às especificações técnicas de uma solução e exclui as atividades de análise de negócios, como a coleta dos requisitos de negócios. O ITIL Service Design, por outro lado, inclui a coleta e a análise dos requisitos.

[2] ITIL V3 Core Book, Service Design, p. 60.

[3] Apesar da possível conotação do termo nível em gerenciamento de nível de serviço, o processo inclui explicitamente a identificação dos requisitos funcionais. Consulte Foundations of ITIL Service Management Based on ITL V3, p. 86, customer-based SLA discussion, p. 196.

[4] Foundations of ITIL Service Management Based on ITIL V3, p. 200.

A Tabela 3.3 fornece uma visão geral da contribuição do BA para a Transição do Serviço.

Tabela 3.3 Papel do BA na transição de serviço

Fase do ciclo de vida	Função ou processo	Propósito	Papel do BA
Transição de serviço	(Geral)	Gerenciar processos, sistemas e funções necessários para implementar e liberar uma mudança para a produção e estabelecer o serviço especificado nos requisitos.	O BA ajuda a garantir que o processo de transição suporte o processo de mudança do negócio e que o serviço cumpra os requisitos.
	Planejamento e suporte da transição	Planejar e coordenar recursos e a capacidade para garantir que as especificações do projeto do serviço sejam cumpridas.	O BA ajuda a coordenar os planos de mudança do cliente, fornecedor e negócio e implementa e participa das revisões de qualidade.
	Gerenciamento de mudanças	Controlar mudanças e serviços e a documentação relacionada. Garantir que métodos e procedimentos padronizados sejam usados para o controle eficiente e imediato das mudanças em todo o ciclo de vida do serviço, que todas as mudanças sejam registradas e que os riscos para o negócio (resultantes da mudança) sejam minimizados.	O BA contribui profundamente para esse processo, ajudando a garantir que todas as mudanças sejam autorizadas e sigam o processo aprovado, participando e contribuindo com o CCM (Comitê Consultivo de Mudanças), revisando e criando RDM no nível do usuário e do negócio, revisando RDM técnicos, rastreando os requisitos para ajudar a identificar os IC ascendentes e descendentes afetados pela mudança e contribuindo com as atualizações na programação das mudanças.
	Gerenciamento da Configuração e de Ativo de Serviço (GCAS)	Contabilizar e gerenciar a integridade dos ativos de serviço e IC em todo o ciclo de vida do serviço, garantindo que apenas componentes e mudanças autorizados sejam usados. Definir os componentes do serviço e da infraestrutura e suas relações.	Muitas das entregas do BA são incluídas no GCAS. Elas incluem qualquer item que será controlado pelo GCAS e podem incluir requisitos funcionais e não funcionais e modelos de requisitos. O BA fornece entradas para as relações e dependências entre os IC no GCAS (por exemplo, entre serviços de negócios, serviços de TI, cenários de teste e componentes de TI).

(continua)

110   O livro do analista de negócios

Tabela 3.3 Papel do BA na Transição de serviço (continuação)

Fase do ciclo de vida	Função ou processo	Propósito	Papel do BA
	Gerenciamento de liberação e implantação	Definir e concordar com os planos de liberação e implantação. Criar, testar e fornecer serviços de acordo com os requisitos e as especificações do projeto. Garantir que os pacotes de liberação e implantação sejam rastreados e possam ser instalados, testados, verificados e restaurados, caso seja necessário.	Garantir que os planos incluam testes e treinamento adequados. Supervisionar o teste de liberação e implantação, incluindo o teste de integração (liberação de serviço) e os pilotos. Identificar os usuários na preparação para a implantação.
	Validação e teste de serviço	Validar que o serviço cumpra ou exceda os requisitos de negócios e operacionais e agregue valor ao negócio.	O BA cria requisitos que servem como base para a validação e o teste do serviço. Os requisitos funcionais de usuário do BA servem como base para o teste "adequado para o propósito" (garantindo que o serviço cumpra sua função corretamente). Os requisitos não funcionais do BA são a linha de base para o teste "adequado para o propósito" (testando se o serviço seja entregue de maneira apropriada às condições operacionais para as quais é previsto). O BA contribui e pode orientar o teste "adequado para o propósito" e revisar seus resultados.
	Avaliação	Verificar se a execução de uma mudança do serviço cumpriu seus objetivos.	O BA contribui com a formulação de critérios de aceitação, a avaliação de risco e a Revisão Pós-Implementação (RPI).
	Gerenciamento do conhecimento	Garantir que informações confiáveis e seguras estejam disponíveis ao longo de todo o ciclo de vida do serviço.	Transferir conhecimento entre os usuários, a Central de Serviço e os provedores de solução. Comunicar as necessidades dos usuários e da Central de Serviço para os provedores de solução; ajudar na transferência de conhecimento dos provedores para os interessados mediante programas de treinamento do usuário e da Central de Serviço, avaliações de risco técnico, análise de custo-benefício e análise do impacto descendente.

A Tabela 3.4 fornece uma visão geral da contribuição do BA para a operação do serviço.

Tabela 3.4 Papel do BA na operação do serviço

Fase do ciclo de vida	Função ou processo	Propósito	Papel do BA
Operação do serviço	(Geral)	Fornecer e gerenciar os serviços acordados para os interessados de negócio, de acordo com um nível especificado. Confirmar o valor do serviço de TI e fornecer entradas para melhorias no serviço.	O BA ajuda a garantir que as operações de serviço sejam planejadas corretamente, assegurando que os requisitos operacionais (não funcionais) sejam levados em consideração antes e depois da implantação.
	Gerenciamento de evento	Detectar eventos aleatórios e planejados que causem impacto na entrega dos serviços de TI e tomar as ações apropriadas de gerenciamento.	Diversas entregas do BA servem como entrada para o gerenciamento de evento. Inclui eventos nos diagramas de atividade e de estado-máquina, acionadores de caso de uso do sistema, fluxos alternativos e de exceção (como aqueles que indicam a resposta necessária para o *login* com uma senha incorreta ou quando o tempo do usuário ou sistema se esgota).
	Gerenciamento de incidente	Controlar eventos que interrompem ou possam interromper um serviço, para que as condições regulares sejam retomadas o mais rápido possível.	O BA contribui com o desenvolvimento do modelo de incidente (os procedimentos para manipular incidentes), comunicando entre o negócio e os provedores de serviço em referência a tipos de incidente novos ou alterados, identificação de incidentes importantes e obtenção de acordo em prioridades ou em procedimentos de escalada. O BA também coleta informações do gerenciamento de incidente sobre ocorrências prévias e seu impacto ao contribuir para a BIA, a análise do escopo e a priorização dos requisitos.
	Cumprimento de requisição	Atender e gerenciar as requisições dos usuários por informações, conselhos, uma mudança padrão ou o acesso a um serviço.	O BA extrai e documenta os requisitos referentes às mudanças padrão ou de autoatendimento. As metas exigidas para o Cumprimento de Requisição (como o tempo necessário e a produtividade) são documentadas pelo BA nos RNS não funcionais.

(continua)

112 O livro do analista de negócios

Tabela 3.4 Papel do BA na operação do serviço (continuação)

Fase do ciclo de vida	Função ou processo	Propósito	Papel do BA
	Gerenciamento de problema	Gerenciar o conhecimento de problemas e soluções de contorno conhecidos, para que os incidentes que sejam diagnosticados e a ação corretiva, tomada. Impedir a ocorrência de problemas e incidentes.	O gerenciamento de problema fornece entradas para o BA na sua preparação para a BIA, a diagramação de causa e efeito, os Cinco Por quês e na priorização dos requisitos[1]. O BA extrai entradas da Central de Serviço e do usuário sobre os problemas e soluções de contorno conhecidos e os comunica para o gerenciamento de problema.
	Gerenciamento de acesso	Conceder aos usuários autorizados o direito de usar um serviço; negar acesso aos usuários não autorizados.	O BA define os grupos de usuários e os serviços que podem acessar no DRN (exemplo, no Mapa de Papéis da UML e nos diagramas de caso de uso do sistema).
	Monitoração e controle	Fornecer monitoração, relatório e controle continuado dos serviços.	O BA fornece os requisitos de relatório e monitoração na seção do RNS não funcional do DRN.
	Operações de TI	Fornecer os serviços conforme acordado com o cliente.	O BA documenta os requisitos referentes à programação, *backup*, restauração e ativação (por quanto tempo os registros devem ser mantidos, ponto de restauração exigido etc.) nos RNS não funcionais.
	Central de Serviço	Uma unidade funcional que tem como objetivo restaurar o serviço normal o mais rápido possível. Ela lida com todos os incidentes e requisições de serviço. A Central de Serviço fornece um único ponto de contato para os usuários de TI.	O BA coleta os requisitos da Central de Serviço – como o volume esperado de incidentes, os requisitos de disponibilidade e as metas de nível de serviço –, identifica as pessoas dispostas a servir como superusuários e contribui com a avaliação da satisfação do cliente e do usuário após a implementação.

[1] Quando o objetivo de uma requisição é corrigir um problema subjacente, o gerenciamento de problema pode contribuir com a priorização fornecendo informações sobre o impacto do problema na entrega do serviço (por exemplo, como causa-raiz de incidentes frequentes).

A Tabela 3.5 fornece uma visão geral da contribuição do BA para a melhoria de serviço continuada.

Tabela 3.5 Papel do BA na Melhoria de Serviço Continuada (MSC)

Fase do ciclo de vida	Função ou processo	Propósito	Papel do BA
Melhoria de Serviço Continuada (MSC)	(Geral)	Melhorar continuamente os processos e serviços de gerenciamento de serviço, para garantir a satisfação do cliente. As atividades de MSC são realizadas ao longo de todo o Ciclo de Vida do Serviço.	O BA executivo é responsável por estabelecer e aprimorar as melhores práticas no que se refere à coleta de requisitos e documentação.
	Processo de sete etapas da MSC	Definir o que deve ser medido e quais dados devem ser coletados e processados para iniciar a ação corretiva.	Os RNS do BA e as atualizações no Catálogo de Serviço servem como entrada para o Plano de melhoria de serviço. Eles são usados para determinar as metas e prioridades do nível de serviço.
	Relatório de serviço	Gerar relatórios sobre os resultados adquiridos na entrega dos serviços.	O BA ajuda a harmonizar os relatórios (como os de disponibilidade), conforme as necessidades do negócio.

IIBA e *BABOK*®

O IIBA (International Institute of Business Analysis – Instituto Internacional de Análise de Negócio)™ é uma associação profissional independente, sem fins lucrativos, que tem por objetivo a análise de negócios. Sua missão é "desenvolver e manter padrões para a prática da análise de negócios e a certificação de seus praticantes"[3]. O IIBA foi fundado em outubro de 2003 e tornou-se incorporado em 2006 como uma associação sem fins lucrativos conforme a Lei de Corporações do Canadá, com sede em Toronto. As duas principais áreas da atividade do IIBA são o desenvolvimento do *BABOK*®, uma coleção de conhecimento na profissão de BA, e a certificação profissional de BA por meio da concessão da designação do CBAP (Certified Business Analysis Professional – Profissional certificado em análise de negócios™).

O *BABOK*® divide o conhecimento necessário para os BAs em AC (Áreas de Conhecimento). O BA deve demonstrar conhecimento e experiência nessas áreas para se qualificar para a designação CBAP.

---

[3] Consulte o link da missão em About the IIBA (Sobre o IIBA) no site <http://www.theiiba.org> (acesso em: 30 mar. 2011).

114   O livro do analista de negócios

Tabela 3.6. Requisitos de qualificação para o CBAP

Requisito de experiência profissional	7.500 horas (5 anos) de experiência no trabalho de análise de negócios nos últimos 10 anos, com envolvimento em tarefas especificamente relacionadas às AC definidas no *BABOK®*.
Requisito de áreas de conhecimento	Demonstrar experiência e especialização em pelo menos quatro das seis áreas de conhecimento.
Requisito de educação	O requisito mínimo de educação é o curso superior completo ou equivalente.
Requisito de desenvolvimento profissional	24 horas de desenvolvimento profissional nos últimos quatro anos. O conteúdo do desenvolvimento profissional deve ser diretamente relacionado à análise de negócio ou seus fundamentos subjacentes e deve ser concluído até a data da inscrição.
Requisito de referência	Duas referências de um gerente de carreira, cliente (interno ou externo) ou Profissional certificado em análise de negócios. Cada referência deve preencher um Formulário de referência do candidato ao CBAP e fornecer ao candidato esse formulário preenchido em um envelope lacrado, que será assinado pela referência no local do lacre.
Pacote de inscrição concluído	Formulário preenchido de inscrição no CBAP, dois formulários de referência, formulário do código de conduta ética e normas profissionais do CBAP assinado e datado, formulário de acomodação especial para o exame CBAP (se necessário), inscrição e taxas do exame.
Exame	Depois que a inscrição BA for aceita, o candidato deve passar por um exame extenso nas Áreas de Conhecimento do *BABOK®*.

A Tabela 3.7 descreve as AC e as relaciona com as ferramentas e outros itens deste manual, que contribuem com a realização de cada AC. A última coluna da tabela contém referências ao manual. Os itens do guia de reuniões relacionados nesta coluna podem ser encontrados: no Capítulo 2, nas ferramentas citadas no Capítulo 4, nas dicas e listas de verificações do Capítulo 5 e nos Modelos do Capítulo 6.

Tabela 3.7 AC com referências do manual

AC	Descrição	Propósito	Ferramentas e técnicas (por capítulo)
Planejamento e monitoração da análise de negócios	Descreve como determinar quais atividades são necessárias para concluir a iniciativa de análise de negócios, incluindo a identificação dos interessados, a seleção de técnicas e abordagens de análise de negócios, gerenciamento de requisitos e técnicas de monitoramento e ferramentas de software.	Planejar a execução das tarefas de análise de negócios, alterar a abordagem conforme necessário e monitorar e melhorar continuamente as práticas de análise de negócios.	*Capítulo 2:* Análise de risco (para as avaliações de oportunidade pré-projeto [Estudo de viabilidade, Caso de negócios]) *Capítulo 4:* consulte a Tabela 4.1 na seção "Visão geral das ferramentas do BA". Consulte também Diagrama de atividade (para o fluxo de trabalho do processo), Diagrama de Processo de Negócio (DPN), modelagem de processo de negócio, caso de uso de negócio, Diagramas de Fluxo de Dados e Contexto (DFD), gráfico de decomposição funcional, Mapa de Papéis, Matriz de rastreabilidade de requisitos, Análise de caso de uso para diferentes objetivos *Capítulo 5:* gerenciamento de risco, planejamento de iteração, determinação da quantidade de modelagem estática *Capítulo 6:* Modelo do Documento de Requisitos de Negócio (DRN), Tabela 6.15, documento de visão (principais necessidades do interessado e do usuário), plano de trabalho de requisitos

(continua)

116 O livro do analista de negócios

Tabela 3.7 AC com referências do manual (continuação)

AC	Descrição	Propósito	Ferramentas e técnicas (por capítulo)
Análise empresarial	Descreve como converter uma necessidade de negócios em uma mudança que possa ser implementada de maneira viável pelo negócio. Cobre a definição e a análise do problema, o desenvolvimento do caso de negócios, os estudos de viabilidade e a definição de um escopo de solução.	Identificar e propor projetos que cumpram as necessidades e as metas estratégicas.	*Capítulo 2:* Análise de risco *Capítulo 4:* Casos de uso de negócio, Diagrama de contexto, diagrama de causa e efeito, Diagramas de classe (modelo estático), DER (Modelo de Dados), Os cinco por quês, gráfico de decomposição funcional, análise de Pareto, análise da causa-raiz, diagrama de estado-máquina *Capítulo 5:* Gerenciamento de risco *Capítulo 6:* Modelos: Descrição de caso de uso do negócio, documento de visão, caso de negócio (uma seção do modelo DRN), Tabela 6.15.
Extração	Descreve como trabalhar com os interessados para descobrir quais são suas necessidades e garantir que sejam totalmente entendidas.	Explorar, identificar e documentar as necessidades do interessado.	*Capítulo 2:* o capítulo inteiro discute essa AC. Em particular, consulte as listas de verificação Quem convidar para os seminários de requisitos, plano de trabalho de reunião facilitada, prontidão para a reunião e agenda padrão da reunião. Além disso, consulte as diretrizes da reunião individual para planejar e executar os eventos de extração. *Capítulo 4:* Mapa de Papéis e casos de uso e diagramas do sistema (para identificar os usuários) e roteiros estruturados *Capítulo 5:* Métodos de investigação de requisitos *Capítulo 6:* Interessados e interesses (uma parte do modelo do documento de visão), Atores (parte do modelo DRN).

AC	Descrição	Propósito	Ferramentas e técnicas (por capítulo)
Análise dos requisitos	Descreve como elaborar os requisitos para que a equipe técnica possa fornecer uma solução que atenda às necessidades do negócio e dos interessados. Inclui a avaliação do estado atual do negócio, para identificar e recomendar melhorias.	Elaborar os requisitos citados com o nível correto de detalhes, validar se cumprem a necessidade de negócios, verificar se têm qualidade aceitável.	*Capítulo 4:* Diagrama de atividade, DRN, Modelagem do processo de negócio, caso de uso do negócio, Diagrama de classe, Diagrama de comunicação, DFD, tabela de decisão, DER (modelo de dados), fluxograma, Diagrama de decomposição funcional, FURPS+, Diagrama de objeto, Mapa de papéis, Diagrama de sequência, Diagrama de estado-máquina, roteiros estruturados, casos de uso do sistema e análise de casos de uso *Capítulo 5:* Requisitos EMART, recursos, nomeação de um processo, como identificar os elementos da modelagem estática a partir do modelo de caso de uso do sistema *Capítulo 6:* DRN e modelos: Descrição de caso de uso do sistema, Descrição de caso de uso de negócio, Requisitos (não funcionais) de nível de serviço
Avaliação e validação de solução	Descreve como avaliar as soluções propostas e implantadas para determinar qual delas melhor se encaixa na necessidade de negócios e apontar as soluções de contorno ou mudanças necessárias na solução.	Avaliar as soluções para garantir que as metas estratégicas sejam cumpridas e os requisitos, satisfeitos.	*Capítulo 2:* Reunião de revisão (roteiros estruturado e revisão de portão) *Capítulo 4:* Tabela de decisão (para projetar testes e avaliar a cobertura), Mapa de Papéis, Matriz de rastreabilidade de requisitos (cobertura do teste). *Capítulo 5:* Teste durante todo o ciclo de vida com o modelo de Serviço V, tipos de teste, diretrizes do teste estruturado *Capítulo 6:* Atores (uma parte do modelo DRN), Plano do teste.

Tabela 3.7 AC com referências do manual (continua)

Tabela 3.7 AC com referências do manual (continuação)

AC	Descrição	Propósito	Ferramentas e técnicas (por capítulo)
Gerenciamento e comunicação de requisitos	Descreve como gerenciar conflitos, mudanças e aprovações. Inclui o rastreamento e o acompanhamento dos requisitos.	Gerenciar o escopo dos requisitos, facilitar a comunicação dos requisitos de/para os acionistas e garantir a consistência dos requisitos maximizando a reutilização.	*Capítulo 2:* Gerenciamento de requisitos – configuração e planejamento, Reutilizar requisitos do usuário *Capítulo 4:* Diagramas de fluxo de Dados e Contexto (DFD), casos de uso incluídos e de extensão, Tabela de atributos dos requisitos, Matriz de rastreabilidade de requisitos, Diagramas de classe e modelo estático; Diagrama de Entidade-Relacionamento (DER) e Modelo de dados (para regras de negócio inclusivas), roteiros estruturados *Capítulo 5:* Sete Rs da ITIL para gerenciamento de mudança, Comitê Consultivo de Mudanças; Cinco segredos do gerenciamento de requisitos *Capítulo 6:* Modelo do plano de trabalho de requisitos

UML

A UML é uma anotação padrão para a especificação, visualização e modelagem da estrutura e do comportamento e dos sistemas de negócios e software[4]. É mantida pelo Grupo de Gerenciamento de Objetos (OMG). A versão atual no momento da impressão é UML 2.1.2.

Da perspectiva do BA, o padrão governa o uso de termos, conceitos e diagramas empregados para modelar o negócio e seus requisitos. Além disso, o BA deve ser capaz de revisar os diagramas de UML tecnicamente para garantir que sejam consistentes com os requisitos (por exemplo, verificando se os diagramas de sequência cumprem os casos de uso do sistema do BA).

A seguir há uma lista das ferramentas[5], presentes neste manual, que seguem o padrão da UML ou suas extensões de modelagem de negócio[6].

---

[4] Conforme observado na Introdução, a UML contém diagramas (como os de classe) e elementos de modelagem aplicáveis aos sistemas de negócio. Ela foi complementada com diagramas e elementos de modelagem de negócio para ampliar seu uso nesse contexto.

[5] Um lembrete de que o termo *ferramenta*, conforme utilizado neste livro, refere-se a qualquer acessório de trabalho que facilite a análise de negócios.

[6] As extensões de modelagem de negócios não fazem parte do padrão UML, mas são extensões

- Diagrama de atividade
- Caso de uso do negócio (extensão da modelagem de negócio)
- Diagrama de classe
- Diagrama de comunicação
- Diagrama de objeto
- Mapa de Papéis (uma forma limitada do diagrama de caso de uso da UML)
- Diagrama de sequência
- Diagrama de máquina de estado
- Casos de uso do sistema (e Diagramas)
- Análise do caso de uso

---

compatíveis dele. Por não fazerem parte do padrão central, suas definições não são consistentemente aplicadas em todo o setor. As entradas do manual relacionadas à modelagem do caso de uso do negócio devem ser utilizadas como guia geral.

CAPÍTULO 4

Kit de ferramentas do BA

Este capítulo contém informações práticas sobre as ferramentas utilizadas pelo BA no decorrer de um projeto, e estão relacionadas em ordem alfabética. Para obter uma visão geral de quais ferramentas se aplicam a cada tipo de projeto, consulte a Tabela 4.1. Já para obter uma visão cronológica de quando essas ferramentas são utilizadas no decorrer de um projeto, consulte a seção "Adaptando o Noble Path" no Capítulo 1.

Visão geral das ferramentas do BA

As ferramentas descritas neste manual foram selecionadas para cobrir toda a gama de atividades de BA. No entanto, nem todas as ferramentas são utilizadas em cada projeto. A Tabela 4.1 fornece a visão geral das ferramentas relevantes para cada tipo de projeto. As ferramentas que seguem as melhores práticas sugeridas são marcadas com um X; as alternativas são apresentadas com o X entre parênteses (X).

Os projetos são agrupados nos seguintes tipos:

- **MPN:** projeto de melhoria no processo de negócios, sem um componente de TI.
- **Mudança no serviço:** adicione ou atualize um serviço, quando os serviços de negócios e de TI internamente fornecidos são afetados. A suposição feita na tabela é de que a mudança ocorre em um sistema que não seja de legado, no qual a norma aceita para a modelagem e a quantificação é orientada ao objeto. (As alterações nos sistemas de legado são descritas na coluna Legado.)

122 O livro do analista de negócios

- **Terceiro:** a solução será fornecida por uma parte externa. Essa categoria inclui as soluções AP (Aplicativos de Prateleira) com e sem personalização e prestadores de serviços externos.
- **Mudança secundária em TI:** uma pequena mudança em um sistema, como a alteração de um campo ou *layout* do relatório.
- **Legado:** alterações em um sistema antigo, cuja documentação existente usa técnicas de modelagem da análise estruturada e a modelagem do banco de dados relacional.

Tabela 4.1 Ferramentas do BA por tipo de projeto

Ferramenta	Tipo de projeto				
	MPN (Iteração)	Mudança no serviço	Terceiro	Mudança secundária em TI	Legado
Diagrama de atividade	(X)	X	X	X	(X)
Diagrama de bloco	X	(X)	X		X
Diagrama de Processo de Negócios (DPN)	X	X	X	(X)	(X)
Caso do uso de negócio	(X)	X	X		
Diagramas de causa e efeito	X	X	X		X
Diagramas de classe e Modelo estático	(X)	X	X	X	(X)
Diagrama de comunicação	(X)	X	X		(X)
Diagrama de contexto	X	X	X		X
Diagrama de fluxo de dados	X	(X)	(X)		X
Tabela/Árvore de Decisão	X	X	X	X	X

Diagrama de Entidade Relacionamento (DER) e Modelo de Dados	X	(X)	(X)	(X)	X
Os cinco por quês	X	X	X		X
Fluxograma	X	(X)	(X)	(X)	X
Gráfico de decomposição funcional	X	(X)	(X)		X
FURPS+		X	X		X
Diagrama de objeto		X			
Análise de Pareto	X	X	X		X
Tabela de atributos de requisitos		X	X	X	X
Matriz de rastreabilidade de requisitos	(X)	X	X	X	X
Mapa de Papéis	(X)	X	X	X	
Análise de Causa-raiz	X	X	X	(X)	X
Diagrama de sequência		(X)	(X)		
Diagrama de estado[1]	X	X	X		X
Roteiro estruturados	X	X	X		X
Casos de uso do sistema (e diagramas)		X	X	X	

[1] Nos projetos de UML (em geral, nos sistemas que não são de legado) usar os diagramas de estados-máquina. As alternativas não UML incluem o diagrama do gráfico de estado de Harel.

Diagrama de atividade

Tabela 4.2 Resumo dos diagramas de atividade

O quê?	Um diagrama que descreve a sequência de atividades em um processo e (como opção) os participantes responsáveis pelas atividades, bem como os objetos usados pelo processo. Exemplo: Diagrama de atividade que descreve o processamento de uma inscrição de hipoteca pelos departamentos internos e um escritório de crédito externo.
Quando?	• **Iniciação:** o BA cria diagramas de atividade dos casos de uso do negócio para analisar o impacto da mudança nos processos de negócios ponto a ponto (como parte do aprimoramento do processo ou para derivar os casos de uso do sistema). As descrições de caso de uso do negócio são geralmente feitas em texto. Se os fluxos se conectarem de maneiras complexas, o texto pode ser suplementado com diagramas de atividade que mostrem uma partição da área de negócios e uma para cada ator fora do negócio. As realizações de caso de uso do negócio são normalmente documentadas usando-se os diagramas de atividade, com uma partição para cada participante. (Consulte a seção "Caso do uso do negócio" neste capítulo para saber mais sobre esses casos.)
	• **Descoberta:** o BA cria diagramas de atividade para modelar o sequenciamento dos casos de uso do sistema. As descrições de caso de uso do sistema são normalmente feitas em texto. Se os fluxos se conectarem de maneiras complexas, o texto pode ser suplementado com diagramas de atividade. (Consulte a seção "Caso do uso do sistema" neste capítulo para saber mais sobre esses casos.)
	• **Construção:** o analista do sistema (AS) usa os diagramas de atividade como entrada para o desenho da interface e do software.
	• **V & V final:** os diagramas de atividade são usados como entrada para o desenho e o teste; as especificações do desenho e os cenários de teste devem seguir o fluxo de trabalho descrito nos diagramas de atividade.
Onde?	• **DRN:** serviços de negócio e descrições dos processos/caso de uso do negócio[1] (incluídos com texto quando os fluxos se conectam de maneiras complexas) e realizações de caso do uso do negócio; serviços de TI/requisitos do usuário/descrições de caso do uso do sistema[2] (incluídos com texto quando os fluxos se conectam de maneiras complexas).
Por quê?	• Uma imagem vale mais que mil palavras, principalmente quando a lógica do processo é complexa[3].
	• O formato da imagem é adequado para consolidar pontos de vista conflitantes.
	• Melhor que o texto para analisar processos de negócio multifuncionais.
	• Permite que o BA crie uma imagem completa com base nas visões parciais fornecidas para cada um dos participantes do processo.
	• Recomendado como apêndice do texto para descrever os casos de uso do sistema, quando os fluxos se conectam de maneiras complexas.
	• Para os objetivos de BA, diagramas de atividade são preferíveis à alternativa da ULM, os *diagramas de sequência*, porque os interessados do negócio têm mais facilidade de entendê-los.
O que mostrar aos interessados	Use apenas o conjunto de símbolos básicos: nó inicial, nó final, fluxo de controle, atividade, decisão, guarda, Capturar e reunir, partições. Adicione comentários quando necessário, para esclarecer nuances que não são cobertas pelo conjunto básico.
O que mostrar aos membros da equipe	Conjunto completo de símbolos

Padrão	UML
Ferramentas complementares	Texto do caso de uso. (Consulte os modelos para casos de uso do sistema e do negócio.)
Alternativas	Fluxograma, diagrama do fluxo de trabalho de raias, DPN (padrão BPMN), diagrama de sequência (UML).

[1] As descrições de caso de uso do negócio são denominadas no RUP especificações de caso de uso do negócio.
[2] As descrições de caso de uso do sistema são denominadas no RUP especificações de caso de uso.
[3] Utilize imagens apenas quando adicionarem clareza. Uma imagem que requer e contém muito texto agrega pouco valor.

Exemplo do diagrama de atividade

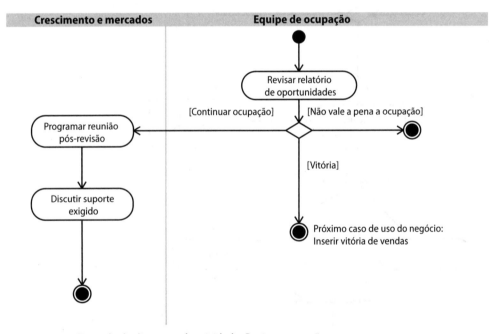

Figura 4.1 Exemplo do diagrama de atividade: Revisar ocupação

Notas sobre a Figura 4.1:

O diagrama descreve o fluxo de trabalho do processo de negócio Revisar ocupação. Os dois participantes do processo são representados pelas partições (colunas) denominadas "Crescimento e mercados" e "Equipe de ocupação".

Glossário de símbolos: diagrama de atividade – Principais elementos de modelagem

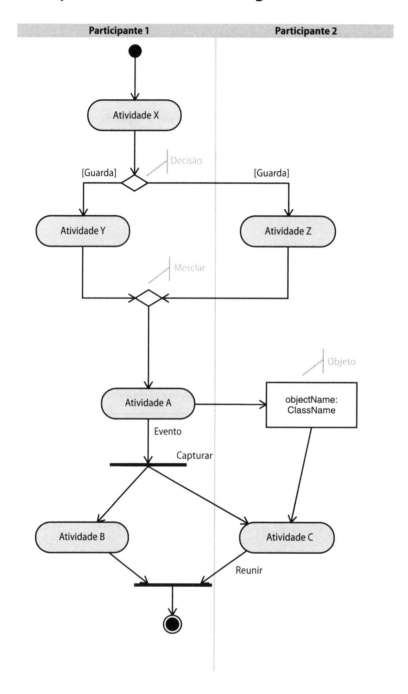

Figura 4.2 Glossário de símbolos: Diagrama de atividade – Principais elementos de modelagem

Notas sobre a Figura 4.2:

A figura contém os seguintes elementos de modelagem:

- **Partições:** também denominadas na UML como *raias*. (Retratadas como colunas ou linhas; na Figura 4.2, essas são as colunas rotuladas "Participante 1" e "Participante 2".) Consulte na Figura 4.3 um exemplo de Partição.
  - **Melhor prática de BA:** convenções de nomeação de UML informais. Convenção de nomeação de UML formal: objectName:ClassName, em que apenas um dos nomes é exigido. objectName é o nome do objeto de negócios (função, unidade organizacional, cliente etc.) responsável por executar as atividades listadas em sua partição; ClassName é o nome da classe (categoria) ao qual o objeto pertence. Por exemplo:
    - primeContact:ServiceAgent   O objeto e a classe são nomeados.
    - primeContact   Apenas o objeto é nomeado.
    - ServiceAgent   Apenas a classe é nomeada.

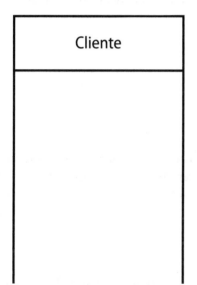

Figura 4.3 Exemplo de partição

- **Nó inicial:** inicia o fluxo de trabalho, um por diagrama. (Consulte a Figura 4.4.)

Figura 4.4 Nó inicial

- **Fluxo de controle:** seta de linha sólida, que indica a direção do tempo. (Consulte a Figura 4.5.)

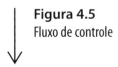

Figura 4.5
Fluxo de controle

- **Atividade:** uma tarefa. Também denominada *etapa*. (Consulte a Figura 4.6.)

Figura 4.6
Atividade

- **Decisão**: uma escolha[1]. O fluxo de trabalho prosseguirá ao longo de um (apenas um) dos fluxos de controle gerados pela decisão. (No glossário de símbolos, a Atividade Y ou Z ocorrerá, mas não ambas.) Não há restrições sobre o número de fluxos de controle gerados pela decisão. (Consulte a Figura 4.7.)

Figura 4.7
Decisão

- **Guarda**: indicada entre colchetes; é uma condição que pode ser adicionada a um fluxo de controle. Se a guarda for verdadeira, o processo flui ao longo do fluxo de controle. (Consulte a Figura 4.8.)

Figura 4.8
Guarda

- **Evento**: indicado como um rótulo (sem colchetes) em um fluxo de controle; é um acionador. Quando o evento acontece, interrompe a atividade prévia. (Consulte a Figura 4.9.)

Figura 4.9
Evento

---

[1] Uma decisão de UML é equivalente ao *exclusivo-ou* do DPN. Consulte a seção "Diagrama de processo de negócio (DPN)" neste capítulo para saber mais sobre o DPN.

- **Mescla**: indicada como um diamante com mais de um fluxo de entrada e apenas um de saída. Usado para marcar o ponto em que os trajetos alternativos se mesclam (com frequência, depois de uma decisão prévia). O símbolo de mescla não é recomendado para uso com os acionistas. Nesse contexto, a melhor prática de BA é mesclar as regras da UML 2 e indicar fluxos alternativos mesclados, fazendo com que terminem em uma atividade comum[2]. (Consulte a Figura 4.10.)

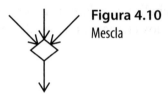

Figura 4.10
Mescla

- **Fluxo de objeto:** indicado como uma seta pontilhada, conecta uma atividade a um objeto. Quando o fluxo do objeto aponta de um objeto para a atividade, o objeto é exigido como entrada para a atividade. Quando o fluxo aponta de uma atividade para o objeto, o objeto é criado e atualizado pela atividade ou o seu *status* se altera. (Consulte a Figura 4.11.)

Figura 4.11
Fluxo de objeto

- **Objeto**: o objeto exigido, criado ou atualizado por uma atividade. Melhor prática: use nomes informais ao se comunicar com os acionistas. A convenção de nomeação formal da UML é a seguinte (consulte a Figura 4.12):

  objectName:ClassName [stateName]

  objectName ou ClassName podem ser especificados, ou ambos. O stateName é opcional, por exemplo, creditApplication123:Application [received]

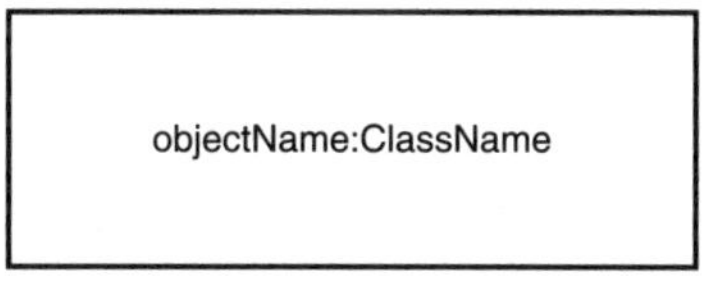

```
┌─────────────────────────────┐
│                             │
│    objectName:ClassName     │
│                             │
└─────────────────────────────┘
```

Figura 4.12
Objeto

---

[2] A interpretação formal da UML 2, nesses casos, seria que os dois fluxos (AND lógico) devem ter sido acionados antes da atividade comum, enquanto o BA geralmente quer que o significado seja "qualquer" fluxo (OR lógico).

- **Capturar e reunir**: também conhecido na UML como *Barra de sincronização*, é indicado como barras verticais ou horizontais. Usado para marcar o início e o final das atividades paralelas. No glossário de símbolos, as Atividades B e C podem começar em qualquer sequência depois da Captura, mas B e C devem ser concluídas antes que o fluxo prossiga além de Reunir. Não há limites para o número de fluxos de controle que podem ser gerados por uma Captura, ou no número de fluxos de controle de entrada que terminem em uma Reunião. Cada fluxo de trabalho gerado por uma Captura pode levar a qualquer combinação legal dos elementos de modelagem. (Consulte a Figura 4.13.)

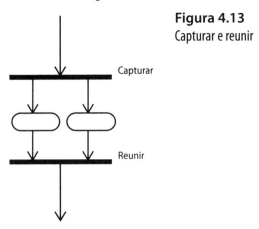

Figura 4.13
Capturar e reunir

- **Nó final:** (Retratado como um olho de boi; consulte a Figura 4.14.) Marca o final do processo. Pode haver mais de um nó final. Por exemplo, quando o diagrama é usado para descrever um caso de uso, pode haver um nó final para marcar o final do Fluxo Básico e um para cada Fluxo de Exceção.

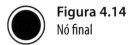

Figura 4.14
Nó final

Glossário de símbolos: Diagrama de atividade – Elementos de modelagem para diagramas complexos

 Se um diagrama de atividade se tornar muito grande (consulte a Figura 4.15), divida-o usando um conector ou as subatividades (consulte a Figura 4.16).

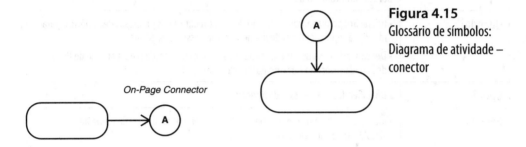

Figura 4.15 Glossário de símbolos: Diagrama de atividade – conector

Um símbolo de "arado" indica que uma atividade possui subatividades, conforme mostra a Figura 4.16.

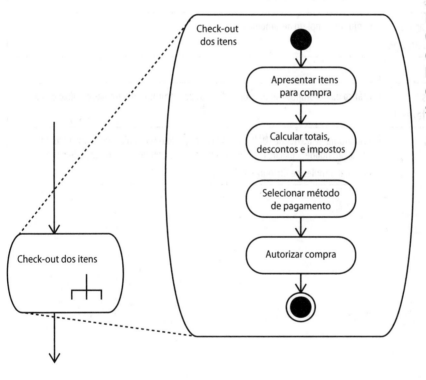

Figura 4.16 Glossário de símbolos: Diagrama de atividade – subatividades

Diagrama de bloco

Tabela 4.3. Resumo dos diagramas de fluxo de bloco/raia

O quê?	Um diagrama que mostra a visão de alto nível de um processo de negócio; indica etapas, entradas e saídas. Não mostra decisões. Uma variação do diagrama de bloco, o diagrama do fluxo de trabalho de raia também mostra os participantes responsáveis por executar cada etapa.
Quando?	• **Iniciação:** para analisar o impacto de uma mudança nos processos de negócios; para identificar oportunidades de melhoria no processo de negócios. • **Descoberta:** o BA usa os Diagramas de bloco como entrada para a análise de fluxo detalhada (consulte Ferramentas: Fluxogramas, DPN).
Onde?	• **DRN:** Serviços e Processos de Negócios.
Por quê?	• Ideal para trabalhar com os interessados: os elementos simples da modelagem simplificam a compreensão. • Mantenha o enfoque nos problemas de alto nível, principais atividades de quem as executa; evite entrar na lógica do processo detalhado muito cedo.
O que mostrar aos interessados	Conjunto completo de símbolos. (A padronização dos elementos de modelagem pode ser informal para aumentar a clareza.)
O que mostrar aos membros da equipe	Conjunto completo de símbolos.
Padrão	
Ferramentas complementares	Gráfico da decomposição funcional (Gráfico de estrutura), diagramas de fluxo de dados
Alternativas	• Diagrama de atividade (UML), usando o conjunto de símbolos limitado: nó inicial, nó final, atividade, fluxo de controle, partições e (opcionalmente) objetos de negócio • Formas simples de fluxograma, BPMN

Exemplo do diagrama de fluxo de trabalho de bloco/raia

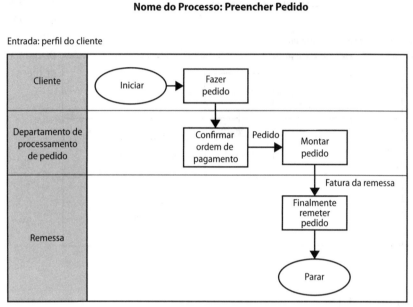

Figura 4.17 Exemplo do diagrama de bloco: Preencher um pedido

Notas sobre a Figura 4.17:

A Figura 4.17 é um exemplo de um diagrama em bloco com raias para o processo ponto a ponto de preenchimento de um pedido. O diagrama indica os participantes do processo (cliente, processamento de pedido e remessa) como raias (aqui, apresentadas como linhas). O processo tem início quando um cliente efetua o pedido. Esse pedido é enviado para o departamento de processamento de pedidos, que confirma o pagamento e monta o pedido, criando uma conta de remessa que é encaminhada ao Departamento de Remessa, que envia o pedido.

Glossário de símbolos: diagrama de bloco

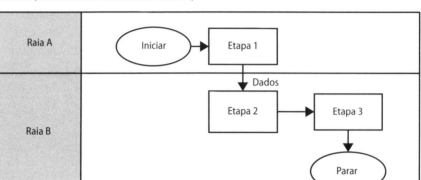

Figura 4.18 Glossário de símbolos: Diagrama de bloco

Notas sobre a Figura 4.18:

A figura contém os seguintes elementos de modelagem:

- **Título do processo:** indicado acima do diagrama. (Caso haja uma versão, inclua o seu número.) O título deve começar por um verbo forte, se possível; por exemplo: *Reservar Voo Doméstico* em vez de *Processar Reserva*. (Consulte a seção "Dica: nomeando um processo" no Capítulo 5.)
- **Entrada:** indicada acima do canto esquerdo da caixa que cerca o diagrama. Especifica os artefatos e os dados exigidos pelo processo.
- **Saída:** indicada abaixo do canto direito inferior da caixa que cerca o diagrama. Especifica os artefatos e dados criados ou atualizados pelo processo.
- **Início (retratado na forma oval):** indica o início de um processo.
- **Fluxo:** uma seta indica a sequência em que as etapas são executadas. Se a linha do fluxo for rotulada com dados ou artefatos, a seta também indica a direção do fluxo dos dados. Uma seta rotulada que flui para fora de uma etapa indica os itens criados ou modificados por ela; uma seta rotulada que flui para dentro da etapa indica os itens exigidos como entrada para ela.
- **Etapa (tarefa; ilustrada como um retângulo):** uma atividade (etapa) do processo. O título deve começar com um verbo forte e terminar com um substantivo, por exemplo: *Analisar solicitação de empréstimo*. (As diretrizes para dar título às etapas são as mesmas do processo de nomeação descritas na seção "Dica: nomeando um processo" do Capítulo 5.)
- **Parada (retratado como uma forma oval):** indica o final de um processo.
- **Raias (retratadas como colunas horizontais ou verticais):** opcional, indica um participante do processo.

Diagrama de Processo de Negócio (DPN)

Tabela 4.4. Resumo dos DPNs

O quê?	Um diagrama que modela o fluxo de trabalho de um processo de negócios. A anotação faz parte do padrão BPMN (Anotação de Modelagem do Processo de Negócios, em inglês Business Process Modeling Notation) mantida pelo OMG (Grupo de Gerenciamento do Objeto).
Quando?	• **Iniciação:** para modelar os processos de negócio afetados pelo projeto. • **Descoberta:** para modelar os subprocessos e as interações com o sistema de TI. • **Construção:** o AS usa os modelos do BA como entrada para o desenho da interface e do software. • **V & V final:** entrada para o desenho do teste de integração.
Onde?	• **DRN:** serviços e processos de negócio
Por quê?	• Padrão popular para os projetos de melhoria do processo de negócios. • É capaz de capturar as nuances das regras de sequência melhor que o diagrama de atividade[1].
O que mostrar aos interessados	Utilize qualquer um dos símbolos incluídos a seguir no glossário. Anote livremente para esclarecer as regras da sequência.
O que mostrar aos membros da equipe	Conjunto completo de símbolos
Padrão	BPMN
Ferramentas complementares	Gráficos de decomposição funcional
Alternativas	Diagrama de atividade (UML), diagrama esquemático do processo IDEF3 (IDEF)[2], fluxograma

[1] Exemplo, o DPN inclui um símbolo para um Inclusive-OU, em que um ou mais dos trajetos gerados por uma decisão devem ser executados. O diagrama de atividade não possui um equivalente simples (embora o efeito possa ser obtido por uma combinação complexa de elementos de modelagem, conforme será descrito adiante nesta seção).

[2] O padrão IDEF não será discutido neste manual.

Exemplo de DPN

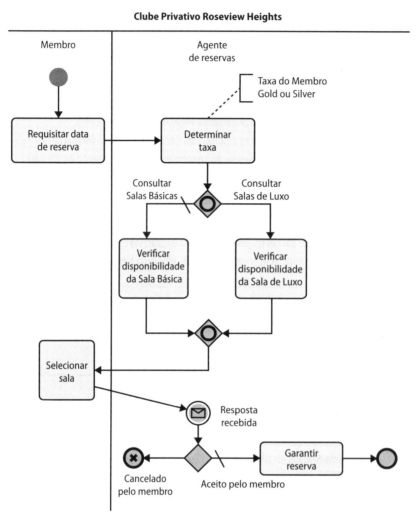

Figura 4.19
Exemplo do diagrama DPN: Reservar uma sala em um clube privativo

Notas sobre a Figura 4.19:

O diagrama descreve um processo para reservar uma sala em um clube privativo. O processo tem início quando um membro solicita uma reserva para uma data específica. O agente de reserva determina o preço e toma *uma ou mais*[3] das seguintes ações:

---
[3] O elemento de modelagem no DPN que indica que um ou mais fluxos podem ser selecionados é um Gateway inclusivo, apresentado como um diamante com um "O" no centro.

- se a solicitação incluiu uma consulta sobre as salas básicas, o agente de reservas verifica a disponibilidade desse tipo de sala;
- se a solicitação incluiu uma consulta sobre as salas de luxo, o agente de reservas verifica a disponibilidade desse tipo de sala.

A barra no fluxo marcado como "Consultar salas básicas" é um padrão, indicando que esse fluxo é selecionado se nenhuma das condições for verdadeira.

A seguir, o membro seleciona uma sala. Quando a resposta do membro é recebida pelo agente de reserva, uma (e apenas uma)[4] das seguintes ações é tomada:

- se o membro tiver cancelado, o processo de reserva é cancelado;
- se o membro selecionou uma das salas disponíveis, o agente de reservas garante as reservas e o processo é concluído com sucesso.

Glossário de símbolos: objetos de fluxo do DPN (com o gráfico de conversão da UML)

A Figura 4.20 mostra os objetos de fluxo de DPN. Não confunda com o fluxo de controle da UML (modelado no DPN como um fluxo de sequência). Os objetos de fluxo do DPN são eventos, tarefas ou gateways (decisões, Reunir etc.). Consulte os diagramas a seguir para ver formas mais específicas desses símbolos.

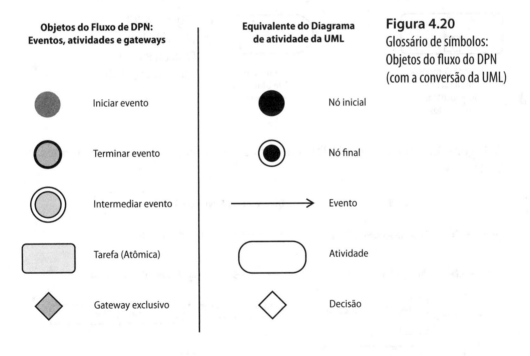

Figura 4.20
Glossário de símbolos: Objetos do fluxo do DPN (com a conversão da UML)

---

[4] O elemento de modelagem no DPN que indica que um e apenas um fluxo pode ser selecionado é um Gateway exclusivo, apresentado como um diamante (vazio ou com um "X" no centro).

Um símbolo especial pode ser desenhado dentro das figuras que representam os eventos para fornecer mais significado. A Figura 4.21 apresenta algumas das opções disponíveis para os eventos Iniciar, Intermediário e Final.

Figura 4.21 Símbolos de evento de DPN especializados

Utilize as atividades compostas para documentar processos complexos, como mostra a Figura 4.22. Uma atividade composta é uma tarefa extensa, que consiste em tarefas menores, descritas em um subdiagrama.

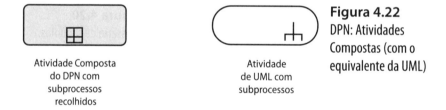

Figura 4.22 DPN: Atividades Compostas (com o equivalente da UML)

A Figura 4.23 retrata um DPN que conecta os objetos e seus equivalentes do UML.

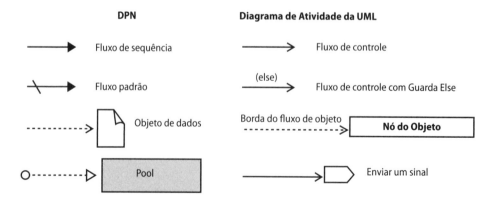

Figura 4.23 DPN que conecta os objetos (com a conversão da UML)

Notas da Figura 4.23:

- **Fluxo de sequência:** indica a direção do tempo e corresponde a um fluxo de controle da UML.
- **Fluxo padrão:** quando os fluxos de sequência emanam de uma condição (denominada *gateway* no DPN), um dos fluxos de saída pode ser marcado como padrão, como mostra a Figura 4.23. Isso indica que um caminho é seguido se nenhum dos outros caminhos de saída da decisão for escolhido.
- **Pools:** utilizadas quando um processo envolve organizações independentes, como em um processo B2B. Cada organização é representada como um pool; cada pool pode ser dividido em raias e cada um deles representa uma área de negócio na organização. A comunicação entre pools é obtida por meio de mensagens; fluxos de sequência são empregados entre atividades do mesmo pool. Um fluxo de sequência pode atravessar raias dentro do mesmo pool, mas não pode atravessar pools. (Para mais informações sobre pools e raias, consulte a Figura 4.29).

Os eventos podem afetar o processo de duas formas, quando o evento interrompe o processo, ou quando o processo precisa aguardar a ocorrência do evento para prosseguir – como mostra a Figura 4.24.

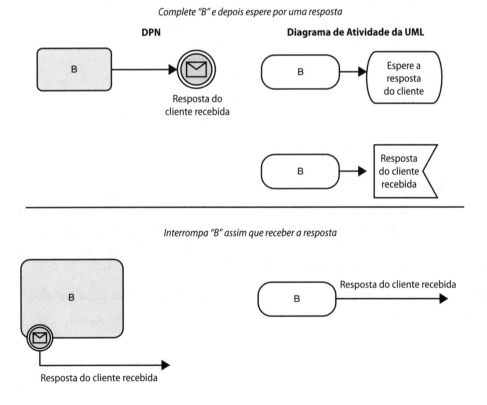

Figura 4.24 Distinção entre eventos de interrupção e não interrupção em um DPN (com conversão da UML)

Notas sobre a Figura 4.24:

A figura apresenta duas maneiras de se especificar os eventos no DPN e seus equivalentes da UML:

- No diagrama superior, depois que B é concluído, o processo espera até que uma resposta do cliente seja recebida. Duas maneiras equivalentes de expressar isso na UML são apresentadas, uma delas usando o símbolo de atividade (mais provável de ser entendido pelos interessados) e a outra usando o elemento de modelagem *aceitar sinal*.
- No diagrama inferior, assim que a resposta do cliente foi recebida, B é interrompido (mesmo que não esteja concluído).

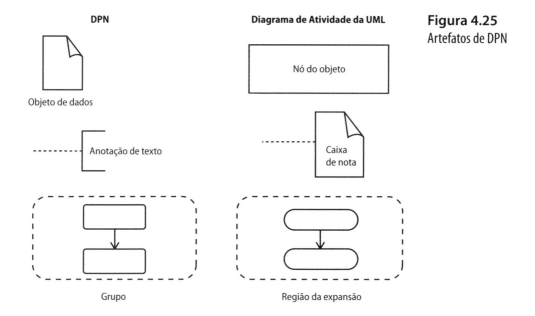

Figura 4.25 Artefatos de DPN

Notas sobre a Figura 4.25:

A Figura 4.25 apresenta os artefatos de DPN. O elemento de modelagem Grupo é usado para agrupar atividades sem afetar o fluxo de sequência. O equivalente na UML é a região da expansão. (As regiões de expansão da UML não são abordadas neste livro, porque raramente são usadas pelos BAs.)

A Figura 4.26 ilustra um gateway Exclusivo-OU de DPN: apenas uma das alternativas será executada.

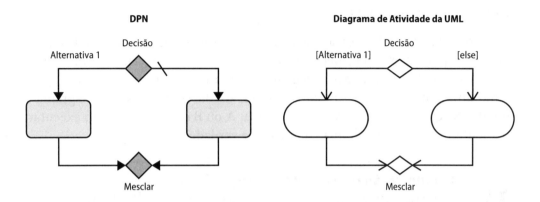

Figura 4.26 Indicação de caminhos alternativos no DPN (com equivalente da UML)

A Figura 4.27 retrata caminhos paralelos do DPN:

- Depois da atividade A, todos os trajetos que surgiram da captura são executados, mas podem executar em qualquer ordem.
- Todos os caminhos devem estar concluídos antes que B possa ocorrer.

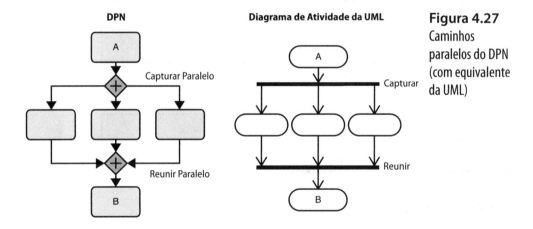

Figura 4.27 Caminhos paralelos do DPN (com equivalente da UML)

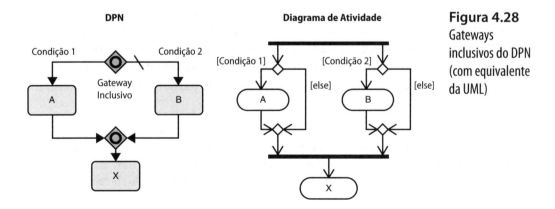

Figura 4.28 Gateways inclusivos do DPN (com equivalente da UML)

Notas sobre a Figura 4.28:

O diagrama à esquerda ilustra o uso de um gateway inclusivo em um DPN. A, B ou ambos podem executar (dependendo de quais condições sejam verdadeiras). Na UML, não há uma maneira elegante de indicar uma decisão inclusiva, portanto uma combinação de símbolos deve ser usada, como mostra o diagrama à direita. Na construção de UML apresentada, A ou B ou ambos podem executar, ou nenhum deles (se nenhuma condição for verdadeira)[5].

> **Comunicação com os interessados**
>
> Para modelar um Inclusivo-OU para os interessados usando a UML, NÃO utilize a tradução prévia na Figura 4.28. Embora seja formalmente correto, causa confusão. Em vez disso, use uma decisão simples e adicione uma nota para explicar que mais de uma condição pode se aplicar.

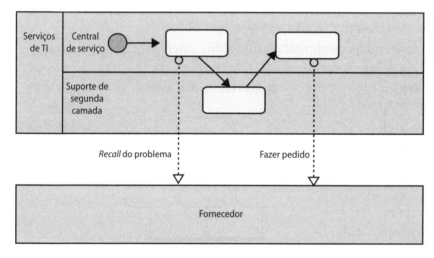

Figura 4.29
Pools e raias do DPN

Notas sobre a Figura 4.29:

O diagrama ilustra o uso de pools e raias de DPN para indicar quem faz o quê. Os pools e raias podem ser desenhadas na horizontal ou vertical. Utilize os pools para as áreas de negócio que funcionam independentemente umas das outras e se comunicam de maneira limitada e bem definida (por exemplo, dois negócios envolvidos em um processo B2B). Uma raia é uma sub-repartição de um pool, que se estende por todo seu comprimento. Use as raias quando houver um grau muito maior de interação e dependência entre os participantes (por exemplo,

---

[5] Na Figura 4.28 a construção do DPN é quase equivalente, mas não totalmente, ao diagrama da UML à sua direita. Para torná-lo totalmente equivalente ao diagrama da UML na figura, basta remover a barra padrão do trajeto B e adicionar um caminho padrão que não contenha nenhuma atividade.

dois funcionários ou departamentos internos que colaboram para executar o processo de negócios).

Os fluxos de controle podem passar entre as raias do mesmo pool. Os únicos fluxos permitidos entre os pools são os de mensagem; os de controle não podem atravessá-las.

Modelagem do processo de negócios

Tabela 4.5 Resumo da modelagem do processo de negócio

O quê?	É a representação abstrata de um processo de negócio, usada como parte da melhoria do processo de negócios ou da análise de impacto no negócio, em preparação para um projeto de TI. A documentação resultante inclui diagramas, documentação de texto e métricas. O foco dos diagramas normalmente recai nas regras de sequência e seu formato do diagrama depende do padrão; consulte Ferramentas do Componente, nesta Tabela.
Quando?	• **Iniciação:** para modelar os processos de negócio. • **Descoberta:** para modelar os subprocessos e as tarefas do usuário (interações com o sistema de TI). • **Construção:** o AS usa os modelos do BA como entrada para o desenho da interface e do software. • **V & V final:** a GQ usa os modelos de BA como entrada para o desenho do teste de integração.
Onde?	• **DRN:** Serviços e Processos de Negócios
Por quê?	• Melhor que o texto para retratar fluxos de trabalho complexos. • Apropriado para modelar processos atuais (Como é/AS-IS) e novos (Como será/ TO-BE). • A apresentação visual a torna adequada para comparar alternativas. • Permite que o BA consolide a visão parcial que o interessado tem do processo em uma imagem ponto a ponto. • Ajuda na identificação de gargalos e oportunidades de melhoria. • Permite a padronização dos processos em toda a organização. • Acessório de treinamento visual para novos trabalhadores do processo.
O que mostrar aos interessados	Mantém os diagramas simples.
O que mostrar aos membros da equipe	Use o conjunto completo de símbolos.
Ferramentas do componente (por padrão)	**UML:** Diagramas de atividade, casos de uso do negócio, casos de uso do sistema **Análise estruturada:** Fluxograma do sistema, diagrama de bloco, Gráfico de Decomposição Funcional, diagrama de fluxo de dados **BPMN:** Diagrama de Processo de Negócios (DPN) **ANSI:** Fluxograma

Caso do uso de negócio

Tabela 4.6. Resumo dos casos de uso do negócio

O quê?	Um caso de uso do negócio é uma interação com uma área de negócios que fornece valor para um autor (uma entidade fora da área de negócio). A análise de caso de uso do negócio envolve diversos componentes: Casos de uso do negócio para modelar os serviços e processos de negócio (como a Declaração do seguro do processo); diagramas de caso de uso do negócio para indicar os participantes de cada processo; descrições de caso de uso do negócio (denominadas no RUP *especificações do caso de uso do negócio*) para descrever a interação entre os atores e a área de negócio; e as realizações de caso de uso do negócio que representam o processo interno usado para implementar a funcionalidade. As descrições (especificações) de caso de uso do negócio são normalmente documentadas como uma narrativa de texto; o texto pode ser suplementado por um Diagrama de atividade. (Consulte a seção "Diagrama de atividade" neste capítulo.) As realizações de caso de uso do negócio são normalmente apresentadas como Diagramas de atividade, com uma partição para cada participante.
Quando?	• **Iniciação:** o BA modela os processos de negócio ponto a ponto afetados pelo projeto como casos de uso do negócio e cria os diagramas e as realizações de caso de uso do negócio. Para os projetos de TI, o BA usa o modelo de caso de uso do negócio para derivar o modelo de caso de uso do sistema (requisitos do usuário). • **Descoberta:** o BA utiliza as realizações de caso de uso do negócio para derivar as regras de precedência para os casos de uso do sistema (pré-condições, acionadores). • **V & V final:** usado como entrada no desenho do teste de Integração (testes dos processos de negócio ponto a ponto em todas as funções de negócio e sistemas de TI).
Onde?	• **DRN/Arquitetura de negócio:** serviços e processos de negócios
Por quê?	• Para os projetos de TI, a análise de caso de uso do negócio ajuda a garantir que o impacto nos processos e funções de negócios seja levado em consideração quando uma operação for efetuada no sistema de TI. • Para as lojas de UML, os casos de uso do negócio permitem que a equipe empregue uma abordagem consistente (casos de uso) durante todo o ciclo de vida. • Os diagramas de casos de uso do negócio mantêm as primeiras reuniões com enfoque no impacto de alto nível no negócio.
O que mostrar aos interessados	Utilize os diagramas de casos de uso do negócio nas primeiras reuniões com os interessados e na documentação para comunicar os problemas de negócios de alto nível: os processos de negócios afetados pelo projeto e os participantes envolvidos em cada processo. Utilize as descrições de caso de uso do negócio para descrever a funcionalidade da fachada e as realizações de caso de uso do negócio para descrever o fluxo de trabalho interno para cada processo afetado.
O que mostrar aos membros da equipe	Conjunto completo de ferramentas e símbolos
Padrão	Extensão da modelagem de negócios para UML
Ferramentas complementares	• Análise de caso de uso, caso de uso do sistema • Modelo da descrição de caso de uso do negócio (consulte o Capítulo 6) • Diagrama de atividade
Alternativas	• **Análise estruturada:** DFD (como alternativa ao diagrama de caso de uso do negócio); diagrama de bloco de fluxogramas (para o fluxograma de diagramação, como alternativas para os diagramas de atividade da UML) • **BPMN:** DPN (como alternativa para os diagramas de atividade da UML)

Exemplo do diagrama de caso do uso de negócios

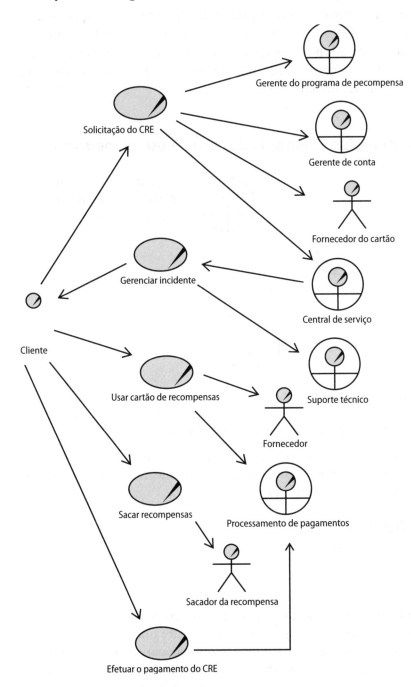

Figura 4.30
Exemplo do diagrama de caso de uso do negócio: Processos de negócios e atores afetados pelo novo programa de recompensas

Notas sobre a Figura 4.30:

A Figura 4.30 é um exemplo de um diagrama de caso de uso do negócio, mostrando uma visão geral dos processos de negócios e funções afetados por um projeto para apresentar um novo programa de recompensas – o Cartão de Recompensas por Entretenimento (CRE) que soma pontos para eventos de entretenimento quando usado nas compras.

Glossário de símbolos: Diagrama de caso de uso do negócio

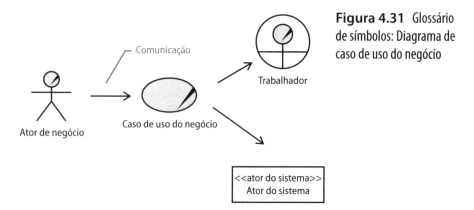

Figura 4.31 Glossário de símbolos: Diagrama de caso de uso do negócio

Notas sobre a Figura 4.31:

A figura contém os seguintes elementos de modelagem:

- **Ator de negócio:** (Retratado como um boneco com uma barra na cabeça.) Uma entidade externa ao negócio, como um cliente, fornecedor ou o sistema de TI externo. (Consulte a Figura 4.32.)

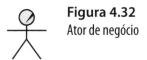

Figura 4.32 Ator de negócio

- **Comunicação:** também denominada na UML como *Associação de comunicação*. (Desenhada como uma linha sólida entre um ator [ator de negócios, funcionário etc.] e um caso de uso do negócio, opcionalmente com uma ponta de seta aberta.) Indica que o ator interage com a área de negócios no decorrer do caso de uso do negócio ou trabalha internamente para realizá-la. Se o ator em uma extremidade da comunicação for primário (iniciador) do caso de uso do negócio, a comunicação deve ter uma seta apontando desde o ator primário na direção do caso de uso do negócio. Se o ator for de suporte, a seta deve apontar desde o caso de uso do negócio para o ator. (Consulte a Figura 4.33.)

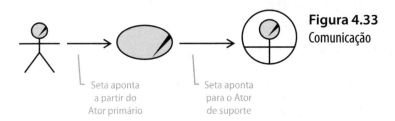

Figura 4.33
Comunicação

- **Caso de uso do negócio:** (Retratado como uma forma oval com uma barra em uma das pontas.) Uma interação com uma área, serviço ou processo de negócio. (Consulte a Figura 4.34.)

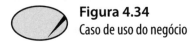

Figura 4.34
Caso de uso do negócio

- **Trabalhador:** (Não é retratado de maneira padrão; é apresentado na Figura 4.35 como um boneco encerrado dentro de uma seta circular.) Indica a unidade ou função organizacional na área de negócios, que participa da implementação de um processo de negócio.

Figura 4.35
Trabalhador

- **Ator de sistema:** (Não é retratado de maneira padrão; o formato apresentado na Figura 4.36 usa o símbolo da classe e o estereótipo definido pelo usuário <<ator do sistema>>.) Indica um sistema de TI externo.

Figura 4.36
Ator do sistema

- **Ator de nível de sistema:** (Não é apresentado no glossário de símbolos; é retratado como um boneco.) Um diagrama de caso de uso do negócio também pode incluir um ator de nível de sistema para representar um ator (humano ou tecnologia) que interage com o sistema de TI. (Consulte a Figura 4.37.)

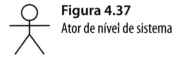

Figura 4.37
Ator de nível de sistema

Diagramas de causa e efeito

Tabela 4.7. Resumo dos diagramas de causa e efeito

O quê?	Um diagrama que rastreia um efeito até suas causas raízes. Também conhecido como diagrama de Ishikawa (o nome do seu criador) ou de *espinha de peixe*. Usado pelo BA para identificar áreas nas quais uma iniciativa de melhoria do processo deve se concentrar, a fim de atingir o resultado desejado ou evitar algo indesejado. Por exemplo, o diagrama pode ser desenhado para determinar quais problemas raízes devem ser resolvido em um lançamento iminente ou quais recursos incluir para atender a uma necessidade raiz do negócio ou de seus clientes.
Quando?	• **Iniciação e descoberta:** durante as sessões de brainstorming e feedback (revisão), o BA usa os diagramas para identificar os problemas que serão incluídos no escopo do projeto. • **V & V final:** usado pela GQ para diagnosticar as causas raízes de bugs. • **Produção:** usado pelos analistas do negócio e de marketing para identificar as áreas de enfoque como parte do esforço de melhoria continuada do serviço.
Onde?	• **DRN:** caso de negócios; BIA (Análise de Impacto no Negócio)
Por quê?	Os problemas são controlados de modo mais eficiente quando tratados na fonte.
O que mostrar aos interessados	Conjunto completo de símbolos
O que mostrar aos membros da equipe	Conjunto completo de símbolos
Um componente de	Análise de causa-raiz, Seis Sigma
Ferramentas complementares	Os Cinco Por Quês, Análise de Pareto

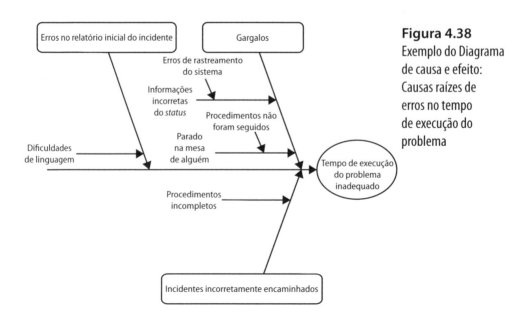

Figura 4.38 Exemplo do Diagrama de causa e efeito: Causas raízes de erros no tempo de execução do problema

Notas sobre a Figura 4.38:

A figura é um diagrama de causa e efeito desenhado pelo BA para analisar as causas raízes de erros no tempo de execução do problema, na Central de Serviço. Usando o diagrama como acessório durante a sessão da brainstorming, o BA determina que as causas imediatas do problema sejam o gargalo dos incidentes (eles ficam presos em um ponto do processo), o roteamento incorreto dos incidentes e os erros no relatório do incidente original. Cada um desses itens é acompanhado até sua causa-raiz. Por exemplo, são identificadas duas causas para os gargalos: informações incorretas do *status* dos incidentes e um incidente que fica pendente na mesa de alguém. A causa-raiz da pendência do incidente (ficar parado) na mesa de alguém, é que o procedimento não está sendo seguido. O BA deve seguir a diagramação de causa e efeito com a análise de Pareto, a fim de determinar quais causas raízes são mais válidas para melhorar um processo.

Diagramas de classe e modelo estático

Tabela 4.8. Resumo dos diagramas de classe

O quê?	Um diagrama de classe da perspectiva de negócio descreve os substantivos e conceitos de negócio e as regras associadas a eles. Com frequência, é denominado *Diagrama de entidade de negócio* ou *Diagrama de domínio*. Os seus principais elementos de modelagem são as classes e relações. Uma *classe* é uma categoria do objeto de negócio, como uma apólice de vida ou uma emenda e benefício. O diagrama indica as relações que a solução é obrigada a implementar, por exemplo, o requisito de que a solução possa conectar a apólice de vida com suas emendas e benefícios. O diagrama também pode indicar as multiplicidades (regras numéricas) que se aplicam a uma relação – por exemplo, que uma apólice de vida pode ter zero ou mais emendas. As relações e multiplicidades nos diagramas de classe da perspectiva de negócios representam as regras de negócios que precisam ser capturadas, executadas e testadas.
	O diagrama de classe da perspectiva de negócio é o principal diagrama usado pelo BA para expressar o modelo estático – a representação abstrata de regras de negócios relacionadas aos objetos, que não se baseiem no tempo. Esse tipo de diagrama é usado pelo analista do sistema técnico (*designer* do sistema) como entrada na criação dos diagramas de classe de perspectiva técnica, que especificam o projeto do sistema de TI.
Quando?	• **Iniciação:** o BA cria os diagramas de classes iniciais descrevendo os principais conceitos e objetos de negócio (como Clientes, Fornecedores, Categoria de produto e Tipo de transação) de acordo com o escopo do projeto, suas relações e multiplicidades.
	• **Descoberta:** o BA adiciona os elementos de modelagem (classes, relações, multiplicidades etc.) à medida que são descobertas durante a extração dos requisitos. Por exemplo, as frases de substantivos que aparecem nas descrições de caso de uso do sistema (etapas dos fluxos etc.) são modeladas como classes se representarem algo que a área de negócios exige que o sistema de TI rastreie. O BA documenta os atributos nesse momento se houver um risco de que eles não serão manipulados adequadamente pelos desenvolvedores ou para padronizar as regras associadas a eles que se aplicam a diversos casos de uso.
	• **Construção:** os modelos do BA são usados pelo AS como entrada para o desenho das classes de software (unidades de codificação) e o banco de dados. As relações e as multiplicidades são executadas.
	• **V & V final:** os modelos do BA são usados como entrada para o desenho dos casos de teste. Os testes devem garantir que cada relação e multiplicidade sejam implementadas e testadas no software, por exemplo, uma regra de multiplicidade que exige que uma venda possa ser creditada a mais de um vendedor.

150 O livro do analista de negócios

Onde?	• **Arquitetura de negócio:** diagramas de domínio (diagramas de entidade/classe da perspectiva de negócio) – para definir as regras de negócios para toda a empresa, relacionadas às categorias (classes) de objetos de negócios. • **DRN:** requisitos de TI/modelo estático • **DRN:** diagramas de requisitos do usuário/casos de uso do sistema/domínio (entidade de negócio) (uma subseção do modelo de caso de uso) para indicar os elementos da modelagem estática (regras de negócios) relevantes para o caso de uso.
Por quê?	• Durante as reuniões de requisitos, ajuda o BA a entender novos termos de negócios apresentados pelos interessados. • Ajuda a garantir requisitos completos (por exemplo, as multiplicidades ausentes indicam a necessidade de voltar aos interessados). • Ajuda a garantir a consistência interna no uso da documentação dos requisitos de negócios, fornecendo um único local para documentar as regras de negócios inclusivas. • Permite que futuras mudanças sejam verificadas quanto à conformidade com as regras de negócios existentes. • Minimiza os erros provocados pela má comunicação com os desenvolvedores: fornece aos desenvolvedores regras de negócios em um formato inteligível e consistente com aquele usado para desenhar a solução de software.
O que mostrar aos interessados	Não mostre esses diagramas aos interessados no negócio. Converta-os em texto, criando duas frases para cada relação que não sejam generalizações. Por exemplo, cada segurador aprova zero ou mais emendas; cada emenda é aprovada apenas por um segurador. Consulte mais exemplos em "Notas sobre a Figura 4.39". Consulte também a Tabela 6.8 (Regras de multiplicidade) no Capítulo 6.
O que mostrar aos membros da equipe	Conjunto completo de símbolos
Padrão	UML
Ferramentas complementares	**Casos de uso:** adicione os diagramas de classe à documentação de caso de uso para realçar as regras de negócios inclusivas que governam um caso de uso específico. Consulte a subseção Diagramas de domínio (entidade de negócio) do "Modelo de descrição de caso de uso do sistema" no Capítulo 6.
Alternativas	DER, IDEF1[1]

---

[1] O padrão IDEF não será discutido neste livro.

(continua)

Exemplo do diagrama de classe

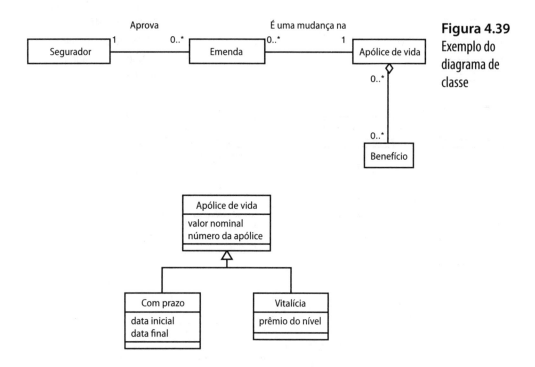

Figura 4.39 Exemplo do diagrama de classe

Notas sobre a Figura 4.39:

Na comunicação com os interessados, converta os diagramas de classe em texto, como apresentado aqui para o exemplo do diagrama de classe Apólice de vida.

- Cada segurador aprova zero ou mais emendas.
- Cada emenda é aprovada por apenas um segurador.
- Cada emenda é uma mudança em apenas uma Apólice de Vida.
- Cada apólice de vida é alterada por zero ou mais emendas.
- Cada apólice de vida possui zero ou mais benefícios.
- Cada benefício pode ser parte de zero ou mais apólices de vida.
- Existem dois tipos de apólice de vida – com prazo e vitalícia.
  - Para todos os tipos de apólice de vida, o sistema deve rastrear as seguintes informações: valor nominal e número da apólice.
  - Apenas para as apólices com prazo, o sistema deve rastrear a data inicial e a final (além do valor nominal e do número da apólice).
  - Para as apólices vitalícias, o sistema deve rastrear o nível do prêmio (além do valor nominal e do número da apólice).

Glossário de símbolos: diagrama de classe

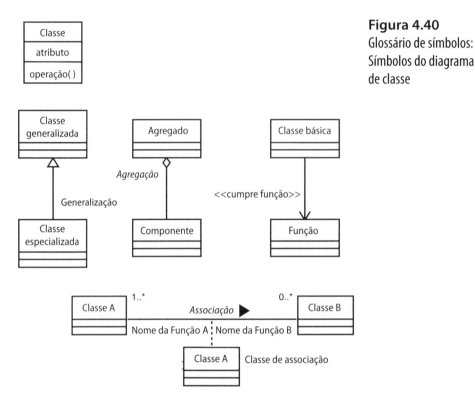

Figura 4.40
Glossário de símbolos:
Símbolos do diagrama
de classe

Notas sobre a Figura 4.40:

A figura apresenta os seguintes elementos de modelagem:

- **Classe:** (Retratada como um retângulo, com dois compartimentos opcionais – um para atributos e outro para operações.) A classe[6] é uma categoria à qual um grupo de objetos pode pertencer, como Funcionário, Transação eletrônica financeira ou Produto. Todos os objetos de uma classe compartilham as mesmas operações e atributos (embora os valores dos atributos possam diferir). (Consulte a Figura 4.41.)

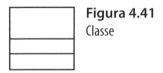

Figura 4.41
Classe

---

[6] A definição formal da UML é: "Classe: classificador que descreve um conjunto de objetos que compartilham as mesmas especificações de recursos, restrições e semântica".

- **Atributo:** (Opcional; listado no compartimento de atributos.) O atributo é uma propriedade que o sistema rastreia para cada objeto na classe. Frequentemente, os atributos são armazenados e exibidos como campos. (Consulte a Figura 4.42.)

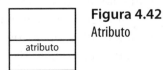

Figura 4.42
Atributo

- **Operação:** [Opcional; listada no compartimento de operações entre parênteses ( ) após o nome; os parâmetros podem ser colocados dentro dos parênteses.] Uma operação é a função na qual o objeto pode executar ou que é executada no objeto. (Consulte a Figura 4.43.)

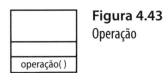

Figura 4.43
Operação

- **Generalização[7]:** (Retratada como uma seta com ponta triangular fechada e oca.) É usada para indicar um subtipo. Os pontos de relação de uma classe especializada (ou subtipo) para a generalizada (a categoria mais ampla) – por exemplo, uma generalização que aponta da classe especializada "Hipoteca" para a generalizada "Produto de empréstimo". A relação da classe especializada com a generalizada é convertida para os interessados como "É um tipo de" – por exemplo, "Uma hipoteca é um tipo de produto de empréstimo". Qualquer objeto que pertença a uma classe especializada herda, automaticamente, todos os atributos, operações e relações de sua classe generalizada. Os atributos e operações herdados podem ser substituídos, no entanto, por uma definição diferente na classe especializada. (Isso é um exemplo de uma propriedade denominada polimorfismo no OO.) Isso significa que as classes especializadas não são "vinculadas" às suas definições herdadas e permite que definições gerais sejam descritas na classe generalizada, com mais definições específicas fornecidas na classe especializada. (Consulte a Figura 4.44.)

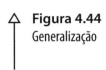

Figura 4.44
Generalização

---

[7] A definição formal da UML é: "Generalização: relação taxonômica entre um classificador mais geral e outro mais específico. Cada instância do classificador específico também é uma instância indireta do classificador geral. Portanto, o classificador específico herda indiretamente os recursos do classificador mais geral".

- **Função transitória (cumpre função):** (Retratada como uma seta com a ponta aberta e rotulada como <<cumpre função>>.) Uma extensão da UML[8] usada para indicar subtipos de meio período. (Em um subtipo de perfil do meio período, o objeto pertence ao tipo apenas em certos momentos de sua vida[9].) A seta aponta da classe básica para a de função. A classe básica contém atributos, operações etc., que se aplicam ao objeto independentemente da função que cumpre. A classe de função contém atributos, operações etc., que não são específicos de cada função; cada vez que um objeto da classe básica adota uma função, um novo conjunto de atributos é rastreado. Por exemplo, um Participante cumpre a função de Titular da apólice e de Segurado cada vez que é associado, de uma dessas maneiras, a uma apólice de seguro. (Consulte a Figura 4.45.)

Figura 4.45
Função transitória

- **Agregação:** (Retratada como uma linha entre duas classes, com um diamante pequeno e oco em uma das extremidades.) Indica uma relação entre o todo e a parte, por exemplo, entre um pedido e seus itens de linha ou uma organização e seus membros. O diamante é conectado ao agregado (todo); a outra ponta da linha é ligada ao componente (parte). A UML fornece um meio para que o modelador indique que o todo possui completamente sua parte (como é o caso, por exemplo, entre o pedido e seus itens de linha) indicando-o como uma composição (diamante sólido). O BA pode indicar todas as relações todo/parte como agregação (diamante oco). A distinção entre a agregação e a composição é normalmente indicada pelo analista do sistema e não pelo BA[10]. (Consulte a Figura 4.46.)

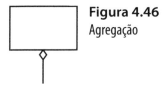

Figura 4.46
Agregação

---

[8] O elemento de modelagem é descrito detalhadamente na UML para o analista de negócios de TI.

[9] As classes de especialização não podem ser usadas para modelar as funções, uma vez que se aplicam ao objeto ao longo de toda a sua vida.

[10] Na agregação, uma parte pode pertencer a mais de um todo ao mesmo tempo e existir independentemente do todo. Em uma composição, a parte está contida no todo; quando o todo é destruído, o mesmo ocorre com suas partes.

- **Associação**[11]: (Retratada como uma linha sólida.)[12] Uma associação entre duas classes indica que a área de negócios deve poder rastrear os objetos de uma classe contra os de outra. Use uma frase verbal para nomear uma associação. Por exemplo, o representante de vendas é *atribuído* aos clientes, uma conta é *faturada* para os clientes. Coloque um triângulo pequeno depois do nome para indicar a direção em que a associação deve ser lida.

Figura 4.47
Associação

- **Nome da função:** (Opcional; retratada como uma frase substantiva no final de uma associação, adjacente à classe.) Nomeia a função que os objetos da classe adjacente cumprem durante a associação. Por exemplo, a função de um representante de atendimento ao cliente é *contato primário* na associação, "Usuário *faz relatório inicial* para um representante do atendimento ao cliente". (Consulte a Figura 4.48.)

Figura 4.48
Nome da função

- **Multiplicidade:** o número de objetos que podem participar de uma relação, indicado em cada uma de suas extremidades (exceto generalizações). (Consulte a Figura 4.49.) As multiplicidades permitidas são as seguintes:
  - 0..1   Zero ou um
  - 0..*   Zero ou mais
  - *   Zero ou mais (o mesmo que 0..*)
  - a..*   a ou mais. Por exemplo, 1..* (um ou mais), 2..* (dois ou mais)
  - a..b   a *a* b. Por exemplo, 1..3 (1 a 3)
  - a   a *e apenas* a. Por exemplo, 1 (1 e apenas 1)

Figura 4.49
Multiplicidade

---

[11] A definição formal da UML é: "Associação: relação que pode ocorrer entre as instâncias de classificadores".

[12] Uma associação pode ser adornada com uma seta em uma das extremidades (ou ambas) para indicar a capacidade de navegação – a direção em que as referências podem ser feitas. Esse recurso não é amplamente usado no contexto do BA.

- **Classe de associação:** (Retratada como um símbolo de classe [caixa] anexado a uma associação por uma linha pontilhada.) Pode ser usada pelo BA como um meio para lidar com a relação muitos/muitos. Por exemplo, na Figura 4.50, cada conta deve ser controlada por muitos clientes, e cada cliente pode ter diversas contas. A classe de associação "Conta do cliente" foi vinculada à relação entre o cliente e a conta. Uma ocorrência de classe de associação representa um cliente vinculado a uma conta e pode ser usada para rastrear atributos específicos da vinculação entre ambos, como a data em que o cliente solicitou a conta e as compras do cliente até a data, dentro da conta. (Consulte a Figura 4.50.)

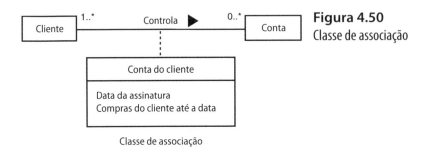

Figura 4.50
Classe de associação

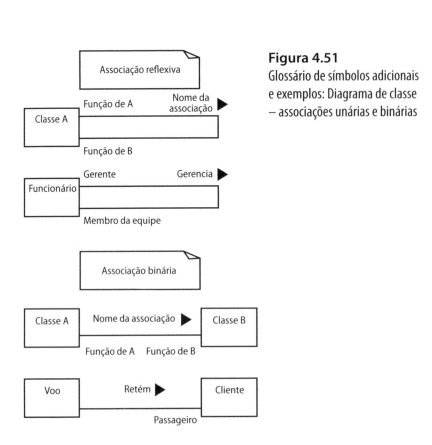

Figura 4.51
Glossário de símbolos adicionais e exemplos: Diagrama de classe – associações unárias e binárias

Notas sobre a Figura 4.51:

Uma associação pode ser reflexiva ou binária. Uma associação *reflexiva* (também denominada *unária*) indica que o sistema deve rastrear os objetos contra objetos que pertençam à mesma classe. No exemplo da associação reflexiva, um funcionário (que age na função de gerente) gerencia outros funcionários (que agem como membros da equipe). A maioria das associações é *binária*, o que indica o requisito de vincular objetos que pertençam a classes diferentes, como voos e clientes, como são apresentados no exemplo da associação binária.

Diagrama de comunicação

Tabela 4.9 Resumo dos diagramas de comunicação

O quê?	Um diagrama que descreve a maneira como os objetos enviam mensagens uns para os outros, usando um formato que se concentra na estrutura.
Quando?	• **Iniciação:** usado pelo BA para analisar as interfaces de alto nível entre as áreas de negócios e sistemas. • **Construção:** o BA usa os diagramas de comunicação de alto nível como entrada para os diagramas de comunicação da perspectiva técnica usado para desenhar as mensagens entre os sistemas e os objetos de software. • **V & V final:** usado como entrada no teste de integração.
Onde?	• **DRN:** Escopo
Quem?	• **BA:** cria o diagrama de perspectiva de negócio; revisa o diagrama do nível de sistema. • **Interessados:** verificam o diagrama • **Analista de sistemas:** utiliza os diagramas de comunicação da perspectiva técnica[1] para desenhar e ilustrar a transferência de mensagens entre os objetos de software, para determinado cenário.
Por quê?	• Uma forma conveniente de analisar e documentar como as áreas de negócios e sistemas são (ou devem ser) vinculadas; quem conversa com quem.
O que mostrar aos interessados	Conjunto de símbolos limitado incluído na Figura 4.53 e as notas que a acompanham.
O que mostrar aos membros da equipe	O conjunto limitado é o único item necessário para o trabalho da maioria dos BAs.
Padrão	UML
Ferramentas complementares	Diagrama de objeto estático, diagrama de classe.
Alternativas	Diagrama de sequência, DFD.

[1] As etapas deste caso de uso do sistema são mapeadas para as mensagens transmitidas entre os objetos de software dos diagramas. Com frequência, o designer do software (analista de sistema) inicia criando o diagrama de sequência com base em uma descrição de caso de uso textual e, depois, o converte em um diagrama de comunicação que realça as relações estruturais.

Exemplo do diagrama de comunicação

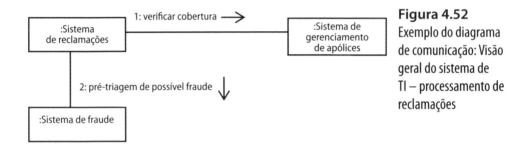

Figura 4.52
Exemplo do diagrama de comunicação: Visão geral do sistema de TI – processamento de reclamações

Notas sobre a Figura 4.52:

O diagrama realça os padrões de comunicação (quem conversa com quem) entre os sistemas de TI envolvidos na administração de reclamações. (Um diagrama semelhante pode ser desenhado a partir de uma perspectiva de negócios, apresentando a comunicação entre as áreas de negócio.) No exemplo:

- O sistema de reclamações envia uma mensagem eletrônica para o sistema de gerenciamento da apólice, solicitando a verificação da cobertura para a reclamação.
- Contas a receber do sistema de reclamações envia uma mensagem para o sistema de fraudes, para fazer uma pré-triagem da reclamação e examinar a possibilidade de fraude.

Glossário de símbolos: diagrama de comunicação

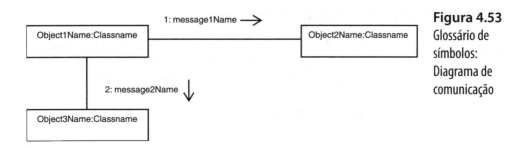

Figura 4.53
Glossário de símbolos: Diagrama de comunicação

Notas sobre a Figura 4.53:

A figura contém os seguintes elementos de modelagem:

- **Objeto:** uma entidade (área de negócios, sistema de TI ou componente) envolvida na interação. Pode ser nomeada informalmente pelo BA.

    Convenção de nomeação de UML formal: objectName:ClassName

    objectName é o nome do objeto específico e ClassName é o nome da classe (categoria) à qual o objeto pertence. É necessário fornecer um nome ou ambos. Por exemplo:

    - primeContact:ServiceAgent $\longrightarrow$ O objeto e a classe são nomeados.
    - primeContact $\longrightarrow$ Apenas o objeto é nomeado.
    - :ServiceAgent $\longrightarrow$ Apenas a classe é nomeada.

- **Mensagem:** indicada como uma linha entre os objetos, com o nome da mensagem por escrito adjacente. A mensagem representa uma solicitação enviada de um objeto para outro. O nome da mensagem está no seguinte formato: número da sequência: nome da mensagem (parâmetros). Para os fins do BA, as convenções de nomeação da UML podem ser informais. Os números de sequência indicam a ordem em que as mensagens são executadas. O nome da mensagem pode ser seguido pelos parâmetros entre parênteses. Os parâmetros representam entradas para a mensagem. Uma seta após o nome da mensagem indica a direção da comunicação (aponta desde o remetente ao destinatário da mensagem).

Diagramas de fluxo de dados e contexto

Tabela 4.10. Resumo dos diagramas de fluxo de dados

O quê?	Os Diagramas de Fluxo de Dados (DFD) são um conjunto de diagramas que descrevem como os dados se movimentam por um sistema. Os diagramas retratam a divisão de um sistema em processos e subprocessos e definem os requisitos de entrada e de saída de dados desses processos.
	Existem duas perspectivas a partir das quais os DFD podem ser desenhados: a perspectiva de negócios, que modela o fluxo dos dados de negócios no contexto dos processos de negócios, e a perspectiva técnica, que modela o fluxo dos dados no contexto dos processos de TI (utilizado para desenhar uma solução de software). Para cada perspectiva, os DFD podem ser físicos ou lógicos. Um DFD físico indica a questões de implementação, enquanto um DFD lógico as detalha. Os DFD são usados pelo BA para modelar sistemas Como é (as-is) e Como será (to-be) no mundo real. Nos projetos que envolvem uma solução de TI, o modelo de negócios TO-BE lógico é empregado como entrada para a criação do modelo de requisitos, expresso como DFD lógicos, que retratam os processos que o sistema de TI deve automatizar e os requisitos informativos desses processos. As questões de projeto e implementação são excluídas desse modelo.
	Os DFD podem ser desenhados em qualquer nível. O Nível 0, o nível mais alto – também denominado Diagrama de Contexto –, descreve os dados que fluem entre o sistema e as entidades externas do sistema como clientes, usuários e sistemas de TI. O diagrama de contexto define a fronteira entre o que está no sistema e fora dele – o seu *escopo*.
	O nível 1 retrata os principais processos do sistema e os dados que passam entre eles. Outros níveis fornecem graus sucessivamente crescentes de detalhes.
Quando?	• **Iniciação:** o BA revisa, cria e atualiza (se necessário) os DFD de perspectiva de negócios. Quando o projeto envolve uma solução de TI, o BA também revisa, cria e atualiza o diagrama de contexto do modelo dos requisitos e o DFD de nível 1. • **Descoberta:** o BA define outros DFD de nível no modelo de requisitos. • **Construção:** o AS mapeia o modelo de requisitos para os modelos técnicos lógico e físico, utilizados para desenhar as unidades de software (sistema, programa e sub-rotinas) e as tabelas de armazenamento dos dados. • **V & V final:** os DFD são usados como entrada para testar as interfaces entre processos e sistemas (teste de integração).
Onde?	• **DRN:** escopo (diagrama de contexto), serviços e processos de negócios, serviços de TI.
Por quê?	• Mais provável que a UML para seguir a documentação existente nos sistemas de legado. (Pelo mesmo motivo, no entanto, em geral os DFD não são recomendados quando o projeto envolve mudanças em sistemas que não sejam de legado, que são mais prováveis de seguir uma abordagem e um padrão alternativo [OO e UML].) • Permite a análise de cima para baixo – abordagem eficiente para lidar com sistemas complexos, trabalhando progressivamente para baixo, para níveis sucessivos de detalhes. • Fornece um meio eficiente de analisar as necessidades informativas dos processos. • Pode ser empregado para verificar a integralidade. As violações formais do padrão frequentemente apontam requisitos ausentes.

O que mostrar aos interessados	Qualquer símbolo da Figura 4.54, com o uso de notas liberado.
O que mostrar aos membros da equipe	Conjunto completo de símbolos
Padrão	Análise estruturada (não faz parte do padrão UML)
Ferramentas complementares	Gráfico de decomposição funcional, fluxograma, DER.
Alternativas	Diagrama de caso de uso (UML), diagramas de comunicação (UML).

Exemplo de DFD

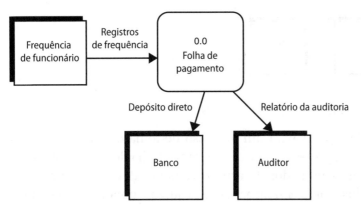

Figura 4.54
Exemplo do DFD de Nível 0 (diagrama de contexto): Folha de pagamento

Notas sobre a Figura 4.54:

A figura é um diagrama de contexto para um processo de folha de pagamento – um sistema de software que será criado como resultado de um projeto de TI. Esse exemplo documenta que:

- Um atendente envia os registros de frequência para a folha de pagamento (o sistema que está sendo projetado).
- A folha de pagamento envia depósitos diretos para o banco e relatórios de auditoria para o auditor.

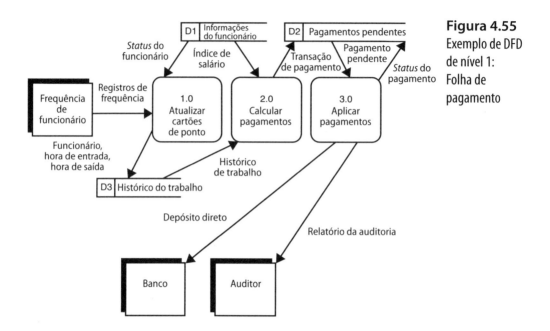

Figura 4.55
Exemplo de DFD de nível 1: Folha de pagamento

Notas sobre a Figura 4.55:

A figura é um DFD de Nível 1 para um processo de folha de pagamento. Ela identifica os principais subprocessos que constituem a folha de pagamento, bem como os armazenamentos de dados. O armazenamento de dados é um local para acomodar os dados, como um armário de arquivos, uma tabela de dados ou uma combinação de tabelas. Esse exemplo documenta que:

- As entradas do Processo Atualizar cartões de ponto são os registros de frequência do Funcionário e do *Status* do funcionário, retirados de um armazenamento de dados Informações do funcionário; suas saídas são as informações do usuário e a hora de entrada e a hora de saída, usadas para atualizar o armazenamento de dados Histórico de Trabalho.

- As entradas para o processo Calcular pagamentos são o Histórico de trabalho e o Índice do salário; sua saída é a Transação de pagamento, armazenada em Pagamentos pendentes.

- A entrada para aplicar pagamentos é Pagamentos pendentes; suas saídas são os Depósitos diretos enviados para o banco, o Relatório da auditoria que é encaminhada ao auditor e o *Status* do pagamento (supostamente atualizado), usado para atualizar o armazenamento de dados Pagamentos pendentes.

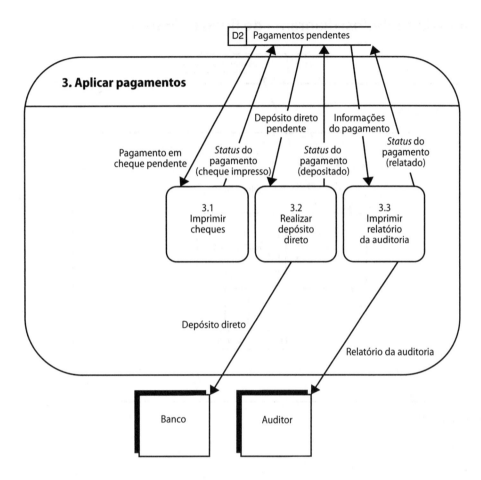

Figura 4.56 Exemplo de DFD de Nível 2: Folha de pagamento/Aplicar pagamentos

Notas sobre a Figura 4.56:

A figura é um DFD de Nível 2 que retrata os subprocessos de Processar Pagamentos. Esses subprocessos seguem uma numeração hierárquica.

Glossário de símbolos: diagrama de fluxo de dados

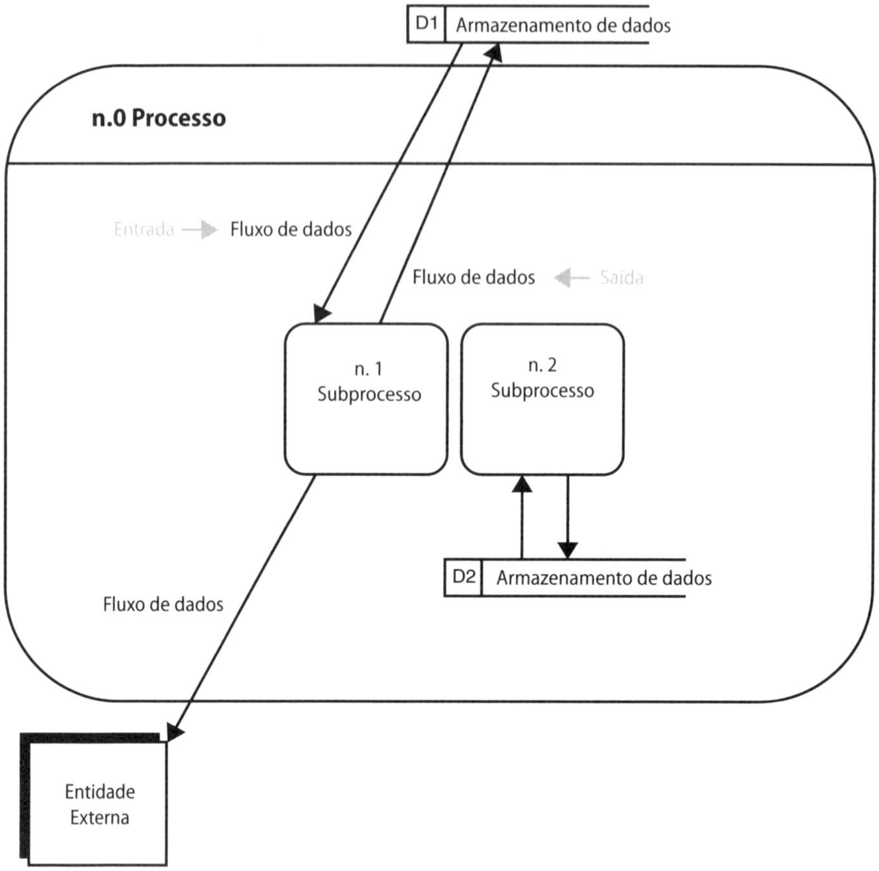

Figura 4.57 Glossário de símbolos: Diagrama de fluxo de dados

Notas sobre a Figura 4.57:

A figura contém os seguintes elementos de modelagem:

- **Processo:** processo de qualquer porte. Se o DFD for um diagrama de perspectiva de negócios, esse símbolo representa um processo de negócios. Nos DFDs técnicos, o processo é um sistema, subsistema, programa de computador ou módulo de software (como uma sub-rotina ou função). (Consulte a Figura 4.58.)

Figura 4.58
Processo

- **Armazenamento de dados:** local em que os dados são armazenados até que sejam usados. Pode ser implementado com ou sem TI; os exemplos incluem um armário de arquivos e um arquivo único, parcial ou combinado de dados de computador (tabelas). (Consulte a Figura 4.59.)

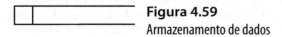
Figura 4.59
Armazenamento de dados

- **Fluxo de dados:** funil ao longo do qual os dados se movimentam. Um "agrupamento" de dados – por exemplo, um campo, um registro inteiro, um arquivo completo ou um relatório. Pode estar em qualquer forma (papel, eletrônico etc.). (Consulte a Figura 4.60.)

Figura 4.60
Fluxo de dados

- **Entidade externa** (também denominada Agente externo): ator localizado fora do sistema que interage com ele. Os exemplos de perspectiva de negócios incluem cliente e fornecedor. Os exemplos de perspectiva técnica incluem as funções de usuário e os sistemas de TI externos. (Consulte a Figura 4.61.)

Figura 4.61
Entidade externa

Lista de verificação: Inspeção de erros nos DFDs:

- Cada processo deve ter pelo menos um fluxo de dados de entrada e um de saída.
- Em algum lugar no interior do modelo, cada armazenamento de dados deve ter pelo menos um fluxo de dados de entrada e de saída.
- Uma linha do fluxo de dados deve começar ou terminar em um símbolo do processo.
- Cada item de dados presente em um fluxo de dados deve originar-se em algum lugar e ser utilizado em algum lugar no modelo.
- Quando um processo é decomposto em um DFD de nível inferior, o diagrama de nível inferior deve indicar o fluxo de dados de entrada e saída para os processos equivalentes aos retratados no DFD de nível superior[13].

---

[13] "Equivalente" não significa "idêntico". O DFD de nível superior pode consolidar um número de fluxo de dados em um único fluxo. Além disso, os itens de dados que servem de entrada para ser atualizados são, às vezes, consolidados em um único fluxo de dados de "saída" do processo, para realçar o efeito coletivo do processo.

Tabela/árvore de decisão

Tabela 4.11 Resumo das tabelas (árvores) de decisão

O quê?	Uma tabela ou árvore de decisão documenta a forma pela qual o sistema responde a várias combinações de condições de entrada. Utilizada pelo BA para descrever as regras de negócios em que a resposta exigida depende de vários fatores a ser considerados ao mesmo tempo, como as regras para examinar uma solicitação de empréstimo.
Quando?	• **Descoberta:** o BA usa as tabelas ou árvores de decisão para estruturar as entrevistas e documentar os requisitos de regras de negócios complexas. • **Construção:** o AS usa as tabelas ou árvores de decisão do BA como entrada para o desenho do software. • **V & V final:** as tabelas e árvores de decisão são empregadas como entrada para o desenho dos casos de teste; a tabela é utilizada para construir cenários de teste e define os resultados esperados do teste.
Onde?	• Repositório das regras de negócios • **DRN:** Serviços e processos de negócio • **DRN:** Serviços e processos de TI • Se a abordagem de caso de uso for usada, as tabelas e árvores de decisão podem ser incluídas como apêndice ao caso de uso (de negócio ou sistema) e referenciadas por uma etapa do caso de uso, como uma etapa do exame de uma solicitação de empréstimo.
Por quê?	• Fornecer documentação completa, consistente e fácil de verificar para as regras de negócios complexas. • Simplifica e estrutura a entrevista (consulte a seção a seguir "Entrevista com as tabelas de decisão"). • Garante que todas as combinações de condições foram consideradas. • Documenta os requisitos de modo extremamente adequado para os testes.
O que mostrar aos interessados	Tabela ou árvore de decisão
O que mostrar aos membros da equipe	Tabela ou árvore de decisão
Padrão	N/A
Ferramentas complementares	• Modelo de caso de uso (de negócio e sistema) • Análise do valor de limite

Exemplo da Tabela de decisão

	Casos →	1	2	3	4	5	6	7	8	9	10	11	12
Condições	C1: Rejeições Prévias? (S/N)	Sim	Sim	Sim	Sim	Sim	Sim	Não	Não	Não	Não	Não	Não
	C2: Histórico familiar/fator de risco genético (Alto/Baixo)	Alto	Alto	Alto	Baixo	Baixo	Baixo	Alto	Alto	Alto	Baixo	Baixo	Baixo
	C3: Condição médica (1-3)	1	2	3	1	2	3	1	2	3	1	2	3
Ações	A1: Aceitar						X		X	X	X	X	X
	A2: Rejeitar	X	X		X			X					
	A3: Encaminhar			X		X							
	A4: Aplicar taxas padrão						X					X	X
	A5: Aplicar taxas de alto risco								X	X	X		

Figura 4.62
Exemplo da tabela de decisão: Examinar solicitação de seguro de vida

Notas sobre a Figura 4.62:

A figura é uma tabela de decisão para exame de uma solicitação de seguro de vida. As regras de negócio dependem de três fatores: se o candidato já teve uma rejeição prévia; um fator de risco (alto ou baixo) com base no histórico familiar e no perfil genético; e um código da condição médica de 1 a 3, no qual, 3 indica a mais alta classificação de saúde. A tabela indica em que conjunto de condições uma solicitação é aceita, rejeitada ou encaminhada (para investigação) e qual cronograma de classificação se aplica em cada caso. Por exemplo, na coluna 9 descreve-se um cenário em que não houve rejeições prévias, o fator de risco é alto e a condição médica é 3 (excelente). A resposta para esse cenário é Aceitar (A1), mas aplicar uma classificação de alto risco (A5).

Entrevista com as tabelas de decisão

Use as tabelas de decisão para estruturar a entrevista sempre que muitos fatores afetarem o resultado. Divida a entrevista entre as seguintes etapas simples:

1.   **Identifique as condições:**

 P: "Quais fatores afetam o resultado?"

 "O que você precisa saber antes de decidir o que fazer?"

 Organize uma lista de cada fator, como uma condição na tabela.

 Para cada condição, pergunte:

 P: "Quais são os diferentes valores que isto pode assumir?"

 "Quais desses fatores afetam o resultado?"

2. **Identifique as ações:**

P: "Quais são todos os possíveis resultados deste processo?"

"Quais ações a empresa pode tomar?"

Documente cada resposta como uma ação na tabela.

3. **Calcule o número de cenários distintos:**

(Número de cenários) = (número de valores para a condição 1) × (número de valores para a condição 2) × (número de valores para a condição 3)...

Atribua uma coluna para cada cenário.

Por exemplo, (número de cenários) = 2 (para S/N) × 2 (para Alto/Baixo) × 3 (para 1/2/3) = 12

4. **Preencha a metade superior da tabela** para que cada coluna apresente um conjunto diferente de valores[14].

5. **Atribua ações aos cenários, uma coluna de cada vez:**

P: "Para o primeiro cenário (coluna), onde [condição da primeira coluna] é [valor] e [condição da segunda coluna] é [valor]... quais ações se aplicam?"

Documente cada ação exigida com um X na célula Ação apropriada.

---

[14] Um possível método é começar preenchendo a última linha, alternando os valores. Se ficar sem valores, comece novamente pelo primeiro. Verifique visualmente o número de células [n] necessárias até que o primeiro conjunto de valores termine. Uma linha acima marque as primeiras [n] células com o primeiro valor da linha atual; marque as próximas [n] células com o segundo valor, e assim por diante, até terminar a linha. Repita em cada linha, subindo uma linha de cada vez.

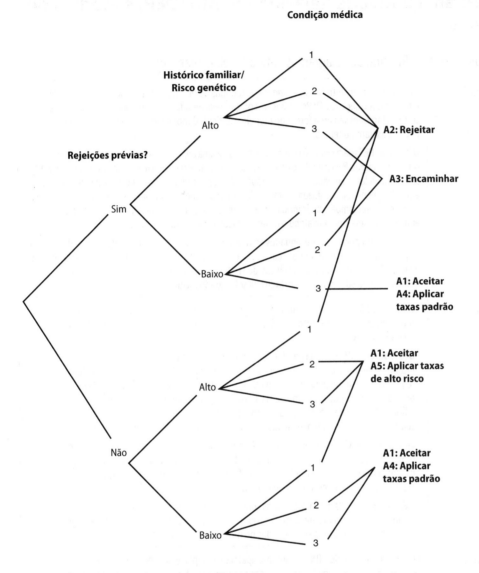

Figura 4.63 Exemplo da árvore de decisão: Examinar solicitação de seguro de vida

Notas sobre a Figura 4.63:

A figura é uma árvore de decisão para examinar uma solicitação de seguro de vida. Ela equivale ao exemplo da tabela de decisão apresentado na Figura 4.62.

Diagrama Entidade Relacionamento (DER) e Modelo de dados

Tabela 4.12 Resumo dos diagramas entidade relacionamento

O quê?	Um diagrama que retrata as *entidades* – categorias de objetos – em um sistema e as relações entre elas. A coleção de DERs e a documentação relacionada são denominadas *modelo de dados*. Os DERs também são uma forma de modelo estático[1]. O modelo das regras de um sistema que não se baseiam no tempo.
	O BA usa os DERs para expressar o modelo estático de uma área de negócios – seus substantivos, conceitos e regras. Por exemplo, o BA pode desenhar um DER para descrever como as apólices de vida são relacionadas às emendas e aos benefícios; o diagrama incluiria regras que determinam o número de emendas e benefícios vinculados a uma apólice. Essas são conhecidas como as regras de *cardinalidade*. O modelo do BA também pode incluir regras sobre os atributos (propriedades ou campos) dessas entidades. Por exemplo, um atributo de uma Apólice de Vida poderia ser o valor nominal.
	Os DERs do BA podem ser desenhados estritamente para a Análise Empresarial (a fim de modelar uma área de negócios do mundo real ou para a Análise de requisitos) para modelar os requisitos de negócios estáticos para uma solução de TI. Nesse último caso, apenas os elementos de modelagem que devem ser suportados na solução são incluídos.
Quando?	• **Iniciação:** cria, revisa ou atualiza os DERs mostrando as principais entidades – pessoas, produtos, serviços e transações – rastreadas pelo sistema (área de negócios reais ou sistema de TI) e suas relações.
	• **Descoberta:** o BA adiciona entidades ao modelo à medida que novos substantivos são incluídos durante a extração de requisitos. Por exemplo, as frases substantivas incluídas nos requisitos do usuário para um sistema de TI são adicionadas ao modelo de dados se a área de negócio exigir que o sistema de TI os rastreie. Os atributos e suas regras de verificação são adicionados caso haja o risco de que não serão manipuladas adequadamente pelo provedor da solução ou caso as regras associadas se apliquem a diversos documentos de requisitos.
	• **Construção:** o AS utiliza o modelo do BA como entrada para a criação de DERs técnicos para projetar o banco de dados. Se uma solução de terceiros foi concluída, os DERs do BA podem ser usados como critério para a seleção de um fornecedor ou provedor de serviço. (A solução deve suportar as regras apresentadas no modelo.)
	• **V & V final:** os DERs do BA são usados como entrada para o desenho do teste. Os testes devem comprovar que todas as entidades e atributos do modelo são rastreados, e que as regras de cardinalidade e atributos apresentados no modelo sejam suportados pela solução.
Onde?	• Na documentação do DRN, o diagrama aparece como parte do modelo estático.
Por quê?	• Nos projetos que resultam em mudanças no sistema de legado, a documentação e as ferramentas existentes são mais prováveis de usar os DERs que os diagramas de classe da UML.
	• O DER é a melhor prática comprovada devido a seu amplo uso adiante no ciclo de vida (depois da análise), para desenhar tabelas para os SGBDR (Sistemas de Gerenciamento de Bancos de Dados Relacionais).
	• Os DERs ajudam o BA a entender e a definir os conceitos de negócios e suas relações.
	• Os DERs ajudam o BA a encontrar os requisitos ausentes (por exemplo, as cardinalidades ausentes frequentemente indicam a necessidade de voltar aos interessados).
	• Os DERs ajudam a implementar a consistência interna no uso da documentação dos requisitos de negócios, fornecendo um único local para registrar as regras inclusivas de negócios.
	• Podem ser usados para verificar futuros requisitos, a fim de garantir que cumpram as regras de negócios existentes.
	• Os DERs melhoram a comunicação com os provedores de solução, diminuindo a chance de má comunicação. Os provedores de solução recebem requisitos de negócios estáticos em um formato inteligível, consistente com o que é usado para projetar a solução de software.

O que mostrar aos interessados	Não mostre esses diagramas aos interessados no negócio. Converta os diagramas em texto para que os interessados revisem e assinem. Converta cada relação em duas frases.
	• Para as relações entre A e B:
	  • Cada A [nome da relação] [cardinalidade adjacente a B] B.
	  • Cada B [reverter nome da associação] [cardinalidade adjacente a A] A.
	Por exemplo, cada segurador aprova zero ou mais emendas; cada emenda é aprovada apenas por um segurador.
	Consulte a seção "Exemplo do DER" a seguir e as notas da Figura 4.64 para ver conversões simples.

O que mostrar aos membros da equipe	Conjunto completo de símbolos
Padrão	Parte da disciplina de modelagem de dados usada em combinação com as técnicas de análise estruturada (não é parte da UML). Uma anotação padrão usada para o SGBDR.
Alternativas	Diagrama de classe (UML), IDEF1

[1] Outra abordagem (mais recente) da modelagem estática (estrutural) se baseia na análise orientada ao objeto (OO). Ela emprega os diagramas de classe em vez dos DERs.

Exemplo do diagrama de relação de entidade

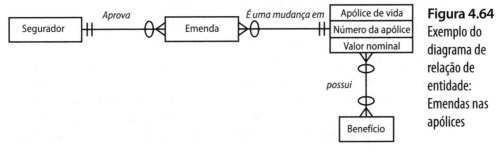

Figura 4.64 Exemplo do diagrama de relação de entidade: Emendas nas apólices

Notas sobre a Figura 4.64:

- Cada segurador aprova zero ou mais emendas.
- Cada emenda é aprovada por apenas um segurador.
- Cada emenda é uma mudança em apenas uma Apólice de vida.
- Cada apólice de vida é alterada por zero ou mais emendas.
- Cada apólice de vida possui zero ou mais benefícios.
- Cada benefício pertence a zero ou mais apólices de vida.
- Para cada apólice de vida, o sistema rastreia os seguintes atributos (campos):
  - número da apólice: identifica uma apólice; é exclusivo de cada apólice de vida.
  - valor nominal.

Glossário de símbolos: diagrama entidade relacionamento

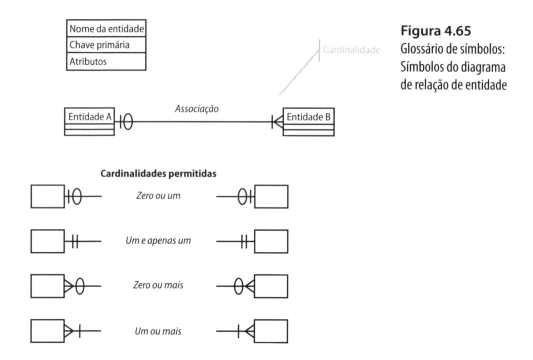

Figura 4.65
Glossário de símbolos: Símbolos do diagrama de relação de entidade

Notas sobre a Figura 4.65:

A figura contém os seguintes elementos de modelagem:

- **Entidade:** (Retratada como um retângulo com dois compartimentos opcionais – um para a chave primária [identificador exclusivo] e outro para os atributos.) A entidade[15] é uma categoria à qual um grupo de objetos pode pertencer. O BA utiliza as entidades para modelar os substantivos rastreados pelo negócio. Em um modelo de requisitos, apenas as entidades que devem ser rastreadas pelo sistema de TI são incluídas. As entidades são nomeadas no singular, e os exemplos incluem funcionário, fornecedor, cliente, produto, transação eletrônica financeira, incidente.

  Uma instância específica de uma entidade, como Incidente 5030, é denominada uma *ocorrência* da entidade. Todas as ocorrências de uma entidade compartilham os mesmos atributos (embora os valores dos atributos possam diferir).

- **Chave primária (opcional):** Um identificador exclusivo. Pode ser uma chave simples (um atributo) ou composta (mais de um atributo).

- **Atributo (opcional):** (Listado no compartimento de atributos.) O atributo é uma propriedade (campo) que o sistema rastreia para cada ocorrência da entidade.

---

[15] Em algumas utilizações, o termo *entidade* se refere a uma instância ou ocorrência específica, enquanto o termo *classe de entidade* se refere a uma categoria ou tipo.

- **Relação:** (Retratada como uma linha sólida.) Uma relação entre duas entidades indica que o sistema precisa vincular ocorrências de uma entidade contra as de outra. Por exemplo, Representante de vendas para cliente, conta para cliente. Use uma frase verbal para nomear a relação, como: um Representante de vendas é atribuído a um cliente.
- **Cardinalidade:** (Retratada em cada extremidade de uma relação.) O número de ocorrências que podem participar de uma relação. Indicada em cada extremidade de uma relação. As cardinalidades são apresentadas no glossário de símbolos.

Os Cinco Por Quês

Tabela 4.13. Resumo dos Cinco Por Quês

O quê?	*Os Cinco Por quês* é uma técnica de solução de problemas[1] em que a pergunta "Por quê?" é feita sucessivamente até se descobrir a causa-raiz de um problema. Em geral, acredita-se que a pergunta deve ser feita cinco vezes sucessivas até chegar a uma causa-raiz subjacente, embora esse número não seja uma norma fixa.
	Por exemplo, para examinar as causas raízes dos problemas em uma Central de Serviço (Central de Atendimento):
	• Por que os clientes fornecem uma classificação baixa ao serviço? Por causa do tempo inadequado para a solução do incidente.
	• Por que o tempo para a solução é inadequado? Os incidentes são "perdidos no sistema".
	• Por que os incidentes são perdidos no sistema? Porque o rastreamento é ruim.
	• Por que o rastreamento é ruim? Existem erros no sistema automatizado de gerenciamento de incidentes.
	• Por que há erros no sistema? Requisitos incompletos para novos tipos de incidentes.
Quando?	• **Iniciação:** usado durante as sessões de brainstorming para identificar a causa-raiz de problemas e as principais necessidades dos interessados. Fornece entrada para a definição do escopo do projeto e a priorização dos requisitos.
	• **V & V final:** usado pela GQ para identificar a causa-raiz de bugs.
Onde?	• **DRN:** caso de negócios, o BIA (Análise de Impacto no Negócio).
Por quê?	É mais eficiente para se concentrar nas causas raízes que nos sintomas.
O que mostrar aos interessados	Relatório de avaliação. Ilustrar com o diagrama de causa e efeito, caso seja apropriado.
O que mostrar aos membros da equipe	Relatório de avaliação. Ilustrar com o diagrama de causa e efeito, caso seja apropriado.
Padrões/metodologias	Análise de causa-raiz, Seis Sigma.
Ferramentas complementares	Análise de Pareto, diagrama de causa e efeito.

---

[1] Essa abordagem foi criada por Sakichi Toyoda e utilizada na Toyota Corporation. Atualmente, é componente da metodologia Seis Sigma.

Fluxograma

Tabela 4.14. Resumo dos fluxogramas

O quê?	Um diagrama que descreve a sequência de atividades em um processo e (como opção) os participantes responsáveis pelas atividades, bem como os artefatos usados durante o processo (por exemplo: um fluxograma em que se descreve o processamento de uma inscrição de hipoteca pelos departamentos internos e um escritório de crédito externo).
Quando?	• **Iniciação:** o BA cria fluxogramas para analisar o impacto da mudança nos processos de negócios ponto a ponto (como parte do aprimoramento do processo ou para derivar os requisitos para um sistema de TI). • **Descoberta:** o BA cria os fluxogramas para modelar a interação usuário/TI nos requisitos do usuário. • **Construção:** o analista do sistema (AS) usa os modelos do BA como entrada para o desenho da interface e do software. • **V & V final:** os modelos do BA são utilizados como entrada para o desenho; os cenários de teste devem seguir o fluxo de trabalho descrito nos modelos do BA.
Onde?	• **DRN:** Serviços e Processos de Negócios • **DRN:** Requisitos dos Serviços de TI/Usuário
Por quê?	• Adequado para projetos nos sistemas de legado: documentação existente, ferramentas e recursos humanos são mais prováveis de usar os fluxogramas que suas alternativas da UML (diagrama de atividade). • Uma imagem vale mil palavras, principalmente quando a lógica do processo é complexa. • O formato da imagem é adequado para consolidar pontos de vista conflitantes. • Melhor que o texto para analisar processos de negócio transfuncionais. • Permite que o BA crie uma imagem completa com base nas visões parciais fornecidas para cada um dos participantes do processo. • Recomendado como apêndice para o texto de descrição dos requisitos do usuário em que a lógica do fluxo é complexa. • Melhor para os objetivos do BA que a alternativa da UML, é o diagrama de sequência: mais intuitivo, captura mais cenários em um diagrama.
O que mostrar aos interessados	Use apenas o conjunto de símbolos básicos: nó inicial, nó final, fluxo de controle, atividade, decisão, guarda, capturar e reunir e partições. Adicione comentários quando necessário, para esclarecer os problemas que não são cobertos pelo conjunto básico.
O que mostrar aos membros da equipe	Para outros BAs, provedores de solução etc., usem o conjunto completo de símbolos.
Padrão	Vários, incluindo os da Organização Internacional para Normatização (ISO 5807 – 1985). (As cópias do ISO 5807 podem ser adquiridas no site da ANSI, <http://webstore.ansi.org/>)
Ferramentas complementares	Gráfico da decomposição funcional, diagramas de fluxo de dados.
Alternativas	Diagrama do fluxo de trabalho de raias, DPN (padrão BPMN), diagrama de sequência (UML), diagrama de atividade (UML).

Exemplo e símbolos do fluxograma

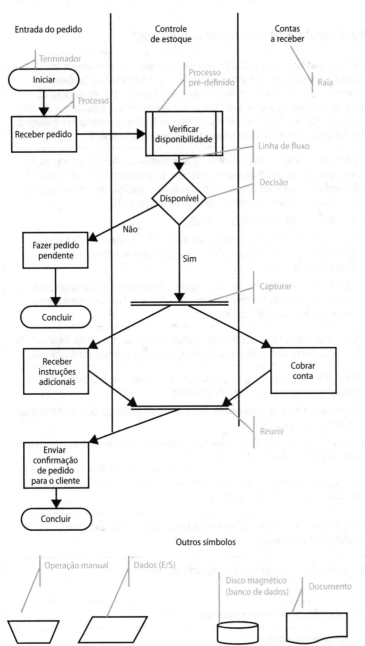

Figura 4.66
Exemplo de fluxograma:
Processar um pedido

Gráfico de decomposição funcional

Tabela 4.15 Resumo dos gráficos de decomposição funcional

O quê?	Um diagrama hierárquico usado para decompor as funções e os processos em procedimentos de níveis progressivamente inferiores (detalhados). Também conhecido como *gráfico de estrutura*. Usado pelo BA nos projetos de melhoria do processo de negócios para modelar funções e processos de negócios Como é (AS-IS) e Como será (TO-BE). Usado pelo BA nos projetos de TI a fim de modelar os requisitos de negócios para que os processos sejam suportados pela solução de TI.
Quando?	• **Iniciação:** O BA revisa, cria e atualiza (se necessário) os gráficos de decomposição funcional da perspectiva de negócio. Quando o projeto envolve uma solução de TI, o BA também revisa, cria ou atualiza gráficos de decomposição de alto nível para que as funções e os processos sejam suportados na solução de TI. • **Descoberta:** O BA define níveis adicionais. • **Construção:** O analista de sistemas usa o modelo do BA como entrada para os modelos técnicos utilizados para desenhar as unidades do software (sistema, programa e sub-rotinas). • **V & V final:** Este incremental do plano usado; o teste incremental *de cima para baixo* começa com as funções de nível superior no gráfico; o *de baixo para cima* começa com os processos de nível inferior.
Onde?	• Os diagramas do BA encontram-se na seção do processo de negócio no Documento de requisitos de negócios; o diagrama técnico aparece nas especificações do software.
Por quê?	• Permite que o analista controle a complexidade dividindo um processo complicado em partes menores e mais fáceis de gerenciar. • A abordagem de cima para baixo incentiva o analista a começar do geral e trabalhar na direção do específico. • Usado para ajudar a definir o escopo, indicando as funções e os processos de negócios que estejam dentro e fora do escopo.
O que mostrar aos interessados	O conjunto completo de símbolos apresentado na próxima seção, exemplo e glossário do gráfico de decomposição funcional.
O que mostrar aos membros da equipe	Símbolos adicionais podem ser acrescentados para indicar entradas, saídas, condicionalidade e looping.
Ferramentas complementares	Diagramas de fluxo de dados (DFD), fluxogramas, DER.
Padrão	Análise estruturada (não compatível com a UML)
Alternativas	Diagrama de classe (UML)[1]

---

[1] Para gerenciar a complexidade: o OO usa uma abordagem diferente; em vez da abordagem hierárquica da decomposição funcional, seu objetivo é distribuir a funcionalidade entre os objetos colaboradores.

Exemplo e glossário do gráfico de decomposição funcional

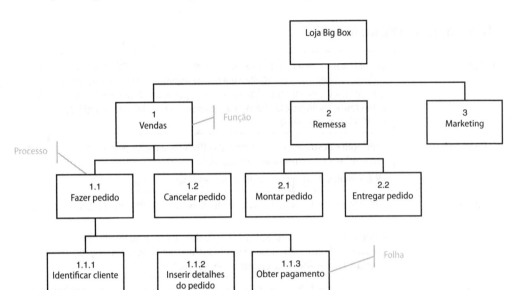

Figura 4.67 Exemplo do gráfico de decomposição funcional: Loja Big Box

Notas sobre a Figura 4.67:

A figura é o exemplo de um diagrama de decomposição funcional para uma loja Big Box. Ilustra os seguintes elementos de modelagem.

- **Função:** um substantivo que representa um conjunto de atividades logicamente relacionadas. As funções no exemplo são Vendas, Remessa e Marketing. Uma função não pode ser realizada. Cada função pode ser decomposta em funções e processos de nível inferior.

- **Processo:** uma atividade que pode ser executada. No exemplo, a função de vendas contém os seguintes processos: fazer o pedido e cancelá-lo. Um processo pode ser decomposto em processos de nível inferior. (Consulte a seção "Dica: nomeando um processo" no Capítulo 5.)

- **Folha:** processo sem subprocessos.

- **Numeração:** use um sistema de numeração hierárquica. No exemplo, os processos abaixo de "1 Vendas" são "1.1 Fazer o pedido" e "1.2 Cancelar o pedido". A sequência, entretanto, *não* é indicada pelo sistema de numeração ou pela posição esquerda/direita no diagrama.

FURPS+

Tabela 4.16. Resumo do FURPS+

O quê?	Uma abordagem para classificar os requisitos desenvolvida por Robert Grady[1] na Hewlett-Packard. Cada letra da sigla significa um tipo de requisito: Funcionalidade, Usabilidade, Confiabilidade, Desempenho e Capacidade de suporte. O sinal positivo (+) representa outras restrições do projeto. (Consulte a subseção Positivo, da "Lista de verificação do FURPS+", após esta tabela.)
Quando?	• **Iniciação e descoberta:** as categorias do FURPS+ são usadas pelo BA para estruturar as entrevistas e a documentação dos requisitos. • **V & V final:** usado por GQ para planejar o teste não funcional.
Onde?	• **DRN:** requisitos do nível de serviço não funcional de negócios e de T! (classificações do URPS+) • **DRN:** requisitos do usuário (casos de uso do sistema); os requisitos de URPS+ específicos de uma tarefa do usuário (caso de uso do sistema) podem ser documentados com a tarefa (consulte Modelo de caso de uso do sistema).
Por quê?	• As categorias do FURPS+ ajudam o BA a garantir que todos os tipos de requisitos sejam considerados na análise – especialmente os que são exigidos pelas operações
Ferramentas complementares	Consulte o Modelo de Requisitos (não funcionais) do nível de serviço para ver uma lista mais ampla dos tipos de requisitos não funcionais. Consulte a seção "Definir os RNS não funcionais" no Capítulo 2, para ver as diretrizes da extração de requisitos não funcionais (URPS+).

[1] Grady, Robert. *Practical software metrics for project management and process improvement.* Prentice Hall PTR, 1992.

Lista de verificação do FURPS+

Utilize a lista de verificação a seguir, com base no FURPS+, como acessório para planejar os eventos de extração de requisitos e durante os roteiros estruturados, a fim de verificar se todos os tipos de requisitos foram cobertos na análise e na documentação dos requisitos. Os requisitos devem cobrir as seguintes categorias do FURPS+:

- **Funcionalidade:** define o que o sistema deve ser capaz de fazer e inclui recursos, capacidades e requisitos de segurança e do usuário (documentados, por exemplo, como casos de uso do sistema).
- **Usabilidade:** requisitos relacionados à interface do usuário como capacidade de uso, acessibilidade, aparência e comportamento, ajuda on-line e diretrizes do desenho visual.

- **Confiabilidade:** capacidade de desempenho do sistema sob as condições rotineiras e não rotineiras especificadas, por determinado período. Inclui o seguinte:
  - **TMEF (Tempo Médio entre Falhas):** tempo médio entre as falhas do mesmo serviço.
  - **TMEIS (Tempo Médio entre Incidentes de Sistema/Serviço):** tempo médio entre falhas.
  - **TMPR (Tempo Médio para Reparo):** tempo médio decorrido para consertar e restaurar um serviço, desde o momento em que o incidente ocorre.
- **Desempenho:** descreve como o sistema deve se comportar em relação ao tempo e aos recursos. Inclui o seguinte:
  - Velocidade
  - Eficiência
  - Disponibilidade
  - Exatidão
  - Tempo de resposta
  - Tempo de recuperação
  - Tempo de inicialização
  - Utilização de recursos
  - Produtividade (transações por unidade de tempo)
- **Capacidade de suporte:** requisitos relacionados à capacidade de monitorar e efetuar a manutenção do sistema. Inclui as capacidades de teste, configuração, instalação e atualização do sistema.
- **Positivo (+):** restrições adicionais do sistema, incluindo o seguinte:
  - Requisitos de desenho
  - Requisitos de implementação: restrições sobre a codificação e a construção do sistema, incluem as restrições sobre plataformas, linguagens de codificação e padrões.
  - Requisitos de interface: capacidade de interagir com os sistemas externos especificados e a natureza dessas interações (protocolos, formatos e assim por diante).
  - Requisitos físicos: restrições físicas do hardware. Incluem requisitos relacionados a tamanho, controle de temperatura, materiais etc.
  - Requisitos e restrições legais, de conformidade, regulamentares e de direitos autorais.

Diagrama de objeto

Tabela 4.17. Resumo dos diagramas de objeto

O quê?	Um diagrama que descreve como os objetos são vinculados (também denominado diagrama de Objeto Estático). Os diagramas de perspectiva de negócios de alto nível são usados pelo BA para indicar como as áreas e funções de negócios são vinculadas. Os diagramas de nível inferior são usados para descrever os vínculos entre os objetos de negócios, como entre uma Transação de transferência de fundos, a Conta de saque e a Conta de depósito para a transação. Os diagramas de objeto de perspectiva técnica de alto nível indicam como os sistemas de TI são vinculados. O BA pode ter que criar e atualizar os diagrama de perspectiva de negócios e revisar os diagramas técnicos de alto nível.
Quando?	• **Iniciação:** O BA cria, atualiza e revisa (caso seja apropriado) os diagramas de objeto de alto nível, descrevendo os vínculos entre os sistemas e as funções de negócios. Pode revisar os diagramas de visão geral técnica, mostrando os vínculos entre os sistemas de TI. • **Descoberta:** O BA cria diagramas de objeto no modelo estático quando apropriado (como alternativa aos diagramas de classe). • **Construção:** Os modelos do BA são usados pelo AS como entrada para o desenho das classes de software (unidades de codificação).
Onde?	• **DRN:** Modelo estático • **DRN:** Casos de uso do sistema – use como alternativa à subseção do diagrama de classe, para indicar os elementos da modelagem estática (regras de negócios) relevantes para o caso de uso.
Por quê?	• Diagrama recomendado, quando o padrão de UML é usado, para mostrar a visão geral no nível do sistema de como os sistemas e subsistemas são vinculados. (Isso não é apresentado no diagrama de caso de uso, que exclui as interações entre os atores.) • Um visual mais claro que no diagrama de classe, quando o modelo precisa referenciar dois objetos que pertencem à mesma classe (por exemplo, as duas contas que participam da transferência de fundos).
O que mostrar aos interessados	Equivalente em texto, por exemplo: "Uma transferência de fundo é debitada da Conta de origem e creditada na Conta de destino".
O que mostrar aos membros da equipe	Conjunto completo de símbolos
Padrão	UML
Ferramentas complementares	Outros diagramas da UML
Alternativas	Diagrama de classe (UML), de comunicação (UML), de contexto (DFD de nível 0) (estruturado)

Exemplos do diagrama de objeto

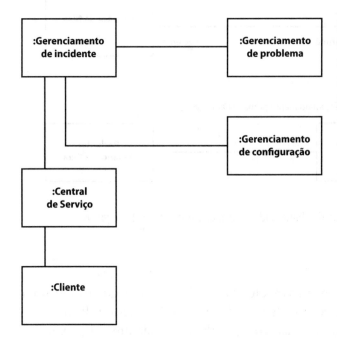

Figura 4.68
Exemplo do diagrama de objeto: Nível empresarial, indica vínculos entre as funções e os processos de negócios

Notas sobre a Figura 4.68:

A figura é um exemplo de um diagrama de objeto usado para descrever os vínculos entre as áreas de negócios, para um departamento que gerencia as operações de TI. Contém os seguintes elementos:

- **Objetos:** gerenciamento de incidente: (responsável por rastrear os incidentes e resolvê-los o mais rapidamente possível); Gerenciamento de problema: (responsável por gerenciar os problemas conhecidos e suas soluções de contorno; Gerenciamento de configuração: (responsável por gerenciar os itens que estão sob controle da configuração); Central de serviço: (a função de negócio que cuida das chamadas e do cliente). Observe a presença de dois pontos no final de cada nome, indicando que ele se refere a um objeto.

- **Vínculos:** indicados como linhas sólidas. Um vínculo indica que dois objetos "conversam" entre si (enviando mensagens, solicitações, informações etc.). O diagrama indica que o cliente tem um vínculo direto apenas com a Central de Serviço, refletindo a função da Central de Serviço como contato primário para o cliente. Nesse exemplo, o Serviço é vinculado ao Gerenciamento de incidente, que, por sua vez, possui vínculos com outros processos de negócios.

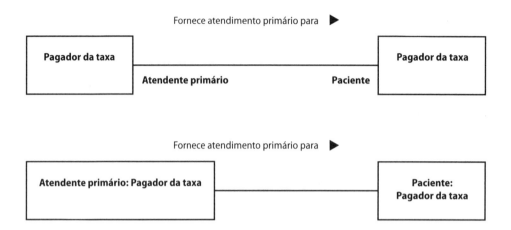

Figura 4.69 Exemplo do diagrama de objeto: Indica vínculos entre objetos de negócios

Notas sobre a Figura 4.69:

As Figuras 4.68 e 4.69 descrevem vínculos entre objetos de negócios em uma seguradora custeada pelo governo. Os dois diagramas de objeto utilizam diferentes elementos de modelagem, mas são equivalentes. Cada um deles expressa a regra de negócios de que o sistema deve rastrear qual atendente primário fornece atendimento primário para qual paciente, quando o atendente e o paciente são Pagantes de taxas.

Glossário de símbolos: diagrama de objeto

Figura 4.70 Glossário de símbolos: Diagrama de objeto

Notas sobre a Figura 4.70:

A figura apresenta os seguintes elementos de modelagem

- **Objeto:** indicado como um retângulo nomeado (consulte a Figura 4.71) e o nome é sublinhado. Melhor prática de BA: Convenções de nomeação de UML informais. A convenção de nomeação de UML formal é objectName:ClassName, em que apenas um dos nomes é exigido. objectName é o nome do objeto de negócio (papel, unidade organizacional, cliente etc.) responsável por executar as atividades relacionadas em sua partição. Por convenção, a primeira letra do nome é minúscula e a primeira letra de qualquer palavra subsequente é maiúscula. ClassName é o nome da classe (categoria) à qual o objeto pertence. Por convenção, a primeira letra de cada palavra do nome da classe é maiúscula. Exemplos de nome de objeto compatíveis com a UML são:
    - primeContact:ServiceAgent → O objeto e a classe são nomeados.
    - primeContact → Apenas o objeto é nomeado.
    - :ServiceAgent → Apenas a classe é nomeada.

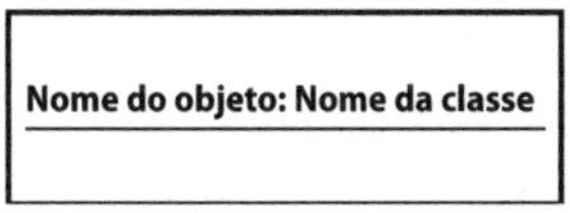

Figura 4.71
Objeto

- **Vínculo:** indicado como uma linha entre dois objetos nomeados, usando uma frase verbal sublinhada (consulte a Figura 4.72). O nome do vínculo é opcional. Um triângulo anexado ao nome do vínculo é recomendado, para indicar a direção da leitura do vínculo.

Figura 4.72
Vínculo

- **Papel (opcional):** é indicada como uma frase substantiva no final de um vínculo, acima ou abaixo da linha e perto do objeto (consulte a Figura 4.73). Indica o papel que o objeto cumpre na relação.

Figura 4.73
Papel

Análise de Pareto (diagramas de Pareto)

Tabela 4.18 Resumo da análise de Pareto

O quê?	Uma abordagem usada para ajudar a tomar decisões sobre onde expandir os esforços, a fim de obter um ganho máximo. Com base no princípio de Pareto, às vezes denominado regra de $80/20$, afirmando que 80% de um benefício podem ser obtidos executando apenas 20% do trabalho. Aplicado o gerenciamento de problema, isso significa que 80% das ocorrências de um efeito indesejável (por exemplo, tempo de inatividade) provavelmente podem ser associadas a 20% das causas.
Quando?	• **Iniciação:** para identificar os recursos e as mudanças mais importantes para o projeto. O BA usa a análise de Pareto para avaliar os dados de ferramentas de rastreamento de incidentes, pesquisas etc., a fim de ajudar a determinar as mudanças e recursos de alta prioridade. • **Produção:** utilizada pelos analistas do negócio e de marketing para identificar as áreas de enfoque como parte do esforço de melhoria continuada do serviço.
Onde?	• **DRN:** Caso de negócios; BIA (Análise de Impacto no Negócio).
Por quê?	A técnica permite que os recursos sejam usados com mais eficiência: 20% do esforço produzem 80% do benefício.
O que mostrar aos interessados	Gráfico e diagrama
O que mostrar aos membros da equipe	Gráfico e diagrama
Um componente de:	Análise de causa-raiz
Ferramentas complementares	Os Cinco Por Quês, Gráfico de causa e efeito.

Exemplos do diagrama de Pareto

Tabela 4.19 Tabela de Pareto: Impacto dos recursos propostos na experiência do cliente

Recurso proposto	Aumento médio relatado na classificação da experiência pelo cliente (de 10)	Aumento percentual = (aumento) / (aumento total) x 100% (em %)	Aumento cumulativo (em %)
Comparações em diferentes produtos	3,4	68	68
Especificações on-line completas	1,05	21	89
Respostas no mesmo dia para as perguntas por e-mail	0,45	9	98
Perguntas frequentes	0,1	2	100
Aumento total	5,0		

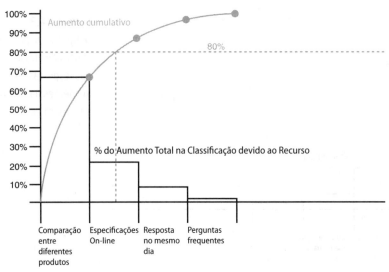

Figura 4.74
Gráfico de Pareto: Impacto dos recursos propostos na experiência do cliente

Notas sobre a Figura 4.74:

A Tabela 4.19 e a Figura 4.74 são exemplos de artefatos da análise de Pareto criados pelo BA durante a fase de Iniciação de um projeto de TI, com o fim de identificar os principais recursos que serão incluídos em um projeto de atualização de uma loja da web existente. A relação de possíveis recursos resultou de sessões de brainstorming com os clientes-alvo. As pesquisas de acompanhamento foram realizadas, solicitando aos clientes-alvo para classificar o site proposto com e sem cada um dos recursos. A análise indica que 80% do possível aumento total na resposta podem ser atingidos por meio da inclusão de dois recursos: comparação entre diferentes produtos e fornecimento de especificações detalhadas do produto on-line.

Tabela 4.20 Tabela de Pareto: Causas de atraso nas respostas aos incidentes, na Central de Serviço

Causa	Frequência (em %)	Frequência cumulativa (em %)
Procedimentos por escrito incompletos	68	68
Procedimentos não implementados	21	89
Comunicação inadequada com o cliente	9	98
Erros de rastreamento do sistema	2	100

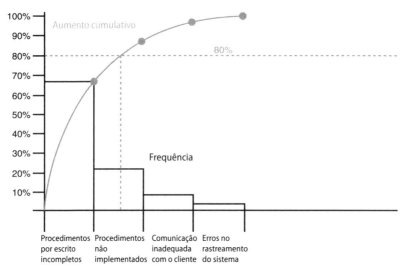

Figura 4.75
Diagrama de Pareto: Causas de atraso nas respostas aos incidentes na Central de Serviço

A Tabela 4.20 e a Figura 4.75 são exemplos de artefatos da análise de Pareto, criados por um BA executivo como iniciativa de melhoria do processo de negócio. O objetivo da análise era identificar os principais problemas da Central de Serviço que resultavam na maioria dos atrasos na resposta aos incidentes relatados. O BA obtete métricas das causas raízes desses incidentes e descobriu que 80% dos casos eram resultantes de procedimentos por escrito incompletos e da falta de implementação dos procedimentos no local de trabalho. Com base nos resultados da análise, o BA recomendou que as iniciativas de melhoria do processo se concentrassem nessas duas áreas.

Como realizar a análise de Pareto

1. Investigue as possíveis causas de um efeito.
2. Defina uma métrica para avaliar o efeito desejado – por exemplo, o número de ocorrências de um problema por mês. Reúna as métricas de cada causa e expresse-as como porcentagem do total. Por exemplo, a porcentagem de ocorrência do problema resultante de cada causa.
3. Organize uma lista das causas em uma linha da tabela em ordem decrescente de porcentagens, colocando a mais frequente na primeira linha.
4. Na coluna seguinte, anote a frequência.
5. Calcule a porcentagem cumulativa. Isso equivale às porcentagens de todas as linhas, incluindo a atual. Registre esse valor na coluna seguinte.
6. Observe a primeira causa (começando no topo) que atinge ou excede a porcentagem cumulativa de 80%. Todas as causas dessa linha e acima dela são significativas.

7. Para desenhar o diagrama, faça a plotagem das causas ao longo do eixo X. Em seguida, crie um gráfico de barras com as porcentagens ao longo do eixo Y.

9. No mesmo diagrama, faça a plotagem das porcentagens cumulativas de cada causa como um ponto e ligue os pontos à linha que melhor se ajuste.

10. Desenhe uma linha horizontal na marca de 80% no eixo Y.

11. Marque o ponto em que essa linha atravessa a curva da porcentagem cumulativa e desenhe uma linha vertical a partir desse ponto, descendo pelo eixo X.

12. Todas as causas que ficam à esquerda desse ponto são significativas; as que estão à direita não são.

Tabela de atributos dos requisitos

Tabela 4.21 Resumo da tabela de atributos dos requisitos

O quê?	Uma tabela usada para documentar as propriedades dos requisitos, como autoria, prioridade e assim por diante.
Quando?	• **Iniciação:** o BA executivo seleciona os atributos dos requisitos que serão usados no projeto e monta a tabela de atributos dos requisitos. • **Descoberta:** atualizada pelo BA conforme necessário. • **Construção:** atualizadas sempre que as mudanças ocorrerem nos atributos dos requisitos, como mudanças de *status* ou prioridade.
Onde?	• Pode ser um documento (como tabela ou planilha eletrônica) ou residir em uma ferramenta de gerenciamento de requisitos.
Por quê?	• Fornece informações – como prioridade e estabilidade – para tomar decisões sobre os requisitos, por exemplo, quando programar a implementação. • Local centralizado para procurar os dados sobre um requisito, como autor, número da versão atual etc.
O que mostrar aos interessados	Usado como entrada para relatórios de *status*.
O que mostrar aos membros da equipe	Tornar a tabela acessível aos membros da equipe para visualização.
Padrão	(Suporta o gerenciamento e comunicação de requisitos do *BABOK*® 2)
Ferramentas complementares	Matriz de rastreabilidade de requisitos

Exemplo da tabela de atributos dos requisitos

Tabela 4.22 Tabela de atributos dos requisitos

Número da req.	Data de criação	Nº da versão	Autor	Responsável	*Status*	Método de verificação	Esforço	Priori- dade	Estabi- lidade
FET001	01/01/08	4,2	JNW	SJS	Aprovado		Alto	Alto	Alto
SUC001	23/05/08	4,9	JNW	DSW	Imple- mentado	Roteiro estruturado; TAU	Médio	Alto	Médio
FCR001	13/07/08	5,0	FER	DSW	Proposto	Inspeção	Baixo	Alto	Alto

Notas sobre a Tabela 4.22:

A Tabela 4.22 é um exemplo de tabela de atributos dos requisitos. Ela apresenta alguns dos atributos que podem ser rastreados para um requisito. Os atributos selecionados pelo BA neste exemplo incluem o seguinte:

- **Número do requisito:** o único ID de um requisito. A tabela pode incluir requisitos de qualquer tipo ou nível. O exemplo inclui um requisito (FET001), requisitos do usuário (caso de uso do sistema SUC001) e um requisito funcional (FCR001). Um requisito funcional é aquele declarado da perspectiva do sistema, por exemplo, que o sistema utilize um método de criptografia específico.
- **Responsável:** o responsável por garantir que o requisito seja cumprido.
- ***Status:*** o *status* atual do requisito. Os *status* podem ser semelhantes a Proposto, Aprovado, Implementado (código escrito e unidade testada), Verificado (testado ou inspecionado) ou Excluído.
- **Método de verificação:** inspeções, testes e critérios do teste de aceitação para o requisito.
- **Estabilidade:** é a probabilidade de que o requisito permanecerá o mesmo com o passar do tempo. Reavalie os requisitos instáveis: a falta de estabilidade pode enfraquecer o caso de negócio para a automação completa do requisito.

Matriz de rastreabilidade de requisitos

Tabela 4.23. Resumo da matriz de rastreabilidade de requisitos

O quê?	Tabela usada para rastrear cada requisito em retrocesso até os processos de negócio e os objetivos que ele suporta, e em avanço até os subsequentes artefatos, eventos e itens de configuração alterados[1] que resultaram.
Quando?	• **Iniciação:** o BA executivo determina o que será rastreado, e monta a matriz de rastreabilidade para o projeto. • **Descoberta:** atualizada pelo BA. • **Construção:** à medida que os requisitos são desenhados, codificados e testados, a matriz é atualizada para que sejam vinculadas às especificações de desenho resultantes, tabelas alteradas, casos de teste etc.
Onde?	• Pode ser um documento (como tabela ou planilha eletrônica), ou residir em uma ferramenta de gerenciamento de requisitos ou no Sistema de Gerenciamento de Configuração (SGC).
Por quê?	• Assegura a garantia de que nenhum requisito encontre brechas, rastreando o encaminhamento de requisitos para os casos de teste, unidades de software alteradas e assim por diante. • Permite a capacidade de analisar o impacto ascendente e descendente das mudanças. Por exemplo, permite que o impacto de uma mudança de TI no negócio (com o cancelamento de um projeto) seja rastreado para trás até os processos, objetivos e metas de negócios e os clientes.
O que mostrar aos interessados	Usado como entrada para relatórios de *status*.
O que mostrar aos membros da equipe	Tornar a tabela acessível aos membros da equipe para visualização.
Padrão	(Suporta o gerenciamento e comunicação de requisitos do *BABOK*® 2)
Ferramentas complementares	Tabela de atributos dos requisitos

[1] Um Item de Configuração (IC) é aquele colocado sob o controle da configuração. As alterações em um IC e em sua relação com outros ICs são frequentemente rastreadas no Banco de Dados de Gerenciamento de Configuração (BDGC).

Exemplo da matriz de rastreabilidade de requisitos

Tabela 4.24 Matriz de rastreabilidade de requisitos

Nº do req.	ID do risco	Caso de uso do negócio	Caso/fluxo de uso do sistema	Nº do requisito funcional	Subsistema	Elemento do Projeto (nome da classe etc.)	Código, tabelas, IGU	Caso de teste	Iteração
R1	RSK001	SUC3: Revisar solicitação/fluxo básico	BUC1: Solicitar novo cartão	FCT7: Pista de auditoria	USYS	Especificações de classe: ReviewAppCtrl, NewCardApplication	Código-fonte: ReviewAppCtrl, NewCardApplication Tabelas: NewCardApplication	T5 T7	A3
R2	RSK005	SUC5: Autorizar cartão/fluxo básico	BUC1: Solicitar novo cartão	FCT7: Pista de auditoria	USYS	Especificações de classe: AuthorizeCardCtrl	Código-fonte: AuthorizeCardCtrl	T7	A5
R3	RSK008	SUC1: Enviar solicitação/fluxo básico	BUC1: Solicitar novo cartão	FCT7: Pista de auditoria	USYS	Especificações de classe: SubmitAppCtrl, Solicitação	Código-fonte: ReviewAppCtrl, Solicitação	T5	A1

Notas sobre a Tabela 4.24:

Esta Tabela é um exemplo de uma Matriz de rastreabilidade de requisitos. Nela temos os exemplos dos tipos de artefato para os quais um requisito pode ser rastreado. Cada linha representa um requisito; o requisito rastreado pode estar em qualquer nível, como o caso de uso do sistema, um fluxo dentro do caso de uso ou uma etapa de um fluxo. A primeira linha do exemplo rastreia o fluxo básico do caso de uso do sistema Revisar solicitação (cenário normal), para trás, até o caso de uso do negócio que suporta, e, para a frente, até os artefatos técnicos e casos de teste desenvolvidos ou modificados por causa dele. Ao revisar a tabela, o BA pode determinar o seguinte:

- que o impacto ascendente de uma mudança no requisito R1 recairá no processo de negócios ponto a ponto para a solicitação de um novo cartão.
- o impacto descendente de uma mudança no R1 recairá nas especificações e no código das classes de software (unidades de codificação) ReviewApp Ctrl e NewCardApplication, a tabela NewCardApplication e os roteiros de teste T5 e T7.
- a falha ao testar o T5 aponta um problema na implementação dos requisitos R1 e/ou R3.

Mapa de Papéis

Tabela 4.25 Resumo dos Mapas de papéis

O quê?	Diagrama usado na modelagem de caso de uso para documentar os atores (sistemas externos, papéis de usuário etc.) que interagem com o sistema de TI e suas relações, por exemplo, um Mapa de papéis que documenta os grupos de usuário Agente-Central de Serviço e Cliente e que indica que o Agente-Central de Serviço é capaz de acessar todas as tarefas de usuário (casos de uso do sistema) que um Cliente pode acessar. *Mapa de papéis* não é um termo da UML; o diagrama, popularizado por Larry Constantine[1] é uma forma limitada do diagrama de caso de uso da UML.
Quando?	• **Iniciação:** o BA cria o Mapa de papéis para descrever os papéis do usuário. • **Descoberta:** atualizado pelo BA à medida que novos atores são descobertos. • **Construção:** usado pelo administrador da rede como entrada para a definição de grupos de usuário e privilégios de acesso.
Onde?	• **DRN:** Atores/Mapa de papéis
Por quê?	• Fornece um local centralizado para documentar os atores (usuários, sistemas externos etc.), e ajuda a garantir o tratamento consistente na documentação do caso de uso. • Ajuda a definir o escopo. Um ator, por definição, é externo ao sistema em desenvolvimento – e, consequentemente, define os limites do sistema. • As relações de atores (generalização) nos Mapas de papéis permitem diagramas de caso de uso mais simples no restante do modelo.
O que mostrar aos interessados	Diagramas acompanhados por um texto que explique a relação entre os atores em termos que façam sentido para o interessado.
O que mostrar aos membros da equipe	Conjunto completo de símbolos
Padrão	Embora não seja um termo padrão da UML, Mapa de papéis é uma forma de diagrama de caso de uso compatível com a UML.
Ferramentas complementares	Casos de uso do sistema, Tabela de Interessados e Interesses, perfil do usuário.

[1] O Mapa de papéis é um diagrama que pode ser consultado em *Users, Roles, and Personas*, de Larry Constantine, IDSA, Chief Scientist, Constantine & Lockwood, Ltd., p. 9. Disponível em: <http://www.foruse.com/articles/rolespersonas.pdf>.

Exemplo e glossário do Mapa de papéis

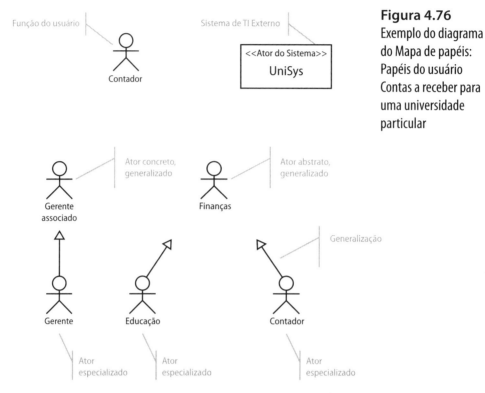

Figura 4.76
Exemplo do diagrama do Mapa de papéis: Papéis do usuário Contas a receber para uma universidade particular

Notas sobre a Figura 4.76:

A figura é um Mapa de papéis que descreve os usuários e os sistemas externos que interagem com o sistema de TI em desenvolvimento. Contém os seguintes elementos de modelagem:

- **Ator:** o ator é uma entidade que interage com o sistema. Ele pode representar uma função de usuário humano ou um sistema de TI externo. Recomendação: use o boneco para funções de usuário; retrate os sistemas externos como retângulos e indique que são sistemas de TI, definindo e aplicando um estereótipo Ator de sistema. (Um estereótipo estende a definição da UML para o elemento de modelagem.) O estereótipo é apresentado no exemplo como <<Ator do sistema>>.
- **Generalização:** (Retratada como uma seta com uma ponta triangular oca, que aponta do ator especializado para o ator generalizado.) Uma relação que indica papéis sobrepostos entre os grupos de usuários. O ator especializado é capaz de acessar todos os casos de uso que o ator generalizado acessa, além de casos de uso adicionais. A generalização é empregada para definir dois tipos de papéis sobrepostos:
    - **uma função envolve outra completamente:** (Retratada como uma relação de generalização entre dois grupos de usuários concretos [reais].) No exemplo, o Gerente é uma especialização do Gerente associado e isso

indica que o Gerente pode acessar todos os casos de uso que o Gerente associado acessa, além de casos de uso adicionais. Em outras partes do modelo, sempre que um Gerente associado for vinculado a um caso de uso, o Gerente também está implicitamente indicado.

- **duas funções se sobrepõem parcialmente:** (Retratado com relações de generalização entre dois atores concretos [reais] e um ator generalizado abstrato [conceitual].) Neste exemplo, Educação e Contador são especializações de Finanças – um ator generalizado abstrato. Educação e Contador são grupos de usuários reais. Finanças é um conceito abstrato que representa seu papel sobreposto. A generalização simplifica outros diagramas de caso de uso: em qualquer parte do modelo em que Finanças estiver associada a um caso de uso, Educação e Contador são inferidos.

Análise de causa-raiz

Tabela 4.26 Resumo da análise de causa-raiz

O quê?	A abordagem para resolver problemas que se concentram em identificar a causa-raiz subjacente. Essa abordagem pode ser usada pelo BA para identificar áreas nas quais uma iniciativa de melhoria do processo de negócios deve se concentrar, a fim de atingir o resultado desejado ou evitar algo indesejado.
Quando?	• **Iniciação e descoberta:** durante as sessões de brainstorming e feedback (revisão), o BA usa os diagramas para identificar os problemas que serão incluídos no escopo do projeto. • **V & V final:** usado pela GQ para diagnosticar a causa-raiz de bugs. • **Produção:** usada pelos analistas do negócio e de marketing para identificar as áreas de enfoque como parte do esforço de melhoria continuada do serviço.
Onde?	• **DRN:** Caso de negócio, o BIA (Análise de Impacto no Negócio)
Quem?	Os problemas são controlados de modo mais eficiente quando tratados na fonte.
Por quê?	• **Iniciação e descoberta:** durante as sessões de brainstorming e feedback (revisão), o BA usa os diagramas para identificar os problemas que serão incluídos no escopo do projeto. • **V & V final:** usado pela GQ para diagnosticar a causa-raiz de bugs. • **Produção:** usada pelos analistas do negócio e de marketing para identificar as áreas de enfoque como parte do esforço de melhoria continuada do serviço.
O que mostrar aos interessados	Consulte "Ferramentas componentes" na última linha desta tabela.
O que mostrar aos membros da equipe	Conjunto completo
Padrão	Seis Sigma
Ferramentas componentes	Consulte as seguintes ferramentas: • Os Cinco Por Quês • Análise de Pareto • Diagramas de causa e efeito

Plano de trabalho de análise de causa-raiz para o BA

1. Faça sessões de brainstorming para identificar as mudanças propostas em um processo de negócio ou sistema de TI: empregue os Cinco Por Quês durante essas sessões, para identificar as causas raízes dos problemas.

   Por exemplo, se os interessados identificarem a questão da solução lenta dos problemas, pergunte "Por que a solução dos problemas é lenta?" Se a resposta for "Porque os incidentes estão entrando em um gargalo", pergunte "Por quê?" Continue perguntando até encontrar a causa-raiz, por exemplo, por que os procedimentos de gerenciamento de incidente não estão padronizados? (Em geral, é necessário perguntar por que cinco vezes para chegar à causa-raiz.)

2. Resuma suas descobertas: desenhe um gráfico de causa e efeito que rastreie o efeito até as causas raízes subjacentes. Revise e verifique o gráfico de causa e efeito com os interessados.

3. Selecione uma métrica: defina uma métrica para avaliar o efeito desejado ou indesejado, por exemplo, o número de ocorrências, a classificação do cliente ou o número de transações canceladas. Isso deve ser definido como um PID (Principal Indicador de Desempenho) do projeto.

4. Reúna as métricas.

5. Execute a análise de Pareto para determinar os itens de alta prioridade que serão incluídos no escopo do projeto, como recursos para incluir na melhoria do software, problemas para corrigir na próxima versão ou mudanças para efetuar em um processo de negócio.

(Consulte neste livro a descrição de cada uma dessas ferramentas).

Diagrama de sequência

Tabela 4.27 Resumo dos diagramas de sequência

O quê?	Diagrama que descreve as interações entre objetos; frequentemente, usado para indicar a sequência em que os objetos enviam mensagens uns para os outros em um cenário de caso de uso. Cada objeto envolvido no cenário é retratado como uma *linha de vida* (linha vertical) no diagrama. O BA pode desenhar linhas de vida que representem o usuário e o sistema. Mais tarde, elas são expandidas pelo AS em diagrama técnicos indicando os objetos de software e as mensagens envolvidas no cenário.
Quando?	• **Descoberta:** diagrama de sequência dos casos de uso selecionados criados pelo BA. Inclui as mensagens transmitidas entre o usuário e o sistema. • **Construção:** o analista de sistemas (AS) emprega os casos de uso do sistema e os diagramas de sequência do BA como entrada dos diagramas de sequência técnicos; pode ser revisado pelo BA. • **V & V final:** diagramas de sequência usados para planejar o teste do cenário de caso de uso.
Onde?	• **DRN:** Serviços de TI/Casos de Uso do Sistema (para descrever cenários selecionados de caso de uso).
Por quê?	• Embora não seja geralmente recomendado para o uso na BA, existem alguns praticantes de BA que preferem esta abordagem ao diagrama de atividade ao comunicar os requisitos para a equipe técnica, porque pode ser mais facilmente elaborado em um modelo de desenho. (No entanto, os diagramas de atividade são sempre preferíveis ao se comunicar com os interessados do negócio.) • O diagrama de sequência é uma excelente ferramenta para o AS usar no desenvolvimento das descrições de caso de uso do BA em especificações do desenho. Como esta é a próxima etapa do desenvolvimento de um caso de uso, pode ser solicitado que o BA faça uma revisão.
O que mostrar aos interessados	Não se destina ao uso do interessado. (Use os diagramas de atividade para retratar graficamente a sequência das etapas em um caso de uso.)
O que mostrar aos membros da equipe	Conjunto completo de símbolos
Padrão	UML
Ferramentas complementares	Diagramas de classe
Alternativas/ complementos	Diagrama de comunicação, diagrama de atividade com partições; descrição do caso de uso (consulte os Modelos de descrição do caso de uso do sistema e de negócio no Capítulo 6).

Exemplo do diagrama de sequência

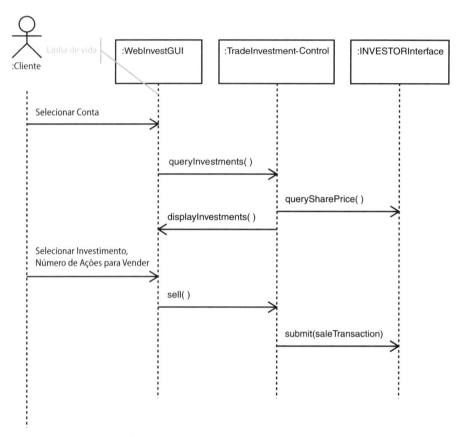

Figura 4.77 Exemplo do diagrama de sequência: Negociar investimentos

Notas sobre a Figura 4.77:

Esta figura é um diagrama de sequência do desenho, produzido a partir do Fluxo básico do caso de uso do sistema Negociar investimentos. O diagrama indica as interações entre o usuário, a interface de usuário e as interfaces com sistemas externos. O fluxo original foi documentado pelo BA conforme a seguir:

Fluxo básico:

1. O usuário seleciona uma conta de investimento.
2. O sistema envia uma mensagem para o sistema INVESTOR, para consultar os preços atuais de ações dos investimentos para a conta.

Capítulo 4 ▪ Kit de ferramentas do BA   197

3. O sistema exibe o valor atual dos investimentos da conta.

4. O usuário indica o investimento e o número de ações para vender.

5. O sistema envia uma mensagem para o sistema INVESTOR, para enviar a solicitação de venda das ações solicitadas.

No início da transição para o desenho, o designer do software adicionou três linhas de vida correspondentes aos objetos de software exigidos para implementar o caso de uso. Elas são WebInvestGUI (para tratar da tela), TradeInvestmentControl (para tratar da lógica de negócios) e INVESTORInterface (para tratar da comunicação com o sistema INVESTOR externo). O diagrama indica o seguinte:

1. O cliente seleciona uma conta.

2. A interface de usuário WebInvestGUI envia a mensagem queryInvestments() para TradeInvestmentControl, do objeto de software que trata da lógica de negócios para o caso de uso.

3. TradeInvestmentControl envia a mensagem querySharePrice() para INVESTORInterface, o objeto de software que forma interface com o sistema externo INVESTOR.

4. TradeInvestmentControl envia a mensagem displayInvestments() de volta ao objeto WebInvestGUI.

5. O cliente seleciona o investimento e o número de ações para vender.

6. O objeto WebInvestGUI envia a mensagem sell() para o objeto TradeInvestmentControl.

7. O objeto TradeInvestmentControl envia a mensagem submit(saleTransaction) para o objeto INVESTORInterface.

O BA revisa o diagrama com o designer, para garantir que ele siga o caso de uso do sistema. O designer continua adicionando outros objetos de software de nível inferior necessários e, também, outros elementos do diagrama de sequência, como os parâmetros e as diretivas de tempo (mensagens sincronizadas *versus* assincronizadas e assim por diante).

Diagramas de estados-máquina (gráfico de estado de Harel)

Tabela 4.28 Resumo dos diagramas de estados-máquina (gráfico de estado de Harel)

O quê?	Um diagrama que descreve o ciclo de vida de um objeto, concentrando-se nas regras que governam a maneira como o seu *status* muda com o passar do tempo. O diagrama é conhecido por vários nomes: Diagrama de estados-máquina (UML), gráfico de estado, diagrama de estado e diagrama ou tabela de estado-transição. O BA usa os diagramas de estado para analisar o ciclo de vida dos principais objetos de negócio[1]. Cada diagrama aborda o ciclo de vida de um objeto e retrata seu estado (*status*), transições entre os estados e os eventos e atividades que causam ou resultam dessas transições.
Quando?	• **Iniciação:** o BA usa os diagramas para modelar os estados e as transições dos principais objetos de negócios envolvidos nos processos abordados pelo projeto; por exemplo, diagramas que descrevem o ciclo de vida de um Investimento, Conta ou Fatura. Foco nos estados e transições. Um BA executivo também pode trabalhar com o GP para desenvolver diagramas que descrevem o ciclo de vida dos objetos importantes para o projeto e o gerenciamento de requisitos como as RDM (Requisições de Mudança). • **Descoberta:** o BA define as atividades nos estados e adiciona outros detalhes apropriados. • **Construção:** o AS usa os modelos do BA como entrada para a criação dos diagramas técnicos de estados-máquina. • **V & V final:** os modelos do BA servem como entrada para o projeto do teste e a verificação da cobertura do teste; todos os estados, transições e atividades no modelo do BA devem ser verificados pelo teste.
Onde?	• **DRN:** Diagramas de estado
Por quê?	• Fornece a visão geral do ciclo de vida dos objetos de negócio, nos diferentes processos e casos de uso do negócio. • Ajuda a identificar gargalos; por exemplo, as métricas podem ser coletadas para cada estado (como o tempo gasto no estado) para determinar onde o artefato é "preso".
O que mostrar aos interessados	Estados e transições. Algumas atividades do estado interno podem ser incluídas se forem nomeadas informalmente usando a linguagem de negócio. Não utilize elementos menos intuitivos como eventos de envio ou parâmetros.
O que mostrar aos membros da equipe	Conjunto completo de símbolos
Padrão	O diagrama de estados-máquina é compatível com a UML.
Ferramentas complementares	Diagramas de classe, casos de uso do sistema, diagramas de atividade.
Alternativas à UML	Esquema de objeto e de transição do IDEF3.

[1] A definição da UML 2 é "um comportamento que especifica as sequências dos estados pelos quais um objeto ou interação passa durante sua vida em resposta aos eventos, combinados com as suas respostas e ações".

Exemplo do diagrama de estados-máquina

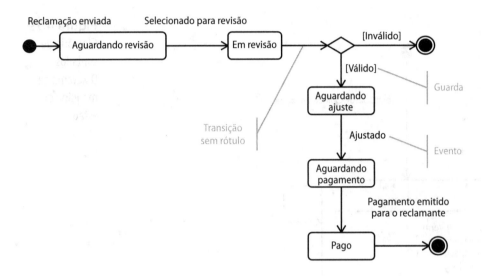

Figura 4.78 Diagrama de estados-máquina: Ciclo de vida de uma reclamação

Notas sobre a Figura 4.78:

Esta Figura apresenta os elementos de modelagem básica de um diagrama de estados-máquina; eles são os únicos a ser incluídos nas apresentações aos interessados no negócio. O diagrama descreve o ciclo de vida de uma reclamação conforme a seguir.

- Quando uma reclamação é enviada para a área de negócio, ela é criada com o *status* Aguardando revisão.
- Quando for selecionada para a revisão, seu *status* muda para Em revisão.
- Concluídas as atividades da fase Em revisão, o *status* se altera de acordo com as seguintes regras:
    - se a reclamação foi considerada (durante o processo de revisão) inválida, nenhuma ação adicional é tomada;
    - se a reclamação foi considerada válida, seu *status* muda para Aguardando ajuste;
    - ela permanece nesse *status* até que seja ajustada; então, o *status* se altera para Aguardando pagamento;
    - ela permanece nesse *status* até que o pagamento seja emitido para o reclamante; então, o *status* mudará para Pago;
    - concluídas as atividades na fase Pago, nenhuma ação adicional é tomada em relação à reclamação.

Glossário de símbolos: diagrama de estados-máquina

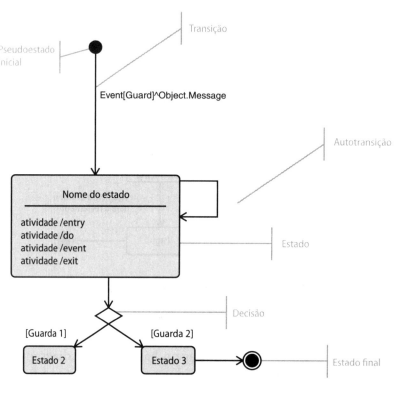

Figura 4.79
Glossário de símbolos: Diagrama de máquina de estados

Notas sobre a Figura 4.79:

A figura contém os seguintes elementos de modelagem:

- **Pseudoestado inicial:** (Retratado como um ponto.) Indica o início do ciclo de vida do objeto. (Consulte a Figura 4.80.)

Figura 4.80
Pseudoestado inicial

- **Estado final:** (Retratado como um olho de boi.) Indica o estado final do objeto (consulte a Figura 4.81). Pode haver mais de um estado final no diagrama. Os estados finais podem ser nomeados. Pode não haver transições como saída do estado final e também nenhuma atividade interna (entrada, lista de tarefas e assim por diante).

Figura 4.81
Estado final

- **Transição:** (Retratada como uma seta com a ponta aberta.) Indica a mudança de estado (consulte a Figura 4.82). Pode não ser rotulada, indicando que a transição ocorre quando qualquer atividade interna associada ao estado prévio tenha sido concluída. Pode ser rotulada com qualquer combinação entre os seguintes:
  - **Evento:** (Retratado como um rótulo sem adornos em uma transição.) Indica o acionador que desencadeia (força) a transição.
  - **Guarda:** (Retratado como uma expressão lógica entre colchetes.) A condição deve ser verdadeira para que a transição ocorra. Diferentemente de um evento, um guarda não aciona a transição, ele só indica se ela é permitida ou não.
  - **Evento de envio:** (Indicado como ^targetObject.message.) Indica que quando a transmissão ocorre, uma mensagem (requisição) é enviada para um objeto-alvo.

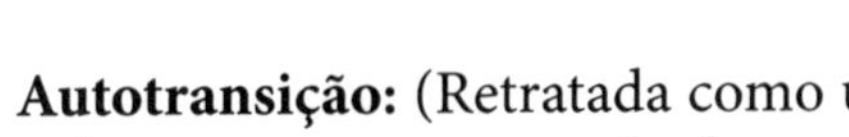

Event[Guard]^Object.Message ⟶

Figura 4.82
Transição

- **Autotransição:** (Retratada como uma seta de ponta aberta que aponta de volta para o mesmo estado do qual ela sai.) Uma transição de/para o mesmo estado, indica que, sob as circunstâncias descritas para a transição, o objeto sai e entra novamente em um estado. Sempre que a transmissão ocorre, as atividades de saída (exit)/ especificadas para o estado são executadas à medida que os objetos saem do estado e qualquer atividade de entrada (entry)/ é executada em seguida, quando ele entrar novamente no estado. Por exemplo, na Figura 4.83, o estado "Inserindo detalhes do pedido" é retratado para um pedido. Sempre que um item de linha é comprometido, se ele foi confirmado (pelo cliente), a atividade de saída/ "Adicionar item de linha ao pedido" é executada, seguida pela atividade de entrada/ "Exibir formulário do item de linha".

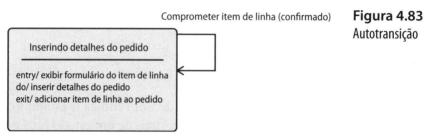

Figura 4.83
Autotransição

- **Escolha:** (Retratado como um diamante com uma transição de entrada e duas ou mais de saída; consulte a Figura 4.84.) Indica o local em que uma das transições de saída pode ocorrer, com base nos guardas anexados a elas. O uso é opcional[16].

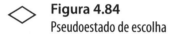

Figura 4.84
Pseudoestado de escolha

- **Estado:** (Retratado como um retângulo arredondado; consulte a Figura 4.85.) Indica um *status* que o objeto pode ter. As atividades ou os eventos de envio podem ser especificados para o estado conforme a seguir:
    - **Atividade de entrada (entry)/:** Indica que a atividade (ou evento de envio) ocorre sempre que o objeto entra no estado. (*entry* é uma palavra-chave da UML.)
    - **Atividade executar (do)/:** Indica a atividade passível de interrupção, que ocorre enquanto o objeto estiver no estado. (*do* é uma palavra-chave da UML.)
    - **Atividade evento/:** Indica sempre que o evento especificado ocorre enquanto o objeto estiver no estado; ele aciona a execução da atividade especificada (ou evento de envio) enquanto permanecer no seu estado. (Observe que "evento" não é uma palavra-chave da UML; substitua pelo nome do evento que aciona a resposta, como "ajuda".)
    - **Atividade de saída (exit)/:** Indica que sempre que o objeto sai do estado, a atividade especificada ocorre.

Figura 4.85
Estado

---

[16] Como alternativa, as transições guardadas podem ser retratadas saindo diretamente do estado prévio.

- **Estado composto:** indica que o objeto pode apresentar diversos subestados (consulte a Figura 4.86). Qualquer transição a partir do estado composto é herdada por (se aplicam) aos subestados. (Consulte a seção "Diagrama de estados-máquina: elementos de modelagem avançada", neste capítulo, para saber mais sobre os estados compostos.)

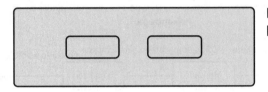

Figura 4.86
Estado composto

- **Pseudoestado do histórico:** (Retratado como um círculo ao redor de um "H"; consulte a Figura 4.87.) Elemento de modelagem opcional que pode estar em um estado composto. Se a transição apontar para o ícone Histórico, isso indica que o objeto retorna ao subestado em que estava na última vez no qual apresentou o estado composto. O histórico profundo também pode ser especificado – retratado como H* –, indicando que ele desce um nível, isto é, para um subestado de um subestado. (Consulte "Diagrama de estados-máquina: elementos de modelagem avançada", neste capítulo, para saber mais sobre o histórico.)

Figura 4.87
Histórico

- **Capturar e reunir.** (Retratado como linhas verticais ou horizontais; não é apresentado no glossário de símbolos.) Capturar e reunir são usados para indicar transições paralelas (consulte a Figura 4.88). Capturar possui uma transição de entrada e duas ou mais de saída. As duas transições de saída de Capturar ocorrem, mas podem ser acionadas em qualquer ordem. Reunir tem duas ou mais transições de entrada e uma de saída. Todas as transições de entrada devem ocorrer antes que a transição de saída de um Reunir seja acionada. (Consulte a Figura 4.90, para ver um exemplo de Capturar e reunir.)

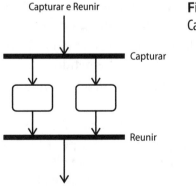

Figura 4.88
Capturar e reunir

Diagrama de estados-máquina: elementos de modelagem avançada

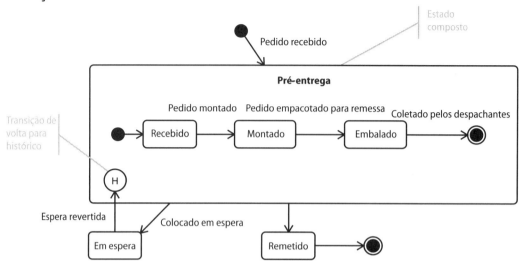

Figura 4.89 Diagrama de estados-máquina sequencial composto (separar): Ciclo de vida de um pedido

Notas sobre a Figura 4.89:

Um estado composto é constituído de subestados. O diagrama é um exemplo de um estado composto em que um objeto pode apresentar apenas um subestado de cada vez. Na UML, isso é denominado *estado composto com subestados sequenciais (separar)*. O diagrama descreve o ciclo de vida de um pedido conforme a seguir:

- Quando o pedido é recebido, entra no estado Pré-entrega.
- Pré-entrega é um estado composto que pode ser decomposto em subestados.
- O primeiro subestado é Recebido, em que o pedido permanece até que seja montado.
- Depois de montado, permanece no subestado Montado até que seja embalado para a remessa, quando o subestado se altera para Embalado.
- O pedido continua no estado Embalado até que seja coletado pelos despachantes, e, nesse momento, o seu *status* muda para Remetido.
- Concluídas as atividades associadas a um pedido Remetido, nenhuma ação adicional é tomada em relação ao objeto.
- Enquanto o pedido está em Pré-entrega, se for colocado em espera, sai do estado composto Pré-entrega e muda para Em espera. Ele permanece nesse estado até que a espera seja revertida e, nesse momento, volta para histórico, o que significa que está de volta ao subestado Pré-entrega (no qual se encontrava antes de ter sido colocado em espera).

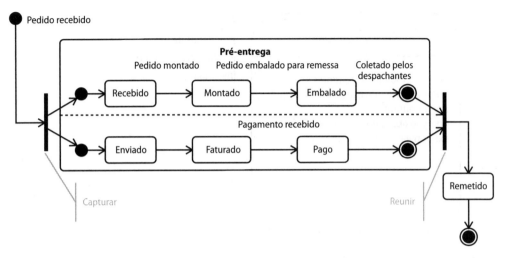

Figura 4.90 Diagrama de estados-máquina composto simultâneo (ortogonal): Ciclo de vida de um pedido

Notas sobre a Figura 4.90:

Esta figura é um exemplo de um estado composto em que um objeto pode apresentar mais de um subestado de cada vez. Na UML, esse tipo de composto é denominado *estado composto com subestados simultâneos (ortogonais)*.

O diagrama descreve o ciclo de vida de um Pedido. O estado composto Pré-entrega possui dois conjuntos simultâneos de subestados – os do compartimento superior e os do inferior. Enquanto o pedido está no estado composto Pré-entrega, pode apresentar um subestado no compartimento superior e outro no inferior, simultaneamente. Além disso, o progresso do pedido mediante um compartimento não afeta seu progresso no outro. Depois que o pedido concluir a transição até o final dos *dois[17] compartimentos, ele começa a transição para o estado simples Remetido*.

---

[17] O requisito de que a transição dos dois compartimentos seja acionada é modelado com um Reunir, como mostra a Figura 4.90.

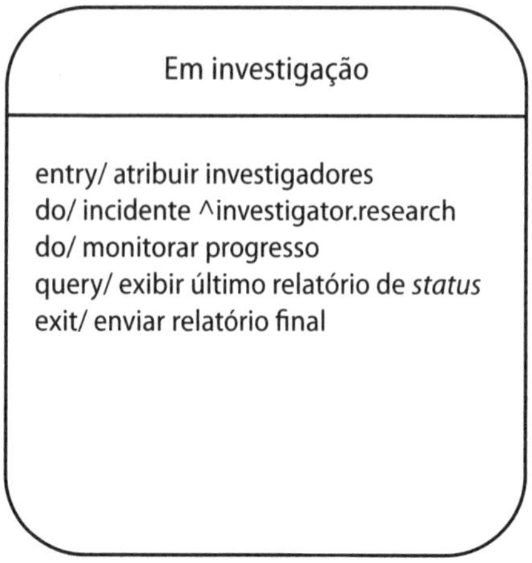

Em investigação

entry/ atribuir investigadores
do/ incidente ^investigator.research
do/ monitorar progresso
query/ exibir último relatório de *status*
exit/ enviar relatório final

Figura 4.91
Atividades de um estado: Incidente sob investigação

Notas sobre a Figura 4.91:

A Figura 4.91 é um exemplo de um estado com atividades em um sistema de Gerenciamento de incidente, que descreve as atividades que ocorrem quando um incidente está no estado Em investigação. Ela indica o seguinte:

- Quando um Incidente entra no estado, a atividade Atribuir investigadores é acionada.
- Uma vez nesse estado, a mensagem Pesquisar incidente é enviada para um investigador. (Este é um exemplo de evento de envio.)
- Enquanto estiver nesse estado, a atividade Monitorar progresso ocorre.
- Se durante esse estado um evento de consulta ocorrer, a atividade Exibir último relatório de *status* ocorre.
- Sempre que o Incidente sair desse estado (independentemente do motivo/evento), a atividade Enviar relatório final é acionada.

Roteiros estruturados

Tabela 4.29. Resumo dos roteiros estruturados

O quê?	Roteiro estruturado é uma reunião organizada para revisar os artefatos produzidos em qualquer fase de um projeto. O BA facilita os roteiros estruturados dos artefatos de requisitos e pode participar dos roteiros das atividades de desenho.
Quando?	• **Iniciação:** revise os modelos de processo de negócios Como será (TO-BE), como os fluxos de trabalho de processo de negócios ponto a ponto e os requisitos de TI de alto nível produzidos durante essa fase, como diagramas de caso de uso do sistema e o Mapa de Papéis. • **Descoberta:** revise os artefatos de BA como RNS, requisitos de usuário detalhados (casos de uso do sistema) e modelo de negócio estático (DER ou diagrama de classe). • **Construção:** em cada iteração, revise os modelos do desenho para verificar a conformidade com os requisitos. Por exemplo, verifique se os diagramas de sequência e telas da GUI são compatíveis com os casos de uso do sistema.
Onde?	• Os planos dos roteiros estruturados devem estar no Plano de trabalho de requisitos.
Por quê?	• Revele os erros precocemente, quando são relativamente fáceis de corrigir.
O que mostrar aos interessados	Distribua os artefatos alterados e a agenda antes da reunião.
O que mostrar aos membros da equipe	Distribua os artefatos alterados e a agenda antes da reunião.
Padrão	N/A
Consulte:	Consulte a seção "Reunião de revisão (roteiro estruturado e revisão de portão)", no Capítulo 2, para ver uma relação de perguntas, documentos de entrada etc.

Casos de uso do sistema (e diagramas)

Tabela 4.30. Resumo dos casos de uso do sistema

O quê?	• Uma maneira pela qual o software será usado por um *ator*. (Um ator é uma entidade externa que utiliza o sistema de TI em discussão.)
	• Uma tarefa do usuário: a tarefa deve estar concluída do ponto de vista do usuário[1] e produzir um resultado de valor para ele. (O termo *usuário*, nesse contexto, se refere a qualquer entidade que utilize o sistema e pode ser humano ou um sistema de TI externo; ele equivale ao termo *ator*.)
	Pode ter qualquer porte[2], mas normalmente representa uma unidade de trabalho realizada em uma sessão de TI por um único ator iniciador (primário). Consiste em sequências de interações entre um ator iniciador (primário) e um sistema de TI, cobrindo trajetos normais e alternativos para realizar a tarefa. Também pode conter interações que o sistema de TI inicia com outros atores (secundários).
	Um termo relacionado, *cenário*, refere-se a uma sequência específica de ações que ilustram comportamentos[3]. Um cenário pode ser usado para ilustrar uma maneira que a interação ator/sistema pode ocorrer durante um caso de uso do sistema.
	A abordagem do caso de uso é centrada no usuário: os BAs retiram sua dica dos usuários para definir quais são suas tarefas; a descrição de caso de uso do sistema se concentra na experiência do usuário com a interação.
	A análise de caso de uso do sistema envolve diversos componentes[4]:
	• Elemento de modelagem de caso de uso do sistema.
	• Diagrama de caso de uso do sistema, indicando quais atores são associados a quais casos de uso do sistema[5].
	• Resumo do caso de uso do sistema – um parágrafo curto que descreve o caso de uso, mencionando apenas as atividades e falhas significativas[6].
	• Uma descrição do caso de uso do sistema (denominada no RUP *especificação do caso de uso do* sistema) descreve as várias maneiras pelas quais uma interação pode ocorrer. A melhor prática é usar uma narrativa de texto que descreva a interação normal (com frequência, denominado Fluxo Básico ou Normal) e trajetos alternativos por meio do caso de uso, como fluxos opcionais, erros e cancelamentos. Se os trajetos se conectarem de maneira complexa, o texto deve ser suplementado por um diagrama de atividade.
	• A realização de caso de uso do sistema (pela qual o BA não é responsável), que represente a implementação técnica da interação.
Quando?	• **Iniciação:** o BA identifica os casos de uso do sistema necessários para suportar os casos de uso do negócio novos ou alterados (processos de negócio ponto a ponto) afetados pelo projeto. O BA cria os diagramas e resumos de caso de uso do sistema.
	• **Descoberta:** o BA desenvolve as descrições de caso de uso do sistema; trabalha com o GP para atribuir os fluxos de caso de uso do sistema às iterações.
	• **Construção:** em cada iteração, o BA conclui as descrições de caso de uso do sistema para os fluxos atribuídos e supervisiona sua implementação e teste. O designer do software usa os casos de uso do sistema como entrada para o desenho das interfaces e unidades de software, por exemplo, criando diagramas de sequência para os cenários de caso de uso como parte do desenho das classes do software e suas operações.
	• **V & V final:** os casos de uso do sistema servem como entrada para o desenho dos testes de aceitação do usuário.
Onde?	• **DRN:** Requisitos dos serviços de TI/usuário

Por quê?	• Abordagem perfeita para extrair e documentar os requisitos do usuário. • Centrada no usuário: resulta em um software que corresponde às expectativas do usuário. • O estilo da narrativa é fácil de verificar com os interessados. • O estilo da documentação resulta automaticamente no desenho do teste. • Adequado para os objetivos do desenvolvimento iterativo incremental: cada iteração implementa um subconjunto de fluxos de caso de uso do sistema, acrescentando um incremento de valor do ponto de vista dos interessados.
O que mostrar aos interessados	Diagramas de casos de uso do sistema usando o conjunto básico de símbolos; não mostre as relações de incluir ou estender.
O que mostrar aos membros da equipe	Conjunto completo de símbolos
Padrão	O termo *caso de uso do sistema* não faz parte da UML. A UML se refere apenas ao *caso de uso* e o define como uma interação com o sistema. As extensões da UML diferenciam as interações com um sistema de TI (caso de uso do sistema) e com um negócio (casos de uso do negócio)[7].
Ferramentas complementares	Casos de uso do negócio e diagramas de atividade, de classe e de sequência.
Alternativas	Requisitos do usuário empregando outros formatos.

[1] Consulte SCHNEIDER, Geri; WINTERS, Jason. *Applying use cases:* a practical guide. 2. ed. Addison-Wesley Professional, 2001. p. 14. "Um caso de uso deve ser uma tarefa concluída do ponto de vista do usuário."

[2] Consulte FOWLER, Martin. UML *Distilled: applying the standard object modeling language.* Addison-Wesley, 1997. p. 43. "Um caso de uso pode ser pequeno ou grande." Cockburn também discute diferentes tamanhos de casos de uso. Na prática, os casos de uso do sistema, a menos que sejam qualificados de outra forma, são dimensionados de modo que ocorram em uma única sessão. Isso corresponde aos casos de uso no "nível do mar" de Cockburn. Os casos de uso do sistema de nível superior também podem ser definidos como um contêiner para as interações ponto a ponto. Os casos de uso do sistema de nível inferior que envolvem um subconjunto de interações em uma sessão podem ser modelados usando-se *casos de uso incluídos.*

[3] Consulte UML 2.0 Infrastructure Specification, OMG, 2004, p. 16.

[4] Nem todos os componentes são usados em cada projeto ou em cada metodologia que emprega a análise de caso de uso.

[5] Um diagrama de caso de uso do sistema também pode indicar relações entre os casos de uso e entre os atores.

[6] Para obter mais informações sobre os resumos do caso de uso, consulte COCKBURN, Alistair. *Writing effective use cases.* Addison-Wesley Professional, 2000. p. 37-38.

[7] Na prática, o termo *caso de uso* é frequentemente empregado para indicar a interação com um sistema de TI. Para evitar confusão, este manual usa o termo *caso de uso do sistema* para indicar uma interação com o sistema de TI e *caso de uso* para a interação com qualquer sistema.

Não seja dogmático com os interessados em relação à terminologia do caso de uso. O valor da abordagem do caso de uso não está em sua terminologia (que não é particularmente elegante ou intuitiva), mas em como divide e documenta os requisitos da perspectiva do usuário.

Palavras-chave do caso de uso do sistema

Ator

Uma combinação empregada nos casos de uso que define uma função que um usuário ou outro sistema cumpre ao interagir com o sistema considerado. É um tipo de entidade que interage, mas que é externa ao objeto. Os atores podem representar usuários humanos, hardware externo ou outros objetos. O ator não representa necessariamente uma entidade física específica. Por exemplo, uma única entidade física pode cumprir a função de vários atores diferentes e, por outro lado, determinado ator pode ser cumprido por diversas entidades físicas. [UML 2]

Caso de uso

A especificação de uma sequência de ações, incluindo as variantes, que o sistema (ou outra entidade) pode executar, interagindo com os atores do sistema. [UML 2]

 Em geral: um caso de uso do sistema representa uma unidade de trabalho que um ator realiza durante uma única sessão com o sistema de TI.

Exemplo do diagrama de caso de uso do sistema

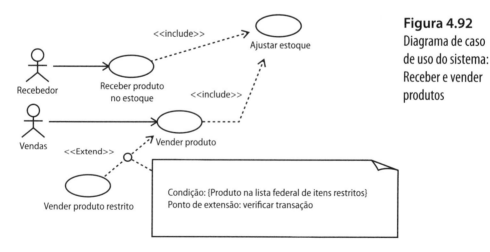

Figura 4.92 Diagrama de caso de uso do sistema: Receber e vender produtos

Notas sobre a Figura 4.92:

A Figura 4.92 é um exemplo de diagrama de caso de uso do sistema que mostra alguns casos exigidos para suportar a venda e o recebimento de produtos. Descreve os seguintes requisitos:

- Recebedor e Vendas são papéis de usuário, modeladas como atores (bonecos).
- O Recebedor aciona o caso de uso do sistema Receber produto no estoque. (Por exemplo, o Recebedor pode selecionar a opção de receber em um menu ou barra de ferramentas.)
- A descrição do caso de uso do sistema Receber produto no estoque inclui a referência para um caso de uso separado, Ajustar Estoque.
- Vendas aciona o caso de uso do sistema Vender produto. Sua descrição também inclui uma referência para Ajustar estoque.
- Ajustar estoque é um exemplo de um caso de uso incluído. Ele contém etapas e fluxos comuns incluídos (inseridos) em outros casos de uso.
- O fluxo de trabalho de Vender produto muda caso o produto esteja em uma lista federal de itens restritos. As mudanças ocorrem no local em Vender produto, rotuladas como Verificar transação. O local é denominado *ponto de extensão*.
- As mudanças no fluxo são documentadas no caso de uso de extensão Vender produto restrito.
- Vender produto restrito contém apenas as etapas e os fluxos inseridos no caso de uso Vender produto, quando a condição anexada à relação de extensão for verdadeira. Nesse exemplo, o produto deve estar na lista federal de itens restritos para que a extensão seja acionada.

Glossário de símbolos: diagrama do caso de uso do sistema

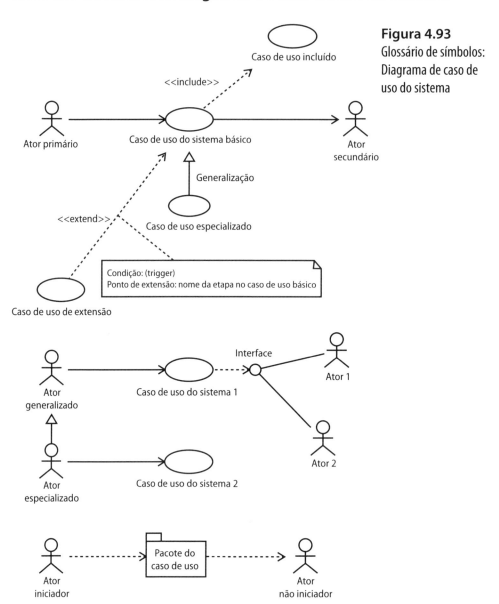

Figura 4.93
Glossário de símbolos: Diagrama de caso de uso do sistema

Notas sobre a Figura 4.93:

A figura contém os seguintes elementos de modelagem:

- **Ator primário:** (Retratado como um boneco com uma seta que aponta do ator para o caso de uso.)[18] O ator primário é a função de usuário ou sistema externo que aciona (inicia) o caso de uso. (Consulte a Figura 4.94.)

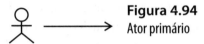

Figura 4.94
Ator primário

- Ator secundário: (Retratado como um boneco com uma seta que aponta do caso de uso para o ator; consulte a Figura 4.95.) O sistema inicia a interação com o ator.

Figura 4.95
Ator secundário

- **Caso de uso do sistema:** (Retratado na forma oval; consulte a Figura 4.96.) Uma tarefa do usuário concluída. A tarefa pode ter qualquer tamanho, mas, em geral, é uma meta atingida por um usuário iniciador em uma sessão de TI.

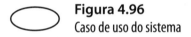

Figura 4.96
Caso de uso do sistema

- **Incluir:** (Retratado como uma linha pontilhada com uma seta que aponta do caso de uso do sistema básico [incluindo] para o incluído. Rotula-se a linha com a anotação estereotipada <<include>>; consulte a Figura 4.97.) Utilize quando dois ou mais casos de uso do sistema compartilharem um conjunto de etapas e/ou fluxos. Remova os fluxos comuns dos casos de uso originais. Coloque as etapas comuns em caso de uso incluído. Consulte o incluído sempre que as etapas comuns tiveram sido extraídas dos casos de uso originais.

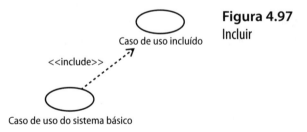

Figura 4.97
Incluir

---

[18] Os praticantes da UML não estão certos se devem ou não usar setas entre os atores e os casos de uso. Se o seu padrão não permite setas, especifique na documentação de caso de uso do sistema se o ator está agindo como primário ou secundário e/ou adicione uma nota no diagrama.

- **Estender:** (Retratado como uma linha pontilhada com uma seta que aponta do caso de uso de extensão para o básico. A linha é rotulada com a anotação estereotipada <<Extend>>. É possível adicionar uma nota conforme apresentado, indicando a condição acionadora e os pontos de extensão, consulte a Figura 4.98.)

  Utilize um caso de uso de extensão para adicionar fluxos alternativos a um caso de uso sem alterar o caso original. Os fluxos acrescentados devem ser acionados pela mesma condição. O caso de uso básico é o original. O caso de uso de extensão contém os fluxos adicionados. Os pontos de extensão são locais do caso de uso básico em que os fluxos são acionados. A condição é aquela que aciona os fluxos no caso de uso de extensão. A condição é avaliada uma vez – a primeira vez que um ponto de extensão é atingido no caso de uso básico. Se a condição for considerada verdadeira nesse ponto, ela aciona o caso de uso de extensão em todos os pontos de extensão subsequentes.

Figura 4.98
Estender

- **Generalização entre atores:** (Retratada como uma seta com uma ponta triangular que aponta do ator especializado para o ator generalizado; consulte a Figura 4.99.) Um *ator generalizado* é aquele que possui subtipos (denominados *atores especializados*), por exemplo, o ator Finanças com dois subtipos: Contas a receber e Contas a pagar. O ator especializado herda todas as associações que o ator generalizado possui com os casos de uso. O ator especializado pode ter associações adicionais com casos de uso (não compartilhadas pelo generalizado). No glossário de símbolos, o Ator especializado possui uma associação herdada com o Caso de Uso 1 e uma explícita com o Caso de Uso 2.

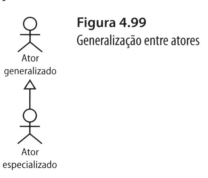

Figura 4.99
Generalização entre atores

- **Generalização entre casos de uso:** (Retratada como uma seta com uma ponta triangular que aponta do *caso de uso especializado* para o caso de uso generalizado; consulte a Figura 4.100.) Esse recurso não é muito usado e nem está formalmente definido na UML, porém possui alguns defensores[19]. O *caso de uso generalizado* é aquele que possui subtipos (denominados casos de uso especializados). Por exemplo, o caso generalizado Pagar conta possui dois subtipos – Pagar conta usando caixa eletrônico e Pagar conta usando a web. O caso de uso generalizado pode ser usado para capturar padrões de fluxo de trabalho comuns, enquanto o especializado pode anulá-los com os fluxos de trabalho específicos (especializados).

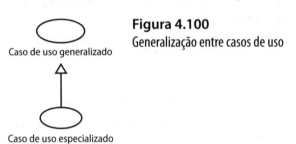

Figura 4.100
Generalização entre casos de uso

- **Interface:** (Retratado como um círculo; consulte a Figura 4.101.) Um conjunto de operações que os atores que seguem a interface devem suportar. Adicione interfaces aos modelos para facilitar o intercâmbio de atores (por exemplo, sistemas de TI externos)[20].

○ **Figura 4.101**
Interface

- **Pacote do caso de uso:** (Retratado como uma pasta; consulte a Figura 4.101.) Indica um conjunto de elementos de modelagem de caso de uso. Os pacotes de caso de uso são usados para organizar os casos de uso do sistema, por exemplo, por meio do caso de uso do negócio que eles suportam. Você também pode criar uma visão geral dos atores que participam de cada conjunto de casos de uso, desenhando diagramas de caso de uso de alto nível e retratando os atores conectados aos pacotes de caso de uso com uma dependência (linha pontilhada) conforme apresentado na parte inferior da Figura 4.93. Uma dependência que aponte desde o ator para o pacote indica que o ator inicia os casos de uso no pacote. Uma seta apontando na direção contrária indica que o sistema inicia a interação.

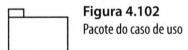

Figura 4.102
Pacote do caso de uso

---

[19] Consulte SCHNEIDER; WINTERS. *Applying use cases*: a practical guide, p. 58; PODESWA, Howard. *UML for the IT business analyst*. Thomson Course Technology, 2005. p. 141-144.

[20] Nesse contexto, uma *interface* é essencialmente uma classe do ator generalizado, com operações, porém, sem métodos.

Análise do caso de uso

Tabela 4.31 Resumo da análise do caso de uso

O quê?	Uma utilização do sistema; um tipo de interação entre um ator e o sistema, que produza um resultado de valor para o ator iniciador. O sistema pode ser de qualquer tipo (negócio ou TI). (Consulte as seções "Caso de uso do negócio" e "Caso de uso do sistema", neste capítulo, para verificar as notas específicas de cada um desses casos.) Um termo relacionado, *cenário*, refere-se a uma sequência específica de ações que ilustram comportamentos[1]. Um cenário pode ser usado para ilustrar uma maneira que a interação ator/sistema pode ocorrer durante um caso de uso. Os principais pontos da abordagem são manter a perspectiva do usuário – na segmentação ou nas atividades – em metas significativas para o usuário e na descrição da interação do usuário com o sistema, no decorrer de cada tarefa. A abordagem de caso de uso afeta a terminologia, os padrões da diagramação e os estilos de extração e documentação de requisitos. A análise de caso de uso envolve diversos componentes[2]: • Elemento Modelagem do caso de uso. • Diagrama de caso de uso, indicando quais atores são associados a quais casos de uso[3]. • Resumo do caso de uso – parágrafo curto que descreve o caso de uso, mencionando apenas as atividades e as falhas significativas[4]. • Descrição do caso de uso (denominada no RUP especificação do caso de uso) descreve as várias maneiras pelas quais uma interação pode ocorrer. • Realização do caso de uso que representa a implementação da interação, incluindo atividades internas do sistema. O BA usa a abordagem do caso de uso no decorrer de um projeto para modelar processos de negócios e requisitos do usuário de TI. Caso o projeto esteja sendo desenvolvido de maneira incremental (por meio de certo número de iterações), o BA também trabalha com o GP para atribuir casos de uso (ou os fluxos dentro dele) às iterações do projeto.
Quando?	• **Iniciação:** o BA identifica processos e serviços de negócios ponto a ponto e os modela como casos de uso do negócio. O BA identifica os casos de uso do sistema exigidos para suportar cada caso de uso do negócio. Casos de uso do sistema ou fluxos selecionados podem ser implementados (por exemplo, prova dos conceitos para a tecnologia de alto risco). • **Descoberta:** o BA elabora os casos de uso do sistema. Casos de uso do sistema ou fluxos selecionados podem ser implementados. O BA trabalha com o GP para atribuir os fluxos de caso de uso do sistema às iterações. • **Construção:** os demais casos de uso do sistema são elaborados e implementados de maneira incremental.
Onde?	• **DRN:** Serviços e Processos de Negócios (casos de uso do negócio) • **DRN:** Serviços de TI/Requisitos do usuário (casos de uso do sistema)
Por quê?	• Permite uma abordagem consistente ao longo do ciclo de vida. A mesma abordagem é usada para modelar os requisitos de negócio e de serviço de TI; terminologia, formatos de documentação e ferramentas iguais podem ser usados para ambos. • Centrado no cliente: resulta em requisitos de processo mais prováveis de corresponder às expectativas do cliente do serviço. • O estilo da narrativa é fácil de verificar com os interessados. • O estilo da documentação resulta automaticamente no desenho do teste. • Adequado para os objetivos do desenvolvimento iterativo incremental: cada iteração implementa um subconjunto de cenários de caso de uso, acrescentando um incremento de valor do ponto de vista dos interessados.

O que mostrar aos interessados	Consulte os detalhes nos casos de uso do negócio e do sistema.
O que mostrar aos membros da equipe	Consulte os detalhes nos casos de uso do negócio e do sistema.
Padrão	UML
Consulte:	Casos de uso do negócio, casos de uso do sistema, Mapa de papéis

[1] Consulte UML 2.0 infrastructure specification, OMG, 2004, p. 16.

[2] Nem todos os componentes são usados em cada projeto ou em cada metodologia que emprega a análise de caso de uso.

[3] Um diagrama de caso de uso do sistema também pode indicar relações entre os casos de uso e entre os atores.

[4] Para obter mais informações sobre os resumos do caso de uso, consulte COCKBURN, Alistair. *Writing effective use cases*, p. 37-38.

Principais pontos dos casos de uso

- Os casos de uso do negócio e de sistema são interações com uma entidade que atingem uma meta para o iniciador.
- Em todos os casos de uso (negócio e sistema), apenas a interação é descrita. Os detalhes do desenho ("como") não são incluídos como parte do caso de uso propriamente dito. (No entanto, são incluídos em uma *realização do caso de uso*.)
- A entidade com a qual o ator interage pode variar:
  - Em um caso de uso do negócio, a entidade é o negócio do mundo real.
  - Em um caso de uso do sistema, a entidade é o sistema de TI em discussão.

Níveis de metas do caso de uso

O *nível de meta* de um caso de uso pode variar:

- Em um caso de uso de alto nível ("nível de pipa"[21]), uma meta ampla é atingida mediante um processo ponto a ponto.
- Em um caso de uso de baixo nível ("nível do mar"), uma meta menor é atingida através de uma única interação.

---

[21] Os termos *nível de pipa* e *nível do mar* foram criados por Alistair Cockburn, em *Writing effective use cases*. Os casos de uso "abaixo do nível do mar" de Cockburn não foram incluídos nesta discussão. (Caso essa designação seja usada, será aplicada aos casos de uso incluídos.)

Os casos de uso do negócio e de sistema podem ser de alto e baixo nível. Em geral, quando o nível não é especificado:

- um caso de uso do negócio é de alto nível e representa um processo de negócio ponto a ponto;
- um caso de uso do sistema é de baixo nível e representa um usuário iniciador em uma sessão de um sistema de TI.

Esses níveis são resumidos na Tabela 4.32, na qual as definições **em negrito** representam o uso comum do termo quando o nível não é especificado.

Tabela 4.32. Visão geral dos níveis e tipos de casos de uso

Nível	Caso do uso de negócio	Caso de uso do sistema
Alto nível	Processo de negócio ponto a ponto. Enfoque no ambiente do mundo real, não em sistemas de TI. Outros termos: serviço de negócio, processo de negócio ponto a ponto	Processo de TI ponto a ponto. Pode ser transfuncional (diversas funções de usuário) e atravessar diversos sistemas de TI.
Baixo nível	Pequeno processo de negócio; uma unidade de trabalho útil que um ator de negócios ou funcionário pode executar, normalmente como parte de um processo ponto a ponto. Outros termos: atividade de negócios.	Unidade de trabalho realizada em uma sessão de TI por um único ator iniciador (primário). Outros termos: tarefa do usuário, meta do usuário, serviço de TI.

Análise do caso de uso para diferentes objetivos

Para melhorar um processo de negócio existente suportado pelos serviços de TI, consulte a Figura 4.103.

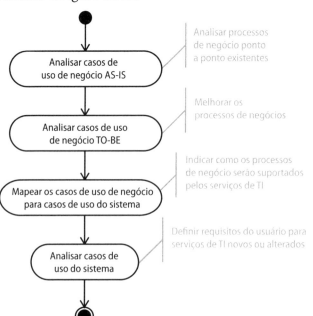

Figura 4.103 Melhorar um processo de negócio existente suportado por TI

Para adicionar um novo serviço de negócios com um componente de TI, consulte a Figura 4.104.

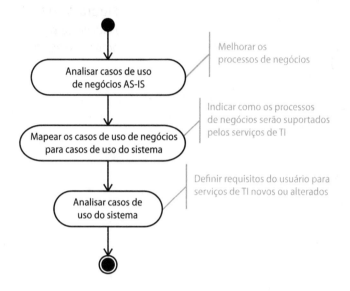

Figura 4.104
Adicionar novo serviço de negócio com componente de TI

Para fazer uma pequena alteração nos serviços de TI, consulte a Figura 4.105.

Figura 4.105
Mudança secundária nos serviços de TI

Para melhorar um serviço de negócios existente sem um componente de TI, consulte a Figura 4.106.

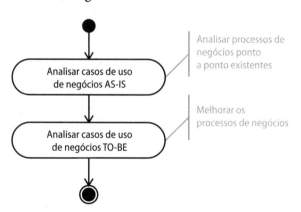

Figura 4.106
Melhorar processo de negócio existente sem um componente de TI

Para adicionar um serviço de TI novo e terceirizado, consulte a Figura 4.107.

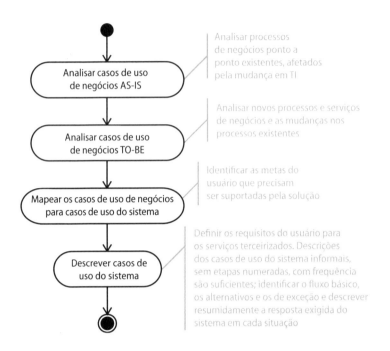

Figura 4.107
Adicionar serviço de TI novo e terceirizado

Para terceirizar os serviços de TI atualmente prestados internamente, quando existe pouca documentação, consulte a Figura 4.108.

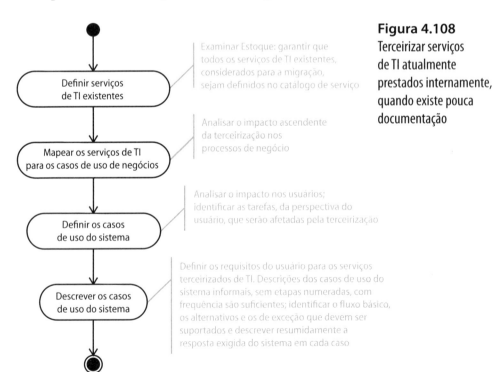

Figura 4.108
Terceirizar serviços de TI atualmente prestados internamente, quando existe pouca documentação

> **Entrevista de usuários sobre os casos de uso:**
> 1. Discuta um cenário de cada vez.
> 2. Comece com o fluxo básico.
> 3. Sempre que o interessado disser "se", anote para futura referência, mas retorne a discussão para o fluxo básico.

Diretrizes de redação do caso de uso

As diretrizes a seguir se aplicam às descrições de caso de uso do negócio e do sistema. A terminologia deve ser ajustada corretamente. Ao documentar um caso de uso do sistema, referencie o usuário e o sistema. Ao documentar um caso de uso do negócio, referencie o cliente do serviço de negócios[22] e o negócio com o qual está interagindo.

1. Conte uma história: escreva frases que descrevam a narrativa da interação do usuário (ou cliente) com o sistema (ou negócio).
2. Utilize uma estrutura simples nas frases: sujeito, verbo, objeto. O usuário (cliente) faz ... . . . O sistema (negócio) faz... . . .
3. Use sempre o mesmo tempo verbal (presente ou futuro).
4. Cada etapa deve conter um requisito passível de teste e de rastreamento.
5. Mantenha um número baixo de etapas no fluxo (no máximo 9 a 25).
6. Evite a palavra "se". Use fluxos alternativos e de exceção em vez disso.
7. Trate das validações por escrito no fluxo básico "O sistema (negócio) valida (ou verifica que)... . . ." Descreva o que acontece quando a validação falha nos fluxos alternativos ou de exceção.
8. Mescle os campos de dados e utilize o nome dos dados mesclados no caso de uso. Por exemplo, mescle os campos Nome, Endereço e Número de telefone no campo Informações de Contato. Descreva os campos mesclados em outro local (como no dicionário de dados ou no modelo estático).
9. Descreva apenas o fluxo de trabalho para a interação; não inclua as diretivas de desenho. (Elas devem ser documentadas em outro lugar e vinculadas ao caso de uso.) Por exemplo, não referencie caixas suspensas ou botões de opção, porque indicam soluções específicas do desenho.
10. Documente o cronograma de cada etapa de maneira clara e uniforme. Por exemplo:
    - Uma etapa segue a outra:
        - Usuário fornece informações de contato.

---

[22] Uma realização de caso de uso do negócio (que descreve o fluxo de trabalho interno) referencia os funcionários internos e também os atores de negócios externos.

- Sistema valida entrada do usuário.
- Um grupo de etapas pode ser acionado em qualquer sequência:
  - As etapas 20 a 30 podem acontecer em qualquer ordem.
- Etapas opcionais:
  - Descreva as etapas opcionais na seção Fluxo Alternativo.

11. Estabeleça um padrão para documentar as etapas repetitivas, por exemplo,

    1. Usuário seleciona pagador.

    2. Sistema exibe contas e saldos.

    3. Usuário seleciona conta e fornece valor do pagamento.

    4. Sistema valida que os fundos estão disponíveis.

    (Usuário repete etapas 1 a 4 até indicar o final da sessão.)

12. Padronize acionadores para os sistemas externos, por exemplo, para uma mensagem sincronizada com um sistema externo:

    - O sistema consulta o valor da ação no ValuTrade e espera uma resposta.

    Para uma mensagem não sincronizada:

    - Sistema envia Negociação para o ValuTrade e não espera uma resposta.

13. Numere (ou rotule) os requisitos.

14. Evite a palavra "isso". Ela é ambígua. Por exemplo, na etapa "O sistema verifica isso", o que será verificado exatamente?

Mapeamento do caso de uso do negócio para o do sistema:
- Determine quais atividades dos casos de uso do negócio serão assistidas por TI.
- Agrupe as atividades em unidades de trabalho que representem uma meta ou tarefa que um usuário realizaria em uma única sessão de TI.
- Modele cada tarefa como um caso de uso do sistema.

CAPÍTULO 5

Dicas e listas de verificação

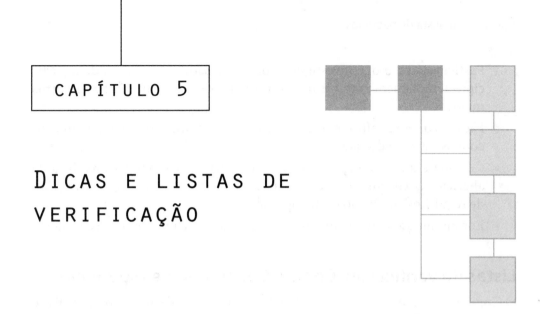

Neste capítulo, apresentam-se as dicas e listas de verificação, úteis para o BA na execução de suas tarefas durante um projeto.

Lista de verificação: métodos de investigação de requisitos

- Sessões de *brainstorming*
- Grupos de enfoque: todos os participantes executam o mesmo papel
- Grupos multifuncionais: todas as funções envolvidas em um processo ponto a ponto
- Imagem espelhada do trabalho
- Entrevistas individuais
- Pesquisa dos artefatos existentes
- Prototipação
- Wiki (ferramenta que pode ser usada para permitir que os interessados e os membros da equipe contribuam de maneira cooperativa com os requisitos)
- Pesquisas

Dica: o que fazer quando os principais participantes não podem comparecer ou não comparecem

- Substitua o participante: pergunte se há representantes disponíveis para atuar em nome do ausente na reunião.
- Redefina o escopo e os objetivos da reunião para que eles possam ser atingidos pelas pessoas presentes.

- Participação remota: investigue se os interessados ausentes podem participar remotamente através de reuniões da web, teleconferências e outros meios.
- Faça a reunião conforme o planejado: depois, marque o acompanhamento com os interessados ausentes.
- Considere um método de investigação alternativo. (Para ver uma lista de alternativas, consulte a seção "Lista de verificação: métodos de investigação de requisitos", no início deste capítulo).
- Encaminhe aos patrocinadores caso a ausência seja um problema constante.

Listas de verificação: Comitê Consultivo de Mudanças

O Comitê Consultivo de Mudanças (CCM) se reúne regularmente para avaliar e priorizar as mudanças. O BA deve ser incluído no CCM ou aconselhá-lo, a fim de garantir que as necessidades do interessado sejam comunicadas adequadamente para os provedores de solução.

Comumente, o CCM é presidido pelo Gerente de Mudança, e inclui representantes dos interessados de negócios e provedores de solução se necessário e, provavelmente, inclui o Gerente de Problema, o Gerente de Nível de Serviço e a equipe de Relações com o cliente, pelo menos como participantes em meio período. A composição do CCM não é estática, pois varia muito com base nas mudanças que estão sendo consideradas. (Para obter mais informações sobre o Gerente de Mudança, o Gerente de Problema e outros participantes relacionados aqui, consulte a subseção "Contribuição para a Reunião por Função e Tipo de Interessado" da seção "Planejamento da reunião" no Capítulo 2.)

As mudanças emergenciais podem ser tratadas por um grupo menor, denominado CCME (Comitê Consultivo de Mudança Emergencial). O processo de Gerenciamento de Mudança deve indicar em quais circunstâncias uma mudança deve ser tratada pelo CCME e fornecer orientações sobre sua composição e procedimentos.

Lista de verificação dos possíveis membros do CCM

Utilize a seguinte lista de verificação da ITIL ao decidir quem será incluído no CCM[1]:

- Clientes
- Equipe de relações com o cliente
- Gerentes de usuário

---

[1] *Foundations of IT Service Management Based on ITIL* V3, p. 233; *ITIL V3 Core Book*: Service Transition, OMG, 2007, p. 58.

- Representantes do grupo de usuários
- Desenvolvedores de aplicativos
- Administradores do sistema
- Manutenção de aplicativos
- EA
- Representantes do gerenciamento de teste
- Representantes do gerenciamento da continuidade do serviço de TI (GCSTI)
- Representantes do gerenciamento de segurança
- Representantes do gerenciamento de capacidade
- Representantes da central de serviço
- Outras equipes de operações e serviços
- Equipe de logística para as mudanças que requerem (ou resultam de) alterações nas instalações ou serviços de escritório
- Contratantes e terceiros para as soluções terceirizadas
- Gerente de problema
- Gerente de nível de serviço
- Outras partes específicas da mudança (marketing, jurídico etc.)

CCM: Itens padrão para a revisão

A ITIL V3 recomenda os seguintes itens padrão para a revisão pelo CCM[2]:

- Mudanças não autorizadas, detectadas por meio do gerenciamento da configuração
- Revisão das mudanças feitas sem referência ao CCM (como aquelas aplicadas pelo gerenciamento de incidentes e de problemas)
- RDMs que serão revisadas pelos membros do CCM
- Mudanças em andamento, pendentes e fechadas
- Avaliação das mudanças implementadas
- Programação das mudanças
- Processo de gerenciamento de mudança
- Qualquer mudança, efetuada ou proposta, no processo de gerenciamento de mudança
- Revisão dos custos e benefícios do processo de gerenciamento de mudança para o negócio

---

[2] *Foundations of IT Service Management Based on ITIL* V3, p. 234; *ITIL V3 Core Book:* Service Transition, OMG, 2007 p. 59.

Dica: Sete Rs da ITIL para o gerenciamento de mudança

Utilize os Sete Rs[3] do gerenciamento de mudança ao avaliar uma alteração:

- **Elevado:** Quem enviou a mudança?
- **Razão:** Qual a razão da mudança?
- **Retorno:** Qual é o resultado da mudança?
- **Risco:** Quais são os riscos associados à mudança (positivos e negativos)?
- **Recursos:** Quais recursos são exigidos?
- **Responsável:** Quem é responsável pela mudança (análise dos requisitos, construção, teste e transição para a produção)?
- **Relação:** Quais são as relações entre essa mudança e outras?

Dicas: cinco segredos do gerenciamento de requisitos[4]

As dicas a seguir se aplicam aos projetos que usam as abordagens iterativa incremental e de cascata. Para os projetos ágeis, as seguintes modificações nas dicas são aplicáveis: menos ênfase na documentação escrita e os requisitos (se existirem) frequentemente não são executados com a linha de base e podem ser alterados a qualquer momento sem passar por um processo de Gerenciamento de Mudanças, desde que não estejam sendo implementados.

1. **Anote os requisitos:** use modelos para garantir uma documentação uniforme dos requisitos e institucionalizar as melhores práticas.
2. **Use os atributos dos requisitos:** (Consulte "Tabela de atributos dos requisitos" no Capítulo 4, para obter exemplos dos atributos).
3. **Use as matrizes de rastreabilidade:** mapeie os requisitos para outros artefatos e itens de configuração, para que o impacto ascendente e descendente possa ser determinado.
4. **Pratique o gerenciamento de requisitos:** estabeleça uma estratégia e um plano para gerenciar os requisitos.
5. **Execute a linha de base dos requisitos (projetos que não sejam ágeis):** faça cópias dos requisitos como o Documento de Visão, e dos requisitos do usuário (casos de uso do sistema) em pontos específicos do tempo, para que seja fácil determinar caso o requisito seja novo ou se foi previamente incluído.

Dicas: planejamento de iterações

- Mantenha uma programação fixa da iteração.
- Gerencie o escopo da iteração para cumprir essa programação.

---

[3] *Foundations of IT Service Management Based on ITIL* V3, p. 236.

[4] Agradeço a Chris Reynolds por estas dicas.

Regra para o número de iterações em um projeto RUP: seis a oito iterações.

Regra para o alcance da iteração: duas a seis semanas de duração.

As primeiras interações provavelmente são mais focadas nos requisitos e na arquitetura, enquanto as posteriores serão mais concentradas na conclusão do escopo.

Dicas: requisitos SMART

Os requisitos devem ter as seguintes qualidades:

- SMART[5]
  - **S:** eSpecífico
  - **M:** Mensurável (verificável)
  - **A:** Atingível/Apropriado
  - **R:** Realista/Relevante
  - **T:** Temporal (definido no tempo)
- Inteligível
- Completo
- Correto
- Consistente

Lista de verificação: recursos

Os recursos são os principais elementos que os interessados precisam ver na solução. Um recurso pode ser um requisito funcional de alto nível ou importante, ou um requisito não funcional como o desempenho. Utilize a lista de verificação a seguir para revisar sua lista de recursos:

- Não pode haver muitos recursos (25-99)
- Os problemas do projeto foram excluídos
- Os recursos são mapeados para o negócio e serviços de TI (ou casos de uso)
- Requisitos funcionais de alto nível e principais foram incluídos
- Os principais requisitos do desempenho foram abordados
- Os principais requisitos de usabilidade foram abordados
- Os principais requisitos de robustez foram abordados
- Os principais requisitos de tolerância a falhas foram abordados
- Os principais requisitos de volume e escalabilidade foram abordados

---

[5] *Foundations of IT Service Management Based on ITIL V3*, p. 81.

Dica: nomeando um processo

A seguir estão dicas e uma lista de nomes sugeridos para usar ao identificar processos nos DFDs, diagramas de atividade, gráficos de decomposição funcional e assim por diante:

- O nome deve consistir de uma frase verbal seguida por uma frase substantiva, por exemplo, *validar cobertura do seguro*.
- Use uma frase verbal com um único verbo, como *examinar*.
- Evite os verbos genéricos como *processar* (a menos que o processo seja tão amplo que não exista um nome melhor).
- A frase verbal deve destacar o objetivo do processo e não o método usado para a sua execução. Por exemplo, *determinar* é melhor que *calcular* ou *procurar*.
- O nome deve terminar com uma frase substantiva que se relacione ao objeto do verbo, por exemplo, determinar *faixa tributária*.

Verbos sugeridos para os nomes de processos:

- adicionar
- adquirir
- alterar
- atualizar
- avaliar
- calcular
- cancelar
- consultar
- controlar
- criar
- determinar
- enviar
- especificar
- examinar
- excluir
- gerenciar
- identificar
- manter
- mesclar
- modificar
- obter
- planejar
- realizar
- registrar
- rejeitar
- relatar
- remover
- requisitar
- reverter
- revisar
- selecionar
- solicitar
- validar
- verificar

Dicas: como identificar os elementos da modelagem estática a partir do modelo de caso de uso do sistema

1. **Procure os substantivos:** com frequência são classes ou atributos, por exemplo, *Centro de responsabilidade*.
2. **Procure os verbos**: frequentemente eles indicam uma associação. Por exemplo, O usuário *atribui* o cliente a um Centro de responsabilidade.
3. **Procure os atores:** caso sejam rastreados pelo negócio eles são classes, por exemplo, *Fornecedor*.
4. **Procure as interações entre um ator e um caso de uso do sistema:** caso o negócio rastreie (salve) a interação, isso pode indicar associações; por exemplo, a interação indicada por uma associação (comunicados) entre um ator *Representante do Atendimento ao Cliente* e um caso de uso do sistema (*registrar uma reclamação*).

5. **Procure os acionadores do fluxo alternativo:** eles podem indicar regras de multiplicidade. Por exemplo, o acionador do fluxo alternativo "Passagem já emitida para a reserva" (se tratado como um erro) indica que cada reserva deve ter no máximo uma passagem emitida.

Dicas: determinando a quantidade de modelagem estática

1. Não faça um modelo estático apenas para produzir mais documentação; execute-o nos casos em que agregue valor.
2. Para a maioria dos projetos, você precisará modelar as principais classes, relações e multiplicidades do negócio.
3. Modele os atributos caso haja regras relacionadas que correm o risco de ser perdidas na solução.
4. Quanto mais ampla a regra aplicada, mais importante ela será para o modelo. Por exemplo, se uma regra de verificação sobre um atributo se aplica a apenas um caso de uso, não a inclua no modelo estático; caso se aplique a vários casos de uso, ela deverá ser incluída.

Dicas: gerenciamento de risco

Caracterize e avalie o impacto, probabilidade, nível, tipo e estratégia de gerenciamento de cada risco. As dicas para determinar os níveis de risco com base na probabilidade e no impacto, e também para gerenciar os riscos, são fornecidas nas próximas subseções. Para obter o Modelo da tabela de análise de risco, consulte o Capítulo 6.

Dica: matriz de avaliação de risco

No início do projeto, e periodicamente à medida que progrida, o BA suporta o GP para analisar o risco. (Consulte a seção "Análise de risco", no Capítulo 2, para saber mais sobre a contribuição do BA para a análise de risco.)

Existem vários esquemas para avaliar o risco. A matriz de avaliação do risco é usada com frequência. Por exemplo, a Tabela 5.1 atribui o nível de risco com base no seu impacto no negócio e sua probabilidade de ocorrência.

Tabela 5.1 Amostra da matriz de avaliação de risco[6]

Impacto	Alto	Alto	Baixo	Baixo
Probabilidade	Alta	Baixa	Alta	Baixa
Nível	1	2	3	4

---

[6] *Foundations of IT Service Management Based on ITIL* V3, p. 235.

Lista de verificação: tipos de risco

O BA suporta o GP na identificação e na análise dos riscos relacionados à extração, análise e documentação dos requisitos. Os riscos de projeto, produto e processo relacionados aos requisitos incluem o seguinte:

- **Tempo (Risco de projeto):** risco de que não haverá tempo suficiente para concluir os requisitos.
- **Novas técnicas (Risco de Requisitos/Processo):** os exemplos incluem a primeira adoção da abordagem de caso de uso, o desenvolvimento iterativo ou novos padrões como a UML.
- **Nova oferta de serviço de TI (Risco de Produto):** com a primeira oferta no mercado, os usuários e interessados podem não saber realmente o que querem até que comecem a usar.
- **Acesso a interessados e usuários:** risco de que os interessados podem não estar disponíveis conforme necessário para a extração dos requisitos e o feedback.
- **Validação (Risco de Requisitos/Processo[7]):** risco de que a documentação dos requisitos não represente as expectativas do cliente.
- **Verificação (Risco de Requisitos/Processo):** risco de que a documentação dos requisitos não poderá ser usada de maneira eficiente pelos provedores de solução e prestadores.
- **Gerenciamento de requisitos (Risco de Requisitos/Processo):** risco de problemas e dificuldades para gerenciar requisitos, como equipe de projeto e população de usuários geograficamente diversificadas ou novas ferramentas de gerenciamento de requisitos.

Lista de verificação: tipos de risco de ITIL

A ITIL reconhece os seguintes tipos de riscos relacionados a uma mudança[8].

- **Risco de contrato:** risco de que problemas com o prestador de serviço impossibilitarão a organização de cumprir as obrigações contratuais com os seus clientes.
- **Risco de projeto:** risco de que o projeto atingirá resultados indesejáveis, como um desempenho ruim.
- **Risco operacional:** risco de problemas operacionais, resultante de uma mudança nas operações de negócios ou de TI.
- **Risco de mercado:** risco de que a mudança não cumprirá as demandas do mercado, por exemplo, em razão do aumento no suprimento ou da diminuição na demanda dos serviços afetados.

---

[7] Este e outros riscos indicados como sendo de Requisitos/Processo podem ser considerados riscos de requisitos ou de processo (ou ambos), porque se referem aos riscos associados ao processo utilizado para coletar, verificar, documentar e gerenciar requisitos.

[8] *Foundations of IT Service Management Based on ITIL* V3, p. 66.

Lista de verificação: outros riscos de que o BA deve estar ciente

- **Risco tecnológico:** novos problemas de tecnologia que podem afetar o projeto.

- **Risco de capacidades:** risco de não conseguir uma equipe com a especialização necessária para o projeto.

- **Risco de cancelamento:** implicações para o negócio se o projeto for cancelado.

- **Risco de qualidade:** risco para a qualidade do produto.

- **Risco de segurança:** vulnerabilidade a um ataque, resultando em perigo ou perda.

Estratégias de gerenciamento de risco

Cada risco deve ter um plano associado para o seu gerenciamento. O seu plano deve considerar as seguintes estratégias:

- **Evitar:** impedir a ocorrência do risco. Os possíveis planos de esquivar-se incluem a mudança no escopo e o replanejamento do projeto.

- **Transferir:** transfira a responsabilidade por lidar com o risco para outra entidade.

- **Aceitar:** aceite o risco.

- **Mitigar:** tome uma atitude para reduzir o impacto. Os planos de mitigação podem ser proativos ou retroativos – como um plano de contingência ("Plano B").

Dicas: Garantia de Qualidade (GQ)

Dica: teste durante todo o ciclo de vida com o modelo de Serviço V

Utilize a Figura 5.1, o Modelo do Serviço V[9], para planejar as atividades de garantia de qualidade (GQ) durante todo o ciclo de vida. Nos projetos interativos (abordagens ágeis, RUP etc.), o modelo retrata uma interação no ciclo de vida; nos de cascata, retrata o ciclo de vida completo. No desenvolvimento orientado ao teste (DOT), uma abordagem iterativa, os casos de teste que cobrem os requisitos de uma iteração devem ser escritos antes que a codificação tenha início, porque formam a base da codificação inicial.

O Modelo do Serviço V fornece orientação sobre a validação e verificação das entregas. *Validar* a entrega de uma atividade significa ver se a saída da atividade reflete corretamente a sua entrada; *verificar* a saída de uma atividade é conferir se ela pode ser efetivamente utilizada pelos usuários previstos como entrada para as atividades subsequentes.

O desenvolvimento de um serviço prossegue pelas atividades relacionadas ao lado esquerdo do "V", começando com uma definição dos requisitos e finalizan-

---

[9] *ITIL V3 Core Book:* Service Transition, p. 92.

do no projeto e construção do serviço – ou do componente do serviço programado para essa iteração. Em cada etapa:

- A saída da atividade é validada contra a entrada fornecida pelas atividades prévias, relacionadas acima da etapa.
- A saída da atividade é verificada por aqueles que a exigem como entrada para as etapas que se encontram abaixo dela.
- A saída é verificada por aqueles envolvidos na atividade correspondente relacionada na linha equivalente, ao lado direito do V.

O BA está mais envolvido na validação e verificação dos requisitos. Por exemplo, no Nível 2, o BA deve garantir que os Requisitos de Serviço produzidos pela atividade sejam validados contra os Requisitos de Cliente e de Negócios de alto nível, retirados do nível acima (Nível 1); que os Requisitos de Serviço sejam verificados pelo designer para confirmar se possuem qualidade suficiente para ser usados com eficiência como uma entrada para a atividade do nível abaixo (Nível 3, Projetar solução de serviço); e que os Requisitos de Serviço sejam verificados em todo o nível (Nível 2) pelos responsáveis por planejar e gerenciar o Teste de aceitação do serviço (a fim de garantir que os requisitos sejam passíveis de teste).

Depois que o sistema foi criado (na parte inferior do V), a iniciativa continua com o teste das atividades ao lado direito. Cada etapa do teste ao longo do lado direito envolve os responsáveis pela atividade correspondente ao lado esquerdo. Por exemplo, no Nível 2, os clientes que assinaram os Requisitos de Serviço também assinam o Teste de Aceitação de Serviço com o envolvimento do BA – a função responsável por preparar esses requisitos.

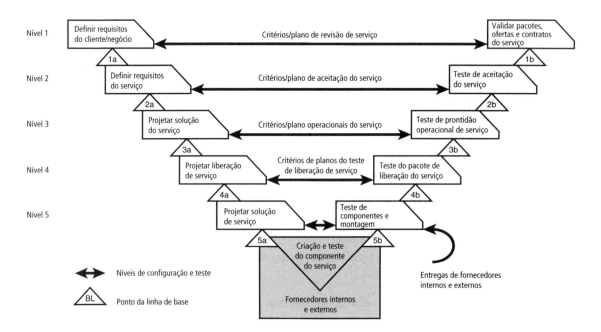

Figura 5.1 Modelo do Serviço V

Lista de verificação: tipos de teste

Use a lista de verificação a seguir ao revisar os planos de teste, para garantir que todos os tipos de testes sejam considerados[10]. Cada tipo de teste determina se a solução é ou não aceitável da perspectiva dos interessados identificados na última coluna.

Tabela 5.2 Lista de verificação de testes – por tipo

Tipo de teste	Também conhecido como	Descrição	Perspectiva
Teste de Especificação de Serviço	Teste "adequado para o propósito", teste funcional, teste da caixa-preta	Verifica se a solução atende a expectativa do cliente.	▪ Fornecedores (organização externa ou interna que fornece a solução) ▪ Usuários ▪ Cliente
Teste de Nível de Serviço	Testes não funcionais, testes do sistema	Verifica se a solução cumpre os níveis de serviço especificados.	▪ Gerentes de Nível de Serviço ▪ Gerentes de Operação ▪ Cliente
Teste de Garantia de Serviço	Teste "Adequado para o uso", testes não funcionais, testes do sistema	Verifica a disponibilidade, capacidade, continuidade e segurança.	▪ Cliente
Teste de Usabilidade	Facilidade de uso para o usuário	Verifica a facilidade de uso para o usuário e a conformidade com os requisitos de acessibilidade.	▪ Usuários finais ▪ Gerentes
Testes de Contrato e Regulamentação		Testa a conformidade do fornecedor com os contratos, padrões e regulamentos.	▪ Fornecedores
Teste de Gerenciamento de Serviço		Verifica se os padrões e as melhores práticas de gerenciamento de serviço estão sendo seguidos.	▪ Fornecedores
Teste Operacional	Testes não funcionais, testes do sistema	Verifica se o sistema cumpre os requisitos operacionais (inclui testes de estresse, de carga e de segurança).	▪ Sistema ▪ Serviços

(continua)

---

[10] *Foundations of IT Service Management Based on ITIL V3*, p. 260.

O livro do analista de negócios

Tabela 5.2 Lista de verificação de testes – por tipo (continuação)

Tipo de teste	Também conhecido como	Descrição	Perspectiva
Teste de Regressão		Verifica se os aspectos do sistema, que deveriam permanecer inalterados, ainda funcionam como antes, repetindo os testes anteriores e comparando resultados.	▪ Sistema ▪ Serviços ▪ Cliente
Teste de Verificação da Produção	Teste de Validação da Produção (TVP)	Teste executado no ambiente de produção para verificar a operação satisfatória da solução implementada.[1]	▪ Sistema ▪ Serviços ▪ Cliente

[1] Definição formulada por Chris Reynolds.

Dicas: diretrizes do teste estruturado

Utilize as seguintes diretrizes ao desenvolver e avaliar o Plano de GQ:

1. Existem duas escolas de pensamento no que se refere à função dos testes. No desenvolvimento orientado ao teste, no qual os testes são usados para confirmar com precisão o comportamento esperado, o objetivo do testador é verificar se os requisitos são implementados corretamente. No teste tradicional[11], em que as análises são usadas para levantar a qualidade e a confiabilidade do produto, o objetivo do testador é localizar erros.

2. Concentre-se em localizar o número máximo de erros no tempo disponível.
   - Com exceção das mudanças secundárias, é praticamente impossível fazer testes suficientes para garantir um índice de 100% de detecção dos erros[12]. No entanto, os esforços devem se concentrar em um plano de teste que maximize os erros encontrados com o tempo e os recursos disponíveis.

3. Defina de forma clara os resultados esperados de cada teste, para que sejam de fácil análise.

4. Quanto mais distante o designer do teste estiver dos desenvolvedores e da equipe do projeto, melhor.
   - É mais provável que alguém externo tenha uma abordagem mais crítica que as pessoas internas, e é menos provável que opere sob as mesmas suposições erradas.

---

[11] Consulte um texto clássico desta área: MYERS, Glenford. *The art of software testing.* John Wiley, 1979. p. 5.

[12] MYERS. *The art of software testing.* p. 8-10.

5. Um plano de teste funcional completo para uma tarefa de usuário (caso de uso do sistema) aborda:

   - O fluxo de trabalho básico para executar a tarefa.
   - Todos os fluxos alternativos.
   - Todos os fluxos de exceção (fluxos de trabalho que levam à falha).
   - Combinações de fluxos.
   - Cenários de ocorrência rara.

6. Salve os planos, os casos e os resultados dos testes.

   - Você pode reutilizá-los durante o teste da regressão.

Lista de verificação: seleção dos provedores de solução

Utilize a seguinte lista de verificação da ITIL para selecionar os provedores de solução de TI[13].

- Competências demonstradas com relação a:
  - Equipe
  - Uso da tecnologia
  - Inovação
  - Experiência
  - Certificação
- Registro do histórico:
  - Qualidade
  - Valor financeiro
  - Dedicação
- Dinâmicas de relacionamento:
  - A visão e a estratégia do provedor são alinhadas às da organização.
- Qualidade das soluções:
  - As soluções cumprem ou excedem as expectativas.
- Capacidades gerais:
  - Estabilidade financeira
  - Recursos
  - Sistemas de gerenciamento
  - Escopo e intervalo de serviços

---

[13] Esta lista de verificação é apresentada em *Foundations of IT Service Management Based na ITIL V3*, p. 49.

CAPÍTULO 6

Modelos

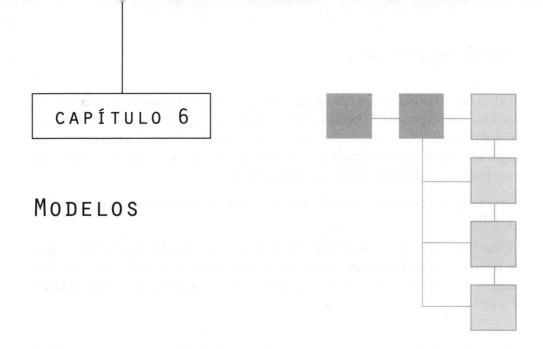

Este capítulo contém modelos dos artefatos pelos quais o BA é responsável ou com os quais ele contribui. Conforme descrito no modelo do Documento de Requisitos de Negócio (DRN) que vem a seguir, a maneira como se compila a documentação do BA em documentos maiores e agregados não é um padrão no mercado. Este capítulo fornece um modelo sugerido para um DRN abrangente, uma configuração alternativa para vários documentos (cada qual com o seu próprio enfoque) e modelos separados para cada tipo de documentação de requisitos, para que possam ser facilmente configuradas conforme necessário para o projeto.

O modelo DRN suporta as diretrizes da ITIL e tem uma metodologia neutra, usando cabeçalhos genéricos sempre que possível, com sugestões sobre quais artefatos incluir em cada seção, com base na abordagem usada no projeto.

Modelo do Documento de Requisitos de Negócio (DRN)

No momento, não existe um padrão universalmente aceito no mercado para o conteúdo de um DRN. As práticas variam amplamente com base no assunto do documento – os "requisitos do negócio". No modelo a seguir (e em todo este livro), *negócio* é uma organização particular ou pública (como um departamento do governo); um *requisito* é a capacidade que a solução deve fornecer ou uma condição que deve cumprir; e um *requisito de negócio* é qualquer exigência feita em nome do negócio (isto é, que se origine ao lado do negócio), independentemente de o alvo do requisito ser a área de negócio ou o sistema de TI. (Em outras utilizações, por exemplo, o termo pode se referir apenas aos objetivos e aos requisitos de negócios de alto nível.) O Documento de Requisitos de Negócio, conforme descrito no modelo incluído neste manual, consolida todos os requisitos originários do negócio e segue, em princípio, o conceito do Pacote de requisitos citado pelo *BABOK*®. (O *BABOK*® não utiliza o termo DRN.)

É ideal que o DRN seja uma montagem eletrônica de componentes menores, colocados sob o controle da versão. O nível de detalhes exibidos no DRN deve ser ajustado conforme o apropriado para os leitores pretendidos. O armazenamento separado de subdocumentos deve permitir que sejam montados em vários outros pacotes e exibições, conforme o apropriado.

Um exemplo de configuração alternativa para a documentação segue o modelo do DRN.

A seguir está a sugestão de um modelo de DRN. Esse modelo é genérico no que se refere à metodologia, embora forneça orientação sobre sua adaptação a abordagens específicas como a análise de caso de uso, a análise estruturada, a UML e o BPMN.

Documento de Requisitos de Negócio

Nº do projeto _____
Prioridade _____
Data-alvo: _____

Aprovado por:

_____   _____
Nome, Departamento   Data

_____   _____
Nome, Departamento   Data

_____   _____
Nome, Departamento   Data

Preparado por: _____   **Data:** _____

                                            Nº da versão:

Sumário do DRN

Controle de versão

    Histórico da revisão

    Gráfico RACI

Referências externas

Glossário

Resumo executivo

    Visão geral

    Fundamentos

    Objetivos

    Requisitos

    Estratégia proposta

Escopo do Produto/solução

    Incluído no escopo

    Excluído do escopo

    Restrições

Caso de negócio

Serviços e processos de negócio

    Impacto das mudanças propostas nos serviços e processos de negócio

    Diagramas de visão geral do processo e serviço de negócio

    Requisitos do fluxo de trabalho do processo de negócio

    Requisitos (não funcionais) de nível de serviço de negócio

Atores

    Funcionários

    Atores de negócio

    Outros sistemas

    Mapa de papéis

Regras de negócio

Diagramas de estado

Requisitos de TI

    Requisitos do usuário

Diagrama de visão geral da tarefa do usuário

Descrições da tarefa do usuário

Requisitos (não funcionais) de nível de serviço de TI

Requisitos do estado do sistema

Estado de teste

Estado desativado

Modelo estático

Modelo estático: Diagramas

Tabela de regras de multiplicidade

Documentação da entidade

Plano de teste

Responsabilidades da garantia de qualidade

Padrões e diretrizes de GQ

Plano de revisão e auditoria

Registros de qualidade

Ferramentas, técnicas e metodologias

Atividades de teste

Atividades preparatórias

Teste da caixa branca

Teste "Adequado para o propósito"

Teste não funcional

Teste de aceitação do usuário

Plano de implantação

Treinamento

Conversão

Programação de trabalhos

Lançamento

Procedimentos do usuário final

Acompanhamento pós-implementação

Outras questões

Assinatura

Controle de versão

(Acompanhe as revisões efetuadas neste documento na Tabela 6.1.)

Tabela 6.1 Histórico da revisão

Nº da versão	Data	Autorização	Responsabilidade (Autor)	Descrição

Gráfico RACI

O Gráfico RACI, nesta subseção do DRN, descreve as funções cumpridas pelos membros da equipe e interessados na produção do artefato. RACI é a sigla de Responsável, Encarregado, Consultado e Informado, que representam as maneiras pelas quais o interessado pode estar envolvido em um processo ou recurso. Os seguintes códigos são utilizados na Tabela 6.2. Observe que uma classificação adicional Suporte foi adicionada, para melhor esclarecer as funções associadas a este documento:

*	Autorizar	Tem a autoridade final para assinar qualquer mudança no documento.
R	Responsável	É responsável por criar este documento.
A	Encarregado	É encarregado da precisão deste documento (por exemplo, o Gerente de projeto).
S	Suporta	Presta serviços de suporte na produção deste documento.
C	Consultado	Fornece opiniões.
I	Informado	Deve ser informado de qualquer mudança.

Tabela 6.2 Gráfico RACI para este documento

Nome	Posição	*	R	A	S	C	I

Referências externas

(A Tabela 6.3 relaciona todos os outros documentos referenciados neste.)

Tabela 6.3 Referências externas

Documento	Localização	Publicador	Autor

Glossário

(Relaciona todos os termos, siglas e abreviações utilizados neste documento e fornece definições ou vínculos para as entradas no Glossário do projeto.)

Resumo executivo

(Um resumo do documento em uma página, dividido nas seguintes subseções.)

Visão geral

(Esta subseção do Resumo executivo é uma introdução de um parágrafo que explica a natureza do projeto.)

Fundamentos

(Esta subseção do Resumo executivo fornece detalhes que levam até o projeto e explicam por que está sendo considerado. Discuta o seguinte quando apropriado: motivadores do mercado e de negócios, tecnologias e outros motivadores.)

Objetivos

(Esta subseção do Resumo executivo detalha os objetivos de negócios abordados pelo projeto.)

Requisitos

(Esta subseção do Resumo executivo é um pequeno resumo dos requisitos abordados neste documento.)

Estratégia proposta

(Esta subseção do Resumo executivo recomenda uma estratégia para prosseguir com base nas alternativas.)

Escopo do produto/solução

(A seguir há uma breve descrição do que deve ser incluído e excluído do produto ou solução, dividido nas seguintes subseções.)

Incluído no escopo

(Esta subseção do Escopo do produto/solução é uma breve descrição da área de negócios e dos serviços cobertos pelo produto ou solução.)

Excluído do escopo

(Esta subseção do Escopo do produto/solução é uma breve descrição das áreas de negócio e dos serviços que não são cobertos pelo produto ou solução).

Restrições

(Esta subseção do Escopo do produto/solução relaciona os requisitos e condições predefinidos.)

Caso de negócios

(Descreva o fundamento racional do negócio para este projeto e documente os Fatores Críticos para o Sucesso [FCS]). Esta seção pode conter estimativas de custo/benefício, Retorno do Investimento [ROI], devolução [período para que o projeto se pague], benefícios de participação no mercado e assim por diante. Quantifique cada custo ou benefício para que os objetivos do negócio possam ser medidos após a implementação.)

Serviços e processos de negócio

(Conclua esta seção se o projeto envolver mudanças no fluxo de trabalho dos serviços e processos de negócio. Inclua todos os serviços e processos de negócio afetados, independentemente de terem ou não um componente de TI.)

Impacto das mudanças propostas nos serviços e processos de negócio

(Resuma o impacto das mudanças na área de negócios na Tabela 6.4, identificando os serviços de negócios e os processos ponto a ponto afetados pelo projeto. Se o seu projeto emprega a modelagem de caso de uso do negócio, modele e cada processo ponto a ponto como um caso de uso de negócio. Se o seu projeto estiver usando a Análise estruturada, modele cada item como um processo de alto nível.)

Capítulo 6 ▪ Modelos 245

Tabela 6.4 Impacto das mudanças propostas nos serviços e processos de negócio

Serviço ou processo de negócio	[N]ovo/ [A]lterado	Funcionalidade desejada	Funcionalidade atual (caso seja uma mudança)	Interessados/ sistemas	Prioridade

Diagramas de visão geral do processo e serviço de negócio

Esta subseção dos Serviços e processos de negócio fornece a visão geral dos processos de negócios afetados pelo projeto. Inclua diagramas que retratam serviços e processos de negócios novos ou alterados e vincule-os aos atores que os iniciam ou participam de sua execução. Inclua todos os serviços de negócios afetados – independentemente de terem ou não um componente de TI.

Se o projeto estiver usando a abordagem de modelagem do caso de uso do negócio, inclua aqui os diagramas de caso de uso do negócio, indicando o serviço de negócios e os processos de negócios ponto a ponto como casos de uso de negócio.

Se o seu projeto estiver usando a Análise Estruturada, inclua os Diagramas de Fluxo de Dados (DFD) da perspectiva de negócio, indicando os serviços de negócio, os processos de negócio ponto a ponto e também as entidades externas (atores); modele os requisitos de entrada e saída do processo usando os fluxos de dados.

Requisitos do fluxo de trabalho do processo de negócio

Esta subseção descreve o fluxo de trabalho para cada serviço e processo de negócio afetado pelo projeto. Caso seja necessário, descreva o fluxo de trabalho existente (As-Is) e também o novo (To-Be). Os diagramas de fluxo de trabalho (de raia, diagramas de atividade, DPN etc.) constituem a documentação preferencial para os processos transfuncionais, devido à maneira que retratam visualmente as responsabilidades de cada participante. (Consulte no Capítulo 4, deste livro, os detalhes de cada tipo de diagrama). Os diagramas podem ser complementados ou substituídos por texto, em geral, usando um modelo incluído como parte da metodologia usada no projeto.

Se o seu projeto estiver usando a abordagem de metodologia de caso de uso de negócios com a UML, documente a interação com a área de negócios de maneira textual (por exemplo, usando o Modelo de descrição de caso de uso de negócio fornecido neste capítulo) e complemente com um diagrama de atividade caso os fluxos se conectem de maneiras complexas. Documente o fluxo de trabalho interno usado para realizar o processo graficamente, usando diagramas de atividade com partições.

Se o seu projeto emprega o elemento da modelagem de realização de caso de uso do negócio (uma extensão de modelagem de negócios de UML incluída, por exemplo, no RUP da IBM), diferencie o serviço de negócio dos processos internos usados para executá-lo, conforme a seguir:

- *modele o serviço de negócios como um caso de uso de negócio. Descreva a interação entre a área de negócios e seus usuários (clientes) em uma descrição de caso de uso de negócio (denominada no RUP especificação de caso de uso de negócio), usando o texto complementado, caso seja necessário, com diagramas de atividade. Não inclua as atividades internas do negócio;*
- *modele o processo interno como uma realização de caso de uso de negócio. Descreva o fluxo de trabalho interno em uma descrição de realização de caso de uso do negócio (denominada especificação no RUP), usando diagramas de atividade com partições.*

Se o seu projeto estiver usando o padrão BPMN, inclua os DPN. Outros tipos de diagramas que podem ser usados nesta subseção incluem Diagramas de bloco, Fluxogramas e Diagramas de fluxo de trabalho de raia.

Requisitos (não funcionais) de nível de serviço de negócio

Esta subseção dos Serviços e Processos de Negócio descreve os Requisitos do Nível de Serviço de Negócio. Os Requisitos do Nível de Serviço definem requisitos inclusivos para os serviços e se concentram nos requisitos não funcionais. Para ver as subseções, consulte o modelo Requisitos de Nível de Serviço.

Atores

(Esta seção descreve as entidades que interagem com a área de negócios e o sistema de TI.)

Funcionários

(Nesta subseção de Atores, relacione e descreva os interessados que agem no negócio ao executar os casos de uso de negócio.)

Tabela 6.5 Funcionários

Departamento/cargo	Impacto geral do projeto

Atores de negócio

(Nesta subseção de Atores, relacione e descreva as partes externas como clientes e parceiros que interagem com o negócio.)

Tabela 6.6 Atores de negócio

Ator de negócio	Impacto geral do projeto

Outros sistemas

(Nesta subseção de Atores, relacione os sistemas de computadores externos possivelmente afetados por este projeto. Inclua qualquer sistema que será vinculado ao sistema proposto.)

Tabela 6.7 Sistemas externos

Sistema	Impacto geral do projeto

Mapa de Papéis

(Esta subseção de Atores fornece um resumo visual dos atores, que é centralizado e fácil de referenciar, retratando os usuários de sistemas internos que interagem com o sistema de TI e suas relações. Consulte a seção "Mapa de papéis", no Capítulo 4, para ver um glossário de símbolos compatíveis com a UML e um exemplo de um Mapa de papéis (limitado ao diagrama de caso de uso Caso esteja usando a Análise Estruturada, forneça uma versão limitada de um DFD que retrate apenas as Entidades Externas.)

Regras de negócio

(Relacione as regras de negócio ou forneça referências ou vínculos para a documentação das regras de negócio externas. Suas regras de negócio podem ser semelhantes ao seguinte exemplo.)

Sempre que o estoque estiver abaixo de um nível de acionamento, um pedido automático é efetuado junto ao fornecedor.

Diagramas de estado

(Descreva os eventos que acionam mudanças de estado para os principais objetos de negócio. Caso seu projeto utilize o padrão da UML, inclua aqui os diagramas de estados-máquina da UML. Consulte a seção "Diagrama de estados-máquina", no Capítulo 4, para saber mais sobre os diagramas de estado.)

Requisitos de TI

(Esta seção do DRN descreve os requisitos originários do negócio e que o produto ou solução deve cumprir.)

Requisitos de usuário

(Esta seção dos Requisitos de TI descreve os requisitos dos processos automatizados, da perspectiva do usuário. Caso a abordagem de caso de uso for empregada, modele cada tarefa de usuário como um caso de uso do sistema. Caso a Análise estruturada seja utilizada, modele cada tarefa de usuário como um Processo; coloque a tarefa no contexto definindo-a como um subprocesso do processo de negócio ponto a ponto que ela suporta.)

Diagrama de visão geral da tarefa do usuário

Esta seção dos Requisitos de Usuário fornece uma visão geral gráfica das tarefas de usuário e dos papéis associados a cada tarefa. Cada tarefa de usuário representa um trabalho significativo que o usuário realiza com a assistência do sistema de TI e, normalmente, é concluída em uma única interação. Caso a abor-

Capítulo 6 ▪ Modelos 249

dagem de caso de uso esteja sendo empregada, modele as tarefas de usuário como casos de uso do sistema e inclua os respectivos diagramas, retratando os atores que interagem com cada caso de uso de sistema e as dependências entre os casos de uso. Consulte "Casos de uso do sistema", no Capítulo 4, para ver um glossário de símbolos por meio do exemplo de um diagrama de caso de uso do sistema. Caso a Análise de Estrutura esteja sendo usada, inclua os Diagramas de Fluxo de Dados (DFDs) modelando as tarefas de usuário como processos de TI e indicando as entidades externas (atores) que interagem com elas. Indique os dados de entrada e saída de cada processo nos fluxos de dados. Consulte a seção "Diagramas de fluxo de dados", no Capítulo 4, para ver um glossário de símbolos e exemplos de DFDs.

Descrições da tarefa do usuário

Nesta subseção dos Requisitos de Usuário, descreva cada tarefa de usuário documentando a interação exigida entre o usuário e o sistema de TI, mas sem especificar o desenho. (Por exemplo, não inclua o desenho da tela ou as especificações da programação.) Caso as etapas da interação conectem-se de maneira complexa, suplemente o texto com diagramas de fluxo de dados como fluxogramas, diagramas de atividade e Diagramas de Processos de Negócio (DPN), lembrando-se de que o foco desses diagramas é especificamente a interação entre o usuário e o sistema para essa tarefa do usuário e não todo o processo de negócio[1] (que pode incluir etapas manuais, interações com terceiros etc.).

Desenvolva as descrições de maneira incremental. Por exemplo, durante a Iniciação, forneça apenas descrições curtas. Durante a Descoberta, conclua a descrição de cada tarefa de usuário de risco médio a alto. Descreva as tarefas de usuário de baixo risco de maneira informal.

Caso a abordagem de caso de uso esteja sendo empregada, inclua aqui as descrições de caso de uso do sistema (denominadas no RUP como especificações de caso de uso). Para um modelo sugerido, consulte a seção "Modelo da descrição de caso de uso do sistema", neste capítulo.

Caso a Análise Estruturada esteja sendo usada, considere a documentação ESP para cada processo: a sigla se refere às três partes da documentação: entrada, saída e lógica do processo. A lógica do processo descreve a interação usuário/TI e pode ser documentada usando o texto como um pseudocódigo (um estilo de escrita estruturada que emprega construções semelhantes à da programação) ou, graficamente, empregando um diagrama de fluxo de trabalho.

---

[1] Apesar do termo "negócio" em "Diagrama de processo de negócio", os DPN são úteis para documentar qualquer fluxo de trabalho – mesmo quando o enfoque não é o processo de negócio por inteiro, mas a interação com o sistema de TI, como é o caso aqui – em razão da abundância de elementos de modelagem (como OUs inclusivos) para lidar com uma variedade de situações.

Requisitos (não funcionais) de nível de serviço de TI

(Esta subseção dos Requisitos de TI descreve os Requisitos do Nível de Serviço de TI. Os Requisitos de Nível de Serviço definem como deve ser o desempenho do sistema, e não a natureza da interação e do fluxo de trabalho. Os Requisitos de Nível de Serviço são, às vezes, denominados por outros termos como "atributos de qualidade" e "requisitos não funcionais". Para um modelo sugerido, consulte a seção "Modelo de requisitos (não funcionais) de nível de serviço", neste capítulo).

Requisitos do estado do sistema

(Esta subseção dos Requisitos de TI descreve como o comportamento do sistema de TI modifica nos diferentes estados. Descreva os recursos que estarão disponíveis e aqueles que serão desativados em cada estado. Observe a distinção entre esta subseção dos Requisitos de TI e a seção anterior do DRN, Diagramas de Estado. Os Requisitos de estado do sistema (esta subseção) refere-se aos dados do sistema de TI [Desativado etc.] e os recursos ativos ou inativos quando ele está em diferentes estados, independente da seção anterior estar ou não envolvida no ciclo de vida e nos estados de objetos de negócios essenciais para o projeto, como a inscrição de Registro, um Pedido etc.).

Estado de teste

(Esta subseção dos Requisitos de Estado do Sistema descreve o que o usuário pode ou não fazer enquanto o sistema se encontra no estado de teste).

Estado desativado

(Esta subseção dos Requisitos de Estado do Sistema descreve o que acontecerá quando o sistema, ou parte de um sistema ou serviço de TI, estiver inativo. Defina claramente o que o usuário poderá ou não fazer e as Funções de Negócios Vitais [FNV] que devem permanecer operacionais).

Modelo estático

(O modelo estático descreve os requisitos de negócio que não se baseiam no tempo para o sistema de TI. Isso inclui as definições das entidades de negócio [conceitos e tipos de objeto] – e as regras de negócio inclusivas relacionadas que devem ser suportadas pelo sistema de TI, como a regra de que cada política pode ser controlada por um ou mais clientes).

Modelo estático: diagramas

(Nesta subseção do Modelo estático, inclua os diagramas de modelagem estática que retratam as entidades de negócio e regras de negócio e requisitos de dados associados. Caso esteja usando o padrão da UML, inclua os diagramas de classe;

consulte "Diagramas de classe", no Capítulo 4, para obter detalhes. Caso esteja usando a abordagem de modelagem de dados, inclua os Diagramas Entidade Relacionamento (DER); consulte "Diagrama de relação de entidade", no Capítulo 4).

Tabela de regras de multiplicidade

(Inclua esta subseção do Modelo estático na apresentação para os interessados no negócio, que provavelmente não estão familiarizados com os diagramas de modelagem estática. Inclua descrições textuais das regras de negócio expressas no diagrama de modelo estático, convertendo cada relação de entidade [associação] do modelo em duas regras de negócio [uma em cada direção].

A Tabela 6.8 é um modelo da Tabela de regras de multiplicidade que expressa às regras de negócio referentes à multiplicidade – objetos de negócio que podem ser relacionados – em forma textual. Observe que o termo da modelagem de dados cardinalidade e o tema da UML multiplicidade são equivalentes, que uma relação de modelagem de dados e uma associação da UML também são equivalentes e que os termos entidade, classe e classe de entidade usados no contexto do BA são relativamente equivalentes[2]).

Tabela 6.8 Tabela de regras de multiplicidade

Cada... (Nomeie a classe de entidade em uma extremidade da associação.)	(Use uma frase verbal para nomear a associação entre as classes de entidade em qualquer uma das extremidades.)	**Pelo menos...** (Documente a multiplicidade mínima na outra extremidade da associação).	(Documente a multiplicidade máxima na outra extremidade da associação.)	(Nomeie a classe de entidade na outra extremidade da associação. Use o plural se a multiplicidade máxima for maior que 1.)

---

[2] O termo *cardinalidade* é empregado na modelagem de dados e na UML. *Multiplicidade* é um termo da UML. *Entidade* é o termo de modelagem de dados referentes ao termo *classe de entidade* da UML. Nem todas as classes da UML são de entidade, mas essas são as principais classes de interesse para o BA.

O livro do analista de negócios

A sua documentação pode ser semelhante ao exemplo a seguir, como mostra a Tabela 6.9.

Tabela 6.9 Exemplo de regras de multiplicidade

Cada...	(Nomeie a associação)	Pelo menos...	(Documente a multiplicidade máxima na outra extremidade da associação.)	(Nomeie a classe de entidade na outra extremidade da associação..
Apólice	É propriedade de	1	Ou mais	Titulares da apólice
Titular da apólice	Possui	1	E apenas 1	apólice

Documentação da entidade

(Nesta subseção do Modelo estático, inclua a documentação de texto para suportar as entidades [classes] que aparecem nos diagramas do modelo estático. Nem todas as entidades precisam ser completamente documentadas para o BA; faça uma análise de risco para determinar em que ponto a documentação completa traria mais benefícios para o projeto).

Nome da entidade: (Nomeie a [classe] de entidade). Use uma frase substantiva no singular, como Cliente).

Alias: (Liste qualquer outro nome pelo qual a entidade seja conhecida no domínio do negócio).

Descrição: (Forneça uma descrição curta da entidade).

Exemplo: (Forneça um exemplo da instância [objeto individual] desta entidade).

Chave primária: relaciona o(s) atributo(s) usado(s) para identificar exclusivamente uma instância desta classe).

Atributos: (Documente os atributos [campos de dados]. Consulte a Tabela 6.10).

Volume: (Documente o número máximo de objetos desse tipo que o sistema deve ser capaz de tratar).

Taxa de crescimento: (Documente a taxa em que é esperado que o número de objetos desse tipo aumente).

(A Tabela 6.10 é um modelo para documentar propriedades de atributo, como o método usado para derivar o valor de um atributo [se aplicável], seus tipos de dados e o formato de exibição padrão (por exemplo, MM DD/YY para uma data). Na coluna Dependência, documente qualquer dependência que o atributo pode ter em relação a outros atributos ou condições. Por exemplo, as dependências para

os atributos de uma Fatura podem incluir que uma data de vencimento deve ocorrer junto ou depois de uma data da fatura e que o código do produto na fatura deve corresponder ao que é usado no sistema de estoque).

Entidade (classe): (Nome da entidade ou classe de entidade)

Tabela 6.10 Tabela de atributos

Atributo	Derivado?	Derivação	Tipo (Numérico, Data etc.)	Formato	Comprimento	Intervalo	Dependência

Plano de teste

(Estes requisitos são frequentemente descritos em um plano de teste separado. Caso não sejam tratados em outro lugar, descreva-os aqui no DRN. O seu plano de teste deve abordar as etapas exigidas para verificar se a solução é "Adequada para o propósito" [faz o que deveria fazer] e "Adequada para o uso" [funciona bem sob as condições especificadas]).

Responsabilidades da garantia de qualidade

(Nesta subseção do Plano de Teste, identifique as responsabilidades do pessoal de garantia de qualidade e especifique a quem serão atribuídas).

Padrões e diretrizes de GQ

(Nesta subseção do Plano de Teste, identifique os padrões de GQ e as diretrizes que serão usadas no projeto e indique como a conformidade com estes padrões e diretrizes será determinada).

Plano de revisão e auditoria

(Esta subseção do Plano de Teste estabelece as revisões e auditorias que serão executadas no projeto, sua programação e sua meta).

Registros de qualidade

(Esta subseção do Plano de Teste descreve os registros de qualidade que serão mantidos para o projeto).

Ferramentas, técnicas e metodologias

(Esta subseção do Plano de Teste descreve as ferramentas específicas, técnicas e metodologias que serão utilizadas para a garantia de qualidade).

Atividades de teste

(Esta subseção do Plano de Teste deve abordar as atividades de teste a seguir).

Atividades preparatórias

(Esta subseção de atividades de teste descreve as atividades que devem ser concluídas antes de executar os testes. O BA suporta o GQ na preparação para o teste "Adequado para o propósito" (também conhecido como teste funcional ou de caixa-preta) com base nos requisitos. O suporte do BA pode incluir o desenho de casos, cenários e roteiros de teste e o rastreamento dos testes para trás até os requisitos (como os fluxos de caso de uso) e para frente (dos requisitos para os testes), a fim de garantir a cobertura completa do teste dos requisitos. As tabelas de decisão podem ser usadas para identificar cenários de teste quando as ações do sistema dependem de diversos fatores. Consulte a seção "Tabela/árvore de decisão", no Capítulo 4, para obter mais informações sobre as tabelas de decisão.)

Teste da caixa branca

(Esta subseção das Atividades de Teste descreve as atividades de teste de caixa branca que ocorrem depois que as mudanças no software são realizadas. O teste de caixa branca é realizado pela equipe técnica a fim de verificar se os programas, campos e cálculos funcionam conforme foram especificados. O BA ou a equipe técnica específica a cobertura exigida do teste da caixa branca. A cobertura inferior é a da declaração [cada declaração do código foi executada pelo menos uma vez durante o teste]. A cobertura superior exigida é, geralmente, a de múltiplas condições [cada combinação de condições em cada decisão foi executada pelo menos uma vez]. Normalmente, os testes técnicos são realizados primeiro no nível da unidade [teste do módulo alterado]. Eles são seguidos por testes de integração técnica que examinam a integração das unidades modificadas em subsistemas e sistemas progressivamente maiores).

Teste "Adequado ao propósito" (caixa-preta)

(Esta subseção das atividades de teste descreve o teste "Adequado ao propósito" (funcional), também conhecido como teste da caixa-preta. O BA ou a equipe de GQ administra ou supervisiona esses testes, executados para verificar a con-

formidade da solução com os requisitos. Os testes devem verificar se todas as fórmulas são calculadas adequadamente e se cada fluxo [fluxos básico e alternativo] para cada tarefa do usuário [caso de uso do sistema] é testado. Descreva os princípios e as técnicas que serão usados, com as diretrizes do teste estruturado e a análise do valor de limite. Verifique a cobertura dos requisitos rastreando os casos de teste para trás, até os requisitos [como casos de uso de sistema e fluxos]. Use as tabelas de decisão para verificar se todas as combinações exigidas dos cenários de teste foram testadas. Use a análise do valor de limite para verificar a qualidade dos dados do teste).

Teste não funcional

(Nesta subseção das atividades de teste, descreva os testes do sistema executados para verificar a conformidade da solução com os requisitos de nível de serviço, como os do tempo da resposta). Os testes devem verificar se a integridade do sistema e dos dados permanece intacta. Para obter mais informações sobre os tipos de teste, consulte "Lista de verificação: tipos de teste", no Capítulo 5).

Por exemplo, o seu plano de teste pode incluir os seguintes testes:

- Teste de especificação do serviço (também conhecido como teste funcional ou de caixa-preta)
- Teste de nível de serviço
- Teste de garantia do serviço (testa se as garantias são cumpridas no que se refere à disponibilidade, capacidade, continuidade etc.)
- Teste de usabilidade
- Teste de contrato e regulamentação
- Teste de gerenciamento de serviço
- Teste operacional
- Teste de regressão
- Teste de carga
- Teste de estresse
- Teste de confiabilidade
- Teste de segurança

Teste de aceitação do usuário

(Esta subseção das Atividades de Teste descreve os procedimentos do Teste de Aceitação do Usuário).

Plano de implantação

(O plano de implantação é frequentemente descrito em um documento separado. Caso não seja tratado em outro lugar, descreva-o aqui no DRN. Nesta seção do DRN, descreva as etapas exigidas para implantar o produto ou serviço na produção).

Treinamento

(Nesta subseção do Plano de implantação, especifique quem é responsável pelo treinamento, quem será treinado e como o treinamento será executado.)

Conversão

(Nesta subseção do Plano de implantação, especifique as etapas necessárias para converter para o novo sistema. O seu plano deve descrever os dados existentes que devem ser convertidos, programas a ser promovidos para novas versões, a concessão de privilégios do usuário e assim por diante.)

Programação de trabalhos

(Nesta subseção do Plano de implantação, avise as operações de TI sobre qualquer mudança na programação de trabalho, frequentemente conhecido como o "livro de execução" do aplicativo ou sistema. Indique os trabalhos que serão adicionados à execução da produção e sua frequência, relatórios para imprimir e trabalhos e relatórios que devem ser descontinuados ou alterados.)

Lançamento

(Nesta subseção do plano de implantação, descreva os procedimentos para lançar a solução para o ambiente de produção e os usuários finais. O plano deve incluir preparações para o teste de verificação da produção [também conhecido como teste de validação da produção], parte importante e frequentemente negligenciada do ciclo de vida e na qual o BA deve ser instrumental. O plano de lançamento também deve garantir que se avisem todos os usuários afetados quando o projeto for promovido.)

Procedimentos do usuário final

(Documente os procedimentos do usuário para as funções afetadas. Distribua para os usuários finais e forneça o treinamento prático ao usuário.)

Acompanhamento pós-implementação

(Acompanhe com um cronograma coerente após a implementação, para garantir que o projeto seja executado com sucesso e que os objetivos sejam cumpridos. Determine se alguma melhoria ou mudança é necessária para garantir o sucesso da solução.)

Outras questões

(Use esta seção para qualquer outra questão que não tiver sido abordada em outras partes do DRN.)

Assinatura

(Nesta seção do DRN os interessados, provedores de solução e outros confirmam sua aceitação do documento.)

Pacote de requisitos alternativos

A seguir há uma alternativa para o pacote dos requisitos em documentos separados, com enfoque na contribuição feita pelo BA.

- Documento 1: Desejos e necessidades do cliente

  Denominado de várias formas, como Documento de Requisitos do Mercado e Requisitos de Negócio, documenta os objetivos e os requisitos de negócio de alto nível. Com frequência, é preparado por um gerente de produto após a consulta com os clientes. Contém:

  - Resumo: visão geral de alto nível da requisição, escopo e necessidade do cliente
  - Interessados e interesses
  - Desejos e necessidades (objetivos do cliente)
  - Motivadores do negócio
  - Estratégias de negócios
  - Regulamentos e padrões
  - Suposições
  - Questões
  - Riscos
  - Restrições

- Documento 2: Documento de requisitos de negócio do cliente

  Documenta os serviços de negócio e os respectivos níveis que o negócio deve ser capaz de fornecer aos clientes. Contém:

  - Escopo e objetivos do negócio
  - Critérios de aceitação
  - Métricas
  - Requisitos de (Nível) de serviço de negócio: inclui requisitos de nível de serviço de negócio não funcionais, a lista de serviços de negócios novos ou alterados e a descrição da fachada de negócios (descrições do caso de uso de negócios [conhecidas no RUP como especificações de caso de uso de negócio]) – as interações exigidas entre os atores e a área de negócios para cada serviço. (Alguns praticantes incluem as descrições de processo de negócio

transfuncionais [realizações de caso de uso de negócios]; na configuração apresentada aqui, são abrigadas na arquitetura do negócio.)

- Documento 3: Arquitetura de negócio

  Define requisitos para toda a empresa. A contribuição do BA para o documento inclui:

  - Diagramas de domínio (diagramas de entidade/classe da perspectiva do negócio): define as regras de negócio para toda a empresa, relacionadas às categorias (classes) dos objetos de negócio.

  - Diagramas de visão geral do processo de negócio (diagramas de caso de uso do negócio): define a participação dos atores nos serviços e processos de negócio.

  - Fluxo de trabalho transfuncional do processo de negócio (realizações de caso de uso do negócio): define o fluxo de trabalho interno para implementar o processo de negócio. Em geral, expresso graficamente, usa os diagramas de fluxo de trabalho de raia, os DPN, diagramas de atividade etc.

- Documento 4: Especificação dos Requisitos de Software (ERS)/Documento de especificações do produto

  Define os requisitos que devem ser cumpridos pela organização de TI. Pode incluir os requisitos resultantes do negócio e, também, as especificações técnicas. A contribuição do BA inclui:

  - Critérios de aceitação
  - Requisitos de nível de serviço de TI não funcionais
  - Perfil do usuário: define e descreve os grupos de usuários (atores) que vão acessar o sistema de TI. Inclui o Mapa de papéis.
  - Requisitos funcionais (requisitos do usuário/diagramas de caso de uso do sistema/documentação de caso de uso do sistema)

Modelo da descrição de caso de uso do negócio

A seguir temos um modelo sugerido para ser empregado na criação da descrição de caso de uso do negócio (denominada no RUP *especificação de caso de uso do negócio*). Observe que existem muitos estilos diferentes em uso para este modelo. O modelo a seguir apresenta uma ampla lista de exceções que devem ser levadas em consideração – embora não seja necessariamente completa – ao descrever um caso de uso.

1. **Nome do caso de uso do negócio:** *(O nome que aparece nos diagramas de caso de uso do negócio. Nome do objetivo do ator primário para este caso de uso.)*

   Nível: *(Especifique o nível de serviço ou processo de negócio descrito pelo caso de uso de negócio. Por exemplo: Alto nível = processo de negócio ponto a ponto; nível médio = processo de negócio de nível médio com subprocessos; nível baixo = processo de negócio sem subprocessos menores. Se o nível não for especificado, um processo de negócio de alto nível (ponto a ponto) é presumido.)*

   Tipo: *(Caso de uso básico/de extensão/incluído/generalizado/especializado)*

   1.1 Contexto de *negócio*

   1.1.1 Descrição curta

   (Descreve resumidamente o caso de uso em aproximadamente um parágrafo.)

   1.1.2 Metas e benefícios do negócio

   (Descreve resumidamente o fundamento racional do negócio para o caso de uso.)

   1.1.3 Área de negócios

   (Nomear a área de negócios que está sendo modelada, por exemplo, Gerenciamento de incidente.)

   1.2 Atores

   1.2.1 Ator de negócio primário

   (Identifique a(s) entidade(s) fora da área de negócio que pode(m) iniciar o caso de uso de negócio.)

   1.2.2 Outros atores

   (Identifique outros atores diretamente envolvidos no cumprimento do objetivo do caso de uso. Você pode classificar os outros atores conforme apresentado a seguir.)

   1.2.2.1 Atores de negócio secundários (Tabela 6.11)

   (Relacione as entidades, como Fornecedor, que estejam fora da área de negócios, mas que participem do processo assim que o caso de uso for acionado.)

Tabela 6.11 Atores de negócio secundário

Ator de negócio secundário	Responsabilidade

260   O livro do analista de negócios

1.2.2.2   Funcionários (Tabela 6.12)

Relacione os funcionários internos – como os Representantes do atendimento ao cliente –, que executam as etapas do processo de negócio, uma vez que o caso de uso foi acionado.)

Tabela 6.12 Funcionários

Funcionário	Responsabilidade

1.2.3   Interessados externos[3] (Tabela 6.13)

Identifique os interessados não participantes que tenham interesses neste caso de uso.)

Tabela 6.13 Interessados externos

Interessado externo	Interesse

1.3   Acionadores

(Descreve o evento ou condição que desencadeia o caso de uso, como "Inscrição recebida". Se o acionador for orientado pelo tempo, descreva a condição temporal, por exemplo, final do mês.)

1.4   Pré-condições

(Relacione as condições que devem ser verdadeiras antes que o caso de uso tenha início. No entanto, caso a condição force o caso de uso a começar, não a relacione aqui; relacione-a como um acionador.)

1.5   Pós-condições

(As pós-condições são resultados garantidos do caso de uso. Qualquer pós-condição é garantida como verdadeira depois que o caso de uso termina. As subseções das pós-condições diferenciam entre os resultados

---

[3] O termo é usado por COCKBURN, Alistair. *Writing effective use cases.* Addison-Wesley Professional, 2000.

que são garantidos apenas quando o caso de uso se conclui com sucesso, e os resultados que são garantidos em todos os casos.)

1.5.1 Pós-condições do sucesso

(Descreve os resultados que são garantidos para cada interação que se conclui com sucesso, isto é, quando a meta do caso de uso é atingida. As pós-condições do sucesso são adicionais a qualquer garantia listada em Pós-condições garantidas).

1.5.2 Pós-condições garantidas

(Descreve os resultados que são garantidos para cada interação – independentemente do caso de uso terminar em sucesso ou fracasso.)

1.6 Pontos de *extensão*

(Um ponto de extensão é um recurso de um caso de uso que identifica o ponto em que o comportamento de um caso de uso pode ser suplementado com elementos de outro caso de uso [de extensão][4]. A extensão ocorre em um ou mais pontos de extensão específicos, definidos no caso de uso básico estendido[5]. [UML 2] Nesta subseção do modelo, nomeie e descreva pontos em que outros casos de uso [de extensão] podem estender este[6]. [Como alternativa, você pode definir pontos de extensão graficamente na metade inferior do símbolo oval usado para o caso de uso básico[7].] A sua declaração do ponto de extensão pode ser semelhante ao seguinte: no exemplo, o ponto de extensão "Cliente preferencial" refere--se a qualquer ponto do intervalo das etapas 2.5 a 2.9 neste caso de uso. A implicação é que enquanto um cenário está executando as etapas 2.5 a 2.9, se a condição anexada a uma extensão que usa esse ponto se tornar verdadeira, o caso de uso de extensão é ativado.)

1.6.1 Cliente preferencial: etapas 2.5-2.9

1.7 Diagrama de *caso de uso do negócio exibição local*

(Esse Diagrama Local indica o caso de uso em questão e todas as suas relações diretas. Inclua um diagrama de caso de uso de negócios apre-

---

[4] *Unified Modeling Language Superstructure*, V2.1.2, OMG, 2007. p. 591.

[5] *Ibidem*, p. 589.

[6] A UML afirma que os pontos de extensão são recursos do caso de uso básico e estão definidos nele, uma abordagem consistente com o que é usado no modelo. No entanto, alguns defendem que a visão de Jacobson – que o caso de uso estendido não deve ter conhecimento de que é ou não estendido – argumenta que os pontos de extensão sejam declarados em outras partes. Além disso, observe que só porque um ponto de extensão é declarado para um caso de uso básico, isso não significa que ele será necessariamente utilizado por todos os casos de uso de extensão. Os pontos de extensão usados por um caso de uso de extensão em particular podem ser indicados em uma nota anexada à relação de extensão.

[7] *Unified Modeling Language Superstructure, op. cit.*, p. 591.

sentando esse caso, todas as suas relações (inclusão, extensão e generalização) com outros casos e suas associações com os atores.

A prioridade e o status *do caso de uso devem ser rastreados em qualquer lugar; o ideal é que seja em uma ferramenta de gerenciamento de requisitos ou projeto como o ReqPro ou o MS Project. Do contrário, adicione seções aqui para prioridade e* status.)

2. Fluxo de eventos

Fluxo básico

2.1 Insira as *etapas do Fluxo básico*, começando em 2.1 e seguindo com 2.2, 2.3 e assim por diante.

Fluxos alternativos

Xa Nome do fluxo alternativo:

(O nome do fluxo deve descrever a condição que aciona o fluxo alternativo. No sistema de numeração de Cockburn usado aqui, "X" é o número da etapa em que a interrupção ocorre. Por exemplo, o primeiro fluxo alternativo que diverge da etapa 2.5 é nomeado 2.5a;o segundo leva o nome 2.5b etc. Descreva as etapas na forma de parágrafo ou ponto. A última etapa do fluxo deve direcionar o leitor a uma etapa em outro fluxo [básico ou alternativo] ou, se o caso de uso finalizar nesse ponto, deve identificar se foi concluído com sucesso ou fracasso. As Pós-condições garantidas se aplicam independentemente de como o caso de uso termina; as Pós-condições do sucesso são garantidas apenas quando o caso de uso termina bem-sucedido.)

O cabeçalho do fluxo alternativo deve ser semelhante ao exemplo a seguir, acionado na etapa 2.5 no fluxo básico:

2.5a Produto *indisponível*.

3. Requisitos especiais

(Relacione os requisitos especiais ou restrições que se apliquem especificamente a este caso de uso.)

3.1 Requisitos (*não funcionais*) de *nível de serviço de negócio*

(Relacione os requisitos da área de negócio que não pertencem diretamente ao fluxo de trabalho. Relacione apenas aqueles que são particulares a este caso de uso; relacione os requisitos não funcionais inclusivos nos Requisitos (não funcionais) de nível de serviço de negócio [externos a este caso de uso]. As subseções de amostra seguem. Para obter uma lista mais completa, consulte o Modelo de requisitos de nível de serviço, neste capítulo.)

3.1.1 Requisitos de usabilidade de negócio

3.1.2 Requisitos de confiabilidade de negócio

3.1.3 Requisitos de desempenho de negócio

3.1.4 Requisitos de capacidade de suporte de negócio

3.1.5 Requisitos de segurança de negócio
3.1.6 Requisitos legais e regulamentares
3.2 Restrições

(Relacione as restrições tecnológicas, arquitetônicas e outras no caso de uso.)

4. Diagrama de atividade

(Caso os fluxos se conectem de maneira complexa, inclua um diagrama de atividade que mostre o fluxo de trabalho para este caso de uso ou para suas partes selecionadas.)

5. Artefatos de processo

(Inicialmente, inclua a descrição/protótipos/layouts de amostra dos artefatos usados como entrada para ou criados pelo caso de uso de negócio, para ajudar o leitor a visualizar a interação, mas não restrinja o desenho. Mais tarde, forneça links para os artefatos do desenho.)

6. Diagramas de domínio (entidade de negócio)

(Inclua diagramas de classe que retratam as classes de entidades de negócio, relações e multiplicidades de todos os objetos que participam deste caso de uso.)

7. Questões em aberto

(Anote qualquer suposição, nota e questão que precisa ser verificada com os interessados. Certifique-se de que todos esses itens sejam abordados e removidos desta seção antes da assinatura final.)

8. Itens de informações

(Inclua um link ou referência para a documentação, descrevendo regras para itens de dados que se relacionem a este caso de uso. Com frequência, a documentação deste tipo é encontrada em um dicionário de dados.)

9. Comandos e mensagens

(Qualquer comando ou mensagem deve ser referenciado apenas nos fluxos de caso de uso. Os detalhes do comando ou da mensagem devem ser incluídos aqui ou em um catálogo de mensagem).

10. Regras de negócio

(Esta seção da documentação do caso de uso deve fornecer links ou referências para as regras de negócio específicas que estão ativas durante o caso de uso. Um exemplo de uma regra de negócio para um pacote de empresa aérea é "O peso do avião nunca deve exceder o máximo permitido para este tipo de aeronave". Frequentemente, as organizações mantêm essas regras em um mecanismo de regras de negócio automatizado ou manualmente em um arquivo.)

11. Artefatos relacionados

(Inclua referências para outros artefatos como tabelas de decisão, algoritmos complexos etc.)

Modelo da descrição do caso de uso do sistema

A seguir temos um modelo sugerido para ser utilizado na criação da descrição de caso de uso do sistema (denominada no RUP *especificação de caso de uso*). Observe que existem muitos estilos diferentes em uso para esse modelo (RUP, Cockburn, Bittner/Spence e outros). O modelo a seguir contém uma ampla lista de seções que devem ser levadas em consideração ao descrever um caso de uso; no entanto, nem todas devem ser concluídas.

1. **Nome do caso de uso do sistema:** *(O nome que aparece nos diagramas de caso de uso do sistema. Nome do objetivo do ator primário para este caso de uso.)*

   Nível: *(Especifique o nível de serviço de TI descrito pelo caso de uso de sistema. Por exemplo, nível de pipa = serviço de TI ponto a ponto e nível do mar = meta atingida por um ator em uma seção de TI[8]. [Um caso de uso que representa um subobjetivo é caracterizado abaixo por tipo, como um caso de uso incluído.] Se o nível não for especificado, um caso de uso de nível do mar [sessão única] é presumido.)*

   Tipo: *(Caso de uso básico/de extensão/generalizado/especializado/incluído.)*

   1.1 **Contexto de *negócio***

      1.1.1 **Descrição resumida**

         (Descreve de modo resumido o caso de uso, em aproximadamente um parágrafo).

      1.1.2 **Benefícios e metas do negócio**

         (Descreve resumidamente as metas de negócio abordadas pelo caso de uso).

      1.1.3 **Área de negócio**

         (Nomear a área de negócios que exigirá o caso de uso, por exemplo, Gerenciamento de incidentes.)

      1.1.4 **Sistema em Desenvolvimento (SeD)**

         (Identificação dos sistemas de TI [se conhecidos] que implementarão os requisitos do projeto. O SeD pode consistir em uma coleção de componentes de TI, como aplicativos de software, bancos de dados e sistemas de suporte.)

   1.2 **Atores**

      1.2.1 **Ator primário**

         (Identifique os usuários ou sistemas que iniciam o caso de uso.)

      1.2.2 **Atores secundários**

         (Anote os usuários ou os sistemas que recebem mensagens do caso de uso. Inclua os usuários que recebem relatórios ou mensagens on-line).

---

[8] Esses níveis foram apresentados por Alistair Cockburn.

Capítulo 6 ▪ Modelos   265

1.2.3 Interessados externos

(Identifique os interessados não participantes que tenham interesses neste caso de uso.)

Tabela 6.14 Interessados externos

Interessado	Interesse

1.3 Acionadores

(Descreve o evento ou condição que desencadeia o caso de uso, como "Chamada recebida" pelo centro de chamadas ou "Estoque baixo". Se o acionador for orientado pelo tempo, descreva a condição temporal, por exemplo, final do mês.)

1.4 Pré-condições

(Relacione as condições que devem ser verdadeiras antes que o caso de uso tenha início. No entanto, caso a condição force o caso de uso a começar, não a relacione aqui; relacione-a como um acionador.)

1.5 Pós-condições

(As pós-condições são resultados garantidos do caso de uso. Qualquer pós-condição é garantida como verdadeira depois que o caso de uso termina. As subseções das pós-condições diferenciam entre os resultados que são garantidos apenas quando o caso de uso termina com sucesso, e os resultados que são garantidos em todos os casos.)

1.5.1 Pós-condições do sucesso

(Descreve os resultados que são garantidos para cada interação que termina bem-sucedido, isto é, quando a meta do caso de uso é atingida. As Pós-condições do sucesso são adicionais a qualquer garantia listada em Pós-condições garantidas.)

1.5.2 Pós-condições garantidas

(Descreve os resultados que são garantidos para cada interação – independentemente de o caso de uso terminar bem-sucedido ou não.)

1.6 Pontos de *extensão*

(Um ponto de extensão é um recurso de um caso de uso que identifica o ponto em que o comportamento de um caso de uso pode ser suplementa-

do com elementos de outro caso de uso [de extensão][9]. A extensão ocorre em um ou mais pontos de extensão específicos, definidos no caso de uso [básico] estendido[10]. [UML 2] Nesta subseção do modelo, nomeie e descreva pontos em que outros casos de uso (de extensão) podem estender este[11]. [Como alternativa, você pode definir pontos de extensão graficamente na metade inferior do símbolo oval usado para o caso de uso básico[12]]. A sua declaração do ponto de extensão pode ser semelhante ao seguinte: no exemplo, o ponto de extensão "Cliente preferencial" refere-se a qualquer ponto do intervalo das etapas 2.5 a 2.9 neste caso de uso. A implicação é que enquanto um cenário está executando as etapas 2.5 a 2.9, se a condição anexada a uma extensão que usa esse pontos se tornarem verdadeira, o caso de uso de extensão é ativado.)

1.6.1 Cliente preferencial: 2.5-2.9

1.7 Diagrama de caso de uso do sistema com exibição local

(Esse diagrama indica o caso de uso em questão e todas as suas relações diretas. Inclua um diagrama de caso de uso de sistema apresentando esse caso, todas as suas relações [inclusão, extensão e generalização] com outros casos e suas associações com os atores.)

A prioridade e o status do caso de uso devem ser rastreados em qualquer lugar; o ideal é que seja em uma ferramenta de gerenciamento de requisitos ou projeto como o ReqPro ou o MS Project. Do contrário, adicione aqui seções para prioridade e status.)

2. Fluxo de eventos

Fluxo básico

2.1 Inserir etapas do Fluxo básico

Fluxos alternativos

Xa Nome do fluxo alternativo:

(O nome do fluxo deve descrever a condição que aciona o fluxo alternativo. No sistema de numeração de Cockburn usado aqui, "X" é o número da etapa em que a interrupção ocorre. Por exemplo, o primeiro fluxo alternativo que diverge da etapa 2.5 é nomeado 2.5a; o segundo leva o nome 2.5b etc. Descreva as etapas na forma de parágrafo ou ponto. A última etapa do fluxo deve direcionar o leitor a uma etapa em outro fluxo [básico ou alternativo] ou, se o caso de uso terminar nesse ponto, deve identificar se terminou em sucesso ou fracasso. As Pós-condições garantidas se aplicam independente de como o caso de uso termina; as

---

[9] *Unified Modeling Language Superstructure*, V2.1.2, OMG, 2007, p. 591.

[10] *Ibidem* p. 589.

[11] Ver a nota 6 deste capítulo, sobre os pontos de extensão.

[12] *Unified Modeling Language Superstructure*, V2.1.2, OMG, 2007, p. 591.

Pós-condições do sucesso são garantidas apenas quando o caso de uso termina em sucesso.)

O cabeçalho do fluxo alternativo deve ser semelhante ao exemplo a seguir, acionado na etapa 2.5 no fluxo básico:

2.5a Produto *indisponível*.

3. Requisitos especiais

(Organize uma lista dos requisitos especiais ou restrições que se apliquem especificamente a este caso de uso).

3.1 Requisitos de nível de serviço de TI (não funcionais)

(Organize uma lista dos requisitos que o produto ou solução deve cumprir ou que não pertençam diretamente ao fluxo de trabalho. Considere apenas aqueles que são específicos deste caso de uso. Relacione requisitos não funcionais inclusivos nos Requisitos (não funcionais) de nível de serviço de TI. As subseções de amostra seguem. Para obter uma lista mais completa dos Requisitos de nível de serviço, consulte "Modelo de requisitos de nível de serviço", neste capítulo.)

3.1.1 Requisitos de usabilidade

3.1.2 Requisitos de confiabilidade

3.1.3 Requisitos de desempenho

3.1.4 Requisitos de capacidade de suporte

3.1.5 Requisitos de segurança

3.1.6 Requisitos legais e regulamentares

3.2 Restrições

(Relacione as restrições tecnológicas, arquitetônicas e outras no caso de uso.)

4. Diagrama de atividade

(Caso os fluxos no caso de uso do sistema se conectarem de maneira complexa, inclua um diagrama de atividade das etapas e dos fluxos.)

5. Interface do usuário

(Inicialmente inclua as descrições, os esboços ou protótipos das telas conforme apropriado, a fim de ajudar o leitor a visualizar a interface, mas não restrinja o projeto. Depois que a UI foi projetada, trace um link entre a interface e este documento usando a tabela de rastreabilidade ou fornecendo um link para a UI desta seção do documento de caso de uso.)

6. Diagramas de domínio (entidade de negócio)

(Inclua os diagramas de classe retratando as classes de negócios, relações e multiplicidades de todos os objetos que participam deste caso de uso.)

7. **Questões em aberto**

(Relacione qualquer suposição, nota e questão que precisa ser verificada com os interessados. Certifique-se de que todos esses itens tenham sido abordados e removidos desta seção antes da assinatura final.)

8. **Itens de informações**

(Inclua um link ou referência para a documentação, descrevendo regras para itens de dados que se relacionem a este caso de uso. Com frequência, a documentação desse tipo é encontrada em um dicionário de dados.)

9. **Comandos e mensagens**

(Qualquer comando ou mensagem deve ser referenciado apenas nos fluxos de caso de uso. Os detalhes do comando ou mensagem devem ser incluídos aqui ou em um catálogo de mensagem.)

10. **Regras de negócio**

(Esta seção da documentação do caso de uso deve fornecer links ou referências para as regras de negócio específicas que estão ativas durante o caso de uso. Um exemplo de uma regra de negócio para um pacote de empresa aérea é "O peso do avião nunca deve exceder o máximo permitido para este tipo de aeronave". Com frequência, as organizações mantêm essas regras em um mecanismo de regras de negócios automatizado ou manualmente em um arquivo.)

11. **Artefatos relacionados**

(Inclua referências para outros artefatos como tabelas de decisão, algoritmos complexos etc.)

Modelo de requisitos (não funcionais) de nível de serviço

A seguir há um modelo sugerido para documentar os Requisitos de Nível de Serviço (RNS) (não funcionais).

Tipo de nível de serviço

(Esta seção dos Requisitos de Nível de Serviço especifica se os requisitos se relacionam ao negócio ou aos serviços de TI.)

Visão geral

Objetivo

(Esta seção dos Requisitos de nível de serviço descreve o propósito do documento. A sua descrição pode ser semelhante ao texto fornecido a seguir.)

O propósito do RNS é documentar os requisitos não funcionais de nível de serviço de TI para todo o sistema. Os requisitos não funcionais são aqueles que não são diretamente ligados ao que o sistema pode fazer. Eles correspondem às categorias URPS+ (Usabilidade, Confiabilidade, Desempenho e Capacidade de suporte e outras restrições) do FURPS+. Este documento complementa os requisitos funcionais (casos de uso do sistema). Os Requisitos de nível de serviço específicos de uma tarefa de usuário (caso de uso do sistema) são documentados nos requisitos de usuário (descrições do caso de uso do sistema). Os requisitos inclusivos são documentados aqui para evitar a duplicação. Os requisitos listados, neste documento, formam a base dos Acordos de Nível de Serviço (ANS) e com os clientes devem ser suportados, quando aplicável, pelos Contratos de Apoio (CAs) com os fornecedores.

Escopo

(Nesta seção dos Requisitos de nível de serviço, descreva o escopo deste documento: área de negócios, dependências deste documento de outra documentação e itens que estejam explicitamente dentro e fora do escopo.)

Glossário

(Nesta seção dos Requisitos de nível de serviço, organize uma lista de todos os termos, siglas e abreviações usados neste documento, com definições ou vínculos explícitos para as entradas no Glossário do projeto.)

Capacidades para todo o sistema

(Esta seção dos Requisitos de Nível de Serviço descreve as capacidades para todo o sistema, como requisitos de auditoria e registro que se aplicam a todos os casos de uso do sistema[13].)

Requisitos de auditoria e relatórios

(Esta subseção das Capacidades para todo o sistema descreve os tipos de registros, relatórios etc., exigidos pelos auditores. Os seus requisitos podem ser semelhantes ao seguinte exemplo.)

Um registro de cada mudança em uma conta deve ser criado e retido por cinco anos.

Requisitos de registro de atividade

(Esta subseção das Capacidades para todo o sistema descreve os registros de atividade exigidos para suportar os serviços de TI ou negócio e o período em que devem ser mantidos. Os seus requisitos podem ser semelhantes ao seguinte exemplo.)

---

[13] Classificados como requisitos funcionais no sistema FURPS+. Eles são incluídos aqui porque se aplicam a diferentes tarefas de usuário (casos de uso do sistema).

O sistema deve manter um registro de atividade para todas as visitas ao site por um período de cinco anos.

Requisitos de licenciamento

(Esta subseção das Capacidades para todo o sistema descreve os requisitos relacionados à instalação, ao rastreamento e à monitoração das licenças.)

Requisitos de segurança

(Esta subseção das Capacidades para todo o sistema descreve qualquer requisito de segurança relacionado para acessar os dados, restrições de privacidade, segurança nacional e assim por diante.)

Dependências e regras de precedência

(Esta subseção das Capacidades para todo o sistema descreve as dependências e regras de precedência referentes à execução de serviços e processos, movimento dos itens de trabalho, aprovações e assim por diante. Inclua qualquer dependência de tempo entre os processos internos e aqueles executados pelos sistemas externos.)

Requisitos de concorrência

(Esta subseção das Capacidades para todo o sistema descreve o número máximo de usuários que devem se envolver na mesma operação ao mesmo tempo.)

Requisitos de usabilidade

(Esta subseção dos Requisitos de nível de serviço descreve os requisitos que se relacionam à interface do usuário.)

Facilidade de uso pelo usuário

(Esta seção dos Requisitos de usabilidade documenta os requisitos relacionados à facilidade com a qual os usuários são capazes de acessar e usar o serviço. Os seus requisitos podem ser semelhantes ao seguinte exemplo.)

Um usuário final, quando possui uma meta mas não instruções precisas, deve ser capaz de atingir uma taxa de sucesso de 90% ao concluir as transações.

Padrões e diretrizes da interface de usuário

(Esta seção dos Requisitos de usabilidade relaciona os padrões e as diretrizes que restringem o projeto da interface de usuário.)

Requisitos de acessibilidade

(Esta seção dos Requisitos de usabilidade documenta os requisitos de acessibilidade para usuários portadores de necessidades especiais.)

Capítulo 6 ▪ Modelos 271

Requisitos de confiabilidade

(Esta subseção dos Requisitos de nível de serviço descreve o nível de tolerância a falhas exigido pelo sistema.)

Requisitos de exatidão

(Esta subseção dos Requisitos de confiabilidade descreve o grau de precisão exigido nas métricas geradas pelos serviços cobertos no projeto. Os seus requisitos podem ser semelhantes ao seguinte exemplo).

O sistema deve ser capaz de detectar automaticamente 90% das falhas.

Requisitos de precisão

(Esta subseção dos Requisitos de confiabilidade descreve o nível de exatidão exigido. Os seus requisitos podem ser semelhantes ao exemplo a seguir.)

Todos os impostos devem ser calculados e registrados até o próximo centésimo.

Requisitos de disponibilidade

Esta subseção dos Requisitos de Confiabilidade descreve a capacidade do sistema para desempenhar sua função exigida no instante especificado ou por um determinado período[14]. Os seus requisitos podem incluir as seguintes métricas:

- ▪ *TMEF (Tempo Médio entre Falhas): tempo médio entre a ocorrência de uma falha no serviço e de uma segunda falha no mesmo serviço.*

- ▪ *TMEIS (Tempo Médio entre Incidentes de Sistema/Serviço): tempo médio entre a ocorrência de uma falha no sistema ou serviço e a próxima falha.*

- ▪ *TMRS (Tempo Médio para Restaurar o Serviço): tempo médio decorrido para consertar e reparar um serviço, desde o momento em que o incidente ocorre até que ele se torne disponível para o cliente.*

- ▪ *TMPR (Tempo Médio para o Reparo): tempo médio para reparar um Item de configuração ou serviço de TI depois de uma falha, medido desde a ocorrência da falha até o reparo (sem incluir o tempo necessário para recuperar ou restaurar).*

- ▪ *Detecção/registro: tempo entre a ocorrência de um incidente e sua detecção.*

Redundância

(Esta subseção dos Requisitos de confiabilidade descreve os ativos adicionais necessários para suportar os requisitos de confiabilidade e sustentabilidade. Ela inclui os seguintes subtipos[15].)

---

[14] EVANS; MACFARLANE. "A dictionary of IT service management terms, acronyms, and abbreviations", itSMF®, p. 9.

[15] Estes subtipos são definidos pela ITIL.

- *Redundância ativa: esse tipo de redundância suporta a operação continuada de serviços ininterruptos. Relacione os ativos redundantes que devem operar simultaneamente e sempre estar prontos para substituir seus equivalentes. Especifique se cada redundância é diversificada (requer diferentes tipos de ativos para fornecer o mesmo serviço a fim de disseminar o risco) ou homogênea (ativos redundantes do mesmo tipo).*
- *Redundância passiva: esse tipo de redundância suporta os requisitos de confiabilidade para os serviços que podem ser interrompidos. Relacione os ativos redundantes que serão mantidos off-line (ou em espera) até que sejam exigidos. Especifique se cada redundância é diversificada ou homogênea (conforme definido na subseção anterior, Redundância ativa.)*

Tratamento de erros

(Esta subseção dos Requisitos de confiabilidade descreve os tipos de erros que o sistema deve poder tratar e as maneiras pelas quais responde a esses erros. Os seus requisitos podem ser semelhantes aos seguintes exemplos.)

Falhas do sistema:

Quando um componente de qualquer serviço de TI, nesse projeto, encontra-se temporariamente indisponível, o usuário deve ser capaz de continuar usando o serviço, empregando uma solução de contorno até que o problema seja corrigido.

Ações indesejáveis:

O sistema deve permitir que o cliente reverta as transações antes que sejam comprometidas.

Evitar o erro:

O sistema deve impedir que dados incorretos sejam inseridos pelo usuário (por exemplo, usando caixas de seleção suspensas que contenham apenas opções válidas e bloqueando áreas inválidas do teclado.)

Requisitos de desempenho

(Esta seção dos Requisitos de nível de serviço descreve os requisitos relacionados à velocidade.)

Requisitos de estresse

(Esta subseção dos Requisitos de desempenho descreve o grau de atividade simultânea que o sistema deve poder suportar. Por exemplo, "o sistema deve ser capaz de suportar 2 mil usuários que acessem registros financeiros simultaneamente".)

Requisitos do tempo de execução

(Esta subseção dos Requisitos de desempenho descreve o tempo máximo de espera admissível desde a requisição de serviço até a entrega.)

Requisitos do tempo de resposta

(Esta subseção dos Requisitos de desempenho descreve o tempo máximo admissível que um usuário deve esperar por uma resposta depois de enviar uma entrada.)

Requisitos de produtividade

(Esta subseção dos Requisitos de desempenho descreve o volume das transações ou informações por unidade de tempo que o sistema deve ser capaz de processar. O volume exigido de transferência de dados por unidade de tempo é denominado largura de banda.*)*

Requisitos de inicialização e desligamento

(Esta subseção dos Requisitos de desempenho descreve restrições para os procedimentos de inicialização e desligamento.)

Requisitos de capacidade de suporte

(Esta subseção dos Requisitos de nível de serviço descreve os requisitos relacionados à capacidade de monitorar e manter o sistema.)

Escalabilidade

(Esta seção dos Requisitos de capacidade de suporte descreve a capacidade do sistema para ser ampliado, por exemplo, aumentando a produtividade ou o número máximo de usuários simultâneos.)

Mudanças esperadas

(Esta seção dos Requisitos de Capacidade de Suporte descreve as mudanças esperadas nos serviços, como as resultantes de regulamentos ou mudanças nas condições do mercado, e também como devem ser acomodadas.)

Requisitos de sustentabilidade

(Esta seção dos Requisitos de capacidade de suporte descreve o grau aceitável de esforço exigido para modificar um processo, por exemplo, a fim de remover gargalos, maximizar eficiências ou corrigir deficiências.)

Configurabilidade

(Esta seção dos Requisitos de capacidade de suporte descreve a capacidade exigida para ajudar na montagem de um produto ou solução, como a adição ou remoção de componentes.)

Capacidade de localização

(Esta seção dos Requisitos de capacidade de suporte descreve a capacidade do produto ou solução de ser direcionado às condições e aos requisitos locais, como o requisito de suportar diferentes idiomas e sistemas fiscais.)

Instalabilidade

(Esta seção dos Requisitos de capacidade de suporte descreve os requisitos relacionados à instalação do sistema e a facilidade com que pode ser executada.)

Requisitos de compatibilidade

(Esta seção dos Requisitos de capacidade de suporte descreve os componentes com que o sistema em desenvolvimento deve ser compatível, como drivers, sistemas operacionais etc.)

Requisitos de teste

(Esta seção dos Requisitos de nível de serviço descreve o nível de teste exigido para os serviços e componentes e os requisitos para configurar e realizar esses testes.)

Requisitos de treinamento

(Nesta seção dos Requisitos de nível de serviço, descreva o nível de treinamento exigido e declare quais organizações serão necessárias para desenvolver e entregar os programas de treinamento.)

Requisitos de capacidade

(Esta seção dos Requisitos de nível de serviço descreve o máximo que o produto ou solução deve ser capaz de suportar, por exemplo, número máximo de contas, de clientes etc.)

Requisitos de backup/recuperação

(Esta seção dos Requisitos de nível de serviço descreve as instalações de backup e recuperação exigidas, incluindo os componentes que serão restaurados em caso de falha. Inclua os requisitos de Continuidade do serviço, descrevendo planos de contingência e as Funções de Negócios Vitais (FNV) que devem ser mantidas no suporte de vida, em caso de falha total ou parcial do serviço.)

Outras restrições

(Esta seção dos Requisitos de nível de serviço descreve outras restrições referentes ao produto ou solução, como as de desenho.)

Restrições de desenho

(Esta subseção de Outras restrições descreve as restrições no desenho do produto ou solução.)

Restrições de implementação

(Esta subseção de Outras restrições descreve as restrições na construção de um produto ou solução, por exemplo, que uma linguagem de programação específica seja usada.)

Restrições de interface

(Esta subseção de Outras Restrições descreve os protocolos, formatos etc., que devem ser seguidos ao formar uma interface com organizações ou sistemas externos.)

Restrições físicas

(Esta subseção de Outras restrições descreve as restrições físicas do produto ou solução, como as de hardware relacionados a tamanho, controle de temperatura e materiais.)

Requisitos legais e regulamentares

(Esta seção dos Requisitos de nível de serviço descreve os requisitos legais ou regulamentares, legislação existente ou pendente, corpo governamental ou padrão que restringem o sistema.)

Modelo da tabela de análise de risco

O BA suporta o GP na análise de risco. Para ver uma discussão sobre a função do BA na análise de risco e as diretrizes para o BA na facilitação das reuniões de Análise de Risco, consulte a seção "Objetivo da reunião: análise de risco", no Capítulo 2. Para ver as dicas de atribuição dos tipos, níveis e estratégias de gerenciamento de risco, consulte "Dicas: gerenciamento de risco", no Capítulo 5. Os exemplos dos *status* de risco são os seguintes: Novo, Aceito, Transferido, Atribuído a uma interação e Mitigado.

A Tabela 6.15 pode ser usada para documentar e analisar riscos.

Tabela 6.15 Modelo da tabela de análise de risco

ID de risco	Tipo de risco	Descrição	Consequência (curto prazo)	Impacto no negócio (longo prazo)	Probabilidade	Impacto	Nível	Status	Estratégia de gerenciamento de risco

Tabela 6.16 Modelo do roteiro de teste

Número do teste _____   Número do projeto _____

Sistema: _____   Ambiente de teste: _____

Tipo de teste (por exemplo, regressão, com base em requisitos etc.): _____

Objetivo do teste: _____

Caso de uso do sistema: _____   Fluxo: _____

Prioridade: _____   Próxima etapa em caso de falha: _____

Data inicial planejada: _____   Data final planejada: _____

Data inicial real: _____   Data final real: _____

Número de vezes para repetir: _____

Pré-condições: _____

Requisito	Ação	Resultado esperado	Real	Aprovado/ reprovado	Número do bug

Aprovado/reprovado: _____   Severidade da falha: _____

Solução: _____

Comentários: _____

Assinatura: _____

Capítulo 6 ▪ Modelos 277

Modelo do documento de visão[16]

A seguir temos um modelo sugerido para criar um Documento de visão que descreve os fundamentos, a base racional e a visão do projeto.

Posicionamento

(Esta seção do Documento de visão resume o caso de negócio para o projeto.)

Enunciado do problema

(Nesta subseção do Posicionamento, descreva o problema e seu impacto nas partes interessadas. Evite uma linguagem que implique uma solução específica para o problema. Utilize a seguinte sintaxe da Tabela 6.17 como orientação para formular o enunciado do problema.)

Tabela 6.17 Enunciado do problema

O problema	*(Descreva o problema.)*
Afeta	*(Relacione os interessados afetados pelo problema.)*
Cujo impacto é	*(Descreva o impacto do problema.)*
Uma solução bem-sucedida seria	*(Relacione os principais benefícios de uma solução bem-sucedida.)*

Principais necessidades do interessado e do usuário

(Esta seção do Documento de visão resume as principais necessidades abordadas pelo projeto, percebidas pelos interessados, fornecendo os fundamentos e a justificativa para o projeto. Inclua aqui apenas um resumo; forneça uma análise detalhada na próxima seção.)

Interessados e interesses[17]

Relacione os interessados que sofrem com o problema, e que serão afetados pela solução ou cujas necessidades restringem a solução, por exemplo, impondo restrições regulamentares. Atribua um tipo a cada interessado, para esclarecer como ele está vinculado ao serviço ou produto. Os tipos de interessados podem incluir o seguinte: Cliente, Usuário, Desenvolvedor e Corpo regulamentar. Atribua uma função de interessado para descrever como ele irá interagir com o projeto. As funções de interessado podem incluir Patrocinador Executivo, Visionário, Usuário

---

[16] Adaptado de BITTNER, Kurt; SPENCE, Ian. *Use case modeling*. Addison-Wesley Professional, 2002.

[17] MDSD: Método de desenvolvimento de sistema dinâmico.

278 O livro do analista de negócios

Embaixador e Usuário Consultor. Descreva as principais responsabilidades de cada interessado em relação ao projeto. Isso pode incluir Monitorar Progresso, Teste de Usabilidade e Aprovar Financiamento. Por fim, resuma o interesse de cada interessado no projeto, descrevendo a necessidade ou oportunidade abordada pelo projeto da perspectiva do interessado.)

A Tabela 6.18 pode ser usada como modelo para documentar os interessados e o seu envolvimento.

Tabela 6.18 Interesses do interessado

Interessado	Descrição resumida	Tipo de interessado	Função do interessado	Responsabilidades	Interesse

Visão geral do serviço/produto

(Forneça uma descrição de alto nível das capacidades do serviço ou produto proposto.)

Suposições

(Relacione as suposições que, se alteradas, modificariam a visão.)

Dependências

(Descreva qualquer dependência entre o serviço ou produto e outros serviços, produtos ou componentes ou o ambiente-alvo.)

Capacidades

(Esta seção descreve as capacidades exigidas da solução. Ela se divide nas seguintes subseções.)

Recursos

(Relacione as capacidades, os serviços ou qualidades de alto nível exigidos da solução. Inclua 25 a 99 itens. Mais tarde, mapeie os recursos para os serviços de negócios e TI. Forneça uma descrição que não restrinja o desenho.)

Capítulo 6 ▪ Modelos   279

Tabela 6.19 Recursos

Recurso	Descrição	Prioridade

Sumário do serviço de negócio

(Relacione os serviços ou processos de negócio ponto a ponto afetados pelo projeto. Se o seu projeto emprega a abordagem de caso de uso, modele os serviços/processos de negócio ponto a ponto como casos de uso de negócio.)

Tabela 6.20 Visão geral dos serviços de negócio

ID do serviço de negócio	Serviço de negócio (nome)	Novo?	Sumário do serviço de negócio (Resumo da funcionalidade desejada)	Funcionalidade atual (se for uma mudança)	Prioridade	Acionador	Entradas/saídas	Interessados

Restrições

(Especifique qualquer restrição predeterminada da solução.)

Requisitos (não funcionais) de nível de serviço

(Relacione os requisitos que descrevem o nível de serviço exigido sob as condições declaradas. Inclua os requisitos de usabilidade, disponibilidade e desempenho. Consulte o Modelo de requisitos de nível de serviço (não funcionais) neste capítulo, para ver uma lista completa de subseções.)

Modelo do plano de trabalho de requisitos

(O Plano de trabalho de requisitos documenta os planos para coletar e gerenciar requisitos. Os componentes individuais deste documento podem ser abrigados separadamente e reunidos neste documento.)

Propósito

(Esta seção do Plano de Trabalho de Requisitos descreve o propósito deste documento. A sua descrição pode ser semelhante ao seguinte exemplo.)

O propósito do documento é descrever o plano para descobrir, analisar e gerenciar os requisitos e os riscos relacionados.

Visão geral do documento

(Esta seção do Plano de trabalho de requisitos descreve o conteúdo deste documento.)

Organização

(Esta seção do Plano de trabalho de requisitos descreve como as responsabilidades e os papéis relacionados aos requisitos são organizados.)

Estrutura organizacional

(Esta subseção da Organização descreve a estrutura organizacional do projeto.)

Papéis e responsabilidades dos requisitos

(Esta subseção da Organização descreve como as responsabilidades de gerenciamento dos requisitos são distribuídas na equipe.)

Programação de requisitos

(Esta subseção da Organização identifica as datas inicial e final das atividades de requisitos e as mapeia para as fases e as interações.)

Recursos dos requisitos

(Esta subseção da Organização descreve os ativos e os recursos que serão utilizados para criar, manter e gerenciar os requisitos.)

Orçamento

(Esta subseção da Organização descreve o orçamento para o gerenciamento dos requisitos.)

Tabela 6.21 Programação de requisitos

Fase	Iteração	Atividade	Data inicial	Data final	Estimativa do esforço

Ferramentas, técnicas e metodologias

(Esta subseção da Organização descreve as ferramentas específicas, técnicas e metodologias que serão usadas para auxiliar no gerenciamento de requisitos.)

Repositório de requisitos

(Esta seção do Plano de trabalho de requisitos descreve o plano para abrigar os requisitos.)

Artefatos de requisitos

(Esta subseção do Repositório de requisitos descreve os artefatos de requisitos que serão parte do projeto.)

Tipos de requisito

(Esta subseção do Repositório de requisitos descreve os tipos de requisito que serão coletados para o projeto. Para ver exemplos de tipos de requisito, consulte a seção "FURPS+", no Capítulo 4, e as referências ao modelo de RNS incluídas neste capítulo.)

Atributos de requisitos

(Esta subseção do Repositório de Requisitos descreve os atributos que serão usados para o gerenciamento de requisitos. Consulte a Tabela 4.21, para obter exemplos dos atributos de requisitos.)

Rastreabilidade dos requisitos

(Esta subseção do Repositório de requisitos descreve a estratégia de rastreabilidade dos requisitos para o projeto. Consulte a seção "Matriz de rastreabilidade de requisitos", no Capítulo 4, para ver um exemplo dessa matriz.)

Plano de gerenciamento de risco

(Esta seção do Plano de trabalho de requisitos descreve o plano para gerenciar riscos.)

Conforme observado na seção "Análise de risco" do Capítulo 2, o risco geralmente é definido para indicar certo resultado – uma oportunidade positiva ou uma ameaça negativa. Na prática, em geral o risco denota uma ameaça negativa. O *BABOK*® lista a análise de risco na Área de conhecimento de BA Análise empresarial. O gerente do projeto (GP) é a principal função responsável pela análise de risco, que frequentemente delega a responsabilidade de descobrir, analisar e gerenciar o risco para o BA, que cumpre uma função de suporte. Para ver uma discussão sobre o papel do BA na análise de risco e as diretrizes para o BA na facilitação das reuniões de análise de risco, consulte "Objetivo da reunião: análise de risco", no Capítulo 2.

Propósito

(Descreva o propósito do Plano de gerenciamento de risco.)

Estratégia de gerenciamento de risco

(Esta subseção do Plano de gerenciamento de risco descreve uma abordagem que será usada para identificar, analisar e priorizar riscos. Ela também descreve como o status dos riscos e suas estratégias de gerenciamento serão monitorados. Para ver as dicas sobre a avaliação e o gerenciamento do risco, consulte "Dica: matriz de avaliação do risco" e outras dicas e listas de verificação relacionadas ao risco no Capítulo 5).

Responsabilidade

(Esta subseção do Plano de gerenciamento de risco descreve como as responsabilidades pelo gerenciamento de riscos são distribuídas entre as funções na equipe do projeto.)

Lista de riscos

(Esta subseção do Plano de gerenciamento de risco contém a lista de riscos para o projeto. Consulte o Modelo da tabela da análise de risco neste capítulo, para ver o layout sugerido da listagem dos riscos.)

Plano de aceitação de requisitos

(Esta seção do Plano de trabalho de requisitos descreve o plano para a aceitação e assinatura dos requisitos.)

Propósito

(Esta subseção do Plano de aceitação de requisitos descreve o propósito do plano.)

Responsabilidades de aceitação de requisitos

(Esta subseção do Plano de aceitação de requisitos descreve as responsabilidades dos interessados/clientes e da equipe de desenvolvimento na aceitação e assinatura dos requisitos e identifica os recursos que serão necessários.)

Critérios de aceitação de requisitos

(Esta subseção do Plano de aceitação de requisitos descreve os critérios de objetivos que serão usados para determinar a aceitação dos artefatos de requisitos que serão entregues pelo projeto.)

Programação de aceitação de requisitos

(Esta subseção do Plano de aceitação de requisitos descreve o cronograma para a revisão e a assinatura dos requisitos.)

Plano de métricas do gerenciamento de requisitos

(Esta seção do Plano de trabalho de requisitos descreve o plano para gerenciar as métricas relacionadas aos requisitos.)

Propósito

(Esta subseção do Plano de métricas do gerenciamento de requisitos descreve seu propósito. A sua descrição pode ser semelhante ao seguinte exemplo.)

O propósito desse plano é documentar a abordagem usada para monitorar as métricas no processo de análise e gerenciamento de requisitos.

Objetivos do gerenciamento de requisitos

(Esta subseção das Métricas de gerenciamento de requisitos descreve as metas gerais para a coleta de métricas.)

284   O livro do analista de negócios

PID do gerenciamento de requisitos

(Esta subseção das Metas de gerenciamento de requisitos documenta os Principais indicadores de desempenho (PID) – métricas usadas para avaliar o sucesso do processo. A Tabela 6.22 é um modelo para documentar os PID.)

Tabela 6.22 Tabela de PID

PID	(Nome do PID)
Descrição:	*(O que está sendo medido e como a métrica é calculada?)*
Metas:	*(Por que os dados estão sendo coletados?)*
Abordagem da análise:	*(Como os dados serão analisados e usados?)*
Responsabilidades:	*(Quem irá coletar os dados, analisá-los e quem tomará ações em relação à análise?)*

Exemplos de PID para a análise e o gerenciamento de requisitos são os seguintes:

- Porcentagem descendente de requisitos não implementados (perdidos)
- Porcentagem descendente de requisitos não testados colocados em produção
- Porcentagem descendente de requisitos não aprovados
- Porcentagem de satisfação do cliente

Modelo do plano de aceitação do produto do cliente

(O BA contribui e revisa o plano para a aceitação de mudanças no software. Esse plano pode fazer parte de um documento maior, como o Plano do projeto.)

Propósito

(Descreva o propósito desta seção. A sua descrição pode ser semelhante ao seguinte exemplo.)

O propósito deste documento é descrever os procedimentos de aceitação das mudanças resultantes deste projeto.

Responsabilidades de aceitação

(Esta seção descreve as responsabilidades dos interessados/clientes e da equipe de desenvolvimento para aceitar o software novo ou revisado, e identifica os recursos humanos que serão necessários.)

Critérios de aceitação de mudança

(Esta seção descreve os critérios objetivos que serão usados para determinar a possibilidade de aceitação das entregas do projeto.)

Programação da aceitação de mudança

(Esta seção descreve o cronograma para as atividades de aceitação.)

Ambiente de aceitação

(Esta seção descreve os requisitos referentes ao ambiente em que a aceitação do produto será realizada, como hardware, software, documentação, dados do teste, equipamento especial etc.)

Ferramentas, técnicas e metodologias de aceitação do produto

(Esta seção descreve as ferramentas específicas, técnicas e metodologias que serão usadas para a aceitação do produto. Por exemplo, os procedimentos usados no Teste de aceitação do usuário são documentados aqui.)

APÊNDICE A

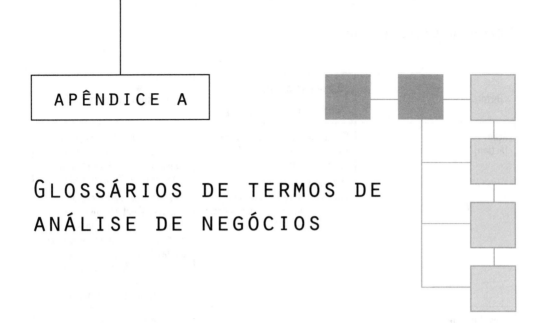

Glossários de termos de análise de negócios

Este é um glossário dos termos usados na análise de negócios que contém definições de padrões e orientações comuns (identificadas na segunda coluna do glossário intitulada "O que eles dizem"). Para termos específicos da ITIL e BABOK®, consulte também o Capítulo 3. Para mais informações sobre termos e conceitos, consulte o Glossário da ITIL V3[1], *Foundations of IT Service Management: Based on ITIL V3*[2] e os Office of Government Commerce ITIL® Core Books (Continual Service Improvement, Service Design, Service Operation, Service Strategy, and Service Transition) para explicações detalhadas[3].

Para informações detalhadas sobre os termos e conceitos do BABOK®, a versão atual do BABOK® está disponível no website do Instituto Internacional de Análise de Negócios (IIBA™)[4].

Uma vez que a tradução de diversos termos ainda não está consolidada na língua portuguesa, os termos originais foram mantidos abaixo dos termos traduzidos para referência.

---

[1] Disponível em inglês em: <http://www.get-best-practice.co.uk/glossaries.aspx>.

[2] Editado por Jan Van Bon, Van Haren, 2007.

[3] Os livros da ITIL estão disponíveis no The Stationery Office em: <http://www.tsoshop.co.uk>.

[4] IIBA: <http://www.theiiba.org>.

Termo	O que eles dizem (Padrão ou Diretriz)	O que significa para o BA
Ação [Action]	"Uma ação é a mais fundamental especificação de unidade de comportamento."[1] "Uma ação representa um passo único em uma atividade, ou seja, uma que não pode ser decomposta na atividade."[2] (UML)	Uma *ação* é uma etapa elementar em um processo. Uma ou mais ações podem ser reunidas para formar uma atividade. (Veja atividade). O BA usa ações para modelar etapas elementares nos processos de negócio (como a ação "Aprovar mudança") e etapas envolvidas nas tarefas do usuário (como a ação "Apresentar informação da conta"). O BA inclui ações em diagramas de atividades e estados-máquina.
Acessibilidade [Accessibility]		Os requisitos de *acessibilidade* descrevem a facilidade com a qual uma aplicação, produto ou Serviço de TI pode ser usado por uma pessoa portadora de necessidades especiais. Os requisitos de acessibilidade são um componente dos requisitos não funcionais documentados pelo BA. Eles são empacotados em documentos como as Especificações de Requisitos de Software (ERS), Declaração de Requisitos (DR), Requisitos de Nível de Serviço (RNS) e Documento de Requisitos do Negócio (DRN).
Acordo de Nível de Serviço (SLA) [Service Level Agreement (SLA)]	"Um acordo entre um Provedor de serviços de TI e um cliente. O SLA descreve o Serviço de TI, documenta as Metas de níveis de serviço e especifica as responsabilidades do Provedor do serviço de TI e do cliente. Um único SLA pode cobrir múltiplos Serviços de TI ou múltiplos clientes."[210]	Um *Acordo de nível de serviço* é um acordo formal entre um provedor de serviço e um cliente, que descreve o que será entregue e especifica os níveis de qualidade requeridos.

Apêndice A ▪ Glossário de termos de análise de negócios   289

Termo	O que eles dizem (Padrão ou Diretriz)	O que significa para o BA
Ágil [Agile]	**Manifesto Pelo Desenvolvimento Ágil de Software[8]:** Estamos descobrindo maneiras melhores de desenvolver software, fazendo-o nós mesmos e ajudando outros a fazer o mesmo. Por meio deste trabalho, passamos a valorizar: ▪ Indivíduos e interações mais que processos e ferramentas ▪ Software em funcionamento mais que documentação abrangente ▪ Colaboração com o cliente mais que negociação de contratos ▪ Responder a mudanças mais que seguir um plano Ou seja, mesmo havendo valor nos itens à direita, valorizamos mais os itens à esquerda. **Princípios por trás do Manifesto Ágil (estrato)[9]:** ▪ Nossa prioridade é satisfazer o cliente através da entrega rápida e contínua de software de valor. ▪ Reagir bem às mudanças nos requisitos, mesmo em momentos avançados do desenvolvimento. ▪ Entregar software em funcionamento frequentemente, de algumas semanas a alguns meses, com preferência por períodos mais curtos. ▪ Software em funcionamento é a medida primária de progresso. ▪ Em intervalos regulares, a equipe reflete a respeito de como ser mais eficiente, então ajusta seu comportamento de acordo.	O termo *ágil* se refere a uma abordagem (mais do que a uma metodologia específica) para desenvolver sistemas de software. Abordagens ágeis são caracterizadas pela habilidade de mudar rapidamente de direção, desenvolvimento iterativo e incremental com entregas frequentes de código em funcionamento, uma preferência por reuniões cara a cara com clientes no lugar de documentação formal e avaliação contínua do processo de desenvolvimento. (Para informações sobre a comunidade ágil, visite: <http://www.agilealliance.com>.)

O livro do analista de negócios

Termo	O que eles dizem (Padrão ou Diretriz)	O que significa para o BA
Agregação [Aggregation]	"Uma forma especial de associação que especifica um relacionamento de todo-parte entre o agregador (todo) e a parte componente."[6]	A *agregação* é o relacionamento entre o todo e as suas partes. As agregações são descritas em diagramas de classes. O BA usa a agregação para modelar relacionamentos todo-parte entre objetos rastreados pelo negócio. Por exemplo, um pedido é uma agregação de itens; uma organização é uma agregação de membros. O uso da agregação pelo BA é uma questão de disputa. O elemento de modelagem Associação pode ser usado pelo BA como uma alternativa para agregação.[7] (Veja Associação, Diagrama de Classes.)
Análise [Analysis]	"O propósito primário [da análise] é formular um modelo do domínio do problema que seja independente das considerações de implementação. A análise concentra-se no que fazer; o desenho concentra-se em como fazer isso."[10]	O propósito da *análise* é criar uma representação abstrata da área de negócio em discussão. A representação deve ser válida independentemente da tecnologia utilizada. Em abordagens cascata para desenvolvimento de software, a análise ocorre na parte inicial de um projeto; em abordagens ágeis e em outras abordagens iterativas, ela pode ocorrer ao longo do ciclo de vida. O BA é o principal papel responsável pela análise.
Análise de Causa-raiz (RCA) [Root-cause analysis (RCA)]	"Estudo da razão original para não conformidade em um processo. Quando a causa-raiz é removida ou corrigida, a não conformidade será eliminada."[196]	A *Análise de causa-raiz* é uma abordagem para resolver problemas que se concentra na identificação das suas causas--raízes. (Veja *Cinco por quês, Gráfico de causa e efeito.*)
Análise de Impacto no Negócio [Business Impact Analysis (BIA)]	"BIA é a atividade do Gerenciamento de continuidade do negócio que identifica Funções vitais do negócio e as suas dependências. Essas dependências podem incluir fornecedores, pessoas, outros Processos de negócio, Serviços de TI etc. BIA define os requisitos para recuperação dos Serviços de TI."[37]	*BIA* é a análise das Funções vitais do negócio e o impacto no negócio se elas não estiverem disponíveis. O BA contribui com a BIA em um número de contextos, por exemplo, na criação do business case para o projeto e na determinação dos requisitos para recuperação de um serviço essencial depois de uma falha.

Apêndice A ▪ Glossário de termos de análise de negócios   291

Termo	O que eles dizem (Padrão ou Diretriz)	O que significa para o BA
Análise de lapso [Gap analysis]	"A análise de lapso é feita para mapear o lapso existente entre os requisitos especificados pelo cliente e o processo existente."[110]	*Análise de lapso* é uma análise da diferença entre as necessidades do cliente e um sistema existente. O BA desempenha a análise de lapso para determinar quanto das necessidades do cliente não são atendidas pelo sistema de TI atual, ou por um sistema de prateleira.
Análise de Negócios [Business analysis]	"A análise de negócios é o conjunto de tarefas e técnicas usadas para atuar como uma ligação entre as partes interessadas no intuito de compreender a estrutura, políticas e operações de uma organização, e recomendar soluções que permitam que a organização atinja seus objetivos."[27]	A *análise de negócios* é a disciplina preocupada com a análise da área de negócios, sua estrutura, seus processos e seus problemas e com a representação das necessidades para os provedores da solução. A análise de negócios é normalmente praticada no contexto de um projeto, em que o praticante atua como um intermediário entre as partes interessadas, consolidando as visões dessas partes e comunicando as suas necessidades para um provedor da solução. Os projetos que envolvem análise de negócios podem ou não contemplar uma solução de TI.
Análise de requisitos [Requirements Analysis (RA)]	"A análise de requisitos descreve como nós progressivamente elaboramos a definição da solução para permitir que o time do projeto desenhe e construa a solução que irá atender às necessidades do negócio e das partes interessadas. Para fazer isso, precisamos analisar os requisitos das nossas partes interessadas para garantir que estão corretas, avaliar o estado atual do negócio, recomendar melhorias e, finalmente, verificar e validas os resultados."[193]	A *Análise de requisitos* é a área de conhecimento do BABOK® responsável pela análise e modelagem dos requisitos das partes interessadas. As ferramentas de análise de requisitos usadas pelo BA incluem as ferramentas de modelagem de dados e de processos como DER e fluxos de trabalho. (Veja *Análise estática, Análise dinâmica, Modelo de dados, Modelo de processo*.)

292 O livro do analista de negócios

Termo	O que eles dizem (Padrão ou Diretriz)	O que significa para o BA
Análise Estruturada [Structured Analysis]		A *Análise estruturada* é um conjunto de técnicas para análise de qualquer sistema como uma área de negócios ou um sistema de TI. A análise estruturada se baseia na visão de que processos são melhores visualizados como procedimentos que convertem dados de entrada em dados de saída. Na análise estruturada, o sistema o sistema é analisado usando decomposição funcional – cada processo é decomposto em processos cada vez menores; cada um, de forma ideal, desempenha uma única função. O BA usa a análise estrutural no contexto da análise organizacional para analisar as funções e os processos de uma área de negócios e/ou para analisar os aspectos que o negócio deve ter suportados por uma solução de TI. Uma alternativa à análise estruturada é a análise orientada a objetos (OO). (Veja *Diagrama de fluxo de dados, Orientação a objeto.*)
Análise Organizacional [Enterprise Analysis (EA)]	"A análise organizacional descreve como nós refinamos e esclarecemos uma necessidade do negócio e definimos o escopo da solução que possa ser implementado de forma viável pelo negócio. Ele abrange a definição e análise do problema, desenvolvimento do caso de negócio, estudos de viabilidade e a definição de um escopo da solução."[87]	A *Análise organizacional* é uma área de conhecimento do BABOK® que representa a análise do ambiente do negócio e o raciocínio por trás de uma mudança. O BA desempenha a análise organizacional em um projeto, por exemplo, na preparação do caso de negócio ou a análise de impacto nas partes interessadas. O BA também realiza atividades da análise organizacional para definir e documentar a arquitetura do negócio. A contribuição do BA para a análise organizacional inclui a modelagem estática (estrutural) e a modelagem de processos para descrever o negócio, sua estrutura e suas operações.
Análise SWOT [SWOT Analysis]		A *Análise SWOT* é uma abordagem para analisar um projeto ou mudança com base nas suas forças, fraquezas, oportunidades e ameaças. O BA usa a análise SWOT na preparação do caso de negócio e análise de risco para um projeto de TI ou uma mudança proposta no negócio.

Apêndice A ▪ Glossário de termos de análise de negócios

Termo	O que eles dizem (Padrão ou Diretriz)	O que significa para o BA
Analista de Negócios [Business analyst (BA)]	"A análise de negócios pode ser desempenhada por pessoas com descrições de cargos como analistas de sistemas, analistas de processos, gerentes de projetos, de produtos, desenvolvedores, analista de GQ, arquiteto de negócios ou consultor entre outros."[30] "O analista de negócios é um indivíduo em uma organização que define, gerencia ou monitora os processos de negócio. Eles são usualmente distinguidos dos especialistas de TI ou programadores que implementam o Processo de Negócio em um BPMS [Sistema de Gerenciamento de Processos de Negócio]."[31]	Um analista de negócios (BA) é a ligação entre os stakeholders (aqueles que requerem uma solução) e o provedor da solução. A solução pode ou não envolver TI. Espera-se que o BA descubra, negocie, represente, verifique e valide os requisitos de uma solução. Qualquer pessoa que pratique a análise de negócios pode ser considerada um analista de negócios, mesmo que o seu cargo formal não reflita essa prática. (Veja análise de negócios.)
Analista de sistemas [Systems analyst]		A aplicação do termo *Analista de sistemas* não é uniforme. De acordo com o uso neste livro, o termo se refere ao desenhista do software, um papel distinto do analista de negócios. Em outros usos, ele pode ser responsável pela análise e modelagem, não apenas do software, mas também de estruturas e processos do negócio (e um papel que, consequentemente, se sobrepõe ao do BA).
Aplicação de Prateleira (COTS) [Commercial Off-The-Shelf (COTS)]	"É uma aplicação de software ou Middleware que pode ser comprada por terceiros."[64]	A *Aplicação de prateleira* é uma solução pronta e disponível comercialmente por um fornecedor de software. Os requisitos produzidos pelo BA podem servir como base para a seleção de uma solução COTS. O BA pode também ser responsável por verificar se um COTS atende aos requisitos.

Termo	O que eles dizem (Padrão ou Diretriz)	O que significa para o BA
Área de Conhecimento (KA) [Knowledge Area (KA)]	"Uma área de conhecimento agrupa um conjunto de tarefas e técnicas relacionadas."[136]	Uma *Área de conhecimento* constitui um grupo de técnicas e melhores práticas de análise de negócios definidas no BABOK®. O BABOK® define seis KA: ■ Planejamento de monitoramento da análise de negócios ■ Análise organizacional ■ Elicitação ■ Análise de requisitos ■ Verificação e validação da solução ■ Gerenciamento e comunicação dos requisitos (Veja *Corpo de conhecimento em análise de negócios* ® e também "IIBA e o BABOK®", no Capítulo 3, para mais informações sobre as KA).
Arquitetura [Architecture]	"A estrutura de um sistema ou Serviço de TI, incluindo os Relacionamentos dos Componentes entre si e o ambiente no qual eles estão. A arquitetura também inclui os Padrões e Diretrizes que guiam o desenho e a evolução do Sistema."[11]	A *arquitetura* é o repositório para conhecimento completo de um sistema, incluindo a sua estrutura, padrões, modelos e modelos de processos. O termo arquitetura pode ser aplicado a qualquer sistema ou parte, como um negócio, um sistema de TI ou um serviço. O BA contribui com modelos de processos de negócio e modelos estáticos (estruturais) para a arquitetura.
Arquitetura do Negócio [Business architecture]	"Uma planta baixa formal das estruturas de governança, semântica de negócios e cadeias de valor ao longo da organização."[32]	A *arquitetura do negócio* é um repositório para o conhecimento a respeito do negócio, incluindo seus processos e estrutura de apoio organizacional. A arquitetura do negócio também contém um conjunto de metas do negócio e um mapa do caminho para a evolução do negócio.[33] A contribuição do BA para a arquitetura do negócio inclui a documentação e os modelos descrevendo: ambientes externos e as unidades de negócio, conceitos e objetos do negócio, funções e processos do negócio que formam o domínio do negócio.

Apêndice A ▪ Glossário de termos de análise de negócios 295

Termo	O que eles dizem (Padrão ou Diretriz)	O que significa para o BA
Arquitetura Organizacional [Enterprise Architecture (EA)]	"Um conjunto coerente de princípios, métodos e modelos que são usados no desenho e na realização de uma estrutura organizacional, processos de negócios, sistemas de informação e infraestrutura."[88] (Veja também *arquitetura*.)	A *arquitetura organizacional* é uma planta baixa que descreve o estado atual e futuro de uma organização, sua estrutura, processos, ativos e infraestrutura. A contribuição do BA para a arquitetura organizacional inclui modelos estáticos e modelos de processos que descrevem o negócio, a sua estrutura e as suas operações.
Associação [Association]	"Um relacionamento que pode ocorrer entre instâncias de classes."[12]	Uma *associação* em um modelo de negócio indica que o negócio rastreia objetos em relação a outros, por exemplo, pedidos em relação aos clientes. A associação é um termo da UML que é equivalente (na perspectiva do BA) ao termo *relacionamento* quando usado no contexto dos diagramas de entidade-relacionamento (DERs).[13] O BA usa as associações e suas cardinalidades relacionadas (multiplicidades) para modelar regras de negócio (como o número de representantes de vendas que podem participar de uma venda e definir a política e um benefício).
Atende o propósito [Fit for purpose]	"Um termo informal usado para descrever um Processo, Item de Configuração, Serviço de TI etc., isso é, capaz de atingir os seus objetivos ou Níveis de Serviço. Atender o propósito requer um desenho, implementação, controle e manutenção apropriados."[102]	Um item ou serviço que *atende o propósito* trabalha como desejado, entregando a funcionalidade requerida. O papel do BA inclui garantir que uma solução atendendo o propósito, por exemplo, apoiando testes caixa-preta. (Veja *pode ser usado*.)
Atividade [Activity]	"Uma atividade representa um comportamento que é composto de elementos individuais que são ações."[3]	Uma *atividade* é uma tarefa. Ela pode ter qualquer extensão e complexidade. Uma tarefa simples consistindo de uma único etapa, ou uma tarefa complexa, consistindo de um conjunto de etapas indivisíveis (ações). O BA usa as atividades para modelar e documentar etapas complexas em um processo de negócio (ex.: "Determinar graduação") ou em uma tarefa do usuário (ex.:"O sistema verifica a transação"). O BA inclui atividades em diagramas de ativisades e estados-máquinas.

O livro do analista de negócios

Termo	O que eles dizem (Padrão ou Diretriz)	O que significa para o BA
Ator **[Actor]**	"Um ator especifica um papel realizado por um usuário ou qualquer outro sistema que interage com o sujeito."[5]	Um *ator* é um tipo de usuário ou um sistema externo que interage com o sistema em discussão. O BA usa atores para modelar grupos de usuários e sistemas externos. Eles são descritos em Mapas de Papéis e diagramas de casos de uso. (Veja Mapa de Papéis e diagramas de casos de uso).
Ator do negócio **[Business actor]**	"Um ator do negócio é qualquer pessoa, sistema ou algo que interage com o negócio ou a organização."[26]	Um *ator do negócio* é uma entidade fora da área de negócios que interage com o negócio, por exemplo, um cliente ou fornecedor. O BA inclui atores do negócio no modelo de casos de uso do negócio e os descreve nos diagramas de casos de uso do negócio.
Ator primário **[Primary actor]**	(Modelagem de casos de uso)	Um *ator primário* é um papel de usuário ou de sistema externo que inicia um caso de uso. O BA indica que um ator é o ator primário para um caso de uso desenhando uma seta do ator para o caso de uso em um diagrama de casos de uso. Os atores primários podem também ser indicados na documentação textual de um caso de uso.
Ator Secundário **[Secondary actor]**	(Caso de uso)	*Ator secundário* é um ator (papel de usuário ou sistema externo) que participa em um caso de uso depois que ele foi iniciado. Um ator secundário pode receber mensagens e reportes enquanto o caso de uso estiver sendo executado e pode prover entradas para o caso de uso depois que ele começou. O BA indica um usuário secundário em um diagrama de casos de uso desenhando uma seta do caso de uso para o ator. (Veja *Ator, Ator primário, Caso de uso.*)

Apêndice A ▪ Glossário de termos de análise de negócios

Termo	O que eles dizem (Padrão ou Diretriz)	O que significa para o BA
Atributo [Attribute]	"Um recurso estrutural de uma classe que categoriza instâncias da classe. Um atributo relaciona uma instância de uma classe a um valor ou valores através de um relacionamento nomeado."[14]	Um *atributo* é um trecho de informação sobre algo. Por exemplo, o atributo Preço representa um pedaço de informação sobre um Produto. O termo é similar ao termo *campo*.

O BA modela os atributos dos sujeitos (classes de entidades ou tipos) rastreados pelo negócio no modelo estático (modelo de dados ou modelo estrutural OO). O BA pode incluir atributos nos diagramas de Entidade-Relacionamento (DERs) e diagramas de classes (Veja *classe de entidade.*) |
| | "Um trecho de informação sobre um Item de Configuração. Exemplos são nome, localização, número de versão e custo. Os atributos de IC são registrados no banco de dados de configuração (CMDB)."[15] | Na ITIL o termo *atributo* é usado para se referir especificamente a um trecho de informação sobre um Item de Configuração (IC) – um item rastreado pelo Gerenciamento de Configuração. (Exemplos de CI incluem documentos de requisitos, modelos, componentes de software e de hardware e fornecedores). Os atributos dos IC são registrados no Banco de Dados de Gerenciamento da Configuração (CMDB). |
| Auditoria [Audit] | "Inspeção formal e verificação para validar se um Padrão ou conjunto de Diretrizes está sendo seguido, que os registros são acurados ou que as metas de Eficiência e Eficácia estão sendo atendidas. Uma auditoria pode ser desempenhada por grupos internos ou externos."[16] | A *auditoria* é uma inspeção para verificar o atendimento a padrões, diretrizes e/ou resultados requeridos. O BA contribui com o planejamento da auditoria que estabelece as revisões e auditorias que serão desempenhadas no projeto, seu cronograma e seus objetivos. O BA documenta requisitos de auditoria descrevendo os tipos de registros e reportes requeridos pelos auditores.

Os requisitos de auditoria são um componente dos requisitos não funcionais documentados pelo BA e empacotados nos documentos como Declaração de Requisitos (DR) e DRN. |

O livro do analista de negócios

Termo	O que eles dizem (Padrão ou Diretriz)	O que significa para o BA
Banco de Dados de Gerenciamento de Configuração (CMDB) [Configuration Management Database (CMDB)]	"Uma base de dados usada para armazenar registros de Configuração ao longo do seu ciclo de vida. O Sistema de Gerenciamento de Configuração mantém um ou mais CMDB, e cada CMDB armazena atributos dos CI e Relacionamentos com outros CI."[70]	O *Banco de dados de gerenciamento de configuração* é um conjunto de tabelas usadas para registrar os Itens de Configuração (IC). A CMDB registra os dados associados a cada CI (por exemplo, o autor e a data de criação de um Requisito de nível de serviço) e o relacionamento entre um IC e outros ICs (como os vínculos entre um serviço de TI e os componentes que o apoiam). (Veja *Ativo de Serviço e Gerenciamento de Configuração, Sistema de Gerenciamento de Configuração, Item de Configuração.*)
Benchmark	"O estado registrado de algo em um ponto específico no tempo. Um benchmark pode ser criado para uma configuração, processo ou qualquer outro conjunto de dados. Por exemplo, um benchmark pode ser usado na Melhoria contínua do Serviço para estabelecer o estado atual para gerenciar melhorias; o Gerenciamento de capacidade, para gerenciar as características durante operações normais.[22]	O *benchmark* é um registro de algo em dado momento.
Biblioteca de Infraestrutura de TI (ITIL) [IT Infrastructure Library (ITIL)]	"Um conjunto de melhores práticas para o Gerenciamento de serviços de TI. A ITIL é propriedade do OGC e consiste de uma série de publicações que orientam a provisão de Serviços de TI de Qualidade e sobre os Processos de facilidades necessárias para suportá-los."[129] (Veja: <http://www.itil.co.uk> para mais informações.)	ITIL – a Biblioteca de Infraestrutura de TI – é uma biblioteca de melhores práticas que fornece orientações para o gerenciamento de serviços de TI. O BA tem um papel-chave na implementação das melhores práticas da ITIL e no alcance do seu objetivo de levar os serviços de TI a atender às expectativas dos clientes. O BA está envolvido em vários processos da ITIL, como o Gerenciamento do nível de serviço e o gerenciamento de mudanças e tem papel-chave na Estratégia de serviço da ITIL e Desenho de serviço.
Brainstorming	"Um método de grupo para solução de problemas, usado na geração de conceito de produtos. Pensado para ser uma sessão de geração espontânea de ideias, trata-se mais corretamente de um procedimento específico desenvolvido por Alex Osborn, com regras precisas de condução da sessão. Atualmente possui muitas modificações no formato e uso, cada variação tem seu próprio nome."[24]	O *brainstorming* é a técnica usada para estimular abordagens criativas para a solução de problemas. Pontos-chave são que todas as ideias são consideradas e que nenhuma é desafiada. O BA pode ser convidado a facilitar ou participar de sessões de brainstorming, por exemplo, nos estágios iniciais da análise de requisitos.

Apêndice A ▪ Glossário de termos de análise de negócios

Termo	O que eles dizem (Padrão ou Diretriz)	O que significa para o BA
Business case	"Justificativa para um item ou investimento significativo. Inclui informação a respeito de custos, benefícios, opções, questões, riscos e possíveis problemas."[34]	Um *Business case* é o raciocínio por trás de uma iniciativa. Por exemplo, se o projeto envolver o upgrade de um sistema de software, o business case pode descrever os benefícios antecipados para o negócio como um aumento na participação no mercado. O BA pode ser convidado a apresentar um business case para mudanças propostas durante a iniciação de um projeto. Isso pode ser entregue de forma verbal e/ou como um documento formal. O business case inclui custos estimados de projeto e benefícios para o negócio, uma análise preliminar das opções consideradas e/ou rejeitadas e os riscos que podem impactar o sucesso do projeto.
Capability Maturity Model Integration (CMMI)	"A integração (CMMI) é uma abordagem de melhoria de processos desenvolvido pela Software Engineering Institute (SEI) da Carnegie Melon University. A CMMI fornece às organizações os elementos essenciais do processo efetivo. Ela pode ser usada para guiar a melhoria de processos ao longo de um projeto, uma divisão ou uma organização inteira. A CMMI ajuda a integrar funções organizacionais tradicionalmente separadas, determinar metas de melhoria e prioridades, fornecer orientação para processos de qualidade e prover um ponto de referência para acreditação do processos atuais."[50]	A *CMMI* é um conjunto de melhores práticas para melhoria de processos em uma organização ou um projeto. Seu predecessor, SW-CMM (também conhecido como CMM) foi atualizado para CMMI em 2000.
Capacidade [Capacity]	"[Capacidade é] o máximo que um Item de Configuração ou Serviço de TI pode entregar nas Metas de nível de serviço acordados. Para alguns tipos de IC, a Capacidade pode ser o tamanho e o volume, por exemplo, em um drive de disco."[51]	A *Capacidade* é a quantidade máxima com a qual um componente ou serviço consegue lidar sem degradação inaceitável na performance. Requisitos de capacidade são um componente dos requisitos não funcionais documentados pelo BA e empacotados em documentos como Declaração de requisitos (DR) e o DRN. (Veja *Gerenciamento de Capacidade*.)

300 O livro do analista de negócios

Termo	O que eles dizem (Padrão ou Diretriz)	O que significa para o BA
Cardinalidade [Cardinality]	"O número de elementos em um conjunto."[53]	A *Cardinalidade* se refere ao número de elementos permitidos em um conjunto. A cardinalidade é frequentemente expressa como um número ou um espectro de números. Na modelagem de dados, a cardinalidade se refere ao número de ocorrências que podem participar de relacionamento. Na UML, ela se refere de forma mais geral ao número de itens que podem surgir em qualquer conjunto; se a cardinalidade é expressa como um espectro, seu termo é *multiplicidade*. As cardinalidades documentadas pelo BA incluem a cardinalidade de um atributo (por exemplo, o número de Datas de revisão armazenadas em um objeto Documento) e a cardinalidade de uma das pontas de uma associação (por exemplo, o número de Contas que um cliente pode ter).
Cascata [Waterfall]	"O método tradicional cascata coleta todos os requisitos no início de um projeto enquanto os processos iterativos/ágeis tem seus requisitos definidos ao longo do ciclo de vida."[257]	Uma abordagem *cascata* é uma abordagem de desenvolvimento de software em que cada etapa deve ser completa antes que a próxima se inicie. (Veja *Ciclo de vida do desenvolvimento do sistema, Desenvolvimento iterativo incremental.*)
Caso de uso [Use case]	"A especificação de uma sequência de ações, incluindo variantes, que um sistema pode desempenhar interagindo com os atores."[248] "Técnica usada para defiir funcionalidade requerida e objetivos para desenho de testes. Os casos de uso definem cenários realísticos que descrevem interações entre usuários e um serviço de TI ou outro sistema."[249]	Um *Caso de uso* representa um uso do sistema em discussão – um tipo de interação entre um ator e o sistema que leva a um resultado de valor para o ator que o iniciou. O sistema pode ser que qualquer tipo (negócio ou TI) (Veja *Caso de uso de sistema.*) A descrição de um caso de uso deve incluir todas as diferentes formas com a qual pode ser executada. (Veja *Caso de uso de sistema, Caso de uso de negócio.*)

Apêndice A ▪ Glossário de termos de análise de negócios 301

Termo	O que eles dizem (Padrão ou Diretriz)	O que significa para o BA
Caso de uso base [Base use case]	"Um relacionamento de estensão...do caso de uso provendo a estensão para o *caso de uso base*."[18] "...comportamento definido no caso de uso incluído é incluído no *caso de uso base*."[19]	Quando um caso de uso possui um relacionamento (extensão ou inclusão) com outro caso de uso, o caso de uso base é aquele que tem seu comportamento modificado e com o qual o ator interage diretamente. No que diz respeito a uma extensão, o caso de uso base é aquele que é estendido. No caso de uma inclusão, o caso de uso base é o que inclui (contém uma referência para) o caso de uso incluído. Casos de uso base são modelados pelo BA em diagramas de casos de uso. (Veja *caso de uso de extensão, caso de uso incluso*.)
Caso de uso de negócio [Business use case]	"Um caso de uso de negócio descreve um processo de negócio, documentado como uma sequência de ações, que provém valor observável para o ator do negócio. ...O fluxo dos eventos ou fluxo de trabalho é um elemento-chave de um caso de uso de negócio."[48] (Extensão da UML para modelagem de negócios)	Um *Caso de uso de negócio* é um processo de negócio que representa um fluxo de trabalho específico no negócio – interação que uma parte interessada tem com o negócio que atinge um objetivo do negócio. Isso pode envolver tanto processos manuais quanto automatizados e pode levar um longo período. O BA é responsável por analisar e documentar casos de uso de negócio. Os casos de uso documentados pelo BA podem fazer parte do pacote de requisitos e ser hospedados na arquitetura do negócio. (Veja *Diagrama de casos de uso do negócio, realização do caso de uso de negócio*.)
Caso de uso de sistema [System use case]	(UML estendida) (Veja *Caso de uso*.)	Um caso de uso de sistema é uma tarefa do usuário. A tarefa deve ser concluída do ponto de vista do usuário [237] e levar a um resultado de valor para o usuário.[238] Ele representa uma forma na qual o software é usado pelo ator (usuário ou sistema externo). Um caso de uso de sistema pode ter qualquer tamanho, mas tipicamente denota a interação que é disparada por um ator e que ocorre em uma única sessão com o sistema de TI. Os casos de uso de sistema fornecem ao BA um framework para modelar tarefas do usuário e documentar requisitos do usuário.

302 O livro do analista de negócios

Termo	O que eles dizem (Padrão ou Diretriz)	O que significa para o BA
Catálogo de Serviços [Service Catalogue]	"Uma base de dados ou documento estruturado com informações sobre todos os Serviços de TI Vivos, incluindo aqueles disponíveis para lançamento. O Catálogo de Serviços é a única parte do Portfólio de serviços publicado para os clientes e é usado para apoiar a venda e a entrega dos Serviços de TI. O Catálogo de serviços inclui informações sobre entregáveis, preços, pontos de contatos, pedidos e requisições."[206]	Um *Catálogo de serviços* é um catálogo de todos os serviços ativos. O catálogo de serviços é uma parte do portfólio de serviços, que também inclui serviços aposentados e aqueles em desenvolvimento. (Veja *Funil de serviços, Portfólio de serviços*.)
Catálogo de Serviços do Negócio [Business Service Catalogue]	(Veja a definição da ITIL para Catálogo de Serviços.)	Um *Catálogo de Serviços do Negócio* contém políticas, acordos de nível de serviço e outros itens relacionados a serviços de negócio atuais e mapeia as dependências entre os serviços de negócio e os processos e departamentos. O catálogo inclui informações sobre entregáveis, preços, pontos de contato, pedidos e processos de requisição. O Catálogo de Serviços do Negócio é gerenciado pelo processo da ITIL Gerenciamento do Catálogo de Serviços.
Cenário [Scenario]	"Uma sequência específica de ações que ilustra comportamentos. Um cenário pode ser usado para ilustrar uma interação ou a execução de uma instância de um caso de uso."[198]	O *Cenário* é uma interação específica – uma passagem pelo caso de uso. Os fluxos de um caso de uso podem ser executados em um único cenário. Por exemplo, um cenário pode começar com as etapas no fluxo principal, entrar em um fluxo alternativo, depois outro e então terminar.
Chave primária [Primary key]	(Modelagem de objetos de dados)	Uma *Chave primária* é um identificador único. As chaves primárias podem ser incluídas no modelo de dados (DER e documentação anexa) e/ou modelo estático OO (diagramas de classes e documentação anexa). Apesar de a definição de chaves primárias ser uma tarefa técnica, o BA pode defini-las caso elas sejam restritas pelo negócio.

Apêndice A ▪ Glossário de termos de análise de negócios   303

Termo	O que eles dizem (Padrão ou Diretriz)	O que significa para o BA
Ciclo de Vida do Desenvolvimento de Software [Software Development Life Cycle]		Um *Ciclo de vida do desenvolvimento de software* (também conhecido como Ciclo de vida de desenvolvimento do sistema) é um processo definido para o desenvolvimento de software, que descreve as fases (estágios) de um projeto de TI e define as atividades e as responsabilidades. CVDS para projetos de TI podem ser categorizados de forma ampla como *cascata* (desenvolvimento que ocorre em uma única etapa) e *iterativo* (múltiplas etapas). (Veja *Fase, Cascata, Desenvolvimento iterativo incremental, Ágil.*)
Ciclo de Vida do Desenvolvimento do Sistema (CVDS) [System Development Life Cycle (SDLC)]		Veja *Ciclo de vida do desenvolvimento de software.*
Cinco Por Quês [Five Whys]	(Análise de causa-raiz)	Os *Cinco por quês* é uma técnica de solução de problemas na qual a pergunta "por quê" é feita sucessivamente até que a causa--raiz do problema ou efeito seja encontrada. Os praticantes dizem que perguntar "por quê" cinco vezes sobre um assunto o levará à causa-raiz do tópico. Perguntar menos vezes não aprofundará o suficiente e perguntar mais levará a redundância. (Veja *Análise de causa-raiz.*)
Classe [Class]	"Uma Classe descreve um conjunto de objetos que compartilham das mesmas especificações de recursos, restrições e semântica."[60] "A Classe é um tipo de classificador do qual os recursos são atributos e operações."[61]	A *classe* é uma categoria à qual um grupo de objetos pertence. Os objetos em uma mesma classe compartilham os mesmos atributos (propriedades) e operações. O BA é responsável por modelar classes de entidades. Elas representam tipos de objeto que são rastreados pelo negócio. Exemplos de classes que um BA deve ser responsável por modelar são: Venda, Fornecedor, Produto. Outras classes que não pertencem ao BA são: Classes de controle, usadas para desenhar software orientado a objetos. (Veja *Classe de entidade, Orientado a objetos.*)

304   O livro do analista de negócios

Termo	O que eles dizem (Padrão ou Diretriz)	O que significa para o BA
Classe especializada [Specialized class]	"Um classificador pode especializar outro adicionando ou redefinindo recursos."[228]	O BA usa *Classes especializadas* para modelar subtipos, modelando o tipo geral como uma classe generalizada e cada subtipo como uma especialização. A especialização fornece um mecanismo efetivo para o reúso da documentação dos requisitos: recursos comuns a todos os subtipos são documentadas uma vez na classe generalizada, enquanto as peculiaridades de cada subtipo são descritas nas classes especializadas relevantes. É também conhecida como subclasse, classe filha, classe derivada. (Veja *Generalização, Herança, Polimorfismo.*)
Classe generalizada [Generalized class]	(Veja *Classe* e *generalização.*) (UML)	Uma *classe generalizada* descreve recursos comum a um grupo de classes, conhecidas como classes especializadas. As classes especializadas herdam os atributos, operações e relacionamentos da classe generalizada. As classes generalizadas são também conhecidas como classes de generalização, superclasses, classes pais e classes base. (Veja *generalização.*)
Classificador [Classifier]	"Uma coleção de instâncias que possuem algo em comum. Um Classificador pode ter instâncias de recursos. Os classificadores incluem interfaces, classes, tipos de dado e componentes."[63]	Um *Classificador* é uma categoria ou tipo. O termo classificador é mais abrangente do que o termo Classe. (Todas as classes são classificadores; nem todos os classificadores são classes.) Exemplos de classificadores que um BA pode ser responsável pela definição incluem classes de entidade (como Cliente) e tipos de dados do negócio (como Endereço). (Veja *classe de entidade.*)
Cliente [Customer]	"Alguém que compre bens ou Serviços. O Cliente de um Provedor de serviço de TI é a pessoa ou o grupo que define e concorda com as Metas de nível de serviço."[77]	O *Cliente* é a pessoa ou organização que pagará pelo bem ou serviço final.

Apêndice A ▪ Glossário de termos de análise de negócios   305

Termo	O que eles dizem (Padrão ou Diretriz)	O que significa para o BA
Comitê de Mudanças (CM) [Change Advisory Board (CAB)]	"Um grupo de pessoas que aconselha o Gerente de mudanças na avaliação, priorização e agendamento das mudanças. Este comitê é costumeiramente composto por representantes de todas as áreas do Provedor do Serviço de TI, representantes do negócio e terceiros, como fornecedores."[56]	O *Comitê de mudanças* é um grupo que se reúne regularmente para avaliar e priorizar mudanças. A composição do CM pode mudar de reunião para reunião de acordo com a natureza da mudança. O BA deve ser incluído no CM o u aconselhar o CM para garantir que as necessidades das partes interessadas sejam propriamente comunicadas aos provedores da solução.
Comitê Emergencial de Mudanças (CEM) [Emergency Change Advisory Board (ECAB)]	"Um subconjunto do Comitê de Mudanças que toma decisões sobre mudanças de alto impacto emergenciais. Os participantes do comitê podem ser definidos no momento da reunião e dependem da natureza da mudança emergencial."[86]	O *Comitê emergencial de mudanças* é um comitê que se encontra para lidar com mudanças emergenciais. O CEM é composto de membros selecionados do Comitê de Mudanças (CM) e a sua composição pode variar em cada reunião. O BA aconselha o CEM e pode ser um membro dele. (Veja *Comitê de Mudanças*.)
Concorrência [Concurrency]	"Uma medida do número de Usuário atuando sobre a mesma Operação do mesmo tempo."[66]	Os requisitos de *concorrência* descrevem quantos usuários devem ser capazes de fazer a mesma coisa simultaneamente. Os requisitos de concorrência são um componente dos requisitos não funcionais documentados pelo BA e empacotados em documentos como o DRN.
Configuração [Configuration]	"Um termo genérico usado para descrever um grupo de Itens de Configuração que trabalham juntos para entregar um Serviço de TI ou uma parte reconhecível de um Serviço de TI."[67]	Uma *configuração* é uma compilação de partes que contribuem para a entrega de um serviço de TI. (Veja *Item de Configuração*.)
Contrato de Apoio (CDA) [Underpinning Contract (UC)]	"Um contrato entre um provedor de serviço de TI e um terceiro. O terceiro fornece bens ou serviços que apoiam a entrega do serviço de TI para o cliente. O contrato de apoio define metas e responsabilidades para atender metas em um SLA."[245]	Um *Contrato de apoio* é um contrato feito entre o provedor do serviço e um terceiro que fornece serviços de apoio.

306 O livro do analista de negócios

Termo	O que eles dizem (Padrão ou Diretriz)	O que significa para o BA
Control Objectives for Information and Related Technology (COBIT)	"COBIT é um *framework* de governança de TI que permite que os gestores superem o lapso entre requisitos de controle, questões técnicas e riscos do negócio. O COBIT permite o desenvolvimento de uma política clara e uma boa prática para o controle de TI nas organizações."[75]	*COBIT* é um conjunto de melhores práticas publicado pelo IT Governance Institute que orienta o gerenciamento de processos de TI. (Veja <http://www.isaca.org>.) O BA deve ser responsável por incluir nos requisitos do negócio medidas de controle requeridas para o atendimento regulatório ou política corporativa.
Corpo de Conhecimento em Análise de Negócios (BABOK)® [Business Analysis Body of Knowledge (BABOK)®]	"O *BABOK*® busca descrever e definir a análise de negócios como uma disciplina no lugar de definir responsabilidades de uma pessoa com o título de analista de negócios (que pode variar significativamente entre organizações)."[28]	O Corpo de Conhecimento em Análise de Negócios®, ou BABOK®, define as áreas de conhecimento e as melhores práticas na disciplina de análise de negócios. O BABOK® é propriedade do Instituto Internacional de Análise de Negócios (IIBA). (Veja Instituto Internacional de Análise de Negócios.)
Corpo de Conhecimento em Gerenciamento de Projetos (PMBOK) [Project Management Body of Knowledge (PMBOK)]	"O documento corpo de conhecimento em gerenciamento de projetos (PMBOK)... é uma codificação do conhecimento especificamente relacionado ao gerenciamento de projetos."[166]	O *Corpo de conhecimento em gerenciamento de projetos* é um conjunto de orientações para o gerenciamento de projetos. O PMBOK é mantido e publicado pelo Instituto de Gerenciamento de Projetos. (Veja: <http://www.pmi.org> para mais informações.)
Critério de Aceitação do Serviço (CAS) [Service Acceptance Criteria (SAC)]	"Um conjunto de critérios usados para garantir que um Serviço de TI atenda os seus requisitos de funcionalidade e qualidade e que o Provedor do Serviço de TI esteja pronto para operar o novo Serviço de TI quando lançado."[204]	O *Critério de aceitação do serviço* é o critério usado para determinar se um serviço ou solução atende os seus requisitos funcionais e não funcionais e que o provedor da solução esteja pronto para o lançamento. O BA é responsável por garantir que os CASs sejam documentados como parte do pacote de requisitos.
Cronograma de Mudanças [Change Schedule]	"Documento que registra todas as mudanças aprovadas e suas datas planejadas de implementação."[59]	O *Cronograma de mudanças* é um cronograma de mudanças e de datas planejadas para a sua implementação. O BA estima o esforço de trabalho e provê entradas para o Cronograma de mudanças.
Cronograma de Mudanças [Schedule of Changes]	Veja Cronograma de mudanças (ITIL)	

Apêndice A ▪ Glossário de termos de análise de negócios   307

Termo	O que eles dizem (Padrão ou Diretriz)	O que significa para o BA
Cronograma de Mudanças Futuras [Forward Schedule of Changes]	Veja Cronograma de Mudanças. (ITIL)	
Custo Total de Propriedade (TCO) [Total Cost of Ownership (TCO)]	"Uma metodologia usada para auxiliar a tomada de decisões de investimento. O TCO avalia o custo do ciclo de vida completo da propriedade de um Item de Configuração, não apenas o custo inicial de compra." [241]	O *Custo total de propriedade* é o custo total de um item ao longo do seu tempo de uso. O TCO inclui o investimento inicial, manutenção e outros custos. O BA inclui TCO como uma parte de uma análise de custo-benefício para uma mudança proposta.
Custo Total de Utilização (TCU) [Total Cost of Utilization (TCU)]	"Uma metodologia usada para tomar decisões de investimentos. O TCU analisa o custo completo do ciclo de vida do cliente usando um Serviço de TI." [242]	O *Custo total de utilização* é o custo total para o cliente no uso de um serviço durante o tempo total de uso do serviço. O BA pode incluir o TCU nas análises de custo-benfício de um serviço proposto ou novo.
Declaração de Requisito (DDR) [Statement of Requirement (SOR)]	"Documento que contém todos os requisitos para uma compra de um produto, ou um serviço de TI novo ou alterado." [232]	Uma declaração de requisitos é o equivalente da ITIL para a ERS. (Veja *Especificação de requisitos de software.*)
Descrição [Description]		Uma *descrição* é algo que diz para você como algo é. Pode ser em forma de texto e/ou diagramas. Por exemplo, uma descrição de caso de uso de sistema usualmente consiste de texto que descreve a interação entre o usuário e TI. Se os fluxos se conectam de forma complexa, a descrição também contém um fluxo de trabalho (diagrama de atividades).
Descrição de caso de uso de negócio (especificação) [Business use-case description (specification)]		Uma descrição de caso de uso de negócio (referenciada no RUP como especificação de caso de uso de negócio) descreve a interação ao longo da fronteira do negócio, tipicamente utilizando texto apoiado por diagramas (como diagramas de atividades) quando os fluxos alternativos conectam-se de forma complexa.

308   O livro do analista de negócios

Termo	O que eles dizem (Padrão ou Diretriz)	O que significa para o BA
Descrição/especificação de caso de uso [Use-case description/ specification]		Uma *Descrição de caso de uso* descreve as várias formas nas quais uma interação pode ocorrer. Ela pode ser representada em texto ou diagramas. (O texto é normalmente aplicado com a adição do fluxo de trabalho em diagramas quando os fluxos se conectam de forma complexa.)
Desenho [Design]	"... o propósito primário [do desenho] é decidir como o sistema será implementado. Durante o desenho, decisões estratégicas de táticas são tomadas para atender os requisitos funcionais e de qualidade de um sistema."[81] "Uma atividade ou processo que identifica os Requisitos e então define uma solução para atendê-los."[82]	O *desenho* no termo usado (inclusive neste livro) se refere à atividade ou processo de especificar *como* a solução deve ser construída. Ele difere da análise que se concentra no *que* o negócio requer da solução. (Por favor, note que, a definição da ITIL para desenho inclui tanto a identificação dos requisitos quanto a especificação técnica.) Os requisitos do BA são entradas para o desenho. O BA é também envolvido na validação do design para garantir que ele atende aos requisitos. (Veja *análise*.)
Desenho do Serviço [Service Design]	"Um estágio no ciclo de vida de um Serviço de TI. O Desenho do Serviço inclui um número de processos e funções e é o título de uma das publicações fundamentais da ITIL."[207] (Veja *Desenho.*)	O *Desenho do serviço* é a fase do Ciclo de Vida do Serviço da ITIL com o propósito de analisar e desenhar serviços e processos. (Note que, em contraste com outras aplicações comuns, a definição da ITIL para design inclui atividades de análise.) O desenho do serviço procura garantir uma abordagem holística para todos os aspectos do desenho de serviços novos ou alterados incluindo aspectos funcionais, gerenciais e operacionais. O BA é uma parte importante no desenho do serviço, responsável por coletar, analisar, documentar e gerenciar os requisitos.

Apêndice A ▪ Glossário de termos de análise de negócios   309

Termo	O que eles dizem (Padrão ou Diretriz)	O que significa para o BA
Desenvolvimento iterativo incremental **[Iterative incremental development]**	"Um estilo de desenvolvimento que envolve a aplicação iterativa de um conjunto de atividades para avaliar uma série de declarações, tratar uma série de riscos, atingir uma série de objetivos de desenvolvimento e produzir incrementalmente e refinar uma solução efetiva. É iterativo no que envolve o sucessivo refinamento da compreensão do problema, a definição da solução e a implementação da solução pela aplicação repetitiva de atividades de desenvolvimento. É incremental no que cada passo ao longo do ciclo iterativo aumenta a compreensão do problema e a capacidade oferecida pela solução. Algumas ou mais aplicações do ciclo iterativo são arranjados sequencialmente para compor um projeto."[128]	O *Desenvolvimento iterativo incremental* é uma abordagem do desenvolvimento de software, na qual o software é desenvolvido em iterações (ciclos), e cada iteração adiciona um incremento de valor para o usuário. Em cada ciclo, alguma análise, desenho, teste e codificação podem ocorrer. É também conhecido como desenvolvimento iterativo. O desenvolvimento iterativo incremental é fundamental para abordagens ágeis.
Diagrama de Atividades **[Activity diagram]**	"Um diagrama que descreve o comportamento usando um modelo de controle e de fluxo de dados."[4]	Um *diagrama de atividades* é um diagrama que descreve o sequenciamento de atividades. O BA usa os diagramas de atividades para modelar processos de negócio e interações usuário-TI. Os diagramas de atividades (ou outros diagramas de fluxo de trabalho) são recomendados para a descrição do fluxo de trabalho interno de processos de negócio (realizações de casos de uso de negócio) e, como uma adição ao texto na descrição de interações usuário-TI (casos de uso de sistema) quando os fluxos se conectam de forma complexa. Os diagramas de atividades criados pelo BA formam parte do pacote de requisitos. Os diagramas de atividades para processos do negócio podem residir dentro da arquitetura do negócio. (Veja *atividade*).
Diagrama de blocos **[Block diagram]**		Um *diagrama de blocos* fornece uma visão de alto nível de um processo de negócio, indicando etapas, entradas e saídas, mas não decisões. O BA usa diagramas de blocos para descrever as etapas principais e os fluxos de informação nos processos de negócio.

Termo	O que eles dizem (Padrão ou Diretriz)	O que significa para o BA
Diagrama de casos de uso [Use-case diagram]	"Diagrama que apresenta os relacionamentos entre os atores e o sujeito (sistema), e os casos de uso."[251]	Um *Diagrama de casos de uso* descreve os tipos de interações que cada ator tem com o sistema. O diagrama conecta atores aos casos de uso que eles iniciam ou dos quais eles participam. Ele pode também indicar relacionamentos entre atores e dependências entre casos de uso. O BA usa diferentes tipos de diagramas de casos de uso para diferentes tipos de sistemas. Um diagrama de casos de uso de negócio descreve as interações com a área de negócio; um diagrama de casos de uso de sistema descreve as interações com o sistema de TI.
Diagrama de caso de uso de negócio [Business use-case diagram]	"Um diagrama de casos de uso de negócio pode ter atores do negócio e trabalhadores do negócio interagindo com casos de uso de negócio."[49]	Um *Diagrama de caso de uso de negócio* descreve quais partes interessadas (atores do negócio externos e funcionários internos) participam de quais casos de uso de negócio, as dependências entre os casos de uso de negócio e os relacionamentos entre os atores. Os diagramas de caso de uso de negócio podem fazer parte do pacote de requisitos e podem residir na arquitetura corporativa.
Diagrama de casos de uso de sistema [System use-case diagram]	(UML estendida) (Veja *Diagrama de casos de uso.*)	Um *Diagrama de casos de uso de sistema* descreve quem faz o que em um sistema de TI. Descreve os atores (usuários ou sistemas externos) que interagem com o sistema e os conecta às tarefas do usuário (casos de uso de sistema) aos quais eles têm acesso. Um diagrama de caso de uso de sistema pode também apresentar dependências entre casos de uso e relacionamentos entre os atores.

Apêndice A ▪ Glossário de termos de análise de negócios 311

Termo	O que eles dizem (Padrão ou Diretriz)	O que significa para o BA
Diagrama de Classes [Class diagram]	"Diagrama de classes é um diagrama no qual os símbolos primários na área de conteúdo são símbolos de classes."[62]	Os *Diagramas de classes* podem ser desenhados com base em uma perspectiva de negócios ou técnica. O BA tem como preocupação principal os diagramas de classes que descrevem substantivos do negócio, conceitos, categorias de objetos de negócio e seus relacionamentos. Diagramas de classes criados pelo BA são incluídos no modelo do negócio. O BA pode também ser convidado a revisar diagramas de classes com a perspectiva técnica. Eles são usados como base para programa de bancos de dados. (Veja *Modelo de negócio, Classe.*)
Diagrama de Comunicação [Communication Diagram]	"Os Diagramas de Comunicação concentram-se na interação entre linhas de vida na arquitetura de uma estrutura interna, em como corresponde à mensagem que está transmitindo. O sequenciamento das mensagens é dados através de um esquema numerado."[65]	O *Diagrama de comunicação* descreve como os objetos enviam mensagens entre si usando um formato que se concentra na estrutura. O BA pode usar os diagramas de comunicação para descrever como áreas de negócio, sistemas de negócio e sistemas de TI se comunicam entre si. (Veja *diagrama de interação.*)
Diagrama de Contexto [Context Diagram]	(Análise Estruturada)	Na análise estruturada, um *diagrama de contexto* (também conhecido como um DFD nível zero) descreve o fluxo de informação entre um sistema e as entidades que se encontram fora dele. O sistema que é sujeito de um diagrama de contexto pode ser um sistema real, como uma organização ou um sistema de TI. O BA usa os diagramas de contexto para fornecer a visão geral da informação que passa entre um negócio (ou unidade de negócio) e o seu ambiente, ou para resumir a informação que passa entre um sistema de TI e os usuários que o acessam, os sistemas ou serviços externos e os sistemas dos quais ele utiliza os serviços. O BA pode incluir o diagrama de contexto no documento de Visão e Alcance,[73] ou como uma parte da arquitetura do sistema ou do negócio.

O livro do analista de negócios

Termo	O que eles dizem (Padrão ou Diretriz)	O que significa para o BA
Diagrama de Entidade-Relacionamento (DER) [Entity Relationship Diagram (ERD)]	"Um diagrama de entidade-relacionamento é um modelo de rede que descreve o layout de um sistema em um alto nível de abstração."[92]	O *Diagrama de Entidade-Relacionamento* descreve como a informação sobre um sujeito é referenciada em relação a outro, por exemplo, o vínculo entre pedido e produto. O DER é uma ferramenta de modelagem de dados; a sua contraparte na UML é o diagrama de classes. O BA usa os DERs com a perspectiva do negócio para expressar regras de negócio e para definir itens de informação e requisitos. O BA pode também ser convidado a revisar DERs técnicos, usados para desenhar bancos de dados relacionais.
Diagrama de Estados-máquina [State-machine diagram]	"Um diagrama que descreve comportamento modelado através de sistemas finitos de transição de estados. Ele descreve em particular, as sequências de estados que um objeto ou interação atravessa durante a sua vida em resposta a eventos, junto com as suas respostas e ações."[231]	Um *Diagrama de estados-máquina* (também conhecido como Diagrama de Harel) é um diagrama que descreve os dirterentes estados de um objeto, as regras que governam como passam de um estado para o outro e o comportamento do objeto em cada estado. O BA usa diagramas de estados-máquina para descrever o ciclo de vida de objetos do negócio. (Veja *Diagrama de estados de Harel.*)
Diagrama de Fluxo de Dados (DFD) [Data Flow Diagram (DFD)]	"O Diagrama de Fluxo de Dados é uma ferramenta de modelagem que permite a visualização de um sistema como uma rede de processos funcionais conectados entre si por fluxos de informação e armazéns de dados."[79]	Um *Diagrama de fluxo de dados* descreve o fluxo da informação em um sistema e entre o sistema e o seu ambiente. O diagrama indica os processos e subprocessos no contexto do fluxo de dados da entrada até a saída. O BA usa os DFDs para modelar o fluxo de informação ao longo de um sistema de negócio e para descrever a decomposição dos processos de negócio em processos progressivamente menores. Os DFDs da perspectiva do negócio produzidos pelo BA contribuem para a arquitetura do negócio. Quando uma solução de TI é contemplada, ela é usada como entrada para o desenho de um sistema de TI que automatiza os processos que eles descrevem.

Apêndice A ▪ Glossário de termos de análise de negócios   313

Termo	O que eles dizem (Padrão ou Diretriz)	O que significa para o BA
Diagrama de Interação [Interaction diagram]	"Um termo genérico que se aplica a diversos tipos de diagramas que enfatizam as interações entre objetos, dentre eles o diagrama de comunicação, diagrama de sequência e o diagrama geral de interação." [121] "Nos anexos podem ser encontrados notações opcionais de diagramas como diagramas temporais e tabelas de interação." [122]	Na UML, um *Diagrama de interação* descreve como objetos se comunicam através de mensagens em um cenário (ou um grupo de cenários). O termo é genérico e inclui o diagrama de sequência e o de comunicação. Os diagramas de interação são usados principalmente no desenho.[123] O BA pode ser convidado a revisar diagramas de interação do desenho para garantir que eles apoiam os requisitos. (Veja *Diagrama de comunicação, Diagrama de sequência.*)
Diagrama de pacotes [Package diagram]	Um diagrama que descreve como os elementos de modelagem são organizados em pacotes e as dependências entre eles, incluindo importações e extensões de pacotes.[161]	Um *Diagrama de pacores* é um diagrama da UML que descreve como os elementos do modelo são agrupados em pacotes e as dependências entre elementos. É um tipo de diagrama estrutural (estático). (Veja *Pacote.*)
Diagrama de Processo de Negócio (DPN) [Business Process Diagram (BPD)]	"Um Diagrama de Processo de Negócio (DPN) é o diagrama que é especificado pela NMPN (BPMN). Um DPN utiliza elementos gráficos e a semântica que apoia esses elementos como definido na sua especificação." [39] (BPMN)	Um *Diagrama de processo de negócio* descreve a sequência de atividades em um processo de negócio. As regras para o diagrama são definidas no padrão BPMN. O BA usa os DPNs para analisar e documentar processos de negócio As-Is (como é) e To-Be (como será). (Veja *Notação de modelagem de processos de negócio*).
Diagrama de Sequência [Sequence diagram]	"Um diagrama que descreve uma interação focando na sequência de mensagens trocadas junto às ocorrências de eventos nas linhas de vida. Diferentemente de um diagrama de comunicação, um diagrama de sequência inclui sequências de tempo, mas não inclui relacionamentos dos objetos. Um diagrama de sequência pode existir de forma genérica (descreve todos os cenários possíveis) e na forma de instância (descreve apenas um cenário)." [202]	Um *Diagrama de sequência* é um diagrama da UML que indica a sequência na qual objetos passam mensagens entre si ao longo de um ou mais cenários. O diagrama é tipicamente usado pelos analistas de sistemas para auxiliar no mapeamento dos casos de uso de sistema (criados pelo BA) para desenhar especificações. É frequentemente incluído como uma parte da realização do caso de uso de sistema.

314 O livro do analista de negócios

Termo	O que eles dizem (Padrão ou Diretriz)	O que significa para o BA
Dicionário de dados [Data dictionary]	"O dicionário de dados é uma lista organizada de todos os elementos de dados pertinentes ao sistema, com definições precisas e rigorosas para que ambos, usuários e analistas de sistemas, tenham a compreensão comum de todas as entradas, saídas, componentes e cálculos intermediários."[78]	Um *dicionário de dados* lista e descreve cada elemento de dados relevante para um sistema. O dicionário de dados promove o reúso. Por exemplo, o BA pode documentar a extensão e o espectro válido de dados para um item de dados, uma vez no dicionário de dados, e fazer referência a esse item como um atributo em uma classe, um item de dado em um caso de uso ou um campo em uma tela.
Disponibilidade [Availability]	"Habilidade de um Item de Configuração ou Serviço de TI de desempenhar a sua função acordada quando requerida. A disponibilidade é determinada pela Confiabilidade, Manutenabilidade, Desempenho e Segurança. A disponibilidade é costumeiramente calculada como uma porcentagem. Este cálculo frequentemente se baseia no Tempo de Serviço Acordado e Downtime. A melhor prática calcular a Disponibilidade usando medidas de saída do Serviço de TI para o Negócio."[17]	A *disponibilidade* é a fração (porcentagem) de tempo no qual um serviço ou sistema está disponível em relação a um tempo acordado. Os requisitos de disponibilidade são um componente dos requisitos não funcionais documentados pelo BA e empacotados nos documentos como Declaração de Requisitos (DR) e DRN.

Apêndice A ▪ Glossário de termos de análise de negócios 315

Termo	O que eles dizem (Padrão ou Diretriz)	O que significa para o BA
Documento de Requisitos do Negócio (DRN) [Business Requirements Document (BRD)]	"O documento de requisitos do negócio descreve o comportamento requerido de uma aplicação de software. O público-alvo primário de um DRN é o cliente e os usuários."[43] "Um documento de requisitos do negócio (DRN) detalha a solução do negócio para um projeto, incluindo a documentação das necessidades e expectativas do cliente. Caso uma iniciativa pretenda modificar hardware/software existentes (ou introduzir novos), um novo DRN deve ser criado. O processo de DRN pode ser incorporado à cultura do Seis Sigma DMAIC (definir, medir, analisar, incrementar, controlar)."[44]	O *Documento de requisitos do negócio* é um termo que pode ser usado de várias formas. Pode se referir a objetivos do negócio ou a uma documentação mais abrangente de requisitos. Seguindo a definição usada neste livro, o DRB, como definido aqui, é equivalente ao Pacote de Requisitos referenciado pelo BABOK®. O Documento de requisitos do negócio é a documentação consolidada de todos os requisitos oriundos do negócio. De forma ideal, o DRN é uma compilação eletrônica de documentos menores, cada um deles hospedado em um repositório separado. O nível de detalhe do DRN deve ser ajustado ao público-alvo. A hospedagem separada dos subdocumentos deve permitir que eles sejam compilados em vários outros pacotes e visões quando apropriado. A documentação de requisitos do negócio forma uma parte chave do Pacote de Desenho do Serviço (PDC) da ITIL.[45]
Dono do processo [Process Owner]	"Um papel responsável por garantir que um processo atende o seu propósito. As responsabilidades do dono do processo incluem patrocínio, desenho, gerenciamento de mudanças e aprovação contínua do processo e das suas métricas. Este papel é frequentemente designado à mesma pessoa que atua no papel de gerente de processos, mas os dois papéis são separados em organizações de grande porte."[175]	O *dono do processo* é uma função executiva responsável por garantir a qualidade de um processo. O BA interage com os donos dos processos para compreender os problemas e as questões dos processos atuais do negócio e garantir que as mudanças em TI sejam consistentes com os processos que eles apoiam.
Dono do Serviço [Service Owner]	"Um papel que é responsável pela entrega de um Serviço de TI específico."[217]	O *Dono do serviço* é uma função executiva de negócios com autoridade para contratar e demitir, responsável em um nível alto por um serviço. O BA busca informações junto aos donos de serviços para garantir que os objetivos do negócio do serviço sejam abordados e realizados.

316   O livro do analista de negócios

Termo	O que eles dizem (Padrão ou Diretriz)	O que significa para o BA
Elicitação [Elicitation]	"A elicitação descreve como trabalhamos junto às partes interessadas para descobrir as suas necessidades e garantir que compreendemos corretamente e de forma completa as suas necessidades."[85]	A *elicitação* é uma área de conhecimento do BABOK® que se refere à atuação junto às partes interessadas com o propósito de descobrir e validar requisitos.
Encapsulamento [Encapsulation]		O *Encapsulamento* é um princípio orientado a objetos (OO) que declara que a descrição de uma classe contém tanto as suas operações (ações) e seus atributos (dados). Nenhum objeto pode fazer referência direta aos atributos de outro objetos ou se basear em um conhecimento dos métodos usados para implementar as operações. O encapsulamento requer que os objetos só interajam por meio de mensagens.
Engenharia reversa [Reverse engineering]		A *Engenharia reversa* consiste em trabalhar de trás para a frente, a partir do produto final para derivar os seus modelos de análise e desenho. Por exemplo, um SGBDR não documentado pode sofrer engenharia reversa para produzir um modelo de dados. Uma vez gerado o modelo de dados, ele pode ser modificado em resposta à mudanças nas regras de negócio e sofrer engenharia para um SGBDR revisado.
Entidade, classe de entidade [Entity, entity class]	"Uma entidade representa um objeto de interesse na aplicação que pode ser concreto (ex.: uma pessoa) ou abstrato (ex.: uma conferência). O termo mais preciso é uma instância de entidade. Uma classe de entidade representa um conjunto particular de entidades na aplicação."[89] Um estereótipo padrão para "um componente persistente de informação representando um conceito do negócio."[90]	O termo *entidade* é algumas vezes usado para se referir a instâncias de entidades ou a classes de entidades (também conhecidas como tipos de entidades). Da perspectiva do BA uma instância de entidade é um objeto rastreado pelo negócio. Objetos que pertencem à mesma classe de entidade são tratados de forma similar pelo negócio. Por exemplo, o negócio rastreia as mesmas propriedades (atributos) para todos os objetos na mesma classe de entidade.[91] (Veja *Classe de entidade* e *Diagrama de Entidade-Relacionamento*, *Linguagem Unificada de Modelagem*.)

Apêndice A ▪ Glossário de termos de análise de negócios 317

Termo	O que eles dizem (Padrão ou Diretriz)	O que significa para o BA
Escalação funcional [Functional escalation]	"Transferir um incidente, problema ou mudança para uma equipe técnica com nível mais alto de expertise para auxiliar em uma escalação."[107]	Escalar um incidente é trazer recursos adicionais para lidar com ele; na *Escalação funcional*, os recursos adicionais provêm maior expertise. (Veja *Escalar*.)
Escalar [Escalation]	"Uma atividade que obtém recursos adicionais quando eles são necessários para atender Metas de Nível de Serviço ou Expectativas dos Clientes. Escalar pode ser necessário dentro do Processo de Gerenciamento do Serviço de TI, mas é mais comumente associado ao Gerenciamento de Incidentes, Gerenciamento de Problemas e o gerenciamento de reclamações dos Clientes."[93]	*Escalar* um incidente significa trazer recursos adicionais para lidar com ele. O BA é responsável por garantir que os procedimentos para escalar para incidentes novos ou revisados que resultaram de uma mudança sejam documentados antes que a mudança seja realizada.
Escopo [Scope]	"O escopo da solução é um conjunto de capacidades que uma solução deve apoiar para atender à necessidade do negócio. O escopo do projeto é o trabalho necessário para construir e implementar uma solução particular."[199]	O *Escopo* é uma imagem do que é incluído e o que está excluído de uma solução ou projeto. O BA gerencia o escopo da solução enquanto o gerente de projetos gerencia o escopo do projeto.
Especificação [Specification]	[As especificações são] "Um conjunto de requisitos para um sistema ou outro classificador."[229] "Um *requisito* é... uma condição ou capacidade que deve ser atingida... para satisfazer um contrato, padrão, *especificação*, ou outros documentos formalmente impostos."[230]	O uso do termo *Especificação* varia entre os padrões. Por exemplo, a definição da UML de especificação inclui os requisitos que se originam do lado do negócio. Este livro diferencia os requisitos das especificações como a seguir (e como sugerido pelo BABOK®). Um requisito descreve uma necessidade; uma especificação descreve *como* a solução atenderá àquelas necessidades. A equipe técnica (como o analista de sistemas) é responsável por criar especificações usando os requisitos do BA como entrada.

318 O livro do analista de negócios

Termo	O que eles dizem (Padrão ou Diretriz)	O que significa para o BA
Especificação de Requisitos de Software (ERS) [Software Requirements Specification (SRS)]	"Uma especificação de requisitos de software (também conhecida como uma especificação de requisitos do software) descreve o comportamento e a implementação de uma aplicação de software. O público principal de uma ERS é o time de desenvolvimento que deverá implementar a solução. Uma ERS inclui uma descrição do domínio do problema, uma decomposição do domínio do problema, uma descrição dos requisitos funcionais que governam a solução, os requisitos de qualidade (não funcionais) relevantes, pressupostos e restrições afetando a solução e pode incluir atributos de requisitos e informação de rastreabilidade se a solução é complexa o suficiente."[226]	Os requisitos são frequentemente empacotados em um número de documentos, cada qual com um enfoque diferente. Requisitos de objetivos do negócio e de alto nível são frequentemente capturados em um documento de desejos e necessidades do cliente, enquanto requisitos que se relacionam especificamente à solução de TI são empacotados na Especificação de requisitos de software. Os conteúdos da ERS incluem requisitos não funcionais, requisitos de nível de serviços de TI, perfis de usuários (como em mapas de papéis) e requisitos funcionais (como em requisitos de usuários). (Veja *Declaração do requisito*.)
Estender/Caso de uso de extensão [Extend/ extending use case]	Um relacionamento de extensão é um "relacionamento de um caso de uso de extensão para um caso de uso estendido que especifica como e quando o comportamento no caso de uso de extensão é inserido no caso de uso base ... a extensão acontece em um ou mais pontos de extensões definidos no caso de uso estendido."[98] "O caso de uso base não depende da execução do comportamento do caso de uso de extensão."[99]	Um caso de uso pode ser descrito como *estendendo* um caso de uso base se ele adiciona ou altera o comportamento da base em pontos de extensão específicos e sob uma condição especificada. O BA usa casos de uso de extensão para alterar os requisitos para uma tarefa do usuário sem modificar os requisitos originais — por exemplo, para definir requisitos para um upgrade adicional no software ou para isolar um grupo de mudanças em um fluxo de trabalho que se aplica somente sob um conjunto específico de circunstâncias. Um exemplo de um caso de uso de extensão é "Aplicar para hipoteca preferencial", que estende o caso de uso de base "Aplicar para hipoteca" quando a condição "O cliente solicitou uma taxa preferencial" for verdadeira. (Veja *Caso de uso base, Caso de uso.*)

Apêndice A ▪ Glossário de termos de análise de negócios   319

Termo	O que eles dizem (Padrão ou Diretriz)	O que significa para o BA
Estereótipo [Stereotype]	"Uma classe que define como uma metaclasse existente (ou estereótipo) pode ser estendida, e permite o uso da terminologia ou notação específica da plataforma ou do domínio em adição às usadas pela metaclasse estendida. Certos estereótipos são predefinidos na UML, outros podem ser definidos pelo usuário. Os estereótipos são um dos mecanismos de extensão na UML."[234]	Um *Estereótipo* é um recurso que pode ser amarrado a um elemento de modelagem UML para modificar o seu significado. A UML inclui um número de estereótipos como também a possibilidade dos praticantes inserirem seus próprios estereótipos. Os estereótipos usados pelo BA incluem trabalhador do negócio, aplicado a um ator para indicar que ele trabalha na área do negócio e caso de uso de negócio, aplicado a um caso de uso para indicar que ele representa uma interação com a área de negócio.
Estratégia de gerenciamento de riscos [Risk Management strategy]		Uma *Estratégia de gerenciamento de riscos* é uma estratégia para respostas a riscos identificados. Essas estratégias geralmente recaem em uma das categorias a seguir: Evitar (eliminar o risco); Transferir (fazer com que o risco seja de responsabilidade de terceiros); Aceitar (viver com as consequencias); e Mitigar (agir para reduzir a exposição ou o impacto). O BA contribui com as estratégias relacionadas aos riscos no Plano de gerenciamento dos riscos. (Veja *Mitigar*. Veja também "Modelo de tabela de análise de riscos" no Capítulo 6.)
Estratégia de Serviço [Service Strategy]	"O título de uma das publicações da ITIL. A estratégia de serviço estabelece uma estratégia geral para Serviços de TI e para o Gerenciamento dos Serviços de TI."[220]	A *Estratégia de serviço* é uma fase do ciclo de vida do serviço com o propósito de atingir desempenho superior em relação às alternativas competidoras para guiar o desenvolvimento do gerenciamento do serviço como uma capacidade e ativo estratégico organizacional. O BA apoia a estratégia de serviço contribuindo com a auditoria estratégica dos serviços atualmente disponíveis e determinando requisitos para serviços requeridos pelos clientes.

320 O livro do analista de negócios

Termo	O que eles dizem (Padrão ou Diretriz)	O que significa para o BA
Evento [Event]	"Uma mudança no estado que tem significado para o gerenciamento de um Item de Configuração ou Serviço de TI. O termo evento é também usado para representar um Alerta ou notificação criada por qualquer Serviço de TI, Item de Configuração ou Ferramenta de Monitoramento. Os eventos tipicamente requerem que o pessoal de operações de TI atue e frequentemente leva ao registro de incidentes."[94] "Um evento é a especificação de alguma ocorrência que pode potencialmente trazer efeitos em um objeto."[95]	Na ITIL, um *evento* é um acontecimento que deve ser registrado e/ou gerenciado. Se o evento causa ou pode causar ruptura nos serviços, o evento é tratado como um incidente. O BA é responsável por garantir que os requisitos para o monitoramento e resposta aos eventos estejam incluídos na documentação de requisitos. (Veja *Incidente, Gerenciamento de Eventos*.) Na UML e em outros lugares, o evento representa um acontecimento ou condição que dispara uma resposta. O BA modela eventos nos diagramas de estados-máquina, em diagramas de fluxo de trabalho e nos requisitos do usuário como gatilhos para interações usuário-TI (casos de uso de sistema) e fluxos alternativos.
Fase [Phase]		Uma *Fase* é um período em um processo, marcado em cada fim por marcos bem definidos com critérios específicos de saída. Cada fase possui o seu próprio tema de comportamento. O BA é mais ativo durante as fases iniciais de um projeto.
Fator Crítico de Sucesso (FCS) [Critical Success Factor (CSF)]	"Algo que deve acontecer se um Processo, Projeto, Plano ou Serviço de TI deseja ser bem-sucedido. Os KPIs (indicadores-chave de desempenho) são usados para medir o atendimento a cada FCS. Por exemplo, um FCS de 'proteger Serviços de TI ao realizar mudanças' pode ser medido por KPI como a 'redução de mudanças mal sucedidas'".[76]	Um *Fator crítico de sucesso* é o resultado mensurável que deve ser atingido para que um projeto seja considerado bem-sucedido. Cada FCS deve ser associado com uma ou mais métricas, conhecidas como KPI. Os requisitos coletados pelo BA devem apoiar o atendimento dos FCS. O BA é responsável pela elicitação e documentação dos FCS do projeto.

Apêndice A ▪ Glossário de termos de análise de negócios   321

Termo	O que eles dizem (Padrão ou Diretriz)	O que significa para o BA
Ferramenta [Tool]		No contexto deste livro, o termo *Ferramenta* é usado para qualquer auxílio ao trabalho ou técnica que facilita a prática de análise de negócios. O termo *ferramenta* é também usado para denotar software usado no processo de desenvolvimento. Um exemplo de ferramenta é o IBM Rational Rose.
Fórum de Gerenciamento de Serviços de TI (itSMF®) [IT Service Management Forum (itSMF®)]	"O itSMF® é o único fórum verdadeiramente independente e reconhecido para profissionais de ITSM do mundo todo. O fórum é uma organização sem fins lucrativos e é um *player* proeminente no desenvolvimento e na promoção contínua das melhores práticas do Gerenciamento de serviços de TI desde 1991."[133]	O *Fórum de gerenciamento de serviços de TI®* é uma organização que promove as melhores práticas em Gerenciamento de serviços de TI (ITSM), incluindo a promoção da ITIL e a publicação de livros da ITIL e não ITIL relacionados ao Gerenciamento de serviços de TI.
Função [Function]	"Uma equipe ou grupo de pessoas e as ferramentas que eles utilizam para conduzir um ou mais Processos e Atividades. Por exemplo, o Service Desk. O termo Função também possui outros dois significados: Um propósito desejado para um Item de Configuração, Pessoa, Equipe, Processo ou Serviço de TI. Por exemplo, uma função de Serviço de e-mail pode ser armazenar e encaminhar e-mails de saída; uma função de um Processo de negócio pode ser despachar bens para os clientes. Para desempenhar seu propósito desejado corretamente 'O computador está funcionando'.[106]	Na ITIL, uma *Função* usualmente se refere a uma unidade de negócio com responsabilidades e recursos específicos. Um exemplo de uma função na ITIL é o Service Desk. Algumas funções são nomeadas usando substantivos em contraste com os processos, que são verbos. Uma funcionalidade pode participar de muitos processos e um processo pode requerer o envolvimento de n funções. O termo função também é usado para se referir a uma unidade de comportamento, por exemplo, a função de negócio "Fazer pedido", ou função do sistema, escreverRegistroPedido.
Função Vital do Negócio (FVN) Vital Business Function (VBF)	"As funções críticas do negócio, apoiadas pelo serviço de TI."[256]	A *Função vital do negócio* é uma função que é crítica para o negócio. O BA documenta as FVNs como parte do BIA. (Veja *Análise de impacto no negócio*.)

322   O livro do analista de negócios

Termo	O que eles dizem (Padrão ou Diretriz)	O que significa para o BA
Funil de Serviços [Service Pipeline]	"Uma base de dados ou documento estruturado listando todos os Serviços de TI que estão sob consideração para desenvolvimento, mas que ainda não estão disponíveis para os clientes. O funil dos serviços fornece uma visão do negócio de Serviços de TI possíveis no futuro e é uma parte do portfólio de serviços que não é usualmente publicadas para os clientes."[218]	O *Funil de serviços* é o catálogo de serviços que estão sendo considerados para novo desenvolvimento ou que estejam em desenvolvimento. O BA documenta os requisitos para serviços de TI listados no funil de serviços.
Funil dos Serviços do Negócio [Business Service Pipeline]	(Veja a definição da ITIL para Funil dos Serviços do Negócio.)	O *Funil dos Serviços do Negócio* é um catálogo dos serviços do negócio em desenvolvimento. Ele forma parte do Portfólio de Serviços do Negócio. O BA provém entradas para mudanças no Funil dos Serviços do Negócio. (Veja *Funil de Serviços, Serviço de Negócio.*)
Garantia do Serviço [Service Warranty]	"Garantia de que um Serviço de TI atenderá aos requisitos acordados. Isso poder ser um acordo formal como o acordo ou o contrato de nível de serviço ou pode ser uma mensagem de marketing ou imagem de marca. O valor para o negócio de um Serviço de TI é criado pela combinação da utilidade do serviço (o que o serviço faz) com a garantia do serviço (o quão bem ele o faz)."[224]	A *Garantia do serviço* se refere ao bom desempenho do serviço. Garantias do serviço que devem ser feitas por uma solução são definidas pelo BA nos requisitos de Nível de Serviço (não funcional). (Veja *Utilidade do serviço.*)
Garfo [Fork]	Em diagramas de atividades, "um nó garfo é um nó de controle que divide um fluxo em fluxos concorrentes múltiplos."[104] Em diagramas de estados--máquina, "garfos servem para separar uma transição em duas ou mais transições terminando em vértices ortogonais (ex.: vértices em diferentes regiões de um estado composto)."[105]	*Garfo* é um elemento de modelagem da UML que indica um ponto a partir do qual fluxos ou transições podem ocorrer em qualquer ordem. O BA usa garfos em diagramas de atividades para indicar processamento paralelo e em máquinas de estados para indicar estados concorrentes (estados nos quais o objeto pode estar ao mesmo tempo). Um garfo é frequentemente combinado a uma união que marca o ponto no qual todos os fluxos ou transições devem ocorrer antes do processo (ou ciclo de vida do objeto) continuar.

Apêndice A ▪ Glossário de termos de análise de negócios 323

Termo	O que eles dizem (Padrão ou Diretriz)	O que significa para o BA
Gatilho [Trigger]	"O gatilho especifica o evento que faz com que o caso de uso seja iniciado."[244]	Um *Gatilho* é um evento ou condição que força uma resposta. O gatilho pode iniciar uma tarefa (como um caso de uso de sistema) ou forçar uma mudança de estado. O BA documenta gatilhos em modelos (por exemplo, em diagramas de atividades e máquinas de estados) e na documentação dos requisitos.
Generalização [Generalization]	"Generalização é um relacionamento taxonômico entre um classificador mais genérico e um mais específico. Cada instância do classificador específico é uma instância indireta do classificador genérico. Além disso, o classificador específico herda os recursos do classificador genérico. "[112]	O BA usa a *generalização* para modelar categorias de negócios que possuem subtipos. Por exemplo, a categoria Produto de empréstimo pode ser modelada como uma generalização de Produto de hipoteca e Linha de crédito. A generalização é uma estratégia para reúso e redução das redundâncias, uma vez que os recursos comuns a todos os subtipos são documentados apenas uma vez (na classe generalizada). O uso de generalização também permite que o BA prossiga do conhecido para o desconhecido por meio da modelagem de categorias mais gerais primeiro e adicionando subtipos conforme eles se tornam conhecidos. (Veja *Classe especializada, Classe generalizada.*)
Gerenciamento da Continuidade do Negócio (GCN) [Business Continuity Management (BCM)]	"O processo de negócio responsável por gerenciar os riscos que podem afetar seriamente o negócio. O GCN salvaguarda os interesses das partes interessadas, a reputação, a marca e as atividades de criação de valor. O Processo de GCN envolve a redução dos riscos a um nível aceitável e o planejamento para a recuperação dos processos de negócio caso ocorra uma descontinuidade no negócio. O GCN define os objetivos, o escopo e os requisitos para o Gerenciamento da continuidade dos serviços de TI."[35]	O *Gerenciamento da Continuidade do Negócio* é o processo dentro do Desenho do Serviço da ITIL responsável por garantir que o impacto de uma descontinuidade no negócio permaneça em limites aceitáveis. O BA é responsável por elicitar e documentar os requisitos de continuidade que são entrada para o GCN. Os requisitos de continuidade do negócio são um componente dos Requisitos de Nível de Serviço do Negócio.

O livro do analista de negócios

Termo	O que eles dizem (Padrão ou Diretriz)	O que significa para o BA
Gerenciamento da Continuidade do Serviço de TI (ITSCM) [IT Service Continuity Management (ITSCM)]	"O processo responsável por gerenciar riscos que podem afetar seriamente os Serviços de TI. O ITSCM garante que o Provedor do serviço de TI possa sempre prover os níveis de serviço mínimos acordados, reduzindo o risco a um nível aceitável e Planejando para recuperação dos Serviços de TI. O ITSCM deve ser desenhado para suportar o Gerenciamento da continuidade do negócio."[132]	O *Gerenciamento da continuidade do serviço de TI* é um processo do Desenho do Serviço da ITIL que suporta a continuidade do negócio, garantindo que as funções de TI podem ser restauradas após uma falha no período acordado. O BA é responsável por prover os requisitos para continuidade dos negócios que provêm entrada para o ITSCM. Esses requisitos são parte dos requisitos não funcionais que podem ser incluídos na documentação, como os Requisitos de Nível de Serviço (RNS), Declaração de Requisitos (DR) ou Especificação de Requisitos de Software (ERS). (Veja *Gerenciamento da continuidade do negócio*.)
Gerenciamento da Demanda [Demand Management]	"Atividades que compreendem a influência da demanda do cliente por serviços e a provisão de capacidade para atender a essas demandas."[80]	O *Gerenciamento da demanda* é um processo dentro da Estratégia do Serviço da ITIL para prever a demanda por serviços e alinhar o suprimento de acordo. O BA apoia o Gerenciamento da demanda por meio da análise da área de negócio para determinar padrões de atividades e prever demanda.
Gerenciamento da Segurança da Informação (GSI) [Information Security Management (ISM)]	"O processo que garante a confidencialidade, integridade e disponibilidade dos ativos, informações, dados e Serviços de TI de uma organização. O Gerenciamento da segurança da informação usualmente faz parte de uma abordagem organizacional ao Gerenciamento da segurança, que possui um escopo mais amplo do que o do Provedor do serviço de TI, e inclui lidar com papéis, acesso às instalações, ligações telefônicas etc., para toda a organização."[118]	O *Gerenciamento da segurança da informação* é o processo do Desenho do Serviço da ITIL responsável por alinhar a segurança de TI e do negócio para garantir que a segurança da informação seja gerenciada em todas as atividades de gerenciamento dos serviços. Os requisitos de segurança do negócio e do usuário são um componente dos requisitos não funcionais documentados pelo BA e empacotados em documentos como o DRN.

Apêndice A ▪ Glossário de termos de análise de negócios   325

Termo	O que eles dizem (Padrão ou Diretriz)	O que significa para o BA
Gerenciamento de Ativos e Configuração do Serviço (GACS) [Service Asset and Configuration Management (SACM)]	"O processo responsável tanto pelo Gerenciamento de Configuração e Gerenciamento de Ativos."[205] (Transição do Serviço da ITIL)	O *Gerenciamento dos ativos e da configuração do serviço* é um processo dentro da Transição do Serviço da ITIL responsável pela definição dos ativos de serviços, artefatos, componentes de infraestrutura e ativos financeiros. O GACS é um processo grande que incorpora o Gerenciamento de ativos e o Gerenciamento de configuração. Os artefatos do BA que passam por mudanças devem ser registrados como itens de configuração (ICs) e colocados sob o controle do GACS. Ele também fornece entradas para o BA a respeito do impacto das mudanças propostas em outros ICs, como serviços, clientes e fornecedores. (Veja *Item de configuração.*)
Gerenciamento de Capacidade [Capacity Management]	"O Processo responsável por garantir que a Capacidade dos serviços de TI e da Infraestrutura de TI seja capaz de entregar Metas de nível de serviço acordadas no orçamento e no prazo. O Gerenciamento de capacidade considera todos os Recursos requeridos para entregar o Serviço de TI e planeja para os requisitos do negócio de curto, médio e longo prazo."[52]	O *Gerenciamento de capacidade* é um processo do Desenho do serviço da ITIL responsável por garantir que os requisitos de capacidade sejam atendidos. O BA apoia o Gerenciamento de capacidade através da documentação dos requisitos e supervisão dos testes. (Veja *Capacidade.*)

326   O livro do analista de negócios

Termo	O que eles dizem (Padrão ou Diretriz)	O que significa para o BA
Gerenciamento de Configuração **[Configuration Management]**	"O processo responsável pela manutenção da informação sobre os Itens de Configuração necessários para entregar um Serviço de TI, incluindo os seus relacionamentos. Esta informação é gerenciada ao longo do ciclo de vida do IC. O Gerenciamento de Configuração é parte de um Processo de ativo de serviço e de Gerenciamento de configuração."[69]	Na ITIL, o *Gerenciamento de configuração* é um subprocesso do processo de Ativo de serviço e Gerenciamento de configuração. O Gerenciamento de configuração é responsável por gerenciar os Itens de Configuração (IC) e seus relacionamentos com outros IC. O processo é registrado sob a Transição de Serviço da ITIL, mas é ativado, de fato, a qualquer momento no qual uma mudança é feita a um CI. Qualquer artefato do BA vinculado a um serviço de TI deve ser tratado como um CI — se mudanças neles forem controladas. Os exemplos incluem modelos de processos de negócio, regras de negócio, Requisitos de Nível de Serviço e requisitos funcionais (Veja *Ativo de Serviço, Banco de Dados de Gerenciamento de Configuração, Sistema de Gerenciamento de Configuração.*)
Gerenciamento de eventos **[Event Management]**	"O processo responsável por gerenciar eventos ao longo do seu ciclo de vida. O gerenciamento de eventos é uma das principais atividades das Operações de TI."[96]	O *Gerenciamento de eventos* é o processo da Operação do Serviço da ITIL para detectar eventos aleatórios e planejados que têm impacto na entrega dos serviços de TI e para tomar as ações gerenciais apropriadas. Os entregáveis do BA como diagramas de atividades, máquinas de estados e documentação de casos de uso de sistemas (gatilhos) servem como entrada para o Gerenciamento de Eventos (Veja *Evento.*)
Gerenciamento de Fornecedores **[Supplier Management]**	"O processo responsável por garantir que todos os contratos com fornecedores apoiam as necessidades do negócio e que todos os fornecedores atendem as suas obrigações contratuais."[235]	*Gerenciamento de fornecedores* é o procedimento para gerenciamento do relacionamento com os fornecedores. O BA procura informações com o gerente de fornecedores para compreender a capacidade dos fornecedores e as suas obrigações contratuais.

Apêndice A ▪ Glossário de termos de análise de negócios — 327

Termo	O que eles dizem (Padrão ou Diretriz)	O que significa para o BA
Gerenciamento de incidentes [Incident Management]	"O processo responsável por gerenciar o ciclo de vida de todos os incidentes. O objetivo primário do Gerenciamento de Incidentes é restaurar o Serviço de TI para os clientes o mais rápido possível."[114]	O *Gerenciamento de incidentes* é o processo da Operação do Serviço da ITIL responsável por gerenciar eventos que rompem ou que podem romper um serviço para garantir que a situação habitual dos processos seja restaurada o mais rápido possível.
Gerenciamento de Mudanças [Change Management]	"O processo responsável por controlar o cliclo de vida de todas as mudanças. O objetivo primário do Gerenciamento de mudanças é permitir que mudanças positivas ocorram com a mínima ruptura dos Serviços de TI."[57]	O *Gerenciamento de mudanças* é o processo na Transição do Serviço da ITIL responsável por controlar mudanças nos serviços e na documentação relacionada. A contribuição do BA para o Gerenciamento de mudanças inclui participação e contribuição no CM, como também na revisão e criação de Requisições de mudança no nível do usuário (RDM). (Veja *Comitê de Mudanças, Requisição de Mudança*.)
Gerenciamento de Níveis de Serviço (SLM) [Service Level Management (SLM)]	"O processo responsável por negociar acordos de níveis de serviços e garantir que sejam atendidos. O SLM é responsável por garantir que todos os Processos de gerenciamento de serviços de TI, Acordos de níveis operacionais e Contratos de apoio sejam apropriados para as Metas de níveis de serviço. O SLM monitora e reporta os Níveis de serviços e realiza revisões regulares junto aos clientes."[211]	O *Gerenciamento de níveis de serviço* é um processo formal da ITIL na fase do Desenho do serviço que tem o propósito de garantir que o nível acordado da provisão do serviço seja atingido pelos serviços presentes e futuros. O BA apoia o gerenciamento de níveis de serviço analisando e documentando requisitos de nível de serviço.

O livro do analista de negócios

Termo	O que eles dizem (Padrão ou Diretriz)	O que significa para o BA
Gerenciamento de Problemas [Problem Management]	"O Gerenciamento de problemas é o processo responsável por gerir o ciclo de vida de todos os problemas. Os objetivos primários dos processos de Operação do serviço do gerenciamento de projetos são prevenir que problemas e seus consequentes incidentes ocorram, eliminar incidentes recorrentes e minimizar o impacto de incidentes que não podem ser evitados."[171]	O *Gerenciamento de problemas* é o processo da Operação do Serviço da ITIL responsável por gerenciar o conhecimento de problemas conhecidos. O Gerenciamento de problemas serve ao Gerenciamento de incidentes, auxiliando no diagnóstico dos problemas por trás de um incidente e fornecendo soluções de contorno. O Gerenciamento de incidentes apoia o Gerenciamento de problemas, fornecendo estatísticas e registros dos incidentes. O Gerenciamento de problemas fornece e recebe informações do BA. Por exemplo, o Gerenciamento de problemas fornece uma informação usada pelo BA para fazer o business case para o projeto. O BA fornece ao Gerenciamento de problemas de entradas na forma de análises de problemas conhecidos e contornos baseados em entrevistas com as partes interessadas do negócio e usuários.
Gerenciamento de riscos [Risk Management]	"O processo responsável por identificar, avaliar e controlar riscos."[195]	O *Gerenciamento de riscos* é um processo para identificar, planejar e mitigar riscos. O BA contribui para o gerenciamento de riscos. (Veja *Risco, Estratégia de gerenciamento de riscos*.)
Gerenciamento de Serviços de TI (ITSM) [IT Service Management (ITSM)]	"A implementação e o gerenciamento dos Serviços de TI de Qualidade que atendam os requisitos do negócio. O Gerenciamento de serviços de TI é desempenhado pelos Provedores do serviço de TI através de uma mistura apropriada de pessoas, processos e tecnologia da informação."[131]	O *Gerenciamento de Serviços de TI* é a disciplina de gerenciamento dos Serviços de TI com o objetivo de adequar a solução à necessidade do cliente. Como a pessoa responsável pela comunicação entre as partes interessadas do negócio e o provedor da solução, o BA tem atuação-chave na implementação bem-sucedida das melhores práticas de ITSM. Uma abordagem de ITSM que é amplamente popular é a ITIL. (Veja *Biblioteca de Infraestrutura de TI.*)

Apêndice A ▪ Glossário de termos de análise de negócios   329

Termo	O que eles dizem (Padrão ou Diretriz)	O que significa para o BA
Gerenciamento dos Relacionamentos do Negócio [Business Relationship Management]	"O processo ou função responsável pela manutenção de um relacionamento com o Negócio. O Gerenciamento dos relacionamentos do negócio usualmente inclui o Gerenciamento de relacionamentos pessoais com Gerentes do negócio, provendo entradas para o Gerenciamento do portfólio, garantindo que o Provedor do serviço de TI esteja satisfazendo as necessidades dos clientes. Este processo possui vínculo forte com o Gerenciamento do nível de serviço."[41]	O *Gerenciamento dos relacionamentos do negócio* é o processo dentro da Estratégia do Serviço da ITIL que gerencia o relacionamento entre o Provedor do Serviço de TI e o negócio. O BA contribui para o Gerenciamento dos relacionamentos do negócio garantindo que as necessidades das partes interessadas do negócio sejam representadas ao longo do curso de um projeto de TI. O BA também recebe entradas do Gerenciamento dos relacionamentos do negócio no que tange ao nível com o qual os serviços de TI existentes satisfazem as necessidades dos clientes.
Gerente de Mudanças [Change Manager]	"As responsabilidades principais do gerente de mudanças, algumas das quais podem ser delegadas são... recebe, registra e aloca uma prioridade, em colaboração com o iniciador, para todas as RDM; decide... o que é alterado nas áreas de expertise das pessoas; comanda todas as reuniões do CM e do CEM; coordena todas as áreas para a construção, testes e implementação da mudança a fim de garantir que ela atenda a seus objetivos."[58]	O *Gerente de mudanças* é essencialmente preocupado com a proteção do ambiente de produção e com a garantia de que os incidentes relacionados às mudanças sejam minimizados. O Gerente de mudanças é responsável por um passo final no processo de aprovação, garantindo que o processo de Gerenciamento de mudanças seja seguido através da revisão de uma lista de verificação de itens. A lista de verificação provém verificação que o patrocinador tenha concordado com a mudança e que orçamento esteja disponível para os recursos alocados.
Gerente de Níveis de Serviço [Service Level Manager]		O *Gerente de níveis de serviço* trabalha junto aos clientes e fornecedores dos serviços para garantir que os acordos de níveis de serviço (SLAs) sejam definidos, acordados e atendidos. O BA apoia o gerente de níveis de serviço analisando e documentando requisitos de nível de serviço. [212]

330 O livro do analista de negócios

Termo	O que eles dizem (Padrão ou Diretriz)	O que significa para o BA
Gerente de produto [Product Manager]	"O gerente de produto é... responsável por gerenciar serviços como um produto ao longo do seu ciclo de vida completo, da concepção à aposentadoria através do desenho, transição e operação. Eles são instrumentais no desenvolvimento da Estratégia do Serviço e a sua execução através do ciclo de vida do serviço... Gerentes de produto são reconhecidos como os especialistas em Linhas de serviço (LOS) e catálogo de serviços. Eles compreendem Modelos de serviço e suas estruturas internas e dinâmicas para ser capazes de conduzir mudanças e melhorias de forma eficaz. Eles possuem a visão consolidada a respeito de custos e riscos ao longo da LOS, como os BRMs [Gerentes de relacionamento de negócios], mantêm uma visão similar entre clientes e contratos."[176]	O *Gerente de produto* é uma função tática responsável pelo planejamento e gerenciamento do desenvolvimento de produtos e serviços que são empacotados e comercializados juntos como um grupo. Gerentes de produto estão entre as partes interessadas das quais as necessidades são analisadas pelo BA. Eles provêm informações em relação ao impacto no negócio das mudanças propostas e definem o perfil geral de risco e os custos ao longo das linhas de serviço.
Gerente de Relacionamentos do Negócio (GRN) [Business Relationship Manager (BRM)]	"Um papel responsável pela manutenção do Relacionamento com um ou mais Clientes. Este papel é frequentemente combinado com o de Gerente do nível de serviço."[42]	Os *Gerentes de relacionamentos do negócio* provêm uma visão consolidada dos custos e riscos dos clientes e contratos e provêm *insight* sobre como mudanças propostas causarão impacto em outros serviços atualmente fornecidos para clientes. Eles costumam ser representantes de marketing e vendas. O BA procura entradas dos GRNs na análise de riscos e benefícios propostos de um projeto de TI.
Gerente do Serviço [Service Manager]		Um *Gerente do serviço* é responsável pela melhoria contínua do serviço, por avaliar as necessidades emergentes dos clientes, e por garantir que as necessidades operacionais e táticas do serviço sejam atendidas. O gerente do serviço está entre as partes interessadas das quais as necessidades são analisadas pelo BA antes de uma mudança.[215]

Apêndice A ▪ Glossário de termos de análise de negócios 331

Termo	O que eles dizem (Padrão ou Diretriz)	O que significa para o BA
Gráfico de Causa e Efeito [Cause-and-Effect graph]	(Análise de causa-raiz)	Um gráfico de *Causa e efeito* é um diagrama que rastreia um efeito de volta à sua causa-raiz. Ele também é conhecido como *Diagrama de Ishikawa* ou *Diagrama espinha de peixe*. Gráficos de Causa e efeito são usados pelo BA para identificar áreas de alta prioridade em que um esforço de melhoria de processo deve se concentrar para alcançar o resultado desejado ou para evitar um resultado indesejado. (Veja *análise de causa-raiz*.)
Gráfico de decomposição funcional [Functional decomposition chart]		Um *gráfico de decomposição funcional* descreve como funções complexas e processos são decompostos em processos mais simples. A decomposição funcional da perspectiva do negócio produzida pelo BA contribui para a arquitetura do negócio. Quando uma solução de TI é contemplada, os gráficos de decomposição funcional são usados como entrada para o desenho de uma solução de TI.
Gráfico de estado de Harel [Harel statechart diagram]		*Gráfico de estado de Harel* descreve o ciclo de vida de um objeto e as regras que governam as suas mudanças de estado (situações). Gráficos de estados foram incorporadas à UML em que são conhecidas como diagramas de estados-máquina. (Veja *Diagrama de estados-máquina*.)
Gráfico de Pareto [Pareto Chart]	Também chamado de Diagrama de Pareto. "Enfoca os esforços nos problemas que têm o maior potencial de melhoria através da apresentação da frequência/tamanho em uma barra de gráfico descendente. Baseado no princípio comprovado de Pareto: 20% das fontes causam 80% dos problemas."[162]	Um *Gráfico de Pareto* desenha eventos em relação à sua frequência de ocorrência. É frequentemente usado com a regra "80/20" para encontrar os aproximadamente 20% dos eventos que são considerados a fonte de 80% dos problemas. O BA usa gráficos de Pareto para auxiliar na determinação da causa-raiz para abordar em um projeto de TI.

O livro do analista de negócios

Termo	O que eles dizem (Padrão ou Diretriz)	O que significa para o BA
Grupo Focal [Focus group]		*Grupo focal* é um pequeno grupo de clientes ou usuários representativos. O BA utiliza grupos focais com usuários para analisar um processo de negócio ou para elicitar requisitos do usuário para um sistema de TI.
Herança [Inheritance]	"O mecanismo por meio do qual elementos mais específicos incorporam estrutura e comportamento de elementos mais gerais."[119]	Na orientação a objetos, um objeto pode *herdar* os recursos e propriedades de outro elemento. O BA usa a herança quando um número de tipos (classes de entidades) compartilham alguns, mas não todos os recursos. Os recursos compartilhados são descritos uma vez na classe generalizada. Cada variação é modelada em um subtipo — na UML conhecido como classe especializada. Cada subtipo herda todas as operações, atributos e relacionamentos da classe generalizada. Por exemplo, o subtipo Conta de cheques herda os atributos definidos para a sua classe generalizada, Conta.
Incidente [Incident]	"Uma interrupção não planejada em um serviço de TI ou redução na Qualidade de um Serviço de TI. A falha de um Item de Configuração que não tenha afetado o Serviço também é um incidente."[113]	Um *Incidente* é um evento que causa ou pode causar ruptura ou degradação de um serviço de TI. O BA é responsável por documentar eventos esperados resultantes da implementação de uma solução e os procedimentos para lidar com eles.

Apêndice A ▪ Glossário de termos de análise de negócios   333

Termo	O que eles dizem (Padrão ou Diretriz)	O que significa para o BA
Incluir/Caso de uso incluso **[Include/ included use case]**	"Um relacionamento entre um caso de uso base e um caso de uso incluso especificando como o comportamento do caso de uso base contém o comportamento do caso de uso incluso. O comportamento é incluído no ponto definido no caso de uso base. O caso de uso base depende da realização do comportamento do caso de uso incluso, mas não da sua estrutura (ex.: atributos ou operações)."[115] "O relacionamento de inclusão deve ser usado quando existem partes comuns de comportamento em dois ou mais casos de uso. Essa parte comum é então extraída para um caso de uso separado para ser incluída por todos os casos de uso base que a possuem em comum."[116]	Quando um número de casos de uso compartilham etapas comuns, essas etapas podem ser reunidas em um *caso de uso incluso*. Cada um dos casos de uso base que referenciam a ele são reconhecidos como incluindo este casos de uso. Por exemplo, cada um desses dois casos de uso Sacar dinheiro e Pagar contas inclui o caso de uso Verificar saldo disponível. O BA usa os casos de uso inclusos para reduzir redundâncias na documentação dos requisitos. (Veja *Caso de uso base, Caso de uso.*)
Indicadores-chave de desempenho (KPI) **[Key Performance Indicator (KPI)]**	"Uma métrica que é usada para gerenciar um processo, serviço de TI ou atividade. Muitas métricas podem ser medidas, mas apenas as mais importantes delas são definidas como KPI e usadas para gerenciar ativamente e reportar sobre o Processo, Serviço de TI ou Atividade. Os KPI devem ser selecionados para garantir que a eficiência e a eficácia e custos sejam gerenciados."[135]	O *Indicador-chave de desempenho* é algo que pode ser medido como o aumento ou redução percentual do tempo de resposta, tempo indisponível e assim por diante. O BA documenta KPI para Fatores Críticos de Sucesso (FCS), Metas de nível de serviço e outros objetivos.
Instância **[Instance]**	"Entidade que possui uma identidade única, um conjunto de operações que podem ser aplicados a ela e estado que armazena os efeitos das operações."[120]	Um objeto é uma *instância* de uma classe. Por exemplo, Acme Inc. é uma instância da classe Cliente.
Instituto Internacional de Análise de Negócios (IIBA) **[International Institute of Business Analysis (IIBA)]**	"O IIBA é uma associação independente e sem fins lucrativos que serve ao crescimento do campo da Análise de Negócios."[125]	O Instituto Internacional de Análise de Negócios é um corpo profissional dedicado à prática da análise de negócios. Ele publica o *Corpo de Conhecimento em Análise de Negócios (BABOK)*® e concede certificação profissional em análise de negócios (CBAP).

334 O livro do analista de negócios

Termo	O que eles dizem (Padrão ou Diretriz)	O que significa para o BA
Integrated Computer Aided Manufacturing Definition Languages (IDEF)		*IDEF* é um padrão para modelagem de sistemas usado por militares e outros setores. O IDEF inclui padrões de modelagem de dados, objetos e processos. O BA pode ser convidado a criar, atualizar e interpretar diagramas IDEF.
Interface	"Um conjunto nomeado de operações que caracteriza o comportamento de um elemento."[124]	*Interface* é um elemento de modelagem da UML equivalente à classe generalizada, que possui apenas operações, mas sem métodos para executá-los. Qualquer classe que se conforma a uma interface deve suportar as operações definidas na interface. As interfaces são frequentemente usadas por desenhistas técnicos, mas podem também ser usadas por BAs. Por exemplo, o BA pode declarar uma interface que define um conjunto de mensagens que sistemas de TI redundantes e intercambiáveis devem ser capazes de receber e processar para suportar os requisitos de continuidade do serviço. (Veja *Ator generalizado, Classe generalizada.*)

Apêndice A ▪ Glossário de termos de análise de negócios 335

Termo	O que eles dizem (Padrão ou Diretriz)	O que significa para o BA
Item de Configuração [Configuration Item (CI)]	"Qualquer componente que precisa ser gerenciado para entregar um Serviço de TI. Informações a respeito de cada IC é registrada em um registro de configuração no Sistema de gerenciamento de configuração e mantido ao longo do seu ciclo de vida pelo Gerenciamento de configuração. ICs estão sob o controle do Gerenciamento de mudanças. Os ICs geralmente incluem Serviços de TI, hardware, software, instalações, pessoas e documentação formal como documentação de Processos de SLAs."[68]	*Item de Configuração* é qualquer item relacionado a um Serviço de TI que precisa ser gerenciado para que as mudanças ocorram de forma controlada. De acordo com as orientações da ITIL, as informações a respeito do CI e o seu relacionamento com outros CIs é armazenada no Banco de Dados de Gerenciamento da Configuração (CMDB) – parte do Sistema de Gerenciamento de Mudanças (CMS) e sob o controle processo de Ativos de Serviços e Gerenciamento de Configuração. Qualquer artefato do BA vinculado a um serviço de TI deve ser tratado como um CI – caso mudanças sejam controladas neles. Os exemplos incluem modelos de processos de negócio, regras de negócio, Requisitos de Nível de Serviço e requisitos funcionais. (Veja *Ativo de Serviço e Gerenciamento de Configuração, Banco de Dados de Gerenciamento de Configuração, Sistema de Gerenciamento de Configuração.*)
Iteração [Iteration]	"O propósito de uma iteração é produzir uma versão em funcionamento... da solução... isso não significa que todos os requisitos que serão atendidos precisam ser totalmente conhecidos antes do desenvolvimento da iteração começar. Em vez disso, lutamos para ter apenas o conhecimento suficiente para determinar um objetivo significativo para a iteração atual."[127]	A *iteração* é um ciclo em um projeto que é gerenciado usando desenvolvimento iterativo e incremental, uma abordagem na qual o produto é desenvolvido e liberado em estágios. Cada iteração pode envolver alguma análise, desenho e codificação e deve resultar em funcionalidade útil adicionada. (Veja *desenvolvimento iterativo incremental.*)

O livro do analista de negócios

Termo	O que eles dizem (Padrão ou Diretriz)	O que significa para o BA
Joint Application Development/ Design (JAD)		O *Joint Application Design* é uma abordagem para o avanço em software desenvolvida por Toby Crawford e Chuck Morris na IBM em 1977. A abordagem JAD reúne as partes interessadas do negócio e a equipe técnica, para uma maratona de sessões de análise e desenho, que resultam em vários tipos de entregáveis, incluindo requisitos e artefatos de desenho, protótipos e código rodando. Um BA pode ser convidado a participar ou a facilitar as sessões JAD. [134]
Linguagem Unificada de Modelagem (UML) [Unified Modeling Language (UML)]	"A linguagem unificada de modelagem-UML- é a especificação mais usada do OMG e a forma com a qual o mundo modela não apenas a estrutura, o comportamento e a arquitetura da aplicação, mas também processos de negócios e estrutura de dados."[246]	A *Linguagem unificada de modelagem* é uma notação padrão de propriedade do OMG. A UML é usada para a especificação, visualização e modelagem da estrutura e comportamento de sistemas de negócio e de software. O BA usa as ferramentas e técnicas da UML para modelar a área de negócios, frequentemente como parte de uma iniciativa de TI. As ferramentas da UML usadas pelo BA incluem o diagrama de classes, o diagrama de atividades e casos de uso.
Linha de base [Baseline]	"Um benchmark usado como ponto de referência. Por exemplo, uma linha de base da ITSM pode ser usada como ponto de partida para medir o efeito de um Plano de Melhoria do Serviço; uma linha de base de desempenho pode ser usada para medir mudanças no desempenho ao longo do tempo de vida de um Serviço de TI; uma linha de base de Gerenciamento de Configuração pode ser usada para permitir que a infraestrutura de TI seja restaurada para uma Configuração conhecida caso uma Mudança ou Liberação falhar."[20]	Criar uma linha de base para algo é marcá-lo para que as mudanças possam ser avaliadas posteriormente. (Uma linha de base é um benchmark, mas um benchmark não é necessariamente uma linha de base. Para ser uma linha de base, o benchmark deve ser usado como ponto de referência.) Quaisquer artefatos de requisitos do BA podem ter uma linha de base em momentos acordados ao longo do projeto. A linha de base é um elemento muito importante da abordagem de Modelo "V" descrito na Transição de Serviço da ITIL[21]. O modelo especifica pontos de linha de base entre níveis no processo de desenvolvimento. Em uma

Apêndice A ▪ Glossário de termos de análise de negócios   337

Termo	O que eles dizem (Padrão ou Diretriz)	O que significa para o BA
		organização madura na ITIL, o BA costuma ser envolvido na aprovação de linhas de base no Nível 1 (Definir requisitos do cliente/Negócio), e pode ser envolvido no Nível 3 (Desenhar a solução do serviço). (Veja a "Dica: Teste durante todo o ciclo de vida com o modelo de serviço V" no Capítulo 5.)
Linha de Serviço (LOS) **[Line of Service (LOS)]**	"Um serviço-chave ou de suporte que possui muitos níveis de pacotes de serviços. Uma linha de serviço é gerenciada por um gerente de produto e cada pacote e nível de serviço é desenhado para suportar um segmento particular de mercado." [138]	*Linha de serviço* é um agrupamento de serviços de TI. As LOS são gerenciadas como um produto no nível mais alto no catálogo do provedor. Eles são compostos por serviços de núcleo, de apoio e são fundamentais para abordar segmentos específicos de mercado.[139]
Manutenabilidade **[Maintainability]**	"Uma medida do quão rápido e eficazmente um Item de Configuração ou um Serviço de TI pode ser restaurado ao funcionamento normal após uma falha. A manutenabilidade é frequentemente medida e reportada como MTRS. A manutenabilidade é também usada no contexto de Software ou Desenvolvimento de Serviço de TI como a habilidade de ser alterado ou reparado facilmente." [140]	Um requisito de *manutenabilidade* descreve a facilidade com a qual um item (serviço, componente, artefato etc.) pode ser alterado ou reparado. Os requisitos de *Manutenabilidade* são um componente dos requisitos não funcionais documentados pelo BA e empacotados em documentos como o DRN.
Mapa de papéis **[Role Map]**	"Para problemas complexos, os relacionamentos entre os papéis de usuários podem ser representado na forma de diagrama em um mapa de papéis em separado." [197]	Um *Mapa de papéis* é uma forma especial de diagrama de casos de uso que apresenta apenas atores (usuários e sistemas externos) e os relacionamentos entre eles como tipos de usuários e papéis que se sobrepõem. O BA cria mapas de papéis para centralizar a definição dos atores para que o seu tratamento possa ser padronizado nos modelos e na documentação de requisitos. Os mapas de papéis são também utilizados como entrada para a definição de grupos de usuários e privilégios de acesso pelo administrador da rede. (Veja *Diagrama de casos de uso, Ator.*)

338 O livro do analista de negócios

Termo	O que eles dizem (Padrão ou Diretriz)	O que significa para o BA
Mapa de processos [Process map]	"Descrição ilustrada de como as coisas são feitas, que permite que os participantes visualizem um processo inteiro e identifiquem áreas de forças e de fraquezas. Auxilia a redução do tempo de ciclo e dos defeitos enquanto reconhece o valor das contribuições individuais."[164]	Um *Mapa de processos* é uma representação abstrata dos procedimentos usados para implementar tarefas (como serviços, processos e operações). O mapa de processos é expresso usando-se diagramas. Os mapas de processos são usados pelo BA para analisar processos de negócio As-Is e To-Be. As ferramentas de mapeamento de processos usadas pelo BA incluem o Diagrama de atividades e o Diagrama de processos do negócio (DPN). (Veja *Diagrama de atividades, Diagrama de processos do negócio*.)
Matriz de rastreabilidade dos requisitos [Requirements traceability matrix]		A *Matriz de rastreabilidade dos requisitos* é uma tabela usada para rastrear requisitos para trás, até os processos e objetivos que eles apoiam, e para frente, até os artefatos subsequentes, eventos e alterações na configuração resultantes deles. O BA sênior, trabalhando junto ao gerente de projetos, é responsável por desenhar e gerenciar a matriz de rastreabilidade dos requisitos.
Melhoria Contínua do Serviço (MCS) [Continual Service Improvement (CSI)]	"Um estágio no ciclo de vida de um Serviço de TI... responsável pelo gerenciamento das melhorias ao Processo de gerenciamento dos serviços e dos Serviços de TI. O desempenho do Provedor do serviço de TI é continuamente medido, e as melhorias são feitas nos Processos, Serviços de TI e Infraestrutura para aumentar eficiência, eficácia e para diminuir custos."[74]	A *Melhoria contínua do serviço* é uma fase do Ciclo de Vida do Serviço da ITIL, que possui o propósito de continuamente (e periodicamente) melhorar os processos de gerenciamento de serviços para garantir satisfação dos clientes. O BA sênior é responsável por apoiar a Melhoria contínua do serviço dos processos e modelos da Análise de negócios, por exemplo, desenhando e melhorando documentação e modelos de requisitos e melhores práticas do BA.
Melhoria do Processo de Negócio [Business Process Improvement]		A *Melhoria do processo de negócio* é uma iniciativa que visa otimizar um ou mais processos de negócio. A melhoria de Processos de negócio pode ou não envolver uma solução de TI.

Apêndice A ▪ Glossário de termos de análise de negócios 339

Termo	O que eles dizem (Padrão ou Diretriz)	O que significa para o BA
Mensagem [Message]	"Uma especificação de envio de informação de uma instância para outra, com a expectativa de que uma atividade se seguirá. Uma mensagem pode especificar um sinal ou a chamada para uma operação."[145]	Na OO (orientação a objetos) a *mensagem* é uma requisição que um objeto envia a outro. Quando uma mensagem é transmitida entre objetos, ela representa uma operação da classe do objeto destinatário. Quando os objetos estão em sistemas de TI, as mensagens representam requisições eletrônicas e transações. O BA pode ser convidado a revisar mensagens que aparecem em diagramas de comunicação ou de sequência técnicos para garantir que eles atendam à implementação dos requisitos. Além disso, diagramas de sequência nas perspectivas do negócio são, algumas vezes, preparados pelos BAs (apesar dessa prática não ser recomendada neste livro[146]) – por exemplo, para descrever realizações de casos de uso de negócio (fluxo de trabalho transfuncional).
Meta de Nível de Serviço [Service Level Target]	"Um comprometimento que é documentado em um acordo de nível de serviço. Metas de nível de serviço são baseadas nos requisitos de níveis de serviço e são necessárias para garantir que o desenho do serviço de TI atende o seu propósito. As metas de nível de serviço devem ser SMART, e são usualmente baseadas em KPIs."[214]	Uma *Meta de nível de serviço* é um nível especificado garantido em um acordo de nível de serviço como uma meta de desempenho. O BA documenta os requisitos de nível de serviço que formam as bases das metas.
Método [Method]	"A implementação de uma operação. Ele especifica o algoritmo ou procedimento associado a uma operação."[147]	Na UML, um *Método* é o procedimento usado para conduzir uma operação. Enquanto uma *operação* representa uma faceta, uma interface apresentada para o mundo fora do objeto, o *método* é o mecanismo interno para implementar a operação. Os BA documenta os métodos usados para implementar operações em classes de entidade do negócio.[148]

O livro do analista de negócios

Termo	O que eles dizem (Padrão ou Diretriz)	O que significa para o BA
Mitigar [Mitigate]		*Mitigar* um risco é realizar uma ação para reduzir a exposição àquele risco ou reduzir as suas consequências. A mitigação proativa visa reduzir a chance do risco ocorrer; a mitigação reativa é o plano de contingência (Plano B) para lidar com o risco caso ele ocorra. O BA contribui para o planejamento e a análise de riscos, incluindo planejamento para mitigação de riscos.
Modelo [Model]		Um *modelo* é uma representação abstrata de algo. Ele é frequentemente expresso em diagramas, como fluxos, diagramas de blocos e DERs.
Modelo [Template]		Um *Modelo* é uma forma padronizada usada para documentação textual.
Modelo de dados [Data model]		Um *Modelo de dados* é a representação abstrata dos dados em um sistema, incluindo estruturas e relacionamentos. A descrição mais comum de modelo de dados usado pelo BA é o Diagrama de Entidade- -Relacionamento (DER). O BA usa o modelo de dados para definir conceitos de negócio, para expressar regras de negócio associadas a objetos rastreados pelo negócio e para definir as informações de negócio que devem ser rastreadas pela solução de TI. Os modelos de dados do negócio documentados pelo BA são um componente da arquitetura do negócio e fazem parte do pacote de requisitos para um projeto de TI. (Veja *Diagrama de Entidade- -Relacionamento.*)

Apêndice A ▪ Glossário de termos de análise de negócios 341

Termo	O que eles dizem (Padrão ou Diretriz)	O que significa para o BA
Modelo de domínio [Domain model]	"Um modelo de objeto do domínio que incorpora tanto comportamento quanto dados."[83]	Um *Modelo de domínio* é um modelo abstrato de um sistema (ou aspecto de um sistema) que descreve entidades que o compõe e seus relacionamentos. O BA pode construir um modelo de domínio do negócio; ele incluiria descrições de conceitos do negócio como também descrições, requisitos de dados, regras estruturais e operacionais a respeito dos tipos de organização, pessoas, transações, produtos e serviços rastreados pelo negócio.
Modelo de processo [Process model]	"Os tipos de atividade que fazem parte de um modelo de processo são processo, subprocesso e tarefa."[174]	*Modelo de processo* é a representação abstrata de um processo, incluindo o sequenciamento das suas atividades e a sua decomposição em subprocessos. O BA cria modelos de processos para descrever os processos do negócio e as tarefas do usuário. Os diagramas de modelagem de processos usados pelo BA incluem diagramas de atividades e DPN. (Veja *Processo, Diagrama de atividades, Diagrama de processos de negócio.*)
Modelo dinâmico [Dynamic model]	Também conhecido como modelo comportamental. "... os construtos comportamentais dinâmicos (ex.: atividades, interações, estados--máquina) usados em vários diagramas comportamentais como diagramas de atividades, diagramas de sequência e estados-máquina."[84]	O *Modelo dinâmico*, também conhecido como *modelo comportamental*, descreve como o sistema age. Ele difere do modelo estático (estrutural), que se concentra no que o sistema e os seus componentes são. Diagramas de modelagem dinâmica de responsabilidade do BA são os diagramas de caso de uso, diagramas de atividades e estados-máquina. (Veja *modelo estático.*)

342 O livro do analista de negócios

Termo	O que eles dizem (Padrão ou Diretriz)	O que significa para o BA
Modelo do Negócio [Business model]		Um *modelo do negócio* é uma representação abstrata de uma área de negócio. O modelo do negócio descreve tanto a estrutura do negócio quanto as formas com as quais seus processos são desempenhados. A contribuição do BA para o modelo do negócio inclui modelos estáticos de negócio (estruturais) como modelos de dados e objetos e modelos de processos de negócio. Os modelos de negócios criados pelo BA formam parte do pacote de requisitos e podem residir na arquitetura do negócio.
Modelo Estático [Static model]	"Também conhecido como modelo estrutural. Um aspecto de um modelo é considerado estrutural se ele enfatiza a estrutura de objetos em um sistema, incluindo seus tipos, classes, relacionamentos, atributos e operações."[233]	O *Modelo estático* é a porção do modelo que se concentra nos aspectos estruturais de um sistema, em particular, os tipos de objetos dos quais ele consiste e os relacionamentos entre eles. O BA usa o modelo estático para definir conceitos de negócio e regras de negócio relacionadas a objetos, por exemplo, a regra de que uma conta do negócio pode ser de mais de um cliente. Essas regras podem ser documentadas como parte da arquitetura do negócio e/ou para definir regras de negócio que devem ser atendidas por uma solução de TI. Os principais diagramas de modelagem estática usados pelo BA são o diagrama de entidade-relacionamento (modelagem de dados) e o diagrama de classes (UML). (Veja *Modelagem de dados, Diagrama de classes, Diagrama de entidade-relacionamento.*)

Apêndice A ▪ Glossário de termos de análise de negócios   343

Termo	O que eles dizem (Padrão ou Diretriz)	O que significa para o BA
Mudança [Change]	"A adição, modificação ou remoção de qualquer coisa que possa ter efeito sobre os Serviços de TI. O escopo deve incluir todos os Serviços de TI, Itens de Configuração, Processos, Documentação etc."[55]	Uma *mudança* se refere a qualquer alteração que possa ter impacto na entrega dos Serviços de TI. As mudanças pelas quais o BA é responsável incluem mudanças na documentação dos requisitos e modelos de negócio. O BA é também responsável por analisar o impacto sobre o negócio das mudanças feitas nos componentes de TI e nos serviços de TI de apoio.
Multiplicidade [Multiplicity]	"Multiplicidade é a definição de um intervalo inclusivo de números inteiros, começando com uma fronteira inferior e finalizando com uma fronteira superior (possivelmente infinita). Um elemento de multiplicidade insere essa informação para especificar as cardinalidades permitidas para uma instanciação desse elemento."[149] "As especificações de multiplicidade podem ser feitas nas pontas das associações, partes entre compostos, repetições e outros propósitos. Essencialmente uma multiplicidade é um subconjunto (possivelmente infinito) de inteiros não negativos." [150] (UML)	A *multiplicidade* é o espectro que representa o número de vezes que um elemento pode ocorrer. O tempo é similar à cardinalidade, mas é mais específico, já que a cardinalidade se refere a qualquer especificação do número de elementos em um conjunto e a multiplicidade deve ser expressa em um espectro. Aplicada na ponta de uma associação, a multiplicidade representa o número de objetos que podem ser vinculados ao outro objeto (na outra ponta da associação). O BA descreve as multiplicidades nas pontas das associações no diagrama de classes. Aplicada a um atributo, a multiplicidade representa o número permitido dos valores dos atributos que são rastreados para cada objeto.
Negócio [Business]	"Uma entidade coorporativa ou organização formada por um número de unidades de negócio. No contexto da ITSM, o termo Negócio inclui o setor público e organizações sem fins lucrativos, e também as empresas. Um provedor de serviços de TI provém Serviços de TI para um cliente em um negócio. O Provedor de Serviço de TI pode ser parte do mesmo Negócio (Provedor interno de serviços), ou parte de outro."[25]	Um *negócio* é uma organização; ele pode ser privado ou público (como um ministério do governo ou um departamento). Os clientes de Serviços de TI residem em um negócio. Se os Serviços de TI são providos internamente, o Provedor do Serviço de TI e o cliente residem dentro do mesmo negócio. O BA representa as necessidades do negócio para o Provedor da Solução e traduz questões técnica do Provedor da Solução em termos do negócio.

Termo	O que eles dizem (Padrão ou Diretriz)	O que significa para o BA
Notação de Modelagem de Processos de Negócio (NMPN) [Business Process Modeling Notation (BPMN)]	"A meta primária da NMPN (BPMN) é fornecer uma notação que seja prontamente compreendida por todos os usuários do negócio, do analista de negócios que cria os rascunhos iniciais dos processos até os desenvolvedores técnicos responsáveis pela implementação da tecnologia que irá desempenhar esses processos e, finalmente, para as pessoas do negócio que irão monitorar esses processos. A NMPN cria uma ponte padronizada para o lapso entre o desenho dos processos de negócio e sua implementação."[40]	A *Notação de modelagem de processos de negócio* é um padrão para a modelagem de processos de negócio mantido pelo OMG. O BA usa o NMPN para modelar processos de negócio As-Is e To-Be. (Veja *Diagrama de processo de negócio*.)
Object Management Group (OMG)	"Fundado em 1989, o Object Management Group, Inc. (OMG) é um consórcio de ingresso livre, sem fins lucrativos de padrões da indústria de computação e mantém especificações da área para aplicações interoperáveis, portáveis e reutilizáveis em ambientes distribuídos e heterogêneos."[155]	O Object Management Group é uma organização sem fins lucrativos que mantém os padrões de modelagem UML e BPMN entre outros. (Veja: <http://www.omg.org>.)
Objeto [Object]	"Uma instância de uma classe."[153]	Um *objeto* é algo, uma instância (um caso específico) de uma classe (categoria). Por exemplo, o cliente "Jane Dell Ray" é um objeto – uma instância da classe cliente. Um BA analisa as regras relacionadas a objetos do negócio.[154] Um objeto do negócio é algo responsável por conduzir atividades do negócio e/ou algo que o negócio precisa rastrear. Um objeto do negócio é uma instância de uma classe de entidade. Pedido nº 220 é um exemplo de objeto de negócio. (Veja *Classe de entidade*.)

Apêndice A ▪ Glossário de termos de análise de negócios 345

Termo	O que eles dizem (Padrão ou Diretriz)	O que significa para o BA
Objeto do Negócio [Business object]	(Extensão de Modelagem de Negócio para a UML)	Um *objeto do negócio* é algo que a área de negócio rastreia, monitora, controla. Um objeto do negócio é uma ocorrência (instância específica) de uma classe de entidade. O BA é responsável por documentar as regras em relação aos tipos de objetos e incluí-los no modelo estático do negócio. (Veja *objeto, classe de entidade.*)
Office of Government Commerce (OGC)	"O OGC possui a marca ITIL. O OGC é um departamento do governo do Reino Unido e apoia a entrega da agenda de aquisições do governo e também provê suporte para projetos complexos do setor público."[156]	O Office of Government Commerce é o departamento de governo do Reino Unido que possui a ITIL, um conjunto de melhores práticas e orientações para a entrega de serviços de TI.
Operação [Operation]	[A operação é o] "gerenciamento do dia a dia de um Serviço de TI, Sistema ou outro Item de Configuração. A operação é também usada para representar atividades ou transações predefinidas. Por exemplo, carregar uma fita magnética, aceitar dinheiro em um ponto de vendas ou ler dados de um disco."[157] "Um recurso que declara um serviço que pode ser desempenhado por instâncias do classificador das quais são instanciadas."[158] "Operações de uma classe podem ser invocadas em um objeto. . . . Uma invocação de operação pode causar mudanças nos valores dos atributos daquele objeto."[159] (UML)	Na ITIL o termo *operação* se refere a uma atividade envolvida na condução de um serviço de TI ou sistema. Na UML, uma operação é uma função que um objeto deve conduzir ou que é conduzida sobre o objeto. As operações são definidas no nível da classe. Por exemplo, "Aplicar aumento de preço" pode ser modelada como uma operação da classe produto. Apesar das operações não serem amplamente incluídas nos modelos do BA atualmente, elas são úteis na redução das redundâncias da documentação. Por exemplo, se uma operação de Retirar Dinheiro deve sempre ser implementada em uma conta usando um conjunto padrão de verificações o BA pode modelar como uma operação da classe Conta junto com um método (procedimento) para conduzi-la. O método para a operação pode ser aplicado sempre que uma retirada ocorrer, por exemplo, no pagamento de contas ou transferências. (Veja *Método.*)

O livro do analista de negócios

Termo	O que eles dizem (Padrão ou Diretriz)	O que significa para o BA
Operação de Serviço [Service Operation]	"Um estágio no ciclo de vida de um Serviço de TI. A operação do serviço inclui um número de processos e funções e é o título de uma das publicações da ITIL."[216]	A *Operação de serviço* é a fase do Ciclo de Vida do Serviço da ITL com o propósito de prover e gerenciar serviços para as partes interessadas do negócio dentro de um nível especificado. O BA apoia a operação do serviço garantindo que requisitos não funcionais sejam levados em consideração antes do lançamento.
Organização Internacional para Padronização (ISO) [International Organization for Standardization (ISO)]	"ISO é a maior organização de desenvolvimento de padrões. Desde 1947, a ISO publicou mais de 17 mil padrões internacionais, variando de padrões para atividades, como agricultura e construção, engenharia mecânica e dispositivos médicos até a tecnologia da informação."[126]	A *Organização Internacional para Padronização* é uma organização que define padrões em uma ampla gama de indústrias, incluindo TI.
Orientado a objeto (OO) [Object-oriented (OO)]		*Orientado a objeto* é uma abordagem para análise, desenho e codificação sobre a visão do sistema como um conjunto de unidades básicas chamadas objetos, cada qual representando informações e operações relacionadas a um aspecto do sistema. Um sistema descrito como *orientado a objeto* deve também suportar outros conceitos como classes e herança. OO oferece ao BA um conjunto de ferramentas e conceitos para modelagem de uma área de negócio, incluindo seus processos, conceitos e tipos de objetos do negócio. O padrão mais popular de modelagem OO é a UML. OO é também a base das linguagens mais usadas para novo desenvolvimento como Java e C++ no framework.NET.

Apêndice A ▪ Glossário de termos de análise de negócios   347

Termo	O que eles dizem (Padrão ou Diretriz)	O que significa para o BA
Pacote **[Package]**	"Um pacote é usado para agrupar elementos e fornece uma reserva de nome para os elementos agrupados."[160]	Um *Pacote* é um contâiner usado para organizar os elementos do modelo em grupos. Os pacotes podem ser agrupados dentro de outros pacotes. Os nomes dos elementos de modelagem em um pacote devem ser únicos, mas elementos com nomes idênticos podem aparecer em diferentes pacotes. O BA usa pacotes na modelagem dinâmica para organizar e agrupar casos de uso e diagramas de casos de uso e no modelo estático (estrutural) para agrupar classes e diagramas de classes. (Veja *Diagrama de pacotes*.)
Pacote de Desenho de Serviços **[Service Design Package]**	"Documento(s) que definem todos os aspectos de um Serviço de TI e seus requisitos ao longo de cada estágio do seu ciclo de vida. Um pacote de desenho do serviço é produzido para cada novo Serviço de TI, grande mudança ou Serviço de TI Aposentado."[208]	O *Pacote de desenho do serviço* é um pacote abrangente dos requisitos e especificações de um serviço. O BA é responsável por contribuir com os requisitos do pacote de desenho do serviço que vem do negócio, incluindo requisitos funcionais e não funcionais. (Veja *Requisitos do negócio*.)
Período de reembolso **[Payback period]**		O *Período de reembolso* é o tempo que se leva para pagar um investimento inicial. Ele é calculado de acordo com a seguinte fórmula: (Período de reembolso em anos) = (Investimento inicial) / (Benefício líquido por ano). O BA inclui o período de reembolso no caso de negócio para uma solução proposta.

348 O livro do analista de negócios

Termo	O que eles dizem (Padrão ou Diretriz)	O que significa para o BA
Planejamento e Monitoramento da Análise de Negócios [Business Analysis Planning and Monitoring (BAP & M)]	"O Planejamento e Monitoramento da Análise de Negócios descreve como determinar quais atividades é necessário desempenhar no intuito de completar um esforço de análise de negócios. Ela cobre a identificação das partes interessadas, a seleção de técnicas de análise de negócios, os processos usados para gerenciar os requisitos, e como avaliar o progresso do trabalho para fazer mudanças necessárias no esforço de trabalho."[29]	O Planejamento e Monitoramento da Análise de Negócios é uma área de conhecimento (KA) do BABOK® e é tipicamente desempenhada por analistas de negócios seniores, que trabalham em conjunto e apoiam o gerente do projeto. As responsabilidades incluem a seleção das técnicas e os modelos corretos para um projeto. (Veja *BABOK®, Área de Conhecimento*. Veja também o Capítulo 3, para mais informações sobre as áreas de conhecimento do BABOK®.)
Planejar-Fazer-Verificar-Agir [Plan-Do-Check-Act]	"Um ciclo de quatro estágios para o gerenciamento de processos atribuído a Edward Deming, também conhecido como o Ciclo de Deming. Planejar: desenhar ou revisar processos que suportam os Serviços de TI. Fazer: implementar o plano e gerenciar os processos. Verificar: medir os processos e os Serviços de TI, comparar com os objetivos e produzir reportes. Agir: planejar e implementar mudanças para melhorar os processos."[163]	*Planejar-fazer-verificar-agir* é uma orientação para o gerenciamento de processos. Em um projeto de TI ele envolve o planejamento para mudá-lo, executá-lo, verificá-lo e implementar as ações corretivas com base nos resultados. Em um projeto iterativo incremental, um ciclo é executado a cada iteração. Na ITIL a abordagem é também aplicada para a melhoria contínua (e periódica) dos processos de Gerenciamento do serviço de TI.
Plano de Continuidade do Negócio [Business Continuity Plan]	"Um plano definindo as etapas requeridas para restaurar os processos de negócio após uma ruptura. O plano também identificará os gatilhos para a Invocação, as pessoas a ser envolvidas, comunicações etc. Os Planos de continuidade dos serviços de TI formam uma parte significativa dos Planos de continuidade do negócio."[36]	O *Plano de continuidade do negócio* define as ciscunstâncias e os processos para ativação de uma contingência quando uma ruptura ocorre nas operações do negócio e o processo para restaurar o serviço. O BA é responsável por elicitar e documentar os requisitos de continuidade do negócio que são a entrada para o Plano de continuidade do negócio. Os requisitos de continuidade do negócio são um componente dos Requisitos de nível de serviço do negócio.
Pode ser usado [Fit for use]	"Atende certas especificações sob determinados termos e condições de uso." [103]	Um item ou serviço que *pode ser usado* possui capacidade, continuidade e segurança para suportar garantias e permitir que o valor prometido do serviço seja realizado. (Veja *atende o propósito*.)

Apêndice A ▪ Glossário de termos de análise de negócios   349

Termo	O que eles dizem (Padrão ou Diretriz)	O que significa para o BA
POLDAT Framework		*POLDAT* é uma abordagem de análise organizacional para descrever processos, organização, local, dado, aplicação e tecnologia na arquitetura organizacional.
Polimorfismo [Polymorphism]	"Operações são especificadas no modelo e podem ser dinamicamente selecionadas apenas através do polimorfismo."[167]	O *Polimorfismo* é um conceito orientado a objetos que denota a habilidade de tomar muitas formas. Com relação às operações, significa que a mesma operação pode ser associada a uma variedade de métodos para desempenhá-la. O BA usa operações polimórficas em conjunção com classes generalizadas para declarar operações genéricas que são conduzidas de diferentes maneiras, dependendo do subtipo ao qual o objeto pertence. Por exemplo, o BA pode definir uma operação genérica Determinar custo do serviço para uma classe generalizada Conta, sem definir um método para ela, definindo os métodos nos subtipos.
Ponto de extensão [Extension point]	"Um ponto de extensão é uma referência de uma localização em um caso de uso no qual partes do comportamento de outros casos de uso podem ser inseridas. Cada ponto de extensão possui um nome único em um caso de uso."[97]	Um *ponto de extensão* é uma localização rotulada ou um conjunto de locais de um caso de uso. Os pontos de extensão marcam onde casos de uso de extensão poderão alterar seu comportamento em um caso de uso base. O BA indica os pontos de extensão nos diagramas de casos de uso e/ou na documentação do caso de uso base (Veja *Estender.*)
Portfólio de Serviços [Service Portfolio]	"O conjunto completo de serviços que são gerenciados por um provedor de serviços. O portfólio de serviços é usado para gerenciar o ciclo de vida completo de todos os serviços e inclui três categorias: funil de serviços (propostos ou em desenvolvimento), catálogo de serviços (vivos ou disponíveis) e serviços aposentados."[219]	O *Portfólio de serviço* é o catálogo abrangente de serviços que inclui serviços atuais, aqueles em desenvolvimento e os aposentados.

Termo	O que eles dizem (Padrão ou Diretriz)	O que significa para o BA
Portfólio de Serviços do Negócio [Business Service Portfolio]	(Veja a definição da ITIL para Portfólio de Serviços.)	O *Portfólio de serviços do negócio* consiste de um Funil de serviços do negócio (serviços do negócio em desenvolvimento), Catálogo de serviços do negócio (serviços atuais) e Serviços de negócio aposentados. (Veja *Funil de Serviços do Negócio, Catálogo de Serviços do Negócio.*)
Pós-condição [Post-condition]	"Uma restrição que expressa uma condição, que deve ser verdadeira ao final de uma operação."[168]	Uma *pós-condição* é garantida ser verdadeira quando uma tarefa é completada. Pós-condições podem ser anexadas a tarefas de qualquer tamanho como os processos de negócio, tarefas do usuário (casos de uso de sistema) ou operação de uma classe. As pós-condições comumente documentadas pelo BA incluem pós-condições de casos de uso de negócio e de sistema. (Veja *Pré-condição, Operação, Caso de uso.*)
Pré-condição [Pre-condition]	"Uma restrição que expressa uma condição que deve ser verdade quando uma operação é invocada."[170]	Uma *pré-condição* é algo que deve ser verdadeiro antes que uma tarefa possa começar. A tarefa pode ter qualquer tamanho, como um processo de negócio, tarefa do usuário ou operação de uma classe. O BA documenta as pré-condições para várias tarefas, incluindo casos de uso de negócio e de sistema e operações de classes. (Veja *Pós--condição, Caso de uso.*)
Processo [Process]	"Um conjunto estruturado de atividades desenhadas para atingir um objetivo específico. Um processo toma uma ou mais entradas definidas e as transforma em saídas definidas."[172] (ITIL) "A Process is any activity performed within a company or organization."[173] (BPMN)	Um *Processo* é uma série de passos repetíveis usados para atingir um resultado. Ele pode ter qualquer tamanho e pode ou não envolver TI. Um processo pode ser pensado como uma fábrica que consome dados de entrada e produz dados de saída. Por exemplo, o processo Calcular taxa de faturamento utiliza ganhos e outros dados de entrada para produzir Pagamentos de impostos. (Veja *Modelo de processo.*)

Apêndice A ▪ Glossário de termos de análise de negócios   351

Termo	O que eles dizem (Padrão ou Diretriz)	O que significa para o BA
Processo de Negócio **[Business Process]**	"Um processo que é de propriedade e é desempenhado pelo Negócio. Um Processo de negócio contribui para a entrega de um produto ou Serviço para um Cliente do negócio. Por exemplo, um vendedor de varejo pode ter um Processo de compra que auxilia a entrega dos Serviços aos seus clientes. Muitos Processos de negócios dependem de Serviços de TI."[38]	Um *processo de negócio* é um conjunto de atividades de negócio para a entrega de um serviço ou de parte de um serviço para um cliente. Um processo pode ou não ser apoiado por Serviços de TI.
Processo Unificado **[Unified Process]**		O *Processo unificado* é um framework aberto para desenvolvimento iterativo que forma a base para o IBM RUP. (Veja *Rational Unified Process*.)
Processo Unificado Rational (RUP) **[Rational Unified Process (RUP)]**	"O Processo Unificado Rational (RUP) é uma framework de desenvolvimento iterativo de software criado pela Rational Software Corporation, atualmente uma divisão da IBM (1995). O RUP não é um processo prescritivo, mas um framework adaptável de processo desenhado para ser adaptado pelas organizações desenvolvedoras de software, de acordo com as suas necessidades. O RUP é também um produto de software de processo, originalmente desenvolvido pela Rational Software e agora disponível pela IBM. O produto inclui uma base de conhecimento com artefatos de exemplo e descrições detalhadas de diferentes tipos de atividades. Ele é iterativo, voltado à arquitetura, baseado em casos de uso e apoiado por uma variedade de ferramentas de desenvolvimento de software."[180] "Desenvolver iterativamente, gerenciar requisitos, utilizar uma arquitetura componentizada, modelar de forma visual, verificar a qualidade continuamente, gerenciar a mudança – essas estratégias são frequentemente indicadas como melhores práticas do RUP."[181]	O *IBM Rational Unified Process* é um framework de desenvolvimento de software iterativo e orientado à arquitetura, originalmente desenvolvido pela Rational Software. O RUP encapsula os seguintes conceitos-chave[182]: ▪ Resolução adiantada dos riscos guiando a atividade de planejamento iterativo. ▪ Todo o foco da equipe na modelagem de casos de uso como a chave para a construção do sistema correto. ▪ Definição adiantada da arquitetura como fundamento para o desenvolvimento. ▪ Medição do progresso com base em software funcional no lugar de documentação. ▪ Verificação da qualidade ao longo do ciclo de vida do desenvolvimento. ▪ Institucionalização de melhores práticas levando à previsibilidade e capacidade de repetição.

O livro do analista de negócios

Termo	O que eles dizem (Padrão ou Diretriz)	O que significa para o BA
Profissional de Análise de Negócios Certificado (CBAP)® [Certified Business Analysis Professional (CBAP)™]	"O IIBA criou a designação de Profissional de Análise de Negócios Certificado (CBAP) recebida por candidatos que demonstraram expertise no seu campo de trabalho. Isso é feito através de uma descrição detalhada do trabalho em análise de negócios do processo CBAP e do exame do IIBA CBAP."[54]	O *Profissional de Análise de negócios certificado* é uma designação profissional em análise de negócios administrada pelo IIBA. (Veja *Instituto Internacional de Análise de Negócios.*)
Projeto [Project]	"Uma empreitada temporária que visa a criação de um produto, serviço ou resultado único."[165]	Um *Projeto* é uma atividade com objetivos, recursos e tempo específicos. O BA é um jogador importante envolvido nos projetos que têm como meta oferecer a solução para um problema do negócio, agindo como um intermediário entre o negócio e o provedor da solução. A solução pode ou não envolver TI.
Protótipo [Prototype]		Um *Protótipo* é uma simulação do sistema, usada para derivar e testar requisitos. O protótipo pode ser de baixa tecnologia (rascunho, descrição de caso de uso) ou automatizado (tela ativa). Protótipos automatizados podem ser descartados depois do seu uso em análise e desenho ou podem ser completos e incorporados ao sistema final. Os protótipos são desenvolvidos pelo designer, não pelo BA. Contudo, eles são frequentemente desenvolvidos incrementalmente ao longo com as tarefas do usuário (casos de uso de sistema) para os quais eles servem como interfaces.
Quedas de Serviço Projetadas (QSP) [Projected Service Outages (PSO)]	"Um documento que identifica os efeitos de mudanças planejadas, atividades de manutenção e planos de testes em níveis de serviço acordados."[178]	As *Quedas de serviço projetadas* são um documento que delineia atividades planejadas que podem levar a ruptura nos serviços e seus efeitos sobre esses serviços. O cronograma de mudanças e os planos de testes com os quais o BA contribui fornecem entradas para o QSP.

Apêndice A ▪ Glossário de termos de análise de negócios · 353

Termo	O que eles dizem (Padrão ou Diretriz)	O que significa para o BA
RACI [RACI Chart]		A *RACI* é uma tabela usada para identificar o envolvimento das partes interessadas em um processo ou artefato. As partes interessadas identificadas como "R" (Responsible) são aqueles que executam a tarefa (ou criam o artefato). Alguém designado como "A" (Accountable) é a pessoa que será questionada sobre o desempenho da tarefa (ou a qualidade do artefato). Aqueles assinalados como "C" (Consulted) fornecem entradas. As partes interessadas com "I" (Informed) são notificadas, mas não contribuem para a tarefa ou artefato. Uma RACI pode ser usada ou revista por um BA para especificar o envolvimento de vários papéis e partes interessadas em um processo e para indicar as pessoas envolvidas na criação, aprovação e distribuição de um artefato do BA.
Rastreabilidade [Traceability]	"A rastreabilidade dos requisitos apoia a habilidade de rastrear um requisito ao longo do ciclo de vida do desenvolvimento. A habilidade de rastrear os requisitos é uma técnica importante usada para detectar funcionalidades ausentes ou identificar se funcionalidades implementadas não são suportadas por um requisito específico."[243]	*Rastreabilidade* é uma habilidade de rastrear um item aos demais. O BA é responsável por gerenciar a rastreabilidade dos requisitos: o rastreamento dos requisitos e os artefatos dos requisitos a outros itens relacionados ao projeto, produto ou serviço.
Realização [Realization]	"Um classificador que especifica um domínio de objetos e que também define a implementação física desses objetos."[183] "Um relacionamento de abstração especializado entre dois conjuntos de elementos de modelagem, um representando uma especificação (o fornecedor) e o outro representando uma implementação do primeiro (o cliente). A realização pode ser usada para modelar refinamento, otimizações, transformações, modelos, sínteses de modelos, composição de frameworks etc."[184]	Uma *Realização* é uma implementação. No modelo de casos de uso de negócio, o BA modela a faceta de um serviço do negócio como um caso de uso de negócio. O processo interno para implementar o serviço é modelado pelo BA como uma realização do caso de uso de negócio. No modelo de caso de uso de sistema, o BA modela uma interação usuário-TI como um caso de uso de sistema. O desenho que implementa o caso de uso de sistema é modelado como uma realização do caso de uso de sistema pelo analista de sistemas técnico.

354 O livro do analista de negócios

Termo	O que eles dizem (Padrão ou Diretriz)	O que significa para o BA
Realização de caso de uso de negócio [Business use-case realization]	Extensão da UML para modelagem do negócio (veja *Realização*)	Uma *realização de caso de uso de negócio* descreve o processo interno usado para implementar um caso de uso de negócio (serviço do negócio). Uma realização de caso de uso de negócio difere de um caso de uso de negócio que exclui etapas internas. O BA analisa e documenta as realizações de casos de uso de forma gráfica, usando diagramas de fluxo de trabalho, como diagramas de atividade (indicando os participantes através de partições). (Veja *caso de uso de negócio, diagrama de atividade.*)
Recurso [Feature]	"Um recurso é um conjunto de requisitos funcionais logicamente relacionados que capacita o usuário e permite a satisfação de um requisito do negócio." [101]	Um *recurso* é uma capacidade que uma solução deve entregar. Ele tipicamente se refere a um item crítico que um cliente ou usuário requer na solução e que pode ser atendido por um ou mais requisitos funcionais ou não funcionais. Os recursos são documentados pelo BA e são um componente do Documento de Visão e da documentação de requisitos.
Regra de Negócio [Business rule]		A *Regra de negócio* é uma restrição, procedimento ou diretiva que governa um aspecto do negócio. Regras de negócio documentadas pelo BA incluem métodos e fórmulas usadas para derivar informações de negócio, regras de multiplicidade (que descrevem limites numéricos em vínculos entre objetos do negócio) e regras de condição-resposta. Regras de negócio podem ser hospedadas em uma pasta de regras de negócio, em um mecanismo de automação de regras de negócio e no modelo estático. (Veja *Modelo estático, Tabela de decisão.*)

Apêndice A ■ Glossário de termos de análise de negócios   355

Termo	O que eles dizem (Padrão ou Diretriz)	O que significa para o BA
Relacionamento [Relationship]	"Um conceito abstrato que especifica algum tipo de conexão entre elementos. Exemplos de relacionamentos incluem associações e generalizações."[187]	Na modelagem de dados, o *Relacionamento* é uma conexão entre entidades que indica que ocorrências de uma entidade estão vinculados a ocorrências da entidade no outro lado do relacionamento. Um verbo é usado para nomear o relacionamento. Por exemplo: "cliente *possui* uma conta". Na UML, o termo se refere a qualquer tipo de conexão entre classes. Um tipo de relacionamento, a associação da UML, é equivalente ao relacionamento da modelagem de dados. Outros tipos de relacionamentos da UML incluem generalização e agregação. O BA indica relacionamentos atribuídos aos objetos de negócio nos Diagramas de entidade- -relacionamento e nos Diagramas de classes. (Veja *Associação, Generalização, Agregação.*)
Requisição de Informação (RFI) [Request for Information (RFI)]		Uma *Requisição de informação* é um pedido formal de informação, feito por um cliente para fornecedores potenciais para auxiliar a investigação inicial de uma solução.
Requisição de Mudança (RDM) [Request for Change (RFC)]	"Uma proposta formal de mudança a ser feita. Uma RDM inclui detalhes da mudança proposta e pode ser registrada em papel ou eletronicamente."[188]	Uma *Requisição de mudança* é um pedido formal para uma mudança ser feita em um sistema ou em um componente. O BA pode encontrar RDM em vários níveis. Por exemplo, uma RDM de alto nível para alterar um processo de mudança pode disparar um projeto de melhoria nos processos. Este projeto pode disparar uma RDM de nível médio para alterar serviços do negócio e de TI e esses podem, por sua vez, gerar RDMs para alterar componentes de TI.
Requisição de proposta [Request for Proposal]	"Uma RFP ou RFQ é um documento que é distribuído a partes externas da organização para servir de base para a contratação de serviços de desenvolvimento de solução."[189]	*Requisição de proposta* é um convite formal para que os provedores de solução enviem uma proposta para a solução. RFPs são usadas tanto para aplicativos de prateleira (COTS) quanto para soluções personalizadas.

O livro do analista de negócios

Termo	O que eles dizem (Padrão ou Diretriz)	O que significa para o BA
Requisito [Requirement]	"Uma declaração formal do que é necessário, por exemplo, um Requisito de nível de serviço, um Requisito de projeto ou os entregáveis requeridos para um processo."[190] "Um requisito é: (1) uma condição ou capacidade que uma parte interessada precisa para resolver um problema ou atingir um objetivo; (2) uma condição ou capacidade que deve ser atingida ou possuída por uma solução ou componente de solução para satisfazer um contrato, padrão, especificação ou outros documentos formalmente impostos; uma representação documental de uma condição ou capacidade como em (1) ou (2)... A elicitação, análise e comunicação dos requisitos, com o objetivo de garantir que eles estejam visíveis e sejam compreendidos por todas as partes interessadas é central na disciplina da análise de negócios."[191] "Um recurso, propriedade ou comportamento desejado para um sistema"[192]	*Requisito* é a capacidade que uma solução deve prover ou uma condição que ela deve atender. Exemplos de requisitos incluem a capacidade de conduzir transações on-line e a condição de a solução atender a um conjunto de regulamentações. No contexto da análise de negócios, um requisito descreve *o que* é requerido e uma especificação descreve *como* ele será satisfeito. Existem vários tipos de requisitos dos quais o BA é responsável. Eles podem ser categorizados de forma ampla como objetivos de alto nível do negócio como também requisitos funcionais e não funcionais. (Veja *Requisitos funcionais, Requisitos não funcionais.*)
Requisito de Nível de Serviço (SLR) [Service Level Requirement (SLR)]	"Um requisito do cliente para um aspecto de um Serviço de TI. Os SLRs são baseados nos objetivos do negócio e são usados para negociar as metas dos níveis de serviço."[213]	*Requisito de nível de serviço* é um requisito de cliente que deve ser satisfeito pela solução. Apesar da fraseologia geral da definição da ITIL, o termo é às vezes usado para representar requisitos não funcionais (como requisitos de desempenho) e, algumas vezes, inclui requisitos funcionais e não funcionais.
Requisito de redundância [Redundancy requirement]	"Sinônimo de tolerância a falhas."[185]	Um requisito de *redundância* expressa a necessidade de ativos duplicados para apoiar os requisitos de confiabilidade e sustentabilidade. Os requisitos de redundância, confiabilidade e sustentabilidade são um componente dos requisitos não funcionais documentados pelo BA e empacotados em documentos como o DRN.

Apêndice A ▪ Glossário de termos de análise de negócios   357

Termo	O que eles dizem (Padrão ou Diretriz)	O que significa para o BA
Requisito do negócio [Business requirement]		*Requisito do negócio* é um termo utilizado de várias formas. Em alguns usos, refere-se a um objetivo de alto nível do negócio; em outros, refere-se a qualquer requisito oriundo de uma área de negócio. A seguir temos a definição usada neste livro: Um *requisito do negócio* é qualquer requisito (capacidade que uma solução deve prover ou uma condição que ela deva atender) que venha do lado do negócio. Os requisitos do negócio incluem objetivos de negócio de alto nível (com aumento na participação no mercado) e requisitos de nível mais baixo que o negócio requer de uma solução de TI (como requisitos do usuário). Os requisitos do negócio descrevem o que é requerido pelo negócio, enquanto especificações descrevem como esses requisitos serão atendidos pela solução. (Veja *Requisito, Especificação.*)
Requisito do usuário [User requirement]	"Os requisitos do usuário descrevem necessidades de um grupo específico de partes interessadas em relação à solução proposta. Eles podem ser usados para descrever como um conjunto particular de usuários de uma solução irão interagir com ela e como um produto irá atender as necessidades de diferentes grupos de clientes."[253]	Um *Requisito do usuário* é aquele satisfeito por uma solução de TI escrito da perspectiva do usuário. Uma prática recomendada é documentar os requisitos do usuário como casos de uso de sistema. Os requisitos do usuário são um componente dos requisitos funcionais documentados pelo BA e empacotados em documentos como o DRN. (Veja *Requisito funcional.*)

Termo	O que eles dizem (Padrão ou Diretriz)	O que significa para o BA
Requisito funcional [Functional requirement]	"Os requisitos funcionais definem as funcionalidades do software que os desenvolvedores devem construir para permitir que os usuários realizem as suas tarefas."[108] "Tipicamente os requisitos são amplamente caracterizados como funcionais ou não funcionais. Os requisitos funcionais descrevem as capacidades que o sistema será capaz de desempenhar em termos de comportamentos ou operações – uma resposta ou ação específica do sistema. Requisitos funcionais são melhor expressados utilizando-se verbos."[109]	Note que o uso do termo requisito funcional não é uniforme; em algumas aplicações ele se refere apenas aos requisitos da perspectiva do sistema. A seguir a definição usada neste livro: Um *requisito funcional* descreve o que o sistema deve fazer. Ele é um comportamento externamente visível que um sistema deve desempenhar. Os requisitos funcionais incluem recursos e comportamentos escritos da perspectiva do cliente, do usuário e do sistema. Os casos de uso são um meio recomendado para a representação de requisitos funcionais. Um exemplo de um requisito funcional da perspectiva do sistema é "O sistema deve designar um único número para cada pedido". O BA é responsável por elicitar, documentar, validar e verificar requisitos funcionais. Os requisitos funcionais são um componente dos requisitos documentados pelo BA e é empacotado em documentos como o DRN.
Requisito não funcional [Non-functional requirement]	"Requisitos da qualidade do serviço são frequentemente usados para descrever o sistema ou o ambiente do sistema. Eles também são conhecidos como requisitos não funcionais."[151] "Em adição aos requisitos funcionais, que descrevem o comportamento do sistema, a ERS contém requisitos não funcionais. Eles podem incluir padrões, regulações, ... contratos que o produto deve respeitar, ... requisitos de desempenho, ... e restrições."[152]	Os *Requisitos não funcionais* são quaisquer requisitos que não resultam em comportamento observável como requisitos de segurança, de desempenho e de confiabilidade. Os requisitos não funcionais são documentados pelo BA e empacotados em documentos como o ERS e o DRN. Também conhecidos como requisitos de qualidade e Requisitos de nível de serviço. (Veja *Requisito de nível de serviço.*)

Apêndice A ▪ Glossário de termos de análise de negócios   359

Termo	O que eles dizem (Padrão ou Diretriz)	O que significa para o BA
Requisito redundante [Redundant requirement]		Um *Requisito redundante* é um requisito que aparece mais de uma vez na documentação ou que pode ser derivado de mais de uma maneira. O BA deve buscar reduzir as redundâncias nos requisitos ao mínimo possível para reduzir o risco de inconsistências e para aumentar a manutenabilidade da documentação. As ferramentas do BA para diminuir as redundâncias incluem casos de uso de extensão e inclusos. (Veja *Caso de uso de extensão, Caso de uso incluso.*)
Requisitos de Qualidade [Quality Requirements]	"Os requisitos de qualidade descrevem as expectativas em relação a confiabilidade, usabilidade, manutenabilidade, eficiência, engenharia humana, testabilidade, facilidade de compreensão, escalabilidade e portabilidade de um sistema."[179]	Veja o termo alternativo, *Requisitos não funcionais.*
Requisitos de segurança [Security requirements]	"O alvo geral da segurança da TI é 'segurança balanceada e profunda', com controles justificáveis implementados para garantir que a Política de Segurança da Informação é reforçada e que os serviços de TI tenham continuidade dentro de parâmetros seguros... Para muitas organizações, a abordagem para a segurança de TI é coberta por uma Política de segurança da informação de propriedade e mantida pelo Gerenciamento da Segurança da Informação."[200] "Os requisitos de segurança protegem os dados que o sistema usa ou cria. Eles descrevem o risco potencial de indivíduos tentarem ganhar acesso ilegítimo à informação armazenada na solução ou de indivíduos com acesso legítimo acessem as informações de forma ilegítima. Eles incluem estratégias para evitar o acesso e mitigar os riscos envolvidos."[201]	Os *Requisitos de segurança* são requisitos que garantem a confidencialidade, integridade e disponibilidade dos ativos, informações, dados e serviços de TI de uma organização. Os requisitos de segurança são um componente dos requisitos não funcionais documentados pelo BA e empacotados em documentos como o DRN.

360 O livro do analista de negócios

Termo	O que eles dizem (Padrão ou Diretriz)	O que significa para o BA
Requisitos SMART [SMART requirements]		Os requisitos documentados pelo BA devem ser SMART: Específicos, Mensuráveis, Alcançáveis/ Apropriados, Realísticos/Relevantes e Testáveis.
Restrição [Constraint]	"As restrições se impõem sobre opções de solução... Restrições do negócio são coisas como limitações de orçamento... Restrições técnicas incluem quaisquer padrões de arquitetura corporativa que devem ser atendidas."[72]	A *restrição* constitui qualquer limitação aplicada à solução, como a restrição de que ela use determinada tecnologia. Restrições podem surgir do lado do negócio ou do lado técnico. As restrições são um componente dos requisitos não funcionais documentados pelo BA e empacotados em documentos como o DRN.
Resumo de caso de uso [Use-case brief]		Um *Resumo de caso de uso* é um parágrafo curto (duas a seis frases) que descreve o caso de uso, mencionando apenas as atividades e as falhas mais relevantes.[250]
Retorno Sobre o Investimento (ROI) [Return On Investment (ROI)]		O *Retorno sobre o investimento* é o benefício líquido percentual relativo ao investimento inicial. O ROI é calculado de acordo com a fórmula ROI = (benefício anual líquido) / (investimento inicial). O BA usa o ROI na preparação da análise de custo-benefício para uma mudança proposta.
Revisão de marco [Gate review]	"Os marcos são a limitação das oportunidades para desvio das etapas provadas no processo de manufatura. O objetivo primário é minimizar erros humanos."[111]	*Revisão de marco* é uma reunião realizada em pontos específicos em um projeto para avaliar o progresso e determinar se o projeto deve prosseguir para a próxima etapa. O BA pode ser convidado a participar ou a prover entradas para as revisões de marco em vários pontos durante o ciclo de vida do projeto.

Apêndice A ▪ Glossário de termos de análise de negócios   361

Termo	O que eles dizem (Padrão ou Diretriz)	O que significa para o BA
Revisão estruturada [Structured walkthrough]		A *Revisão estruturada* é uma reunião realizada para revisar um entregável do projeto para verificar a sua qualidade. O BA pode ser convidado a conduzir e ser sujeito de uma revisão estruturada de qualquer um dos documentos de requisitos que tenha desenvolvido. O BA pode também ser convidado a participar de revisões estruturadas de artefatos de desenho para garantir que eles atendem aos requisitos para garantir que eles atendem os requisitos.
Revisão Pós-implementação [RPI] [Post-Implementation Review (PIR)]	"Uma revisão que ocorre depois que uma mudança ou projeto tenham sido implementados. Um RPI determina se a mudança ou projeto teve sucesso e identifica oportunidades para melhoria."[169]	*Revisão pós-implementação* é uma reunião realizada depois de uma iniciativa para determinar se ela foi ou não bem-sucedida. O BA pode ser convidado a participar de uma RPI após o projeto para determinar se ele atende aos seus objetivos, para identificar oportunidades de melhoria e para identificar lições aprendidas que podem ser aplicadas a outros projetos.
Risco [Risk]	"Um evento possível que poderia causar danos, perdas ou afetar a habilidade de atingir objetivos. Um risco é medido pela probabilidade de uma ameaça, a vulnerabilidade do ativo ameaçado e o impacto que isso traria se ocorresse."[194]	De acordo com uma definição comum, o *risco* é algo desconhecido ou incerto, que pode causar impacto no sucesso ou falha de um projeto; na prática; o termo geralmente denota impacto negativo. O BA contribui para a análise e o planejamento dos riscos.
Seis Sigma [Six Sigma]	"Uma visão de qualidade que equaciona com apenas 3, 4 defeitos por milhão de oportunidades para cada produto ou transição de serviço. Busca a perfeição."[225]	*Seis Sigma* é um conjunto de melhores práticas para melhoria de processos através da eliminação de defeitos. (Seis Sigma se referem a seis derivações padrão do meio de uma métrica.)

362 O livro do analista de negócios

Termo	O que eles dizem (Padrão ou Diretriz)	O que significa para o BA
Service Desk	"Um ponto único de contato entre o provedor do serviço e os usuários. Um service desk típico gerencia incidentes e requisições de serviço e também lida com a comunicação com os usuários."[209]	O *Service desk* é um termo para a função do Desenho do Serviço da ITIL, que é um ponto único de contato para o usuário lidar com problemas relacionados aos serviços de TI. O service desk lida com ligações de suporte, solicitações padrão de serviços, como solicitações para upgrade de um serviço. O BA procura interagir com o service desk para compreender os problemas existentes para elicitar as necessidades do service desk resultando de uma mudança proposta. As mudanças nos serviços frequentemente requerem o aumento nos recursos de service desk e procedimentos para lidar com novos incidentes e requisições de serviços.
Serviço **[Service]**	"Um meio de entregar valor para os clientes facilitando resultados que os clientes querem atingir sem a propriedade de custos e riscos específicos."[203]	Um *Serviço* é algo de valor oferecido aos clientes. Na ITIL, o termo se refere à capacidade oferecida aos clientes como também à infraestrutura para entregá-la.
Serviço de TI **[IT Service]**	"Um serviço provido para um ou mais clientes por um Provedor de serviço de TI. Um Serviço de TI é baseado no uso da Tecnologia da Informação e suporta os Processos de negócio do cliente. Um Serviço TI é feito da combinação de pessoas, processos e tecnologia e deve ser definido em um Acordo de nível de serviço."[130]	Um *Serviço de TI* deve ser provido pela organização de TI aos seus clientes. Na ITIL, o serviço inclui todos os recursos e processos requeridos para a implementação. O BA define os requisitos para os serviços de TI no pacote dos requisitos, como no SRS, SOR e S(L)R. (Veja *Serviço de Negócio.*)

Apêndice A ▪ Glossário de termos de análise de negócios   363

Termo	O que eles dizem (Padrão ou Diretriz)	O que significa para o BA
Serviço do Negócio [Business Service]	"Um Serviço de TI que apoia diretamente um Processo de Negócio em oposição a um serviço de infraestrutura, é usado internamente pelo Provedor de Serviço de TI, e não é usualmente visível para o negócio. O termo *serviço do negócio* é também usado para representar um serviço que é entregue aos clientes do negócio pela unidades de negócio. Por exemplo, a entrega de serviços financeiros para os clientes de um banco, ou de bens para os clientes de uma loja de varejo. A entrega bem-sucedida de um serviço de negócio depende de um ou mais Serviços de TI."[46]	Um *Serviço do negócio* representa a capacidade ou necessidade que uma área de negócio fornece àqueles que com ela interagem. Um Serviço do negócio pode ser realizado com ou sem TI. (Observe que o texto acima é consistente com as duas definições da ITIL para um serviço do negócio; a definição alternativa exclui serviços não-TI; ela aplica o termo a serviços de computador [em oposição aos serviços de infraestrutura]). O BA é responsável pela análise dos serviços de negócio no contexto de uma iniciativa para documentar a arquitetura do negócio, uma melhoria ou mudança nos Serviços de TI de apoio. (Veja *Catálogo de Serviços do Negócio.*)
Serviço técnico [Technical service]	Um sinônimo para um serviço de infraestrutura? "Um Serviço de TI que não é diretamente usado pelo negócio, mas que é requerido pelo provedor do serviço de TI para ele possa fornecer outros Serviços de TI."[240]	Um *Serviço técnico* é um serviço de TI que apoia outros serviços de TI, mas que não é usado diretamente pelo negócio.
Sistema de Gerenciamento de Banco de Dados (SGBD) [Database Management System (DBMS)]		Um *Sistema de gerenciamento de banco de dados* é um sistema que gerencia um banco de dados e facilita a definição, criação e acesso às tabelas de dados. Os modelos estáticos do BA (DER e Diagramas de classes) são utilizados como entrada para desenhar as tabelas do SGBD.

364   O livro do analista de negócios

Termo	O que eles dizem (Padrão ou Diretriz)	O que significa para o BA
Sistema de Gerenciamento de Banco de Dados Relacional (SGBDR) [Relational Database Management System (RDBMS)]		Um *Sistema de gerenciamento de banco de dados relacional* é um software para desenhar, criar, atualizar e acessar uma base de dados relacional. As bases de dados relacionais são conjuntos não hierárquicos de tabelas que têm o seu desenho baseado na abordagem desenvolvida por Edgar Codd, a partir da teoria de conjuntos. Implementações populares do SGBDR incluem SQL/DS, DB2 e Oracle. Abordagens alternativas incluem bases de dados hierárquicas e em rede. Os modelos de dados do negócio criados pelo BA descrevem regras de negócio, conceitos e requisitos de dados que derivam do negócio. Os modelos de dados do BA são mapeados por analistas técnicos (analistas de sistemas e analistas de dados) para modelos de dados com perspectiva técnica que são por sua vez implementados como Sistemas de gerenciamento de bancos de dados.
Sistema de Gerenciamento de Configuração (CMS) [Configuration Management System (CMS)]	"Um conjunto de ferramentas e bases de dados usadas para gerenciar os dados de Configuração de um Provedor de Serviços de TI. O CMS também inclui informações sobre incidentes, problemas, erros conhecidos, mudanças e liberações. Pode conter dados sobre funcionários, fornecedores, locais, unidades de negócios, clientes e usuários. O CMS inclui ferramentas para coletar, armazenar, gerenciar, atualizar e apresentar todos os itens de configuração e os seus relacionamentos. O CMS é mantido pelo Gerenciamento de configuração e é usado por todo Processo de gerenciamento do serviço de TI."[71]	O *Sistema de gerenciamento de configuração* é o sistema que gerencia o Banco de dados do gerenciamento de configuração. (Veja *Ativo de Serviço e Gerenciamento de Configuração, Banco de Dados de Gerenciamento da Configuração*.)
Sistema Legado [Legacy system]		Um sistema legado é um sistema no final do seu ciclo de vida que foi desenvolvido e hospedado com base em tecnologias antigas.[137]

Apêndice A ▪ Glossário de termos de análise de negócios 365

Termo	O que eles dizem (Padrão ou Diretriz)	O que significa para o BA
Solução [Solution]	"Uma solução atende a uma necessidade do negócio resolvendo problemas ou permitindo que a oportunidade aproveite uma oportunidade. Uma solução pode ser subdividida em componentes, incluindo sistemas de informação que a apoiam, os processos que a gerenciam e as pessoas que a operam." [227]	Uma *Solução* é uma mudança desejada para atender a necessidades de uma área de negócios. A mudança pode ou não envolver uma solução de TI. O BA é responsável pela documentação e pelo gerenciamento dos requisitos que formam a base para a seleção e medida da qualidade de uma solução.
Subclasse [Subclass]		*Subclasse* é um termo alternativo para classe especializada. (Veja *Classe especializada*.)
Tabela de atributos dos requisitos [Requirements attributes table]		Uma *Tabela de atributos dos requisitos* é usada para documentar as propriedades dos requisitos como a sua autoria, prioridade etc. O BA sênior é responsável por trabalhar com o gerente de projetos para determinar quais atributos dos requisitos deverão ser rastreados e na gestão da tabela.
Tabela de condição-resposta [Condition-response table]		Uma *Tabela de condição-resposta* apresenta a resposta de um sistema para condições simples (não compostas) de entrada. O BA utiliza as tabelas de condição-resposta para expressar regras de negócio. Apenas condições simples (não compostas) são prontamente tratadas por uma tabela de condição-resposta. (Veja *tabela de decisão* para regras relacionadas a condições complexas.)

366 O livro do analista de negócios

Termo	O que eles dizem (Padrão ou Diretriz)	O que significa para o BA
Tabela de decisão [Decision table]		A *tabela de decisão* documenta as formas com as quais um sistema responde a condições complexas; uma condição complexa é a combinação de mais de uma condição simples, como "A conta foi suspensa" E "Fundos insuficientes". O BA usa as tabelas de decisão para documentar regras de negócio de condição-resposta em que muitos fatores inter-relacionados influenciam no resultado. O BA inclui vínculos e referências para tabelas de decisão na documentação de requisitos de negócio-processos (como em descrições de casos de uso de negócio) como também como requisitos do usuário (como em descrições de casos de uso de sistema) (Veja *Regra de Negócio*.)
Tarefa [Task]		Uma *tarefa* é "um pedaço de trabalho frequentemente a ser concluído em certo período."[239]
Tarefa do usuário [User task]		Uma *Tarefa do usuário* é um pedaço significativo de trabalho que um usuário realiza com o auxílio do sistema. É tipicamente concluído em uma única interação e traz valor para o usuário. (Veja *Caso de uso de sistema*.)
Tecnologia da Informação (TI) [Information Technology (IT)]	"O uso de tecnologia para armazenamento, comunicação ou processamento de informação. A tecnologia tipicamente envolve computadores, telecomunicações, aplicações e outros tipos de software. A Tecnologia da Informação é geralmente usada para apoiar processos do negócio através de Serviços de TI."[117]	A *Tecnologia da Informação* se refere ao software e ao hardware usados para apoiar os serviços e processos do negócio. Os projetos que envolvem o BA podem ou não envolver uma solução de TI.
Tempo Médio entre Falhas (MTBF) [Mean Time Between Failures (MTBF)]	"Uma métrica para a medição da confiabilidade. MTBF é o tempo médio que um Item de Configuração ou Serviço de TI pode desempenhar a sua Função acordada sem interrupção. Ele é mensurado do momento em que o IC ou Serviço de TI começa a funcionar até a que ele falhe."[141]	O *Tempo médio entre falhas* (MTBF) é o tempo médio no qual um item ou serviço está operacional ("no ar") antes que falhe. Metas de MTBF são um componente dos requisitos não funcionais documentados pelo BA e empacotados em documentos como o DRN.

Termo	O que eles dizem (Padrão ou Diretriz)	O que significa para o BA
Tempo Médio entre Incidentes do Sistema/Serviço (MTBSI) **[Mean Time Between System/ Service Incidents (MTBSI)]**	"Uma métrica usada para medir e reportar a confiabilidade. O MTBSI é o tempo médio desde quando um sistema ou Serviço de TI falha até a próxima falha. MTBSI é igual a MTBF+MTRS."[142]	O *Tempo médio entre incidentes do sistema/serviço* é o tempo médio entre falhas do mesmo sistema ou serviço. Diferentemente do MTBF (que é medido do momento em que inicia o funcionamento até o momento da falha), o MTBSI é a medida do momento no qual houve falha até a próxima falha. As metas de MTBSI são um componente dos requisitos não funcionais documentados pelo BA e empacotados nos seus entregáveis.
Tempo Médio para Reparar (MTTR) **[Mean Time To Repair (MTTR)]**	"O tempo médio tomado para reparar um Item de Configuração ou Serviço de TI após uma falha. O MTTR é medido do momento no qual o IC ou Serviço de TI falha até o momento em que for reparado. O MTTR não inclui o tempo requerido para recuperar ou restaurar. O MTTR é às vezes incorretamente usado como Tempo Médio para Restaurar o Serviço."[143]	O *Tempo médio para reparar (MTTR)* é o tempo médio que se leva para consertar um item ou serviço, do momento em que é reportado até o reparo completo — sem incluir o tempo para recuperar ou restaurar. Metas de MTTR são um componente dos requisitos não funcionais e são documentados pelo BA e empacotados nos seus entregáveis.
Tempo Médio para Restaurar o Serviço (MTRS) **[Mean Time to Restore Service (MTRS)]**	"O tempo médio levado para restaurar o Item de Configuração ou Serviço de TI depois de uma falha. O MTRS é medido do momento em que a falha é reportada até que tudo esteja completamente restaurado."[144]	O *Tempo médio para restaurar o serviço* é o tempo médio para um item ou serviço se tornar operacional após uma falha. Ele difere do MTTR, pois inclui o tempo para recuperar ou restaurar. As metas de MTRS são um componente dos requisitos não funcionais documentados pelo BA e são empacotados nos seus entregáveis.
Teste caixa-preta **[Black-box test]**	"[No teste caixa-preta] os dados de testes são derivados somente a partir das especificações (ex.: sem tirar vantagem do conhecimento da estrutura interna do programa)."[23]	Um *teste caixa-preta* é um teste que pode ser desenhado sem o conhecimento do funcionamento interno do sistema. É conhecido também como orientado aos dados, orientado a entradas e saídas e baseado nos requisitos. O BA apoia o planejamento, execução e análise dos testes caixa preta.

368 O livro do analista de negócios

Termo	O que eles dizem (Padrão ou Diretriz)	O que significa para o BA
Teste de Aceitação do Usuário (TAU) [User Acceptance Testing (UAT)]	"Conforme a solução é construída e disponível para testes, o analista de negócios apoia as atividades de garantia da qualidade. Ele pode auxiliar as partes interessadas do negócio com os testes de aceitação, reporte de defeitos e resolução."[252]	Os *Testes de aceitação do usuário* são testes feitos pelo usuário para aprovação. Antes do teste, o usuário concorda que o sistema passando no TAU será aceito. O TAU é desempenhado após a realização extensiva de testes. Ele pode seguir um processo formal ou informal. O BA apoia a garantia da qualidade incluindo o TAU.
Teste de desempenho [Performance test]		*Teste de desempenho* é um teste de sistema que verifica a velocidade do sistema e o quão rápido ele responde (tempo de resposta) ou quantas transações ele pode processar por unidade de tempo. O BA deve garantir que testes de desempenho sejam planejados e executados para garantir que os requisitos de desempenho documentados junto aos requisitos não funcionais sejam satisfeitos pela solução.
Teste de sistema [System test]	"O teste de sistema é o processo de tentar demonstrar como um [produto ou] programa não atinge os seus objetivos... é impossível se o projeto não produziu um conjunto escrito de objetivos mensuráveis."[236]	Os *Testes de sistema* são aqueles desenhados para verificar se a solução atendeu a seus objetivos mensuráveis. O termo é geralmente aplicado aos testes em relação aos requisitos não funcionais e metas de níveis de serviço. Exemplos de testes de sistema incluem Testes de estresse, de volume e de desempenho.
Teste de Verificação em Produção (TVP) [Production Verification Testing (PVT)]		O *Teste de verificação em produção* é realizado no ambiente de produção para verificar a operação satisfatória da solução implementada.[177] Também é conhecido como *Teste de validação em produção*.
Testes baseados nos requisitos [Requirements-based testing]		Os *Testes baseados em requisitos* determinam o grau de aderência do sistema em relação aos requisitos. Eles são também conhecidos como testes caixa--preta. (Veja *Testes caixa-preta*.)

Apêndice A ▪ Glossário de termos de análise de negócios   369

Termo	O que eles dizem (Padrão ou Diretriz)	O que significa para o BA
Testes de regressão [Regression testing]	"Testes de regressão são realizados depois de feita uma melhoria funcional ou reparo no programa. O seu propósito é determinar se a mudança fez outros aspectos do programa regredirem. Ela é usualmente desempenhada rodando-se um subconjunto de casos de testes do programa."[186]	Os *Testes de regressão* são (re)testes para garantir que itens que não deveriam sofrer mudanças permaneceram inalterados pela solução. O CM e o CEM garantem que o grau apropriado de testes de regressão sejam realizados com base na natureza das mudanças. (Veja *Comitê de mudanças*.)
Tolerância a falhas [Fault tolerance]	"A habilidade de um Serviço de TI ou de um Item de Configuração de continuar a Operar corretamente após uma falha em um Componente." [100]	A *tolerância a falhas* se refere à habilidade de um item de continuar funcionando depois da quebra de um dos seus componentes. A tolerância à falha pode ser atingida mediante a redundância. Os requisitos de tolerância à falha são um componente dos requisitos não funcionais documentados pelo BA e empacotados em documentos como o DRN.
Trabalhador [Worker]	"O trabalhador é uma classe que representa uma abstração de um humano que atua junto ao sistema. Um trabalhador interage com outros trabalhadores e manipula entidades ao participar das realizações de casos de uso."[258] (UML estendida)	O *trabalhador* é um papel humano da área de negócio que participa da implementação dos processos de negócio (caso de uso de negócio). O BA descreve trabalhadores nos diagramas de casos de uso.
Transição de Serviço [Service Transition]	"Um estágio no ciclo de vida de um Serviço de TI. A transição de serviço inclui um número de processos e funções e é o título de uma das publicações da ITIL." [221]	A *Transição de serviço* é a fase do ciclo de vida do serviço com o propósito de gerenciar processos, sistemas e funções requeridas para implementar e liberar uma mudança em produção. O BA apoia a transição de serviço para garantir que o processo de transição de TI apoie o processo em mudança do negócio e que o serviço atenda os requisitos das partes interessadas do negócio.
Unidade de negócio [Business unit]	"Um segmento do negócio que possui seus próprios Planos, Métricas, faturamento e custos. Cada unidade de negócio possui Ativos e os utiliza para criar valor para os clientes na forma de bens e serviços."[47]	A *Unidade de negócio* é um componente do negócio que atua como uma organização autônoma, com seus próprios ativos e planos de negócio.

Termo	O que eles dizem (Padrão ou Diretriz)	O que significa para o BA
Usabilidade [Usability]	"A facilidade com a qual uma aplicação, produto ou serviço de TI pode ser usado. Os requisitos de usabilidade são frequentemente incluídos em uma declaração dos requisitos."[247]	Os requisitos de *Usabilidade* se relacionam com a facilidade com a qual o usuário consegue operar o sistema. Eles são também referidos como requisitos de fator humano. A usabilidade pode incluir requisitos para atender a orientações, como a interface lida com erros, exibe consistência etc. Os requisitos de usabilidade são um componente dos requisitos não funcionais documentados pelo BA e empacotados em documentos como o DRN.
Utilidade do Serviço [Service Utility]	"A funcionalidade de um Serviço de TI da perspectiva do cliente. O valor para o negócio do Serviço de TI é criado pela combinação da utilidade do serviço (o que o serviço fazer) a garantia do serviço (o quão bem o serviço o faz)."[222]	A *Utilidade do serviço* se refere a o que o sistema faz (e não o quão bem ele o faz). O BA documenta a utilidade do serviço requerida da solução nos requisitos funcionais. (Veja *Garantia do serviço*.)
Validação e Teste do Serviço [Service validation and testing]	"O processo responsável pela validação e testes de um Serviço de TI novo ou alterado. A validação e teste do serviço garante que o Serviço de TI atenda às especificações de desenho e que atenda às necessidades do negócio."[223]	A *Validação e teste do serviço* é um processo da transição de serviço da ITIL com o propósito de garantir que um serviço atende ou excede os requisitos de negócio e operacionais e que adiciona valor para o negócio. Um BA cria requisitos que são a base para a validação e teste do serviço e é responsável por supervisionar os testes. (Veja *Validação, Verificação*.)

Apêndice A ▪ Glossário de termos de análise de negócios

Termo	O que eles dizem (Padrão ou Diretriz)	O que significa para o BA
Validar **[Validate]**	"Garantir que os requisitos declarados implementam corretamente e completamente os requisitos do negócio definidos durante a análise organizacional."[254]	Para *Validar* um entregável de uma atividade significa verificar se o resultado da atividade reflete propriamente a entrada da atividade. Validar os requisitos significa verificar se eles refletem e atendem às entradas da elicitação e análise de requisitos. Essas entradas incluem requisitos de negócio de alto nível, documentos de arquitetura e as informações fornecidas pelas partes interessadas do negócio durante os eventos de elicitação. A validação dos requisitos é de responsabilidade do BA. Validar uma especificação significa verificar se ela atende às suas entradas como os requisitos e a arquitetura. A validação das especificações de desenho é conduzida pelos membros técnicos do time como o BA atuando como apoio. Validar uma solução significa verificar se ela satisfaz as suas entradas, por exemplo, se ela atendeu às especificações de desenho e que ela atende aos requisitos. O BA atua como apoio na validação da solução.
Valor Atual Líquido (NPV) **[Net Present Value (NPV)]**		O *Valor atual líquido* é o valor de um item, expresso na moeda atual. O NPV é usado para compensar o efeito do tempo sobre o dinheiro. O BA usa o NPV na análise de custos e benefícios futuros, para corrigir a inflação e/ou juros compostos.

O livro do analista de negócios

Termo	O que eles dizem (Padrão ou Diretriz)	O que significa para o BA
Verificar [Verify]	"A verificação dos requisitos garante que os requisitos sejam claramente definidos para permitir o desenho da solução e a implementação. A colaboração do cliente, usuário e equipe do projeto é necessária para completar essa atividade."[255]	*Verificar* uma saída de uma atividade é verificar se ela pode ser usada efetivamente pelos seus usuários como entrada para atividades subsequentes. Verificar os requisitos é garantir que eles podem ser usados como entradas para as etapas subsequentes do processo de desenvolvimento. O BA deve garantir que a equipe técnica verifique que os requisitos têm qualidade suficiente para ser usado como entrada na criação de especificações de desenho. Verificar as especificações é garantir que elas tem qualidade suficiente para ser usada para construir a solução. Verificar uma solução significa verificar se ela produz as saídas de qualidade suficiente para ser efetivamente usada pelos usuários. O BA atua como apoio na verificação da solução.
Zackman Framework	"Uma 'linguagem' para facilitar a comunicação, pesquisa e implementação dos conceitos de arquitetura organizacional."[259]	O Zackman Framework, desenvolvido por John Zachman, é um esquema de classificação para descrever aspectos de uma empresa.

[1] *OMG Unified Modeling Language (OMG UML), Superstructure,* V2.1.2, nov. 2007 (OMG), p. 217.

[2] *OMG Unified Modeling Language (OMG UML), Superstructure,* V2.1.2, nov. 2007 (OMG), p. 311.

[3] *OMG Unified Modeling Language (OMG UML), Superstructure,* V2.1.2, nov. 2007 (OMG), p. 311.

[4] *UML 2.0: Infrastructure – Final Adopted Specification* (OMG, 2003), p. 4.

[5] *OMG Unified Modeling Language (OMG UML), Superstructure,* V2.1.2, nov. 2007 (OMG), p. 586.

[6] *UML 2.0: Infrastructure – Final Adopted Specification* (OMG, 2003), p. 4.

[7] Observe que na UML a agregação é um tipo de associação.

[8] BECK, Kent; BEEDLE, Mike; *et al. Manifesto for Agile Software Development.* Disponível em: <http://agilemanifesto.org/>.

[9] *Idem. Manifesto.* Disponível em: <http://agilemanifesto.org/principles.html>.

[10] *UML 2.0: Infrastructure – Final Adopted Specification* (OMG, 2003), p. 4.

Apêndice A ▪ Glossário de termos de análise de negócios   373

[11] ITIL® V3 Glossary v01, 30 maio 2007, p. 3.

[12] *UML 2.0: Infrastructure – final adopted specification* (OMG, 2003), p. 5.

[13] Na UML uma *associação* é apenas um tipo de *relacionamento* possível entre classes. (Outros exemplos são agregação e generalização.) Os relacionamentos especificados na modelagem de dados correspondem às associações da UML.

[14] *UML 2.0: Infrastructure – final adopted specification* (OMG, 2003), p. 5.

[15] *ITIL® V3 Glossary* v01, 30 maio 2007 (OGC), p. 4.

[16] *ITIL® V3 Core Book: Service Design*, Glossary (OGC, 2007), p. 290.

[17] *Ibidem*, p. 290.

[18] *OMG Unified Modeling Language (OMG UML), Superstructure*, V2.1.2, nov. 2007 (OMG), p. 591.

[19] *OMG Unified Modeling Language (OMG UML), Superstructure*, V2.1.2, nov. 2007 (OMG), p. 593.

[20] *ITIL® V3 Core Book: CSI*, Glossary (OGC, 2007), p. 193.

[21] *ITIL Core Book: service transition* (OGC, 2007), p. 92. Veja a Figura 4.21 (no Capítulo 4), que indica pontos de linha de base.

[22] *ITIL® V3 Core Book: CSI*, Glossary (OGC, 2007), p. 193.

[23] MYERS, Glenford. *The art of software testing*. Wiley and Sons, 1979, p. 8.

[24] American Marketing Association Dictionary. Disponível em: <http://www.marketing-power.com/_layouts/Dictionary.aspx?dLetter=B>.

[25] *ITIL® V3 Core Book: service strategy*, Glossary (OGC, 2007), p. 235.

[26] FRANKL, Adam. Validated requirements from business use cases and the rational unified process, 15 ago. 2007. Disponível em: <http://www.ibm.com/developerworks/rational/library/aug07/frankl/index.html>.

[27] *The guide to the business analysis body of knowledge*®, Version 2.0 Framework, p. 2. Disponível em: <http://www.theiiba.org>.

[28] *Ibidem*, p. 2.

[29] *Ibidem*, p. 2.

[30] *Ibidem*, p. 2.

[31] *Business process modeling notation*, V1.2 (Beta 3), fev. 2008, p. 280.

[32] BPM Institute. *Business Architecture Home Page*. Disponível em: <http://www.bpminstitute.org/topics/business-architecture.html>.

[33] De uma nota de Chris Reynolds.

[34] *ITIL® V3 Core Book: service strategy*, Glossary (OGC, 2007), p. 235.

[35] *Ibidem*, p. 292.

[36] *Ibidem*, p. 292.

[37] *Ibidem*, p. 235.

[38] *Ibidem*, p. 235.

[39] *Business process modeling notation* v1.2 (beta 3) (OMG), p. 280.

[40] *Ibidem*, p. 1.

[41] *ITIL® V3 Core Book: service design*, Glossary (OGC, 2007), p. 292. (A definição está ausente no ITIL Service Strategy Core Book.)

[42] *ITIL® V3 Core Book: service strategy*, Glossary (OGC, 2007), p. 235.

[43] *A guide to the business analysis body of knowledge*®, Release 1.6 ©2006, International Institute of Business Analysis. p. 207. (Enquanto este livro era escrito não havia referências ao DRN no rascunho da versão 2 do BABOK®).

[44] STROUD, J. DeLayne, *Business requirements document*: a high-level review. Disponível em: <http://finance.isixsigma.com/library/content/c080123b.asp>.

45 *ITIL Core Book: service design, Glossary* (OMG, 2007), p. 227.

46 *ITIL*® *V3 Glossary*, v01, 30 maio 2007, p. 8. Disponível em: <http://www.itsmf.co.uk (OGC)>.

47 *ITIL*® *V3 Core Book: service strategy*, Glossary (OGC, 2007), p. 235.

48 FRANKL, Adam. *Validated requirements from Business Use Cases.* Disponível em: <http://www.ibm.com/developerworks/rational/library/aug07/frankl/index.html>.

49 ENGLISH, Arthur V. Business modeling with UML: understanding the similarities and differences between business use cases and system use cases. *IBM Developer Works/Rational,* 2007. Disponível em: <http://www.ibm.com/developerworks/rational/library/apr07/english>.

50 *ITIL*® *V3 Glossary*, v01, 30 maio 2007, p. 8. Disponível em: <http://www.itsmf.co.uk (OGC)>. Veja: <http://www.sei.cmu.edu/cmmi/> para mais informações sobre este assunto.

51 *ITIL*® *V3 Core Book: service design*, Glossary (OGC, 2007), p. 293.

52 *Ibidem*, p. 293.

53 *UML 2.0: Infrastructure – final adopted specification* (OMG, 2003), p. 5.

54 International Institute of Business Analysis, Certification. Disponível em: <http://www.theiiba.org/AM/Template.cfm?Section=Certification>.

55 *ITIL*® *V3 Core Book: service transition*, Glossary (OGC, 2007), p. 228.

56 *Ibidem*, p. 228.

57 *Ibidem*, p. 228.

58 *Ibidem*, p. 186.

59 *Ibidem*, p. 229.

60 *OMG Unified Modeling Language (OMG UML), Superstructure*, v 2.1.2, nov. 2007 (OMG), p. 49.

61 *Ibidem*, p. 49.

62 *Ibidem*, p. 681.

63 *UML 2.0: Infrastructure – final adopted specification*, 2003 (OMG), p. 6.

64 *ITIL V3 Core Book: service design*, Glossary (OGC, 2007), p. 294.

65 *OMG Unified Modeling Language (OMG UML), Superstructure*, V2.1.2, nov. 2007 (OMG), p. 513.

66 *ITIL V3 Core Book: Service Design*, Glossary (OGC, 2007), p. 294.

67 *Ibidem*, p. 230.

68 *Ibidem*, p. 230.

69 *Ibidem*, p. 230.

70 *Ibidem*, v01, (OGC), 30 maio 2007, p. 13. Disponível em: <http://www.itsmf.co.uk>.

71 *ITIL V3 Core Book, op. cit.*, p. 230.

72 *A Guide to the BABOK*®, 4 jul. 2005 (IIBA), p. 4.

73 WIEGERS, Karl E. *Software requirements.* 2. ed. Microsoft Press, 2003, p. 105.

74 *ITIL V3 Core Book: CSI*, Glossary (OGC, 2007), p. 196.

75 Veja COBIT. Disponível em: <http://www.isaca.org/Template.cfm?Section=COBIT 6&Template=/TaggedPage/TaggedPageDisplay.cfm&TPLID=55&ContentID=7981>. Fonte: COBIT 4.1 ©1996-2007 ITGI.

76 *ITIL V3 Core Book: service strategy*, Glossary (OGC, 2007), p. 239.

77 *Ibidem*, p. 296.

78 YOURDON, Edward. *Structured analysis wiki.* Disponível em: <http://yourdon.com/strucanalysis/wiki/index.php?title=Chapter_10>.

79 YOURDON, *Structured analysis wik.* <http://yourdon.com/strucanalysis/wiki/index.php?title=Chapter_9>.

[80] *ITIL® V3 Core Book: service design*, Glossary (OGC, 207), p. 296.

[81] *UML 2.0: Infrastructure – final adopted specification*, 2003 (OMG), p. 8.

[82] *ITIL® V3 Core Book: service design*, Glossary (OGC, 2007), p. 296.

[83] FOWLER, Martin. *Patterns of enterprise application architecture*. Addison-Wesley Professional, 2002). Descrito em "Domain Model". Disponível em: <http://martinfowler.com/eaaCatalog/domainModel.html>.

[84] *OMG Unified Modeling Language (OMG UML), Superstructure*, v2.1.2, nov. 2007 (OMG), p. 215.

[85] *The guide to the business analysis body of knowledge®*, Version 2.0 Framework, IIBA, p. 8.

[86] *ITIL® V3 Core Book: service transition*, Glossary (OGC, 2007), p. 233.

[87] *The guide to the business analysis body of knowledge®*, Version 2.0 Framework, IIBA, p. 7.

[88] LANKHORST, Marc. *Enterprise architecture at work: modelling, communication, and analysis*. 2005, p.3.

[89] *Entity-relationship approach*, ER '93: 12th International Conference on the Entity-Relationship Approach, Arlington, Texas, EUA, 15-17 dez. 1993. Por Ramez Elmasri, Vram Kouramajian, Bernhard Thalheim. 1994, p. 243.

[90] *OMG Unified Modeling Language (OMG UML), Superstructure*, v2.1.2, nov. 2007 (OMG), p. 694.

[91] Outras formas como o negócio trata objetos na classe incluem os tipos de relacionamento que um objeto na classe pode ter com outros objetos e operações, desempenhadas nos ou pelos objetos na classe (e as regras que regulam essas operações).

[92] YOURDAN, Edward. *Structured analysis wiki*. Disponível em: <http://yourdon.com/strucanalysis/wiki/index.php?title=Chapter_12>.

[93] *ITIL® V3 Core Book: service operation*, Glossary (OGC, 2007), p. 232.

[94] *Ibidem*, p. 232.

[95] *UML Superstructure Version 2.0 revised final adopted specification* (ptc/04-10-02), 8 out. 2004 (OMG), p. 478.

[96] *ITIL® V3 Core Book: service operation*, Glossary (OGC, 2007), p. 232.

[97] *Unified Modeling Language: Superstructure version 2.1.1 formal/2007-02-03* (OMG), p. 590.

[98] *Ibidem*, p. 587.

[99] *UML 2.0: Infrastructure - final adopted specification*, 2003 (OMG), p. 9.

[100] *ITIL® V3 Glossary*, v01, 30 maio 2007 (OGC), p. 21. Disponível em: <http://www.itsmf.co.uk>.

[101] WIEGERS, Karl. *op. cit.*, p. 8.

[102] *ITIL V3 Core Book: service operation*, Glossary (OGC, 2007), p. 233.

[103] *Ibidem*, p. 115.

[104] *Unified Modeling Language: Superstructure version 2.1.1 formal/2007-02-03* (OMG), p. 374.

[105] *Ibidem*, p. 540.

[106] *ITIL® V3 Glossary*, v01, 30 maio 2007 (OGC), p. 22. Disponível em: <http://www.itsmf.co.uk>.

[107] *Ibidem*, p. 22.

[108] WIEGERS. *op. cit.*, p. 8.

[109] *A Guide to the BABOK®*, 4 jul. 2005 (IIBA), p. 4.

[110] *iSixSigma Dictionary*. Disponível em: <http://software.isixsigma.com/dictionary/Gap_Analysis-629.htm>.

[111] *iSixSigma Dictionary*. Disponível em: <http://software.isixsigma.com/dictionary/Gating-131.htm>.

[112] *Unified Modeling Language: Superstructure version 2.1.1* formal/2007-02-03 (OMG), p. 71.

[113] *ITIL® V3 Core Book: service operation*, Glossary (OGC, 2007), p. 234.

[114] *ITIL® V3 Glossary*, v01, 30 maio 2007 (OGC), p. 23. Disponível em: <http://www.itsmf.co.uk, p. 23>.

[115] *UML 2.0: Infrastructure – final adopted specification*, 2003 (OMG). p.10.

[116] *Unified Modeling Language: Superstructure version 2.1.1* formal/2007-02-03 (OMG), p. 591.

[117] *ITIL® V3 Core Book: service strategy*, Glossary (OGC, 2007), p. 242.

[118] *ITIL® V3 Core Book: service design*, Glossary (OGC, 2007), p. 300.

[119] *UML 2.0: Infrastructure – final adopted specification*, 2003 (OMG). p.10.

[120] *Ibidem*, p.10.

[121] *Ibidem*, p.10.

[122] *Unified Modeling Language: Superstructure, version 2.1.1* formal/2007-02-03 (OMG), p. 504.

[123] O diagrama de sequência – um tipo de diagrama de interação – é algumas vezes usado no contexto do BA para descrever fluxo de trabalho transfuncional nas realizações dos casos de uso de negócio. Contudo, os diagramas de sequência não são prontamente compreendidos pelas partes interessadas do negócio. Para propósitos da análise de negócios, o diagrama de atividades com partições (raias) é a alternativa na UML recomendada.

[124] *UML 2.0: Infrastructure – final adopted specification, 2003* (OMG), p. 10.

[125] International Institute of Business Analysis. Disponível em: <http://www.theiiba.org//AM/Template.cfm?Section=Home>.

[126] *"The ISO Story"*. International Organization for Standardization. Disponível em: <http://www.iso.org/iso/about/the_iso_story.htm>. O número atualizado de padrões (17 mil) foi fornecido em um e-mail de Rosemary Maginniss da ANSI para o autor.

[127] SPENCE, Ian; BITTNER, Kurt. *"What is iterative development? Part 2: the customer perspective"*. 15 abr. 2005. Disponível em: <http://www.ibm.com/developerworks/rational/library/content/RationalEdge/apr05/bittner-spence>.

[128] SPENCE; BITTNER. *"What is iterative development? Part 1: The Developer Perspective"*. 15 mar. 2005. Disponível em: <http://www.ibm.com/developerworks/rational/library/mar05/bittner>.

[129] *ITIL® V3 Core Book: service design*, Glossary (OGC, 2007), p. 301.

[130] *Ibidem*, p. 301.

[131] *Ibidem*, p. 301.

[132] *Ibidem*, p. 301.

[133] itSMF Chapter, IT Service Management Forum (rodapé da Home Page). Disponível em: <http://itsmfi.net>.

[134] Para mais sobre JAD, veja FUTRELL, Robert T.; SHAFER, Donald F.; SAFER, Linda I. *Quality software project management*. Prentice Hall PTR, 2002.

[135] *ITIL® V3 Core Book: service design*, Glossary (OGC, 2007), p. 301.

[136] *The guide to the business analysis body of knowledge®*, Version 2.0 Framework, IIBA, p. 4.

[137] Esta descrição foi fornecida em um e-mail de Ken Clyne para o autor.

[138] *ITIL® V3 Core Book: service strategy*, Glossary (OGC, 2007), p. 244.

[139] Definição fornecida por Rick Guyatt.

[140] *ITIL® V3 Glossary*, v01, 30 maio 2007 (OGC), p. 29. Disponível em: <http://www.itsmf.co.uk>.

[141] *ITIL® V3 Core Book: service design*, Glossary (OGC, 2007), p. 301.

[142] *Ibidem*, p. 301.

[143] *ITIL® V3 Core Book: service operation*, Glossary (OGC, 2007), p. 237.

[144] *Ibidem*, p. 237.

[145] *UML 2.0: Infrastructure – final adopted specification*, 2003 (OMG), p. 11.

[146] Como expresso em outros locais, o diagrama da UML recomendado para as realizações de casos de uso é o diagrama de atividades com partições representando os participantes.

[147] *UML 2.0: Infrastructure – final adopted specification*, 2003 (OMG), p. 11.

[148] Contudo, deve ser notado que, atualmente, a modelagem de operações e métodos não é uma atividade comum do BA.

[149] *OMG Unified Modeling Language (OMG UML), Superstructure*, V2.1.2, nov. 2007 (OMG), p. 94.

[150] *UML 2.0: Infrastructure – final adopted specification*, 2003 (OMG), p. 12.

[151] *A guide to the business analysis body of knowledge®*, Release 1.6, 2006, International Institute of Business Analysis. p. 198.

[152] WIEGERS, *op. cit.*, p. 8.

[153] *UML 2.0: Infrastructure – final adopted specification*, 2003 (OMG), p. 12.

[154] Especificamente, a análise de negócios concentra-se nos *tipos* de objeto do negócio, referidos como *classes de entidades*.

[155] Business Process Modeling Notation, V1.3 (beta 3), 2008, p. 23.

[156] *ITIL® V3 Core Book: service design*, Glossary (OGC, 2007), p. 303.

[157] *ITIL® V3 Glossary*, v01, 30 maio 2007 (OGC). Disponível em: <http://www.itsmf.co.uk>, p. 32.

[158] *UML 2.0: Infrastructure – final adopted specification*, 2003 (OMG), p. 12.

[159] *OMG Unified Modeling Language (OMG UML), Superstructure*, V2.1.2, nov. 2007 (OMG), p. 50.

[160] *Ibidem*, p. 107.

[161] *UML 2.0: Infrastructure – final adopted specification*, 2003 (OMG), p. 13.

[162] SixSigma *Glossary of terms and definitions*. General Electric Company. Disponível em: <http://www.ge.com/sixsigma/glossary.html>.

[163] *ITIL® V3 Core Book: continual service improvement*, Glossary (OGC, 2007), p. 204.

[164] SixSigma *Glossary of terms and definitions, op. cit.*

[165] BOWER, Douglas C.; WALKER, Derek H. T. Resumo para *Planning knowledge for phased Rollout Projects* (Project Management Institute), postado no Project Management Institute, Marketplace. Disponível em: <http://www.pmi.org/Marketplace/Pages/ProductDetail.aspx?GMProduct=00101038200&iss=1>.

[166] KNUTSON, Joan. Resumo para *The PMBOK and PMP Exam* (Project Management Institute), postado no Project Management Institute, Marketplace. Disponível em: <http://www.pmi.org/Marketplace/Pages/ProductDetail.aspx?GMProduct=00100615500&iss=1>.

[167] *OMG Unified Modeling Language (OMG UML), Superstructure*, v2.1.2, nov. 2007 (OMG), p. 217.

[168] *UML 2.0: Infrastructure – final adopted specification*, 2003 (OMG), p. 13.

[169] *ITIL® V3 Core Book: service transition*, Glossary (OGC, 2007), p. 240.

[170] *UML 2.0: Infrastructure – final adopted specification*, 2003 (OMG), p. 14.

[171] *ITIL® V3 Glossary*, v01, 30 maio 2007 (OGC), p. 36. Disponível em: <http://www.itsmf.co.uk>.

[172] *ITIL® V3 Core Book: service strategy*, Glossary (OGC, 2007), p. 247.

[173] *Business process modeling notation*, v 1.2 *(beta 3)*, p. 287.

[174] *Ibidem*, p. 18.

[175] *ITIL® V3 Core Book: service operation*, Glossary (OGC, 2007), p. 241.

[176] *ITIL® V3 Core Book: service strategy*, Glossary (OGC, 2007), p. 221.

[177] Definição fornecida por Chris Reynolds.

[178] *ITIL® V3 Glossary*, v 01, 30 maio 2007 (OGC), p. 37. Disponível em: <http://www.itsmf.co.uk>.

[179] *A guide to the business analysis body of knowledge®*, Release 1.6 ©2006, International Institute of Business Analysis, p. 100.

[180] De um e-mail de Philippe Krutchen para Ken Clyne.

[181] WESSBERG, Mats. "Introducing the IBM Rational Unified Process Essentials by Analogy". 2005. Disponível em: <http://www.ibm.com/developerworks/rational/library/05/wessberg>.

[182] Esta descrição de RUP foi fornecida por Ken Clyne em um e-mail para o autor.

[183] *Unified Modeling Language: Superstructure version 2.1.1 formal/2007-02-03* (OMG), p. 696.

[184] *UML 2.0: Infrastructure – final adopted specification*, 2003 (OMG), p.14.

[185] *ITIL® V3 Glossary*, v01, 30 maio 2007 (OGC), p. 38. Disponível em: <http://www.itsmf.co.uk>.

[186] MYERS, *The Art of Software Testing*, p. 122.

[187] *UML 2.0: Infrastructure – Final Adopted Specification*, 2003 (OMG), p. 14.

[188] *ITIL® V3 Glossary*, v01, 30 maio 2007 (OGC), p. 40. Disponível em: <http://www.itsmf.co.uk>.

[189] *A guide to the business analysis body of knowledge®*, Release 1.6, ©2006, International Institute of Business Analysis, p. 207.

[190] *ITIL® V3 Glossary*, v01, 30 maio 2007 (OGC), p. 40. Disponível em: <http://www.itsmf.co.uk>.

[191] *The guide to the business analysis body of knowledge®*, Version 2.0 Framework (IIBA), p. 2. Disponível em: <http://www.theiiba.org>.

[192] *UML 2.0: Infrastructure – final adopted specification*, 2003 (OMG), p. 15.

[193] *The guide to the business analysis body of knowledge®*, Version 2.0 Framework, p. 9. Disponível em: <http://www.theiiba.org>.

[194] *ITIL® V3 Glossary*, v01, 30 maio 2007 (OGC), p. 41. Disponível em: <http://www.itsmf.co.uk>.

[195] *Ibidem*, p. 41.

[196] *SixSigma Glossary of terms and definitions*. Disponível em: <http://www.ge.com/sixsigma/glossary.html>.

[197] CONSTANTINE, Larry. *User Roles and Persona*, p. 9. Disponível em: <http://www.foruse.com/articles/rolespersonas.pdf>.

[198] *UML 2.0: Infrastructure – Final Adopted Specification*, 2003 (OMG), p. 15.

[199] *The guide to the business analysis body of knowledge®* Version 2.0 Framework, International Institute of Business Analysis, p. 2.

[200] *ITIL® Core Book: Service Design*, Glossary (OGC, 2007), p. 114.

[201] *A guide to the business analysis body of knowledge®*, Release 1.6, ©2006, International Institute of Business Analysis, p. 201.

[202] *UML 2.0: Infrastructure – final adopted specification*, 2003 (OMG), p. 15.

[203] *ITIL® V3 Glossary*, v01, 30 maio 2007 (OGC), http://www.itsmf.co.uk, p. 42.

[204] *Ibidem*, p. 42.

[205] *Ibidem*, p. 43.

[206] *Ibidem*, p. 43.

207 *ITIL Core Book: Service Design*, Glossary (OGC, 2007), p. 309.

208 *Ibidem*, p. 309.

209 *ITIL® V3 Glossary*, v01, 30 maio 2007 (OGC), http://www.itsmf.co.uk, p. 44.

210 *Ibidem* , p. 44.

211 *IIbidem* , p. 44.

212 Para mais informações sobre Service Level Manager, veja *ITIL V3 Core Book: Service Operation* (OGC, 2007), p. 87.

213 *ITIL® V3 Glossary*, v01, 30 maio 2007 (OGC), p. 45. Disponível em: <http://www.itsmf.co.uk>.

214 *Ibidem*, p. 45.

215 Para saber mais sobre Service Manager, ver *ITIL V3 Core Book: CSI* (OGC, 2007), p. 133.

216 *ITIL® V3 Glossary*, v01, 30 maio 2007 (OGC), http://www.itsmf.co.uk, p. 45.

217 *Ibidem*, p. 45.

218 *Ibidem*, p. 45.

219 *Ibidem*, p. 46.

220 *Ibidem*, p. 47.

221 *Ibidem*, p. 47.

222 *Ibidem*, p. 47.

223 *Ibidem*, p. 47.

224 *Ibidem*, p. 47.

225 SixSigma *Glossary of Terms and Definitions*. General Electric Company. Disponível em: <http://www.ge.com/sixsigma/glossary.html>.

226 *A guide to the business analysis body of knowledge®*, Release 1.6 ©2006, International Institute of Business Analysis, p. 207.

227 *The Guide to the business analysis body of knowledge®*, Version 2.0 Framework, IIBA, p. 2.

228 *UML 2.0 Superstructure Specification*, OMG, p. 38.

229 *UML 2.0: Infrastructure – Final Adopted Specification*, OMG, p. 18.

230 *The Guide to the Business Analysis Body of Knowledge®*, Version 2.0 Framework, p. 2.

231 *UML 2.0 Infrastructure Specification*, OMG, p. 16.

232 *ITIL® V3 Glossary*, v01, 30 maio 2007 (OGC), p. 49. Disponível em: <http://www.itsmf.co.uk>.

233 *UML 2.0 Infrastructure Specification*, OMG, p. 17.

234 *Ibidem*, p. 16.

235 *ITIL® V3 Core Book: Service Strategy*, Glossary (OGC, 2007), p. 312.

236 MYERS, *The Art of Software Testing*, p. 110.

237 "Um caso de uso deve ser uma tarefa completa do ponto de vista de um usuário." SCHNEIDER, Geri; WINTERS, Jason. *Applying use cases: a practical guide*. 2. ed., Addison-Wesley Professional, 2001, p. 14.

238 Na UML o termo *caso de uso* é usado para uma interação com o sistema; um caso de uso de sistema é um caso de uso para o qual o sistema é um sistema de TI.

239 *Merriam-Webster Online Dictionary*. Disponível em: <http://www.merriam-webster.com/dictionary/task>.

240 *ITIL® V3 Glossary*, v01, 30 maio 2007 (OGC), http://www.itsmf.co.uk, p. 24.

241 *Ibidem*, p. 52.

242 *Ibidem*, p. 52.

243 *A Guide to the Business Analysis Body of Knowledge®*, Release 1.6 ©2006, International Institute of Business Analysis, p. 131.

[244] COCKBURN, Alistair. *Writing effective use cases.* Addison-Wesley, 2000. p. 84.

[245] *ITIL® V3 Glossary*, v01, 30 maio 2007 (OGC), p. 53. Disponível em: <http://www.itsmf.co.uk>.

[246] UML Resource Page, Object Management Group, Inc. Disponível em: <http://www.uml.org>.

[247] *ITIL® V3 Glossary*, v01, 30 maio 2007 (OGC), p. 53. Disponível em: <http://www.itsmf.co.uk>.

[248] *UML 2.0 Infrastructure Specification, OMG Adopted Specification ptc/03-09-15*, 2003, Object Management Group, p. 19.

[249] *ITIL® Core Book: service design*, Glossary (OGC, 2007), p. 314.

[250] Para mais resumos de casos de uso veja COCKBURN, *Writing Effective Use Cases*, p. 37-38.

[251] *UML 2.0 Infrastructure Specification*, OMG, p. 19.

[252] *A guide to the business analysis body of knowledge®*, Release 1.6 ©2006, International Institute of Business Analysis, p. 14.

[253] *Ibidem*, p. 192.

[254] *Ibidem*, p. 207.

[255] *Ibidem*, p. 208.

[256] *A dictionary of it service management*, Evans e MacFarlane, itSMF®, 2001. p. 91.

[257] *A guide to the business analysis body of knowledge®*, Release 1.6 ©2006, International Institute of Business Analysis, p. 104.

[258] NG, Pan-Wei. *Effective business modeling with UML: Describing business use cases and realizations*, The Rational Edge, nov. 2002, Rational Software, p. 23. (Originalmente postado em: <http://www.therationaledge.com/content/nov_02/t_businessModelingUML_pn.jsp>.)

[259] Zachman Institute for Framework Advancement. Disponível em: <http://www.zifa.com>.

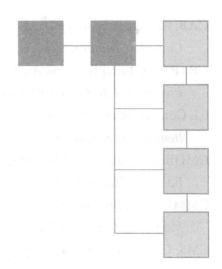

Acrônimos

A seguir uma lista de acrônimos de interesse do analista de negócios.

BA: Business Analyst
  Analista de Negócios
BABOK®: *Business Analysis Body of Knowledge®*
  Corpo de Conhecimento em Análise de Negócios
BAP & M: Business Analysis Planning and Monitoring
  Planejamento de Monitoramento da Análise de Negócio
BCM: Business Continuity Management
  Gerenciamento da Continuidade do Negócio
BCP: Business Continuity Plan
  Plano de Continuidade do Negócio
BIA: Business Impact Analysis
  Análise de Impacto no Negócio
BPD: Business Process Diagram
  Diagrama de Processo do Negócio
BPI: Business Process Improvement
  Aperfeiçoamento do Processo de Negócio
BPMN: Business Process Modeling Notation
  Notação de Modelagem do Processo de Negócio
BRD: Business Requirements Document
  Documento de Requisitos do Negócio

CAB: Change Advisory Board

    Comitê de Mudanças

CBAP™: Certified Business Analysis Professional™

    Profissional de Análise de Negócios Certificado

CI: Configuration Item

    Item de Configuração

CMDB: Configuration Management Database

    Banco de Dados de Gestão da Configuração

CMMI: Capability Maturity Model Integration

    Modelo de Capacidade e Maturidade

CMS: Configuration Management System

    Sistema de Gerenciamento de Configuração

COBIT: Control Objectives for Information and Related Technology

    Objetivos de Controle para Informação e Tecnologia Relacionada

COTS: Commercial Off-The-Shelf

    Produto de Prateleira

CSF: Critical Success Factor

    Fator Crítico para o Sucesso

CSI: Continual Service Improvement

    Melhoria Contínua do Serviço

DBMS: Data Base Management System

    Sistema de Gerenciamento de Banco de Dados

DFD: Data Flow Diagram

    Diagrama de Fluxo de Dados

EA: Enterprise Analysis (also Enterprise Architecture)

    Análise Organizacional

ECAB: Emergency Change Advisory Board

    Comitê Emergencial de Mudanças

ERD: Entity Relationship Diagram

    Diagrama de Entidade-Relacionamento

FURPS+: Functionality, Usability, Reliability, Performance, and Supportability plus other constraints

    Funcionalidade, Usabilidade, Confiabilidade, Desempenho e Manutenabilidade mais outras restrições

IDEF: Integrated Computer-Aided Manufacturing (ICAM) Definition Languages

    Linguagens de Definição da Manufatura Integrada Assistida pelo Computador

IIBA™: International Institute for Business Analysis™
Instituto Internacional de Análise de Negócios

ISM: Information Security Management
Gerenciamento da Segurança da Informação

ISO: International Organization for Standardization
Organização Internacional para Padronização

IT: Information Technology
Tecnologia da Informação

ITIL: IT Infrastructure Library
Biblioteca de Infraestrutura de TI

ITSCM: IT Service Continuity Management
Gerenciamento da Continuidade do Serviço de TI

ITSM: IT Service Management
Gerenciamento do Serviço de TI

itSMF®: IT Service Management Forum®
Fórum de Gerenciamento de Serviços de TI

JAD: Joint Application Development/Design
Desenvolvimento/Desenho Conjunto de Aplicação

KA: Knowledge Area
Área de Conhecimento

KPI: Key Performance Indicator
Indicador-chave de Desempenho

LOS: Line of Service
Linha de Serviço

MTBF: Mean Time Between Failures
Tempo Médio entre Falhas

MTBSI: Mean Time Between System/Service Incidents
Tempo Médio entre Incidentes de Sistema/Serviço

MTRS: Mean Time to Restore Service
Tempo Médio para Reestabelecer o Serviço

MTTR: Mean Time To Repair
Tempo Médio para Reparar

NPV: Net Present Value
Valor Total Presente

OMG: Object Management Group
Grupo de Gerenciamento de Objetos

OO: *Object-Oriented*
    Orientado a Objetos

PIR: *Post-Implementation Review*
    Revisão Pós-Implementação

PMBOK: Project Management Body of Knowledge
    Corpo de Conhecimento em Gerenciamento de Projetos

POLDAT: Process, Organization, Location, Data, Application, and Technology
    Processo, Organização, Localização, Dados, Aplicação e Tecnologia

PSO: *Projected Service Outages*
    Quedas Planejadas no Serviço

PVT: Production Verification Testing (also Production Validation Testing)
    Teste de Verificação da Produção (Também Teste de Validação da Produção)

RDBMS: Relational Data Base Management System
    Sistema de Gerenciamento de Banco de Dados Relacional

RA: Requirements Analysis
    Análise de Requisitos

RACI: Responsible, Accountable, Consulted, Informed
    Responsável, Acionável, Consultado, Informado

RCA: Root Cause Analysis
    Análise de Causa-raiz

RFC: Request For Change
    Requisição de Mudança

RFI: Request For Information
    Requisição de Informação

RFP: Request For Proposal
    Requisição de Proposta

ROI: Return On Investment
    Retorno Sobre o Investimento

RUP: Rational Unified Process
    Processo Unificado Racional

SAC: Service Acceptance Criteria
    Critério de Aceitação de Serviço

SACM: Service Asset and Configuration Management
    Gerenciamento de Ativos de Serviços e Configuração

SDLC: System Development Life Cycle
    Ciclo de Vida do Desenvolvimento do Sistema

SLA: Service Level Agreement
Acordo de Nível de Serviço

SLM: Service Level Management
Gerenciamento de Nível de Serviço

SLR: Service Level Requirement
Requisito de Nível de Serviço

SOR: Statement of Requirement
Declaração de Requisito

SMART: Specific, Measurable, Achievable/Appropriate, Realistic/Relevant, and Timely/Time-bound/Testable
Específico, Mensurável, Atingível/Apropriado, Realístico/Relevante e Testável

SME: Subject Matter Expert
Especialista no Assunto/Área

SRS: Software Requirements Specification (also known as System Requirements Specification)
Especificação de Requisitos de Software (também conhecido como Especificação dos Requisitos do Sistema)

SWOT: Strengths, Weaknesses, Opportunities, and Threats
Forças, Fraquezas, Oportunidades e Ameaças

TCO: Total Cost of Ownership
Custo Total de Propriedade

TCU: Total Cost of Utilization
Custo Total de Utilização

UAT: User Acceptance Testing
Teste de Aceitação do Usuário

UC: Underpinning Contract
Contrato de Apoio

UML: Unified Modeling Language
Linguagem Unificada de Modelagem

UP: Unified Process
Processo Unificado

VBF: Vital Business Function
Função Vital do Negócio

Este capítulo inclui partes dos Glossários/Acrônimos © Crown "Copyright Office of Government Commerce", reproduzido com a permissão do Controller da HMSO e do Office of Government Commerce.

APÊNDICE C

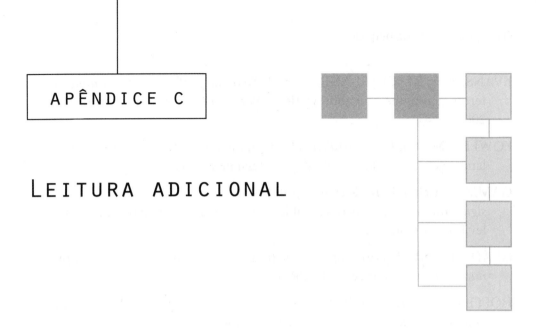

Leitura adicional

Esta seção contém referências a livros e outros recursos relacionados à análise de negócios, ITIL e UML e inclui as fontes usadas neste livro.

Livros

BOOCH, Grady; RUMBAUGH, James; JACOBSON, Ivar. *The Unified Modeling Language user guide*. 2. ed. Addison-Wesley Professional, 2005.

BOOCH, Grady, MAKSIMCHUK, Robert A.; ENGEL, Michael W.; Young, Bobbi J.; CONALLEN, Jim; HOUSTON, Kelli A. *Object-oriented analysis and design with applications*. 3. ed. Addison Wesley, 2007.

BENYON, Robert; JOHNSTON, Robert. *Service agreements: a management guide*. itSMF®-NL. Van Haren, 2006.

BITTNER, Kurt; SPENCE, Ian. *Use case modeling*. Addison-Wesley Professional, 2002.

CLYNE, Ken. *Agile risk management:* advanced technology systems (ATS). Apresentação durante a conferência "Rational comes to you". Chicago, IL, 20 fev. 2008.

COCKBURN, Alistair. *Writing effective use cases*. Addison-Wesley Professional, 2000.

CONSTANTINE, Larry. *Users, roles, and personas*. Constantine & Lockwood, 2005. Disponível em: <http://www.foruse.com/articles/rolespersonas.pdf>.

ERIKSSON, Hans-Erik; PENKER, Magnus. *Business modeling with UML:* business patterns and business objects. Wiley, 2000.

ERIKSSON, Hans-Erik; PENKER, Magnus; LYONS, Brian; FADO, David. *UML 2 Toolkit*. Wiley, 2003.

EVANS, Ivor; MACFARLANE, Ivor. *A dictionary of it service management:* terms, acronyms, and abbreviations. Versão 1 (América do Norte). itSMF®, 2001.

FOWLER, Martin. *UML distilled:* a brief guide to the standard object modeling language. 3. ed. Addison-Wesley Professional, 2003.

GAMMA, Erich; HELM, Richard; JOHNSON, Ralph VLISSIDES, John M. *Design patterns:* elements of reusable object-oriented software. Addison-Wesley Professional, 1994.

GRADY, Robert. *Practical software metrics for project management and process improvement.* Prentice Hall PTR, 1992.

HOFFER, Jeffrey A.; GEORGE, Joey F.; VALACICH, Joseph S. *Modern systems analysis and design.* 4. ed. Prentice Hall, 2004.

INTERNATIONAL INSTITUTE OF BUSINESS ANALYSIS. *Guide to the Business Analysis Body of Knowledge®.* Versão 1.6, 2006. Disponível em: <http://www.theiiba.org/AM/Template.cfm?Section=Body_of_Knowledge>.

INTERNATIONAL INSTITUTE OF BUSINESS ANALYSIS. *Guide to the Business Analysis Body of Knowledge®.* Versão 2.0 Framework. Disponível em: <http://www.theiiba.org>.

JOHNSON, Brian; HIGGINS, John. *ITIL® and the software lifecycle:* practical strategy and design principles. van haren, 2007.

kroll, per; krutchen, philippe. *the rational unified process made easy:* a practitioner's guide to the RUP. Addison-Wesley Professional, 2003.

KRUTCHEN, Philippe. *The Rational Unified Process:* an introduction. 3. ed. Addison-Wesley Professional, 2003.

LARMAN, Craig. *Applying UML and patterns:* an introduction to object-oriented analysis and design and iterative development. 3. ed. Prentice Hall PTR, 2004.

LYONS, Brian G. *Three key features.* Number Six Software.

MYERS, Glenford. *The art of software testing.* John Wiley, 1979.

NG, Pan-Wei. "Effective business modeling with UML: describing business use cases and realizations", *The Rational Edge.* 2002. Disponível em: <http://www.therationaledge.com/content/nov_02/t_businessModelingUML_pn.jsp>.

OBJECT MANAGEMENT GROUP (OMG). *Business Process Maturity Model (BPMM), v1.0 - Beta 2.* OMG Document Number: dtc/2007-11-01. Nov. 2007.

OBJECT MANAGEMENT GROUP (OMG). *Business Process Modeling Notation, v1.2 (beta 3).* OMG Document Number: BMI/2008-02-07. Fev. 2008.

OBJECT MANAGEMENT GROUP (OMG). OMG Unified Modeling Language (OMG UML), *Infrastructure*, V2.1.2. OMG Document number: formal/2007-11-04. Nov. 2007.

OBJECT MANAGEMENT GROUP (OMG). OMG Unified Modeling Language (OMG UML), *Superstructure*, V2.1.2. OMG Document number: formal/2007-11-02. Nov. 2007.

OBJECT MANAGEMENT GROUP (OMG). *UML 2.0 Infrastructure Specification*.[1] Document: ptc/03-09-15. Dez. 2003.

OFFICE OF GOVERNMENT COMMERCE. *ITIL® V3 Acronyms*, v 1.0. 30 maio 2007. Download: http://www.get-best-practice.co.uk

OFFICE OF GOVERNMENT COMMERCE. ITIL® V3 Glossary v01. *Glossary of terms and definitions*, 30 maio 2007. http://www.get-best-practice.co.uk

OFFICE OF GOVERNMENT COMMERCE. (ITIL® Core Book.) Continual service improvement. The Stationery Office. 2007.

OFFICE OF GOVERNMENT COMMERCE. (ITIL® Core Book.) Service Design. 2007.

OFFICE OF GOVERNMENT COMMERCE. (ITIL® Core Book.) Service Operation. 2007.

OFFICE OF GOVERNMENT COMMERCE. (ITIL® Core Book.) Service Strategy. 2007.

OFFICE OF GOVERNMENT COMMERCE. (ITIL® Core Book.) Service Transition. 2007.

PODESWA, Howard. *UML for the IT business analyst*: a practical guide to object-oriented requirements gathering. 2. ed. Cengage Learning, 2009.

PODESWA, Howard. *UML for the IT business analyst*: a practical guide to object-oriented requirements gathering. Thomson Course Technology, 2005.

RATIONAL SOFTWARE, MICROSOFT, HEWLETT-PACKARD, ORACLE, et al. *UML extension for business modeling*. Rational Software Corporation. 1997. Disponível em: <ftp://ftp.omg.org/pub/docs/ad/97-08-07.pdf>.

SCHNEIDER, Geri; WINTERS, Jason P. *Applying use cases*: a practical guide. 2. ed. Addison-Wesley Professional, 2001.

VAN BON, Jan. (ed.) *Foundations of IT service management*: based on ITIL® V3. Van Haren, 2007.

WIEGERS, Karl E. *Software requirements*. 2. ed. Microsoft Press, 2003.

---

[1] A especificação de Infraestrutura da UML2, apesar de substituída por versões mais recentes, possui conteúdo omitido em edições mais recentes – uma seção com termos e definição detalhada, com definições dos termos UML.

Websites

(Note que as ULs estão constantemente sujeitas a mudanças.)

Agile Alliance: http://www.agilealliance.com/ (para ingressar na comunidade ágil).

IIBA™ (International Institute of Business Analysis): http://www.theiiba.org (para fazer parte, para versões recentes do BABOK®, links para provedores certificados de educação e informações a respeito da certificação CBAP™).

iSix Sigma: http://www.isixsigma.com (para eventos e recursos Six Sigma).

Noble Inc.: http://nobleinc.ca; e-mail: info@nobleinc.ca (para cursos e modelos baseados neste livro).

OGC Best Management Practice: http://www.get-best-practice.co.uk/glossaries.aspx (para downloads gratuitos da ITIL® V3).

OMG (Object Management Group): http://www.omg.org (para especificações da UML e BPMN).

The Rational Edge **(e-zine)**: http://www-128.ibm.com/developerworks/rational/rationaledge/

TSO (The Stationery Office) loja de livros on-line: http://www.tsoshop.co.uk; e-mail: customer.services@tso.co.uk (para comprar ITIL V3 Core Books).

Este livro foi impresso na
LIS GRÁFICA E EDITORA LTDA.
Rua Felicio Antônio Alves, 370 – Bonsucesso
CEP 07175-450 – Guarulhos – SP
Fone: (11) 3382-0777 – Fax: (11) 3382-0778
lisgrafica@lisgrafica.com.br – www.lisgrafica.com.br